国家社科基金教育学2014年度国家青年基金项目“美国弱
基于美国一流大学综合评价招生制度的分析视角”（CDA

美国弱势群体优质高等教育机会研究

基于美国一流大学综合评价招生制度的分析视角

陈为峰◎著

科学出版社
北京

内 容 简 介

在高等教育发展的关注点从规模走向质量的同时，高等教育入学机会的关注点同样从普及程度转向优质高等教育的分配问题。弱势群体由于经济、文化、社会等资本弱势，在优质高等教育资源的获得方面可能遭遇某些制度性不公。如何破解这个难题？本书尝试以比较教育作为研究核心范式，以美国一流大学的招生政策作为分析视角，探讨高等教育强国——美国在优质高等教育分配问题中的冲突与演变。本书的解析重点是美国优质高等教育的内涵、主要招生理念的产生与发展、弱势群体优质高等教育机会的历史演变、校园多元化理论的影响、教育资助体系。以此为基础，本书探讨了我国弱势群体相对优势综合评价体系，尝试为我国的高考改革提供借鉴。

本书适合关注高考改革的学者、教育决策者，以及教师、学生、家长等阅读。

图书在版编目（CIP）数据

美国弱势群体优质高等教育机会研究：基于美国一流大学综合评价招生制度的分析视角 / 陈为峰著 .—北京：科学出版社，2018.12

ISBN 978-7-03-059752-6

Ⅰ.①美…　Ⅱ.①陈…　Ⅲ.①弱势群体－高等教育－研究－美国②高等学校－招生制度－综合评价－研究－美国　Ⅳ.①G649.712

中国版本图书馆CIP数据核字（2018）第271482号

责任编辑：朱丽娜　刘曹芃　崔文燕 / 责任校对：何艳萍

责任印制：徐晓晨 / 封面设计：润一文化

编辑部电话：010-64033934

E-mail：edu_psy@mail.sciencep.com

科学出版社 出版

北京东黄城根北街16号

邮政编码：100717

http：//www.sciencep.com

北京建宏印刷有限公司印刷

科学出版社发行　各地新华书店经销

*

2018年12月第　一　版　开本：720×1000　B5

2018年12月第一次印刷　印张：25 3/4

字数：460 000

定价：128.00元

（如有印装质量问题，我社负责调换）

序　一

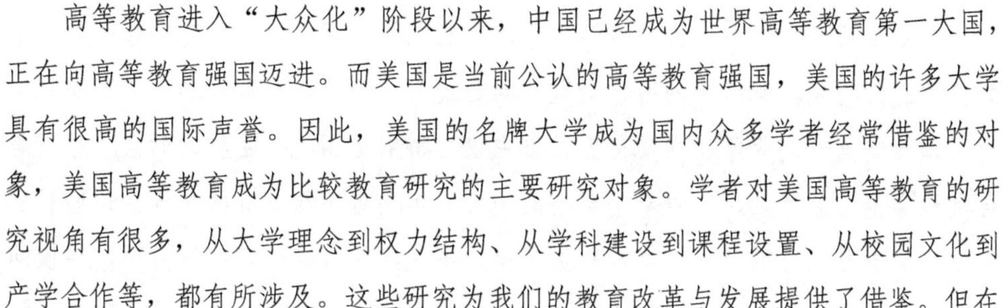

高等教育进入“大众化”阶段以来，中国已经成为世界高等教育第一大国，正在向高等教育强国迈进。而美国是当前公认的高等教育强国，美国的许多大学具有很高的国际声誉。因此，美国的名牌大学成为国内众多学者经常借鉴的对象，美国高等教育成为比较教育研究的主要研究对象。学者对美国高等教育的研究视角有很多，从大学理念到权力结构、从学科建设到课程设置、从校园文化到产学合作等，都有所涉及。这些研究为我们的教育改革与发展提供了借鉴。但在借鉴过程中，我们也应该注意中国与美国之间方方面面的不同，不能盲目照搬，要有批判的视角和思维。

以私立大学为主体的美国优质高等教育有着独特的发展路径，而中国则以公办高等学校为主体，显然不能照搬美国的办学模式。要按教育规律办教育，对于高等教育来说，外部关系规律决定了高等教育必须与社会的政治、经济、文化体系相适应，受政治、经济、文化所制约并对之起推动作用。不同的社会形态必然会对高等教育有所制约。对于美国高等教育的解读，不能只是从表象去分析，不能只是停留在这些大学华丽的宣传材料上，否则，我们难以发现其本质，难以借鉴其办学模式。

陈为峰博士在厦门大学教育研究院获得博士学位，一直以来关注美国的一流大学。这本著作是他主持的国家社科基金课题的研究成果，也是他十多年来对美国高等教育思考的总结。从这本书中我们看到，陈博士是花了很大的精力去做这项研究的。他亲自到美国调研了近50所大学，与美国的学者、民众进行交流。这样的调研方式，让他突破了书斋、文献的制约，能够更为深入地解析美国的优质高等教育机会问题。从他50万字的著作来看，陈博士的重要收获之一，就是不再是片面地肯定美国的高等教育，而是持着理性的批判性学习。这是一个成长的过程。

我一直认为，学校是培养学生的主体，应当把选择学生的自主权还给培养单位。行政管理部门应当按“放管服”的原则来管理招生，把招生权放给学校，按“高教法”来管学校招生，而不是用各种烦琐的规定来限制高校，要化消极的限制为积极地为高校招生服务。对于这一点，美国的大学是做得比较好的。他们的招生制度较好地服务于大学专门人才培养的需要，同时，他们的法律则对大学的权力进行约束。陈博士的著作对这一问题进行了讨论。可以看到，以私立大学为引领的美国一流大学，在实行办学自主权，特别是招生自主权的时候，并不是自觉地遵循公益原则，而是一个与不同的利益相关者不断博弈的过程。这些私立大学喜欢上层社会的子女，喜欢权贵子弟，不过，在社会外部的压力下，学校同样要有一定程度的妥协。这些大学要维护其在高等教育中的优势地位，就要与社会中的优势阶层形成紧密的联结。于是，社会的中下阶层在优质高等教育的争夺中也就处于劣势。不仅是美国存在这样的问题，世界范围内很多的“好”大学也存在类似的问题，这一点值得我们对大学的发展逻辑进行审视。

很多人认为，统一高考以分数考量是公平的，因为分数面前人人平等。实际上，这是表面的公平掩盖了实质的不公平，结果公平掩盖了过程的不公平。为什么高考的高分者大多数是城市中上层家庭的子女，为什么“985”高校来自农村的学生很少，不得不用加分、规定名额等办法照顾来自农村的学生？因为在城市重点中学上学的学生同在农村中学上学的学生所享有的教育资源是不平等的。在美国，同样存在类似的问题。一些学者将美国的SAT、ACT考试称之为美国的高考，有道理。美国的多数大学要求申请者提交SAT或ACT考试成绩，便于对不同的申请者进行横向比较。然而，SAT、ACT考试同样与社会阶层，特别是家庭收入有着紧密的联系，中上层家庭的子女一般考得比较好，在录取中就有优势。可见，考试的局限性不仅仅是中国有，美国也有。陈博士对这一问题同样进行了很有深度的思考。

让高校招收与专业所要求的知识、能力、素质相匹配的学生，让学生选择与自己的兴趣、能力、理想相匹配的高校和专业升学，这就是高校招生的目的与任务。考试只是招生的方法之一，多元化的高校要有多样化的生源，要用多元化的标准和多样化的方法来达到招生和升学的目的。美国的高校所采用的选拔性招生标准就是多元的，我们可以进行借鉴。不过，招生标准的阶层倾向是需要我们进行审视的。陈博士的著作对这一问题也进行了思考。他认为，弱势群体的价值观也应该体现在评价标准中，“弱势群体的家庭文化同样可以造就具有显著特点的品学兼优的学生”，“弱势群体的综合评判应该成为高校自主招生的主要类别之一。弱势群体的评判维度主要分为：学业成绩、家庭劳动、个性品质”。这些提法都有助于拓宽我们研讨的视域，所以，这是一本有助于深入思考的著作。

潘懋元

2018年12月

序　二

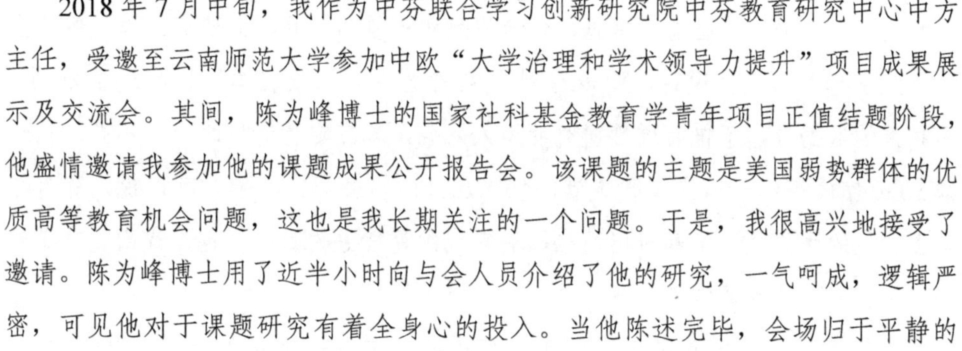

2018年7月中旬，我作为中芬联合学习创新研究院中芬教育研究中心中方主任，受邀至云南师范大学参加中欧“大学治理和学术领导力提升”项目成果展示及交流会。其间，陈为峰博士的国家社科基金教育学青年项目正值结题阶段，他盛情邀请我参加他的课题成果公开报告会。该课题的主题是美国弱势群体的优质高等教育机会问题，这也是我长期关注的一个问题。于是，我很高兴地接受了邀请。陈为峰博士用了近半小时向与会人员介绍了他的研究，一气呵成，逻辑严密，可见他对于课题研究有着全身心的投入。当他陈述完毕，会场归于平静的时候，我提议：“我们是不是应该鼓掌？”在座师生响起了热烈的掌声。应该说，这一课题的完成质量是非常高的。在座的其他专家也给予了很高的评价。之后，陈为峰博士恳请我为其基于项目研究成果的专著作序，我欣然同意。

“努力让每个孩子都能享有公平而有质量的教育”是党的十九大报告的重要要求之一。在新形势下，文化资本、经济资本和社会资本贫乏的弱势群体的优质高等教育机会问题是一个非常值得深入研究的主题。优质的教育是一个处于困境中的家庭最为迫切的需求，关注弱势群体的教育公平问题，其实也就是在关注教育扶贫问题。当弱势家庭能够平等、有效地获得较好的教育资源，特别是优质高等教育机会时，我们才更有希望构建一个和谐社会，“美丽中国”才更有根基。因此，陈为峰博士的研究是非常有价值的。让人欣慰的是，陈博士有效地组织了项目的研究工作，在有限的时间里，获得了丰硕的成果，这是值得称赞的。

对外国教育开展研究的理想境界是在客文化中对外国教育问题进行实地的考察、观察和体验。但是在很长一段时间里，由于经费的关系，对许多比较教育者来说这是一种奢望，比较教育领域的研究往往是基于文献的研究。随着国家留学基金管理委员会支持力度的加大，高校教师有了更多的走出国门的机会，有了近距离切身体验异域文化及他国百态的条件。比较教育研究受益于此，在研究范式上也有了明显的变化。虽然文献研究仍然是比较教育研究的重要方法之一，但是基于实地调研的研究多了起来。陈为峰博士这本著作的出版就受益于这种变化。陈博士利用公派访学的机会，跑遍了大半个美国，对近50所美国大学进行了实地调研，收集了大量的文献资料和访谈数据，为项目的高质量完成奠定了坚实的基础。全书的论证有理有据，饱含课题组大量的、扎实的研究工作。纵览全书，几乎都是以论据说话，图表达到了80个左右，访谈样本同样超过了80个。如此大的数据量，不仅有质性研究的引人入胜，也有定量研究的一丝不苟，让这本50万字的著作非常充实、饱满，但无丝毫的拖沓烦冗之感。可以说，陈为峰博士和他的团队通过辛勤付出，在圆满完成项目任务的同时，也为我们带来了一本非常值得一读的著作。

弱势群体的优质高等教育问题一直是社会关注的焦点之一，在中国如此，在美国也不例外。我在十多年前就公开发表文章，探讨美国少数民族的教育公平问题，以及肯定性行动计划对美国少数民族的意义和影响。美国移民国家的属性、源于欧洲的主流文化对其精英大学的价值垄断，以及弱势族裔充满血和泪的受排斥、受歧视的融合史，使得美国的教育公平问题牵涉面极广，历史的因素与现实的因素错综复杂地交织在一起。不同的机构、组织有着不同的立场，发表、宣扬着各自的主张；不同的族裔、群体则秉持不同的文化传统和价值观点，对教育权利发出不同的诉求。这些庞杂的声音通过各种公开或半公开的信息形式，充斥着文献数据库、图书馆、网络、档案馆。如何从这些海量的信息数据中梳理头绪，对于美国学者来说都不是一个轻松的工作，何况是身为局外人的中国学者。

2012年，陈为峰在厦门大学进行博士学位毕业答辩的时候，本人有幸作为答辩委员会主席参与了全过程。应该说，当时陈为峰的研究略显稚嫩，不过，正如刘海峰教授所言，陈博士的学位论文涉及中国的科举、中美的高校考试招生制度，他作为厦门大学与宾夕法尼亚州立大学的联合培养博士研究生，得到了很好的学术训练，做中美的跨国研究是非常适切的。当时，包括学界泰斗潘懋元先生在内的几位评审委员对他的博士论文给予了很高的评价和肯定。若干年过去，陈博士成了现在的陈老师，胡子长了不少，学问也有进益。现在，对于驾驭美国弱势群体优质高等教育机会这一复杂的研究主题，陈博士显得胸有成竹，从研究成果来看，也是可圈可点。

历史法是比较教育研究的主要方法之一。从历史的挖掘中，我们可以洞察传统、民族、政治、经济等主要因素对教育的影响和塑造。陈博士的著作抓住了主要矛盾，以 20 世纪美国弱势群体的教育公平问题作为主线，对美国精英大学的主要招生理念的形成进行了梳理，并以此为基础，结合大量的调研数据，由浅入深地解析了美国顶尖大学对弱势群体颇为隐秘的不公平境遇。正如文中所述：“法国历史学家亚历西斯·德·托克维尔（Alexis De Tocqueville）在他的巨著《论美国的民主》（*Democracy in America*）中认为，美国永远不会形成贵族统治。不过，普利策奖得主丹尼尔·高登（Daniel Golden）却持不同看法，认为法国人托克维尔低估了美国上层阶级的创造力。美国精英家庭通过一种间接的方式维护他们的优势地位，那就是大学录取政策。”美国的顶尖大学多数源于贵族教育，或是精英教育。在过去，血统与种族等先天因素是权贵阶层垄断精英教育的利器。尽管在近现代一百多年的时间里，这些大学的世俗化过程让平民百姓有了得以侧身而入的小门径，但其源于传统的教育目的、课程内容、校园文化等因素决定了顶尖大学的教育是昂贵的。高昂的标签价格让这些高校如同奢侈品店，如果没有大折扣或者清仓甩卖，平民百姓几乎都无法接触。由私立大学引领的美国高等教育，标杆效应让公立高校在经费有限的情况下，仍然致力于提供与私立大学类似的、高投入的课程。于是，那些学费低廉的社区学院和营利性大学成为低收入家庭学生的避难所。看似庞大的资助体系为弱势学生带来了希望，不过，从总体来说，高等教育支出仍是美国民众最为沉重的债务负担。让多数人称赞的肯定性行动计划在一定程度上调和了不同种族对优质高等教育资源的诉求和矛盾，不过，在阶层差异面前，这一法案同样无能为力。陈为峰博士通过大量的数据，很好地论证了美国优质高等教育看似美好的背后存在着扎眼的不公平。

英国比较教育学家迈克尔·萨德勒有一句名言："在研究外国教育制度时，我们不应忘记校外的事情比校内的事情更重要，并且制约和说明校内的事情。我们不能随便漫步于世界教育制度之林，犹如一个小孩逛花园一样，不时地从一堆灌木丛中摘下一朵花，从另一棵树上采一些枝丫，并期望如果我们将这些采集的东西移植到本国的国土上，我们就能拥有一棵茂盛的大树。"[①]美国的高等教育是许多国家模仿和借鉴的对象，其一流大学的综合评价招生制度更是不少中国学者所津津乐道的。然而，客观地讲，我们可以直接借鉴的内容却不多。全面的解析可以带来理性的认识。结合我们的国情，去粗取精，我们才能得到具有现实意义的举措。在借鉴部分，陈博士仍然依据严谨的理论推导和大量的访谈数据，提出了一些主张。通过案例研究和扎根理论的运用，陈博士发现，家庭劳动对于弱势学生的品质修养有着非常重要的塑造作用。他建议，在自主招生制度中，应该纳入弱势群体的人才观和价值观。同时，他提出了三个原则：全人评价原则、差异性原则和结果公平原则。这些建议尽管粗浅，却引人深思，值得进一步探讨和论证。

不可避免地，这本著作也存在一些不足之处。比如，对访谈数据的利用不够充分，挖掘深度有限。在章节的设计上可以更加紧凑，逻辑的连贯性需要进一步加强。当然，瑕不掩瑜，期待这本著作能够引发更多的学术争论。

刘宝存

2018 年 7 月 30 日

① 萨德勒．我们从对外国教育制度的研究中究竟能学到多少有实际价值的东西？[A] 赵中建，顾建民等选编，比较教育的理论与方法——国外比较教育文选 [C]. 北京：人民教育出版社，1994：115.

目　录

图　目　录

表 目 录

绪　论

教育是社会各阶层相互流动的主要渠道。因此，教育公平是社会民众普遍关注的焦点问题。本书尝试以招生政策的分析视角，对美国弱势群体在一流大学中的教育机会问题进行探讨，以期为我国的高校考试招生政策改革提供借鉴。

一、缘起与意义

随着中国高等教育走向大众化，高等教育机会公平的争论也转向优质高等教育机会的公平问题。“高考又是维护社会公平、保持社会流动、稳定社会秩序的重要手段。”[①]如果弱势群体无法通过高考有效获取优质教育资源，无法通过这一路径实现向上层社会流动，那么这样的教育就可能导致诸多社会问题，甚至是不同群体之间的对立和冲突。

依据法国社会学家布迪厄的理论，具有不同经济、文化资源家庭的学生，会被系统性地分类进入精英院校或非精英院校。[②]从总体上看，我国的高校招生制度并不利于弱势群体获得优质的高等教育资源。“父母社会阶层高、文化程度高、行政职务高、经济条件好的学生，在国家重点大学等高层级院校中，获得更多的入学机会，而父母社会阶层低、文化程度低、行政职务低、经济条件差的学生，大多数聚集在二本、三本、大专等低层级院校。这种高等学校分层状况与当前社会分层具有同构性，这在一定程度上固化了现有的社会阶层结构”[③]，也是影响社会稳定和谐的不利因素。在教育资源的分配上，本科招生制度至关重要。

---

① 刘海峰. 高考改革的教育与社会视角 [J]. 高等教育研究，2002，（5）：33-38.

② Soares J A. The Power of Privilege：Yale and America's Elite Colleges[M]. Stanford：Stanford University Press，2007：11.

③ 程家福，董美英，陈松林，等. 高等学校分层与社会各阶层入学机会均等问题研究 [J]. 中国高教研究，2013，（7）：48-56.

因此，本书将优质高等教育资源的分配问题限定在本科招生层面，暂不关注研究生招生问题，亦不关注高校内部优质教育资源在学生群体中的分配问题。

从众多学者的分析来看，诸多因素导致我国弱势群体对优质高等教育资源的占有呈下降趋势。李春玲对2005年1%人口抽样调查数据的一个次级数据集进行分析，认为“教育扩张可以为人们提供更多的教育机会，但不一定使教育机会分配变得更加平等”，我国的“大学扩招没有减少阶层、民族和性别之间的教育机会差距，反而导致了城乡之间的教育不平等上升”[①]。郭涛和王伟宜通过对陕西、福建、浙江、湖南、广东、广西、安徽、上海等地共34所高校的7264个学生样本的调查分析发现，“不同社会阶层子女在高等教育入学机会方面存在差异”“在部属重点高校中，国家与社会管理者、经理人员、私营企业主和专业技术人员这四个社会较高阶层的辈出率为2.39～5.46，约为平均数1的2～6倍。其中，国家与社会管理者和专业技术人员这两个阶层的辈出率在所调查的五类高校中最高，分别为5.46和3.62。这说明，这两个阶层的子女拥有更多的就读于部属重点高校的机会；处于中间的办事人员和个体工商户这两个阶层的辈出率接近或略高于平均数1，分别为0.94和1.50。而商业服务业员工、产业工人、农业劳动者和城乡无业、失业、半失业者，这四个社会较低阶层的辈出率则远低于平均数1。在所有阶层当中，国家与社会管理者阶层子女进部属重点大学的机会是城乡无业、失业、半失业者阶层子女的17倍”[②]。弱势群体在优质高等教育机会方面面临不平等的问题。武毅英和吴连海认为，我国高校普遍存在高收费及收费依据相对模糊的状况，这一现象已极大地冲击了高等教育的资源配置，并对学生择校和专业选择产生了负面影响，使得高等教育的公平公正性受到前所未有的挑战[③]。罗立祝根据报录比这一指标对高考招生、保送招生、自主招生、艺术院校招生、高考加分以及独立学院招生等招生制度所产生的农村家庭子女与城市家庭子女之间的入学机会差异进行量化比较，发现高考招生所造成的城乡差异最小，而保送招生与自主招生所产生的城乡差异最大，城市家庭子女因拥有丰富的文化资本、经济资本或权力资本，往往在越是招生标准缺乏刚性与招生程序不够严密的招生制度中，越能比农村家庭子女获得更多、更优质的入学机会[④]。以农村考生为代表的弱势群体对于自主招生、保送制度的认可度不高，尽管他们“依然认

---

① 李春玲．高等教育扩张与教育机会不平等——高校扩招的平等化效应考查[J]．社会学研究，2010，(3)：82-113，244.

② 郭涛，王伟宜．不同社会阶层子女高等教育机会差异研究[J]．理论导刊，2007，(7)：84-96.

③ 武毅英，吴连海．高校收费对教育机会均等的负面影响及反思[J]．复旦教育论坛，2006，(2)：60-65.

④ 罗立祝．高校招生考试制度对城乡子女高等教育入学机会差异的影响[J]．高等教育研究，2011，(1)：32-41.

同高考的重要性，但对高考公平性的焦虑程度较高；认同'统考'的公平性实属无奈"[①]，因为高考已经是他们最好的选择了。"学术界高度重视自主招生公平问题研究，并普遍认为，对于自主招生制度运行公平性的保障，核心应落脚到对于弱势群体平等分享招生权利的有效保证，关键是应保障弱势地区、弱势阶层与弱势中学的考生平等参与。"[②]

《国家中长期教育改革和发展规划纲要（2010—2020年）》明确提出，中国的高考需要从单一考试逐渐向综合评价转变。2014年9月国务院印发《关于深化考试招生制度改革的实施意见》（以下简称《实施意见》），同样提出"形成分类考试、综合评价、多元录取的考试招生模式""规范高中学生综合素质评价"，以及"改进招生计划分配方式"以促进教育公平的改革。如何更好地实现高考改革的目标，综合评价与高等教育公平之间可能存在的矛盾是一个值得深入探讨的问题。

美国一流大学以追求卓越、培养领军人物为教育宗旨，对不同群体申请者的学业表现、学业职业发展潜力、个人品质，以及对校园文化环境的可能影响进行综合评价，这不仅在最大程度上降低了教育机会平等的社会诉求对高等教育办学质量的消极影响，而且让弱势群体的相对优势得以充分发挥，成为大学保持世界领先地位不可或缺的重要因素之一。从美国一流大学招生政策的历史和现实的关照与解析中是否能够论证这样的论断？对这一问题的探讨可以丰富高校招生的评价理论，为大规模高利害考试的社会学阐释提供新的切入点。这是本书的理论意义。

如果上述论断可以得到证明，那么，据此推论，保障中国弱势群体的优质高等教育机会并不一定要降低录取标准，可以通过完善综合评价体系，让弱势群体凭借相对优势获取优质高等教育机会，进而成为中国大学提高生源质量、建构优秀学生群体、进入世界一流行列不可或缺的一部分。这是本书的现实意义。

二、问题与概念

（一）研究问题

美国一流大学采用综合评价的评判方式进行自主招生，不仅兼顾宏观政策对教育公平的基本要求，而且选拔来自不同社会群体的、具有发展潜力的新生，

① 郑若玲，刘婧婧．弱势群体对高考公平性之评价——基于农村高中生的调查[J]．现代大学教育，2015，（1）：9.

② 刘进，陈健，杜娟．弱势地区自主招生参与的公平问题研究[J]．高校教育管理，2016，（3）：54.

服务于其培养各个领域领导者的教育宗旨。可以说，美国一流大学通过不断完善选拔理念，将教育公平与选拔人才统一起来，让弱势群体（少数族裔、弱势阶层等）可以通过其相对优势在录取过程中脱颖而出，而不是成为“配额”政策的直接受益者。那么，追求卓越的美国一流大学如何保障优质高等教育机会的公平分配？其经历了一个什么样的过程？如何做到的？其主要依据又是什么？其是否适合我们的国情？这些问题的探讨对于高考改革如火如荼的中国来说，是非常有价值的。本书尝试从中美比较、历史与现实相互关照的视角，对这些问题进行解答。

（二）概念界定

本书的核心问题是弱势群体的优质高等教育机会分配的问题。因此，涉及的核心概念有两个：弱势群体和优质高等教育。

1. 弱势群体

《辞海》对弱势群体的定义是：亦称“社会脆弱群体”“社会弱者群体”，指依靠自己的力量或能力无法保持个人及其家庭成员最基本的生活水准、需要国家和社会给予支持和帮助的社会群体。包括下岗失业人员、进城打工的农民、城乡低收入人员等。[①]随着社会的进步和生活标准的提高，弱势群体的概念指向有了新的变化。

在教育领域，弱势群体的内涵有更为明确的指向。有学者认为，“自主招生中的‘弱势群体’应主要包含三类人：一是弱势地区考生，包括家庭处于中西部地区的考生和家庭处于农村地区的考生；二是弱势阶层考生，即父母职业处于不利阶层的考生；三是弱势中学考生，即高校不投放或很少投放自主招生名额的中学（一般为非重点中学）的考生”[②]。对于美国高等教育来说，“弱势群体”包括与所属种族人口比例相比，其在校生比例相对较低的群体，称之为“低代表性群体”（underrepresented group）。比如，拉美裔美国人在美国总人口的比例是17%（2012年数据）[③]，在美国一流大学中，拉美裔学生的比例在10%左右，低于其人口比例。因此，拉美裔学生就是低代表性群体。对于亚裔美国人来说，美国常春藤联盟（Ivy League）高校的亚裔学生比例要高于人口比例，因此是高代表性群体（overrepresented group），这些大学也将亚裔视为优势群体。不过，对于亚裔来

---

① 夏征农，陈至立. 辞海（第六版普及本）[Z]. 上海：上海辞书出版社，2010：3306.

② 刘进，陈健，杜娟. 弱势地区自主招生参与的公平问题研究 [J]. 高校教育管理，2016，（3）：55.

③ The United States Census Bureau. The U.S. Census Bureau sees racial，ethnic demographic shift[EB/OL]. http://www.census.gov/[2018-01-12].

说，特别是华裔、韩裔来说，他们的学业成绩要优于其他族群学生很多，他们往往要考更高的分数才能进入一流大学，因此，他们也将自己视为受歧视的群体。

由于本书关注高等教育本科招生问题，本书主要依据本科招生所涉及的家庭资本因素来界定弱势群体的内涵。不论是美国高等教育还是中国高等教育，弱势地区（主要是偏远地区、发展落后地区）、弱势阶层（文化资本、经济资本、社会资本明显不足的阶层）的家庭子女都被视为弱势群体学生。这些学生的优质高等教育机会问题是本书的核心主题。

2. 优质高等教育

判定优质教育的标准有很多，不同的评判者也会有不同的依据和观点。一般情况下，录取率是一个重要的指标，表明高等教育的稀缺程度以及社会大众的认可程度。录取率低的高校，往往办学质量高，具有较高的知名度和社会声誉。不过，学费的高低是影响录取率的一个重要因素。一些收费低廉的区域性大学或者社区学院、职业学院，也可能吸引大量的申请者，而导致较低的录取率。

判定优质高等教育的常用依据是各类大学排名。这些大学排名依据不同的排名目的设计系统的指标体系，对各类高校的各方面特征进行赋值，再依据综合分数对不同高校进行排序，最后得出各式各样的大学排行榜。一些学者依据大学排名，适度参考社会的主流价值将高校分为不同的层次。比如，《美国新闻与世界报道》《普林斯顿评论》等，将美国大学进行排序，排名靠前的大学一般是优质高等教育的代表。不过，这类大学排名也有局限性。大学排行榜的非公益性导致评价指标的设计容易受到各种因素的干扰，往往有利于一部分高校而不利于另一部分高校，因此广受批评。

一些高校虽然在录取率、大学排名层面的表现不突出，但并不影响其成为优质高等院校。比如，一些高校学费高昂，多数中下层学生无法将其列为申请对象，因此录取率会比较高。但是，高昂的学费是这些高校保持高品质教育的重要因素之一。另外，一些具有特色且规模不大的高校，通过精英化办学保证了其高质量教育，但由于不适用于一般的大学排名指标体系，在大学排名方面不突出，但这并不影响其教育质量的卓越表现。

精英院校并不等于优质高等教育，不过，精英院校是优质高等教育的重要组成部分。这些精英院校与非精英院校具有可辨别的差异。法国社会学家布迪厄认为，著名大学将通过尽可能区别于非精英院校的方式维持其精英地位。精英院校都有一个适宜的且知名的市场去维护。一般情况下，它们会在录取标准、课程、课外活动方面提出与非精英学校不同的侧重点。比如，类似密歇根大学的州立大学，历来侧重学生的学科竞争力，让学生走读或者住蜂巢式公寓，便于学习科学；而精英大学如耶鲁大学，则采用能力测验选拔学生，侧重文理通用知识的学习，同时，采用乡村俱乐部式的住宿方式。[①]不同的教育理念面向不同的教育市场，精英院校往往更受社会精英阶层的认可，非精英阶层则受限于阶层的价值差异，往往做出略有差异的判断。

总体而言，优质高等教育是一个综合性的概念，并不能通过单一的指标进行认定。一般情况下，社会认可度是一个首要的指标。同时，院校在教育品质方面的表现是认定优质高等教育的重要参考。在尽可能服务于研究的前提下，本书将优质高等教育的概念范围进行了一定程度的缩小，即主要参考院校在社会认可度较高的、侧重教育品质指标的大学排行榜中的表现。同时，由于我国的优质高等教育主要以研究型综合性大学为代表，为了便于借鉴，在选取美国的研究对象时，本书同样主要以研究型综合性大学作为首要分析样本。具体而言，本书以《美国新闻与世界报道大学排行榜》中的研究型综合性大学为比较研究的对象。中国的优质高等教育则以具有自主招生权的重点高校作为代表，通过这两个操作性定义确定本书的对象与范围，获得研究的可行性。

三、研究现状

公平问题一直是高校招生政策的核心问题。不论是招生效率的探讨，还是教育机会分配问题的争论，都绕不开对公平的讨论。近年来，诸多学者关注美国高等教育问题，并围绕其招生政策的公平问题进行中美之间的参照比较。

（一）美国高校招生政策研究

许多中国学者认为美国一流大学本科招生综合评价制度值得借鉴。刘海峰认为，考虑到中西的文化差异，“只有在充分考虑包括传统文化在内的各种制约因素之后，理性地稳步推进招生考试改革，才能逐步建立起以全国普通高校招生统一考试为主与多元化考试评价和多样化选拔录取相结合，政府宏观指导、调控，高校自主招生、自我约束，社会有效监督的高校招生考试制度”[②]。郑若玲对这一论题发表了数篇论文，在《我们能从美国高校招生制度借鉴什么》中她认为，中国高考多样化改革可以从美国高校招生制度中得到以下四点启发与借鉴：第一，注重入学机会公平；第二，适度采用多元录取指标；第三，扩大高校招生自

---

① 转引自：Soares J A. The Power of Privilege：Yale and America's Elite Colleges[M]. Stanford：Stanford University Press，2007：10-11.

② 刘海峰．传统文化与两岸大学招考改革 [J]．高等教育研究，2004，（2）：80-85.

主权；第四，建立多渠道、多层次考试“立交桥”[①]。郑若玲在《多元招生考核体系是否可行》中对美国高校招生制度的最显著特点——灵活和多元进行了较为详尽的阐述，认为“灵活主要指招生计划‘因校制宜’，灵活多样”，“多元则是指录取指标综合多元，包括中学成绩、标准化考试分数、课外活动、才艺与能力、个性品质、面试表现等；其中，中学成绩和标准化考试分数是美国大学入学最重要的两条标准”，并提出美国的多元综合评价是我国高考多样化改革的目标，但同时认为，“任何国家招生制度的形成与运作，与该国的历史、文化、经济、政治和教育等因素关联甚密，别国的经验和做法可以受其启发甚至借鉴，生搬硬套却绝不可行”[②]。王晓阳的《美国大学的综合选拔招生制度》[③]、欧阳敬孝和张晨的《美国名校招生程序》[④]、乐毅的《美国本科招生模式及录取标准、启示、借鉴与本土实践》[⑤]等文章均对美国大学录取过程中的招生模式、学术因素、非学术因素进行了介绍和借鉴。“美国大学招生重视学生的平时成绩 GPA（grade point average，也称平均绩点*），淡化大学入学标准化成绩，大学招生录取与学生日常学业表现具有很强的关联度。这种关联能最大可能地实现教育公平和引领学生全面发展。”[⑥]“美国高校实行多样化招生标准的目的不仅仅在于选拔现在表现优秀的学生，更重要的是预测学生未来的表现。”[⑦]“美国大学采行的招生办法是典型的‘多样化招生’，其大学招生制度具有‘标准多元、综合评价、自主招生’等特征。”[⑧]“近二十年来，美国越来越多的大学进行了‘可免试入学’改革尝试，标准化考试成绩不再是必须提交的申请材料。实行这一改革主要基于两点理由：标准化考试成绩对预测大学学业成绩效果甚微；标准化考试强化了社会不平等。”[⑧]这些论文短小精悍，观点犀利，成为本书重要的参考资料。

在专著方面，唐滢的《美国高校招生考试制度研究》对美国高等教育制度及政策法规，美国高校招生考试制度的历史，美国现行高校招生考试制度进行了较为详尽的介绍，并根据不同的招生方式选择了几所美国大学进行个案研究，运用多学科的研究方法对美国高校招生考试制度进行了理论分析，是一本具有代表

---

① 郑若玲．我们能从美国高校招生制度借鉴什么 [J]．东南学术，2007，(3)：156-160.

② 郑若玲．多元招生考核体系是否可行 [J]．湖北招生考试，2007，(8)：15-17.

③ 王晓阳．美国大学的综合选拔招生制度 [J]．世界教育信息，2007，(1)：79-84.

④ 欧阳敬孝，张晨．美国名校招生程序 [J]．英语沙龙（初级版），2007，(10)：30-33.

⑤ 乐毅．美国本科招生模式及录取标准、启示、借鉴与本土实践 [J]．现代大学教育，2008，(1)：49-55，111.

⑥ 王芳．美国大学招生与高中学业水平关系探究 [J]. 教育发展研究，2015，(8)：75-79.

⑦ 方水凤，姜华．你是未来的精英吗？——美国高校招生标准对学生未来预测 [J]. 现代大学教育，2015，(6)：13-20，107. ＊为本书著者的注释。

⑧ 郑若玲．美国大学“可免试入学”改革及启示 [J]. 华中师范大学学报（人文社会科学版），2016，(2)：161-167.

性的专著[①]。吴向明的《美国高等院校招生制度研究》同样对美国高等院校招生制度的历史进行了梳理，介绍了其特征，同时，对美国高等院校招生制度的价值取向和制约因素进行了探讨[②]。笔者的专著《美国一流大学本科招生综合评价制度研究》以美国顶尖大学作为研究对象，分析了高选拔性大学的招生政策，并对中美社会文化差异进行了一定程度的阐述，解析了在中国实行综合评价招生政策所需要的社会基础和条件[③]；需要指出的是，这本书是以笔者2009年的硕士学位论文《美国名校本科招生综合评价制度研究》[④]为基础拓展和完善而成。这三本著作是美国招生政策学术性系统研究的部分代表。

此外，我国各界人士面向普通读者对美国高校，特别是一流大学进行了推介，这部分文献涉及了大量美国一流大学的招生制度。改革开放以后，美国一直是中国留学生的主要聚集地，留学美国是很多学子的梦想。因此，很多介绍美国高校概况及如何进行入学申请的书籍文本应运而生。这类文献主要是由具有留美经历的华人撰写，其目的是介绍美国大学入学制度，且侧重于指导学生如何申请进入美国大学，特别是美国顶尖大学。这类书籍虽然学术性普遍不高，但是独到见解颇多，是很有价值的参考资料。例如，夏里巴的《美国229国家级大学指南（第三版）》对美国229所国家级大学的概况和入学要求进行了较为全面的介绍[⑤]。黄全愈的《"高考"在美国——旅美教育学专家眼里的中美"高考"》对美国高校招生所涉及的考试及其他多个方面进行了介绍，特别是对两国之间的区别进行了通俗易懂的解读[⑥]。薛涌的《精英的阶梯——美国教育考察》[⑦]和《美国是如何培养精英的》[⑧]这两本专著对美国精英大学的办学定位、教学方式、招生方式等方面，以及与社会之间的关系进行了论述。舸昕的《从哈佛到斯坦福》[⑨]和《漫步美国大学》[⑩]对美国著名的公私立大学进行了较为详细的介绍。成寒的《留学美国生存术》[⑪]、伟婷的《美国名牌大学申请技巧》[⑫]、于桐的《耶鲁深

① 唐滢. 美国高校招生考试制度研究 [M]. 武汉：华中师范大学出版社，2007.

② 吴向明. 美国高等院校招生制度研究 [M]. 北京：中国社会科学出版社，2008.

③ 陈为峰. 美国一流大学本科招生综合评价制度研究 [M]. 北京：科学出版社，2015.

④ 陈为峰. 美国名校本科招生综合评价制度研究 [D]. 厦门大学硕士学位论文，2009.

⑤ 夏里巴. 美国 229 国家级大学指南（第三版）[M]. 成都：四川大学出版社，1997.

⑥ 黄全愈. "高考"在美国——旅美教育学专家眼里的中美"高考"[M]. 北京：北京大学出版社；桂林：广西师范大学出版社，2003.

⑦ 薛涌. 精英的阶梯——美国教育考察 [M]. 北京：新星出版社，2006.

⑧ 薛涌. 美国是如何培养精英的 [M]. 北京：新星出版社，2005.

⑨ 舸昕. 从哈佛到斯坦福 [M]. 北京：东方出版社，1999.

⑩ 舸昕. 漫步美国大学 [M]. 哈尔滨：哈尔滨工业大学出版社，2000.

⑪ 成寒. 留学美国生存术 [M]. 上海：上海文艺出版社，2001.

⑫ 伟婷. 美国名牌大学申请技巧 [J]. 国际人才交流，2004，(3)：62-63.

呼吸》[①]、陈屹的《美国素质教育大参考——中美教育实证比较》[②]、王定华的《走进美国教育》[③]、程星的《细读美国大学》[④]、《细读美国大学（第二版）》[⑤]、张华的《阅读哈佛》[⑥]等都对美国高校的相关情况进行了介绍。由于这类文献很多，本书不再一一列举。

美国一流大学同样是美国学生所向往的，但是其招生过程却带有一点神秘感，因为综合评价过程不是一个用机器进行操作的过程，它没有固定的套路可循，涉及大量的主观因素，即使成绩非常优秀，谁也不敢保证自己肯定能被心仪的大学录取。美国学者对高校招生的研究不仅有理论探讨，为高校招生提供理论依据，也有对高校综合素质评价进行较为系统的介绍，这些丰富的资料成为本书重要的研究基础。1982 年，瓦伦 •W. 威林汉（Warren W. Willingham）和亨特 •M. 布雷兰德（Hunter M. Breland）颇有影响的专著《个人品质和高校录取》对个人品质在美国高校录取过程中的作用进行了详尽的论述[⑦]。根 • S. 塔纳伯（Gen S. Tanabe）和凯利 • Y. 塔纳伯（Kelly Y. Tanabe）的著作《进入任意高校——哈佛学生的秘密》对哈佛大学学生的综合素质进行了论述[⑧]。斯蒂芬 •克拉梅（Stephen Kramer）和迈克尔 • 伦敦（Michael London）的著作《高校录取新规则——前招生事务负责人揭示当今进入高校的要点》介绍了几名曾参与美国高校招生工作的前招生人员对美国高校本科招生综合评价制度的看法，对大学申请的各个环节进行论述[⑨]。夏克 • 休斯（Chuck Hughes）的《进入常春藤盟校和其他选拔性高校的真正因素》对美国常春藤联盟高校和其他若干所选拔性大学的本科招生综合评价制度进行了颇为详细的论述，同时给有意申请美国一流大学的中学生提出了应对策略[⑩]。

---

① 于桐．耶鲁深呼吸 [M]．北京：西苑出版社，2002.

② 陈屹．美国素质教育大参考——中美教育实证比较 [M]．北京：新世界出版社，2001.

③ 王定华．走进美国教育 [M]．北京：人民教育出版社，2004.

④ 程星．细读美国大学 [M]．北京：商务印书馆，2004.

⑤ 程星．细读美国大学（第二版）[M]．北京：商务印书馆，2006.

⑥ 张华．阅读哈佛 [M]．北京：北京大学出版社，2008.

⑦ Willingham W W，Breland H M. Personal Qualities and College Admission [M]. New York：College Entrance Examination Board，1982.

⑧ Tanabe G S，Tanabe K Y. Get into Any College：Secrets of Harvard Students [M].Belmont：SuperCollege，LLC.，2001.

⑨ Kramer S，London M. The New Rules of College Admissions：The Former Admissions Officers Reveal What It Takes to Get into College Today [M]. New York：FIRESIDE Rockefeller Center，2006.

⑩ Hughes C. What It Really Takes to Get into the Ivy League & Other Highly Selective Colleges [M]. New York：The McGraw-Hill Companies，2003.

理查德 • J. 莱特（Richard J. Light）的《充分利用大学时光》基于大量的访谈资料介绍了美国学生对大学经历的看法，得出学生之间的相互影响大于学校其他作用因素的结论，对美国高校招生理念产生了巨大影响①。威廉 • E. 希德雷克（William E. Sedlacek）的《超越大考——高等教育中的非认知评价》对认知因素和非认知因素在美国高等教育中的影响和作用进行了阐述②。此外，美国一流大学的招生网站，大量介绍美国高校招生的电子期刊等都是本书的重要参考资料，此处不再一一列举。

（二）美国高等教育机会公平问题研究

美国是高等教育强国，其高等教育机会问题是许多学者关注的问题之一。刘宝存在 2001 年就对美国少数族裔的高等教育机会问题进行了历史的梳理及剖析③，特别是围绕肯定性行动计划对教育公平的影响、争议、走向展开了论述，认为肯定性行动计划的否定非常不利于少数族裔对高等教育资源的获取④。时任驻纽约总领馆教育领事王定华对美国一流大学的本科招生标准进行了介绍，认为“大学录取标准比较全面客观，录取过程由集体操作，谨慎行事”⑤。张晓鹏的《自主招生综合评价——美国名牌大学录取工作现状》对美国精英大学的自主招生进行了分析及对比，认为“美国精英大学录取工作同中有异”，“自主招生和公平录取并不矛盾”⑥。李立峰对近代以来美国少数族裔的高等教育入学政策进行了梳理，探讨了 20 世纪 60 年代美国肯尼迪总统签署的“肯定性行动计划”对美国高等教育和社会群体的影响，认为“优待措施有力地促进了少数民族高等教育的发展和大学公正目标的达成”⑦。不过，对少数族裔的优待政策不可避免地损害了优势群体的教育权利。魏国东结合 2003 年发生在美国高等教育中的詹尼芙诉密歇根大学本科生院案和芭芭拉诉密歇根大学法学院案，分析了美国社会对少数族裔招生政策的反思与争议。⑧也有学者认为，“肯定性行动计划”的实施对于受照

① Light R J. Making the Most of College：Students Speak Their Minds [M]. Cambridge：Harvard University Press，2001.

② Sedlacek W E. Beyond the Big Test：Noncognitive Assessment in Higher Education [M]. San Francisco：John Wiley & Sons，Inc，2004.

③ 刘宝存 . 美国少数民族高等教育政策的历史演变和未来走向 [J]. 中国民族教育，2001，(3)：43-45.

④ 刘宝存 . 肯定性行动计划与美国少数民族高等教育的发展 [J]. 民族教育研究，2002，(2)：51-56.

⑤ 王定华．美国大学招生制度与公平性问题 [J]．世界教育信息，2002，(4)：16-19.

⑥ 张晓鹏．自主招生综合评价——美国名牌大学录取工作现状 [J]．上海教育，2006，(8)：30-33.

⑦ 李立峰 . 美国少数民族高等教育入学政策的演进与争论 [J]. 教育学术月刊，2008，(4)：74-77.

⑧ 魏国东 . 美国大学少数民族优惠招生政策的微妙取向——以密歇根大学案为例的分析 [J]. 黑龙江高教研究，2008，(6)：65-67.

顾群体来说并非都是正面效果，也有副作用。“种族偏向的招生对少数族群学生有意想不到的后果，其中包括辍学率增加、预期表现低、对成功的质疑、自我怀疑、成绩差、不信任和敌意。”[①]种族偏好政策对表现突出的群体造成了伤害，“减少了亚裔学生就读大学的机会。种族偏好的高考政策会给那些有着各种背景的学生增加社会、心理和经济等负担，应予以废除”[①]。高校招生政策的有效运转离不开法治环境的保障支撑。“美国高校招生制度的发展表明，在高等教育大众化的背景下，政府通过立法和政策导向来保障弱势群体的受教育权利和教育机会，体现了公平的价值取向；而高校追求与培养目标相适应的人才选拔效率。”[②]联邦在保障高等教育入学机会分配方面发挥了积极的作用，“它通过立法和资助手段尽力为所有人，特别是处境不利者接受高等教育创造一个公平的机会，同时，通过提高初、中等教育的质量，尽量消除由于处境不利、教育不良而导致的学术差距，以此缩小人们在获得什么样的高等教育机会上的差距”[③]。

楚琳对美国《高等教育机会法案》进行了阐释，发现该法案主要为提升美国高校参与率、完善学校管理制度、提高教育质量等提供法律上的保障和支持[④]。杨克瑞撰文分析了美国高校的录取倾向制度，认为尽管这一制度有争议，但有利于促进教育公平，并提出，高校招生政策倾向标准的制定需参照现实补偿性、司法可诉性以及公开透明性三项准则[⑤]。杜瑞军对二战之后美国高等教育入学机会的分配政策进行了分析，认为美国联邦政府在保障教育公平方面发挥了积极的作用，值得借鉴[③]。郑若玲对美国高校招生制度的变革进行了梳理，认为“入学机会公平一直是美国高校招生改革的热点”[⑥]。郑若玲和陈为峰对考生进行合理的综合评价是高校招生制度走向科学选才的方向。当招生制度需要由自身的制度设计维护公平时，其选才的科学性会受到限制。美国社会维权系统为高校招生提供了较为公平的外部环境，使其可以围绕科学选才进行制度设计。[⑦]

薛二勇认为，美国教育公平相关政策不仅有历史局限性，还有地区局限

---

① 刘英宰 . 美国高校招生对少数族群学生的影响分析 [J]. 云南财经大学学报，2009，25（3）：154-160.

② 吴向明 . 美国高校招生的公平与效率研究 [J]. 比较教育研究，2008，(10)：17-21.

③ 杜瑞军 . 公平之困——二战后美国高等教育入学机会分配政策的历史变迁 [J]. 比较教育研究，2008，30（4）：59-63.

④ 楚琳 . 美国《高等教育机会法案》的内容、特点及启示 [J]. 外国教育研究，2009，36（6）：84-87.

⑤ 杨克瑞 . 美国高校的录取配额与教育公平 [J]. 大学教育科学，2007，5（5）：95-98.

⑥ 郑若玲 . 追求公平：美国高校招生政策的争议与改革 [J]. 教育发展研究，2008，(z3)：96-99.

⑦ 郑若玲，陈为峰 . 社会维权系统分担高校招生公平责任：美国的启示 [J]. 教育发展研究，2010，(5)：38-41.

性①。迈克尔·英伯等从道德和财政的角度对美国教育机会平等问题进行了思考，认为受教育机会平等应该理解为所获教育利益的平等而非生均费用的平等②。王玉平和魏良臣对美国少数族裔的高等教育公平问题进行了探讨，认为政府积极的政策干预起到了积极的作用③。钟景迅通过研究发现，美国不同种族、阶层、性别群体的优质高等教育机会存在不公平现象，值得关注④。此外，许多学者对美国大学生资助政策进行了研究和论述，普遍认为美国联邦的资助政策在扩大弱势群体高等教育入学机会方面起到了积极的作用，其完善的体系值得借鉴⑤⑥。覃红霞和刘海峰指出："联邦最高法院介入大学关于种族、性别、残疾人招生的判例，不仅引导美国大学的招生政策逐渐从简单化走向整体性、全面性的复杂评价，而且为大学弱势群体招生政策的调整提供了法律上的阐释。"⑦

总体而言，国内学者主要以政府政策作为研究的切入点和分析视角，对美国高等教育机会平等问题进行研究，而较少从美国一流大学综合评价招生制度的微观视角剖析美国弱势群体高等教育机会问题。

国外学者同样对美国大学的招生制度以及高等教育入学机会进行了探讨。这类文献将有助于本书对美国一流大学本科招生综合评价制度进行深入解析和理论探讨。法国社会学家布迪厄认为，在每一个现代教育制度中，都具有一个独立的精英部分，有些是正式的，如法国，有些则是非正式的，如美国。法国教育的精英部分是高等专科学院（Grandes Ecoles），这是法国特有的一群为数不多的进行高等教育的精英组织；美国则是常春藤联盟高校和类似的顶尖私立大学或文理学院。⑧帕崔西亚·M. 麦克多诺（Patricia M. McDonough）的《选择高校——社会阶层和学校如何构建入学机会》结合社会阶层和高校不同的诉求，对美国高等教育机会进行了分析⑨。尼古拉斯·勒曼（Nicholas Lemann）的《大考——美

① 薛二勇. 美国促进教育公平发展的政策体系——基于法律演化的视角 [J]. 高等教育研究，2010，31(4)：97-104.

② 迈克尔·英伯，李晓燕，方彤. 美国教育机会平等问题——道德和财政上的思考 [J]. 教育与经济，2007，(3)：5-7.

③ 王玉平，魏良臣. 美国少数族裔高等教育公平问题研究 [J]. 教育科学，2011，27（6）：90-93.

④ 钟景迅. 院校分层与学生隔离：美国高等教育不公平现象剖析 [J]. 高等教育研究，2012，33（3）：94-101.

⑤ 李志杰. 美国联邦大学生资助政策对高等教育的影响 [J]. 重庆教育学院学报，2011，24（4）：162-165.

⑥ 童蕊，李新亮. 美国高等教育学生资助项目的政策变迁研究——基于支持联盟框架的分析 [J]. 高教探索，2011，(5)：58-65.

⑦ 覃红霞，刘海峰. 美国弱势群体入学政策的法律审视与启示 [J]. 高等教育研究，2015，(3)：91-96.

⑧ Soares J A. The Power of Privilege：Yale and America's Elite Colleges[M]. Stanford：Stanford University Press，2007：10.

⑨ McDonough P M. Choosing College：How Social Class and Schools Structure Opportunity [M]. Albany：State University of New York Press，1997.

国精英的秘密历史》对美国教育界精英观念变化和影响进行了论述[①]。一种观点认为，到20世纪50年代，哈佛大学、耶鲁大学等大学已经转变成才能主义，录取标准主要依据为学术能力评估测试（scholastic assessment test，SAT）而不是家庭背景或社会地位。《经济学家》（*Economist*）将这一变化称为“一种学术的、社会的革命”，先是从常春藤联盟高校开始，然后延伸至美国最有权力、薪酬最高的职业。尼古拉斯·勒曼的《大考——美国精英的秘密历史》是这种观点的代表。这种观点获得了许多知名人士的认同[②]。杰隆·卡纳贝尔（Jerome Karabel）的《选拔——哈佛、耶鲁和普林斯顿三所大学不为人知的录取淘汰历史》[③]以及玛西亚·辛若特（Marcia Synnott）的《半开的门——哈佛、耶鲁、普林斯顿的录取与歧视（1900—1970）》[④]这两本专著对美国这三所著名私立大学的招生制度演变进行了论述，剖析了美国不同群体（种族、宗教、性别、国籍等）高等教育机会的变化过程。威廉·G. 鲍文和德雷克·波克（William G. Bowen and Derek Bok）的《河流之形》关注美国大学招生制度如何考量种族因素，以及涵盖种族差别的招生制度如何影响美国社会的结构和发展[⑤]。丽贝卡·兹维克（Rebecca Zwick）的《公平游戏——标准化入学测验在高等教育中的运用》对标准化招生考试的形成和发展以及对美国高等教育入学机会以及其他方面的影响进行了论述[⑥]。约瑟夫·索尔斯（Joseph Soares）的《特权的力量——耶鲁和美国的精英大学》通过对耶鲁大学内部历史材料的深度分析，探讨了以耶鲁大学为代表的美国精英院校与特权阶层之间的联系与博弈，认为美国精英大学对于社会流动的影响非常有限，是精英阶层再生产的工具[⑦]。丹尼尔·高登（Daniel Golden）的《录取的价格》则从更为微观的视角以及大量的实例，试图论证美国精英大学在本质

---

① Lemann N. The Big Test：The Secret History of the American Meritocracy [M]. New York：Farrar，Straus and Giroux，1999.

② Soares J A. The Power of Privilege：Yale and America's Elite Colleges[M]. Stanford：Stanford University Press，2007：8.

③ Karabel J. The Chosen：The Hidden History of Admission and Exclusion at Harvard，Yale，and Princeton[M]. New York：Houghton Mifflin Company，2006.

④ Synnott M G.The Half Opened Door：Discrimination and Admissions at Harvard，Yale，and Princeton，1900-1970[M]. New Brunswick：Transaction Publishers，2010.

⑤ Bowen W G，Bok D. The Shape of River：Long-Term Consequences of Considering Race in College and University Admissions[M]. Princeton：Princeton Unviersity Press，1998.

⑥ Zwick R.Fair Game：The Use of Standardized Admissions Tests in Higher Education [M]. New York：Routledge Falmer，2002.

⑦ Soares J A. The Power of Privilege：Yale and America's Elite Colleges[M]. Stanford：Stanford University Press，2007.

上是服务于社会精英阶层，进而保持其优势地位[①]。

此外，还有许多期刊文章对美国高等教育机会公平进行了分析。从这些文献可以看出，美国学者对高等教育机会公平的研究主要集中在中观和微观层面，且结合历史和数据进行阐述。

（三）中国高等教育机会公平问题研究

以统一高考为核心的高校考试招生政策一直是我国学界关注的焦点问题。当新的宏观政策或微观政策出台，或每年高考结束，在这些重要的时间节点各类高考话题就出现在各种媒体平台，引发各界新一轮的争鸣。在这些此起彼伏的争论中，公平问题一直是学者关注的首要问题。

统一高考需要改革，这是众多社会各界人士的观点。潘懋元和陈厚丰认为，应试教育与素质教育之间的矛盾、高等教育人才多样化培养的诉求、考生选择权与和谐社会构建，这些时代新特征对高校考生招生制度的设计提出了新的要求[②]。不同区域有着不同量的优质高等教育资源，且不同地区的政治、经济、文化情况又影响了优质高等教育资源的分配。地理因素影响教育资源分配的途径可以归纳为两类：第一类，优质教育资源的地理分布对不同地区的考生形成了不同的获得阻力；第二类，不同地区的政治、经济、文化情况对优质教育资源的分配方式产生一定程度的影响，导致教育机会不平等。刘海峰和李木洲认为，“当前，各省（区、市）存在的高水平大学高考录取机会差异，表面上是由高考分省定额制所造成，实则是隐藏在高考分省定额制背后的优质高等教育资源分布不均、分摊共建大学办学模式以及基础教育发展存在较大差距等深层原因所致”[③]。董美英的博士学位论文基于一手的档案资料和问卷调查资料进行分析发现，“1．各社会阶层高校入学机会随着高等教育招生政策的变化而变动……1977 年恢复高考后，分数面前人人平等的招生政策下，知识分子阶层的优势开始凸显，处于文化劣势的农民子女入学机会减少；20 世纪 90 年代中期以来，学业成绩考查兼谁受益谁付费的招生政策下，私营企业主阶层的优势显现出来，干部、知识分子、私营企业主社会强势阶层子女占有较多的高等教育入学机会，文化、经济俱为劣势的农民子女更多地被阻挡在重点大学门外，工人子女进入重点大学的比例也在下降。2．在社会各阶层中，在各个历史时期，干部子女进入重点大学的机会一直是最多的，农

① Golden D. The Price of Admission：How America’s Ruling Class Buys Its Way into Elite Colleges[M]. New York：Three Rivers Press，2007.

② 潘懋元，陈厚丰．从恢复统一高考三十周年说起 [J]. 大学（研究与评价），2007，(6)：53-56.

③ 刘海峰，李木洲．高考分省定额制的形成与调整 [J]. 教育研究，2014，(6)：73-80.

民子女进入重点大学的机会一直是较少的。3. 重点高校的学生来源状况存在城乡、性别差异。城市学生较农村学生有更多的机会进入重点高校。在重点高校中，女性少于男性，城市女性较农村女性进入重点高校的机会多。此外，重点高校中学生父母文化程度较社会一般群体高得多，且重点高校学生绝大多数毕业于重点中学。4. 高等教育入学机会存在着专业区隔。干部、知识分子、私营企业主等强势阶层子女几乎对热门专业形成了垄断之势，农民和城市无业、失业、半失业者在热门专业中所占比例最少。冷热专业的学生来源状况和父母文化程度、学生原居住地、户籍状况也存在着相关性。父母文化程度越高，其子女进入热门专业的比例越高，反之，其子女进入冷门专业的比例越大。学生考大学时的居住地行政级别越高进入热门专业的比例越高，相反进入冷门专业的比例越高。城镇户籍的学生分布在热门专业的多于农村户籍的学生，农村户籍的学生更多地进入冷门专业。5. 从整个建国后长时段的状况来看，随着社会的发展，教育的普及，社会各阶层进入重点大学的差距在缩小，两性进入重点高校的差距也在缩小。6. 从资本理论来看，建国后十七年，拥有权力资本的干部阶层子女在重点大学入学机会占有上具有绝对的优势；'文革'期间实行推荐上大学的政策，权力资本对重点大学入学机会的占有依然发挥了重大作用；恢复高考后，权力资本和文化资本在重点大学入学机会竞争中优势凸显；自20世纪90年代中期以来，权力资本、文化资本、经济资本共同加入到对重点大学入学机会争夺中"[①]。在教育机会平等的探讨前提下，弱势群体的突显特征是家庭资本因素在教育机会竞争中的弱势地位。权贵家庭资本是自主招生考生群体的显性特征[②]。家庭资本主要可以划分为三个方面的组成部分：经济资本、文化资本和社会资本，同时，地理位置也是家庭资本的影响因素之一。家庭资本和经济资本、文化资本和社会资本对于高校招生政策的影响逐渐引起国内学者的关注，他们对这一问题进行了多角度的分析和讨论。"依据北京某高校2010年和2011年的调研数据，通过多因素分析方法，比较自主招生大学生和普通高考大学生发现，父亲职业和教育程度较高的、家庭收入较高的、中东部地区、城市家庭、独生子女等特征的更容易成为自主招生大学生，城市父亲低职业甚至劣于农民，市重点中学自主招生的优势并不存在，自主招生恶化了高考不公。"[③]从该研究中可以看出，家庭的经济资本（父亲职业、家庭收入）、文化

① 董美英．教育机会均等视阈下重点高校大学生来源的历史研究——以上海某重点大学为例 [D]. 华东师范大学博士学位论文，2009：i.

② 汪庆华，荀振芳．自主招生场域家庭资本的影响与自主招生的制度探寻 [J]. 中州学刊，2011，(3)：125-129.

③ 尹银，周俊山，陆俊杰．谁更可能被自主招生录取——兼论建立高校自主招生多元评价指标体系 [J]. 清华大学教育研究，2014，35（6）：41-47.

资本（教育程度）、社会资本（城市家庭），以及地理位置（中东部地区、城市家庭），对自主招生有着很大的影响。针对地理位置因素，有学者提出了“弱势地区”的概念。通过对 2014 年自主招生公开数据的系统分析，发现“经济发展水平、行政层级、高等教育资源分布客观影响了弱势地区的自主招生入学机会，且部分指标差异达到数十倍之多，说明民众与学界一直以来对于自主招生公平状况的担忧确有实据，且这种不公平或者说失衡现象已达到相当程度，需要引起理论界与决策者的足够重视”①。因此，虽然在招生评价的系统性多样性方面，自主招生是统一高考很好的补充。不过，“自主招生在公平性方面与统一高考未形成良好互补，虽然通过录取更多男生有效促进了性别公平，但对城市户籍和属地生源都更为有利因而加大了失衡。自主招生不是促进公平，特别是城乡公平有效的模式”②。“自主招生制度为家庭资本的运作提供了可作用的空间。”③

不仅自主招生政策如此，加分政策同样呈现类似的特征。通过对中国高校的抽样调查，有学者发现，高考加分与家庭背景的关系呈现出来的情况不容乐观，“获取高考加分者绝大多数来自重点中学，大多进入重点高校；城市考生比农村考生有更多的高考加分机会；那些父母社会阶层高、文化程度高、行政职务高、经济条件好的考生，有更多的机会，反之则机会较少；高考加分已异化为社会优势阶层的特权和福利，使中国高等教育入学机会更加不均等，并强化了高校中的阶层隔离”④。对于这一问题，有学者提出了建议：“为了保障高考加分政策回归公平正义，必须对现行政策进行完善。具体而言，可通过改善决策参与形式、采用加分项目听证制度、建立责任追究制以及加强信息公开公示等措施，来消解经济资本、社会资本和文化资本对高考加分政策的侵蚀，去除权贵势力的负面影响。”⑤

中国优质高等教育资源分配的公平问题是众多学者关注的焦点问题，也是涉及社会稳定、教育平等的重要主题。从相关的研究中可以看出，弱势群体在优质高等教育资源的竞争中处于非常不利的处境，这一方面影响了高校的全面选材；另一方面影响了社会对于教育的认同感。因此，这一问题值得深入挖掘解

---

① 刘进，陈健，杜娟．弱势地区自主招生参与的公平问题研究 [J]. 高校教育管理，2016，10（3）：54-59.

② 黄晓婷，关可心，陈虎，等．自主招生价值何在？——高校自主招生公平与效率的实证研究 [J]. 教育学术月刊，2015，（6）：28-33.

③ 汪庆华，苟振芳．自主招生场域家庭资本的影响与自主招生的制度探寻 [J]. 中州学刊，2011，（3）：125-129.

④ 董美英，程家福．谁是高考加分政策的受益者——基于 2012 年全国高校抽样调查数据 [J]. 高等教育研究，2016，（1）：14-21.

⑤ 程家福，李瑛，董美英，等．资本侵蚀下高考加分政策的异化与回归 [J]. 教育理论与实践，2011，（20）：14-16.

析。不同国家的教育比较是古希腊至今常用的认识教育规律的传统方式。美国作为高等教育强国，具有一定的比较价值。对于美国高校，特别是美国一流大学来说，美国政府的相关法案和政策并没有一个刚性的标准对高校的招生政策提出明确的要求，因为这与大学自治、学术自由的精神是相违背的。美国政府的教育公平保障政策只是一个基本的要求或者招生制度的政策背景，对于弱势群体的教育机会保障更多体现在高校具体的招生制度以及招生理念当中。因此，要厘清美国一流大学是如何追求学术卓越的同时，就需要兼顾弱势群体的优质高等教育机会平等，还需要对其以综合评价为特征的招生政策进行分析和归纳。这是目前国内外学者较少关注的分析视角，为本书带来挑战的同时，也留下了研究空间。

四、方法和框架

（一）研究方法

1. 思路

为了有力地论证本书的基本观点，本书的研究思路提炼为如下四个步骤：①以 20 世纪 50 年代（美国爆发民权运动，真正走向教育民主化，承认教育权利平等）作为时间节点，对美国弱势群体的优质高等教育机会变化过程进行数据描述和定量分析；②对美国一流大学综合评价招生制度所涉及的主要招生理念进行历史梳理，分析其形成过程和理论依据；③结合前两部分的研究资料，以及美国教育专家的访谈资料，分析和论证影响美国弱势群体高等教育机会的主要招生理念（如校园多元化理论，个人品质评价等）；④构建中国弱势群体（如乡村学生、贫困家庭学生、少数民族生等）相对优势综合评价体系，并进行论证。

以美国一流大学综合评价招生制度及其招生理念作为研究切入点，分析美国弱势群体优质高等教育机会与招生制度二者的关系，是本书较为独特的研究视角。在此基础上，以美国为鉴，论证弱势群体相对优势对于建设世界一流大学的重要性，进而建构中国大学弱势群体相对优势综合评价体系，是本书可能的创新之处。

2. 方法

（1）统计方法

本书采用统计方法对美国弱势群体优质高等教育机会的变化过程进行描述和分析，主要涉及图表的运用、均值的比较、变量相关和显著性分析。

（2）访谈法

基于对中美相关学者、教育人士进行访谈，依靠专家的宏大视野分析问题，本书主要采用半结构化访谈法。

（3）文献法

本书通过对中外文献，特别是美国历史文献的查找和挖掘，对美国一流大学本科招生制度相关招生理念进行分析。

在课题的设计阶段，考虑到可能无法长时间赴美调研，只能通过短期出差的方式访问若干所美国大学，访谈样本有限，因此，本书设计了问卷调查法，便于通过邮件的方式获得更多美国大学的数据，增加样本数量。在课题的进行中，课题负责人获得了国家留学基金委的公派留学资格，至美国进行为期 1 年的实地调研，走访了 44 所各类不同层次的大学，获得了较为充足的样本数量的访谈数据，弥补了访谈方法在定量推理逻辑上的不足。因此，本书没有采用问卷调查法进行数据的重复收集。

（二）研究框架

本书分为七个主要研究内容。

第一部分（第一章），美国优质高等教育：结合调研样本，对美国优质高等教育的丰富内涵进行解析，着重介绍美国一流大学的教育宗旨及其人才培养的模式和特征。

第二部分（第二章），美国弱势群体优质高等教育机会概述：以第二次世界大战结束之后的 1950 年为时间起点，对美国弱势群体的教育机会平等问题进行梳理，揭示战争、民权运动对美国教育权利平等思想的冲击，重视学业成绩的亚裔群体所面临的困境，对精英阶层在优质高等教育中的优势地位进行评论和批判。

第三部分（第三章），美国一流大学主要招生理念的产生与发展：进入 20 世纪之后，社会的发展推动美国高校开始重视现代科学教育，使学术因素在其招生制度中得以彰显。同时，私立大学的发展逻辑导致了校友倾斜政策的出现，而传统阶层对优质高等教育的垄断及犹太学生的冲击导致了“品质”因素成为美国顶尖大学招生体系的显性指标。

第四部分（第四、第五章），美国大学的招生宣传及评价体系：美国一流大学已经发展出较为成熟的生源优化策略以及较为稳定的招生评价理念体系。这一部分内容详细地介绍美国一流大学完整的招生工作及评价体系。

第五部分（第六章），校园多元化理论：美国社会是一个充满多样文化的大熔炉，不同种族与不同的文化交织在一起，对美国高等教育提出了独特的挑战。校园多元化理论对美国高校有着非常深刻的影响。这一部分内容梳理校园多元化理论的形成、影响和争议。

第六部分（第七章），美国高等教育的资助体系：精英教育需要高投入，高昂的学费成为美国顶尖大学的标签之一。让中低阶层的学生有机会获得优质的高等教育，美国较为完善的资助体系就起着非常重要的支撑作用。不过，美国资助体系同样存在着诸多问题。

第七部分（第八章），弱势群体的相对优势与大学录取：这部分介绍了美国一流大学招生政策与弱势群体，我国高校自主招生的公平和效率，以及大考、利害、评价指标的关联与辩证。

第八部分（第九章），中国弱势群体综合评价体系的建构与论证：在对弱势群体与高校招生评价体系之间的冲突与博弈进行辨证解析的前提下，结合课题访谈书面数据，初步建构中国弱势群体综合评价体系。

第一章

美国优质高等教育

在概念界定中，本章对优质高等教育的内涵进行了解析，同时，从可操作性的视角对优质高等教育的具体指向进行了界定。本章结合研究团队对美国样本院校的调查，对美国优质高等教育的特征进行初步归纳和阐述。

第一节 美国大学的分类、排名与样本选择

根据美国国家教育统计中心（National Center for Education Statistics，NCES）公布的数据，2013—2014 学年，被纳入美国联邦政府学生财政援助计划的高等教育机构（即 IV 高校）有 7236 所，学位授予机构为 4724 所。在 4724 所具有颁发学位的机构中，四年制学院有 3039 所（公立 691 所，私立 2348 所）。[①]如何对这么多高校进行分类，划分等级，并不是一件容易的事情。不同的主体会根据自己的喜好、立场、利益选择不同的划分标准，也很难达成共识。美国大学联合会（Association of American Universities）、卡内基教学促进基金会（Carnegie Foundation for the Advancement of Teaching，CFAT）、大学表现评价中心（Center for Measuring University Performance）[②]、巴伦教育（Barron's Educational Series Inc.）等都依据不同的评价标准对美国众多大学划分等级。受众广泛的《普林斯

① National Center for Educational Statistics（NCES）. Table 105.50：Number of educational institutions，by level and control of institution：Selected years，1980-81 through 2013-14[EB/OL]. https://nces.ed.gov/programs/digest/d15/tables/dt15_105.50.asp[2017-02-25].

② Kretzschmar M. FAQ：What is a Tier 1 school?（University or College）[EB/OL]. DIY college rankings：http://www.diycollegerankings.com/tier-1-school-university-college/19594/[2018-01-20].

顿评论》《美国新闻与世界报道》等媒体纷纷发布大学排行榜，对不同的类别的大学进行评价排名，也形成了隐性的级别划分。

大学生的流动趋势可以在一定程度上反映出高校的质量。2011—2012 学年，超过半数的一年级新生进入两年制的公立社区学院（图 1-1）。四年制私立、公立大学一年级本科生的人数比例相对于所有本科生人数比例要低很多。也就是说，许多学生进入二年级或更高的年级之后，从其他类型的高校，如两年制公立高校、营利性大学及其他类型的大学，转到四年制公私立大学。因此，四年制大学往往具有更高的教育质量。

中国的一流大学以研究型综合性大学为主，综合排名前 100 名的院校往往被民众视为优质高等教育。综合美国众多评价主体的指标体系及高校入围情况，同时，为了便于中美比较，本书参照《美国新闻与世界报道》2016 年度美国大学排名，在排名前 100 的国家级大学中选取了 36 所院校作为研究样本（表 1-1）。排行榜以一定的测量指标为客观依据，虽然具有局限性，并不能反映出大学综合实力的真正差距，但却具有参照价值。100 所院校均为四年制综合性大学，分布于 32 个州和华盛顿哥伦比亚特区（其余 18 个州的高校都没有进入这一榜单），在美国 IV 高校中占比 1.4%，在四年制具有颁发学位的院校中占比 3.3%，是美国优质高等教育的代表，本书将之视为美国的一流大学。

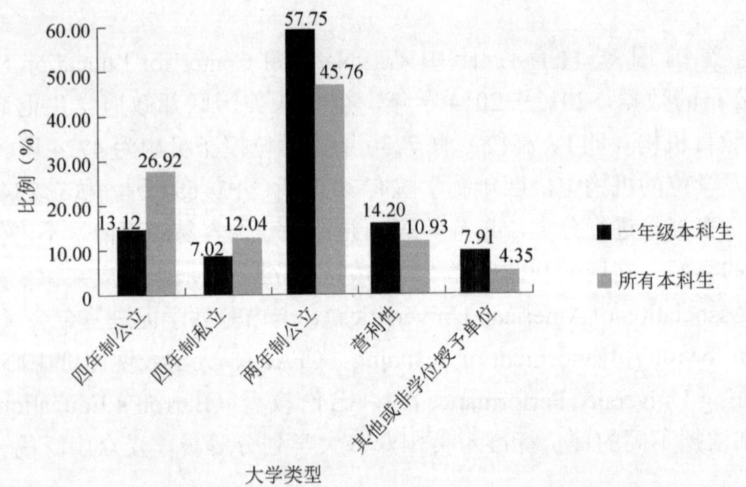

图 1-1　2011—2012 学年美国大学生在不同类型高校中的注册人数比例

资料来源：National Postsecondary Student Aid Study（NPSAS）. 2012. Urban Institute. http://collegeaffordability.urban.org/what-is-college/students/#/ by_age_and_dependency[2018-03-17]

表 1-1 本书美国一流大学调研院校列表

序号	大学	英文校名	所在州	调研日期	USNWR 排名
1	普林斯顿大学	Princeton University	新泽西州	2016 年 6 月 14 日	1
2	哈佛大学	Harvard University	马萨诸塞州	2016 年 6 月 24 日	2
3	耶鲁大学	Yale University	康涅狄格州	2016 年 6 月 22 日	3
4	哥伦比亚大学	Columbia University	纽约州	2016 年 6 月 17 日	4
5	芝加哥大学	University of Chicago	伊利诺伊州	2016 年 7 月 5 日	4
6	麻省理工学院	Massachusetts Institute of Technology	马萨诸塞州	2016 年 6 月 24 日	7
7	杜克大学	Duke University	北卡罗来纳州	2016 年 5 月 27 日	8
8	宾夕法尼亚大学	University of Pennsylvania	宾夕法尼亚州	2016 年 6 月 13 日	9
9	约翰・霍普金斯大学	Johns Hopkins University	马里兰州	2016 年 6 月 6 日	10
10	达特茅斯学院	Dartmouth College	新罕布什尔州	2016 年 6 月 28 日	12
11	布朗大学	Brown University	罗得岛	2016 年 6 月 23 日	14
12	康奈尔大学	Cornell University	纽约州	2016 年 6 月 29 日	15
13	范德比尔特大学	Vanderbilt University	田纳西州	2016 年 7 月 11 日	15
14	莱斯大学	Rice University	得克萨斯州	2016 年 12 月 6 日	18
15	佐治敦大学	Georgetown University	华盛顿特区	2016 年 6 月 8 日	21
16	艾默里大学	Emory University	佐治亚州	2016 年 10 月 31 日	21
17	卡内基・梅隆大学	Carnegie Mellon University	宾夕法尼亚州	2016 年 7 月 1 日	23
18	弗吉尼亚大学	University of Virginia	弗吉尼亚州	2016 年 6 月 1 日	26
19	维克森林大学	Wake Forest University	北卡罗来纳州	2016 年 5 月 25 日	27
20	塔夫斯大学	Tufts University	马萨诸塞州	2016 年 6 月 27 日	27
21	北卡罗来纳大学教堂山分校	University of North Carolina—Chapel Hill	北卡罗来纳州	2016 年 5 月 27 日	30
22	纽约大学	New York University	纽约州	2016 年 6 月 16 日	32
23	威廉玛丽学院	College of William and Mary	弗吉尼亚州	2016 年 5 月 31 日	34
24	威斯康星大学麦迪逊分校	University of Wisconsin—Madison	威斯康星州	2016 年 7 月 6 日	41
25	伊利诺伊大学香槟分校	University of Illinois—Urbana-Champaign	伊利诺伊州	2016 年 7 月 7 日	41
26	图兰大学	Tulane University	路易斯安那州	2016 年 12 月 7 日	41
27	宾夕法尼亚州立大学	Pennsylvania State University—University Park	宾夕法尼亚州	2016 年 6 月 30 日	47
28	马里兰大学	University of Maryland—College Park	马里兰州	2016 年 6 月 7 日	57
29	乔治・华盛顿大学	George Washington University	华盛顿特区	2016 年 6 月 8 日	57
30	康涅狄格大学	University of Connecticut	康涅狄格州	2016 年 6 月 23 日	57
31	普渡大学	Purdue University—West Lafayette	印第安纳州	2016 年 7 月 8 日	61
32	克莱姆森大学	Clemson University	南卡罗来纳州	2016 年 11 月 28 日	61

续表

序号	大学	英文校名	所在州	调研日期	USNWR 排名
33	新泽西州立卢格斯大学	Rutgers，The State University of New Jersey—New Brunswick	新泽西州	2016 年 6 月 21 日	72
34	特拉华大学	University of Delaware	特拉华州	2016 年 6 月 10 日	75
35	斯蒂芬理工学院	Stevens Institute of Technology	新泽西州	2016 年 6 月 21 日	75
36	佛罗里达州立大学	Florida State University	佛罗里达州	2016 年 12 月 9 日	96

资料来源：U.S. News & World Report. National Universities Rankings[EB/OL]. http://colleges.usnews.rankingsandreviews.com/best-colleges/rankings/national-universities[2016-05-05]

在 36 所样本高校中，私立大学有 23 所（包含所有 8 所常春藤联盟高校）、公立大学有 13 所，分布于 20 个州及华盛顿特区。新泽西州、纽约州、马萨诸塞州、北卡罗来纳州、宾夕法尼亚州各有 3 所样本院校，其他州为 1 ～ 2 所样本院校。

为了便于参照对比，课题组对 7 所文理学院进行了调研，作为分析讨论的对照参考（表 1-2）。这些文理学院排名最高的是位于马萨诸塞州的威廉学院（Williams College），在美国新闻与世界报道全美文理学院中排名第 1。排名最低的是位于马里兰州的圣约翰学院（St. John’s College），排名第 55 位。与哥伦比亚大学隔街相望的巴纳德学院（Barnard College）是女子学院，只招收女学生。一隆大学（Elon University）和高点大学（High Point University）都是地方性私立文理学院。

调研的时间长达半年，行程近两万公里。课题组对样本院校进行实地调研，与招生人员、在校生进行交谈，参加招生推介会、校园游览（在校生为导游）、收集材料等。以此为依据，对数据信息进行描述性统计及分析。

表 1-2　本书美国文理学院调研院校列表

序号	文理学院	英文校名	所在州	调研日期	USNWR 排名
1	威廉学院	Williams College	马萨诸塞州	2016 年 6 月 28 日	1
2	戴维森学院	Davidson College	北卡罗来纳州	2016 年 5 月 24 日	9
3	巴纳德学院	Barnard College	纽约州	2016 年 6 月 20 日	29
4	里士满大学	University of Richmond	弗吉尼亚州	2016 年 6 月 1 日	32
5	圣约翰学院	St. John’s College	马里兰州	2016 年 6 月 6 日	55
6	一隆大学	Elon University	北卡罗来纳州	2016 年 5 月 26 日	无
7	高点大学	High Point University	北卡罗来纳州	2016 年 5 月 24 日	无

资料来源：U.S. News & World Report. National Universities Rankings[EB/OL]. http://colleges.usnews.rankingsandreviews.com/best-colleges/rankings/national-universities[2016-05-05]

第二节　美国一流大学的教育宗旨

培养合格的公民是高等教育的基本目的之一，不论是社区学院还是文理学院，州立大学或私立大学。①这些大学对理想学生的表述略有区别，但其核心内涵是类似的，就是培养未来的领导者，即各个行业、各个领域的引领者。哈佛大学校长德鲁·吉平·佛斯特（Drew Gilpin Faust）对哈佛大学的理解是："四百多年来，哈佛大学培养了众多领导者并影响着未来。她在几乎所有的人类探索的领域培育了小说家和科学先锋，法官和作家，建筑师和演员，商人领袖和精神领袖，物理学家和公共事业服务者，学者和教师。这所大学为她的学生的生活留下了不可磨灭的印迹，将他们与不同寻常的历史连接起来，激励他们发现和定义他们的人生目的。"哈佛学院的院长拉克斯·克拉那（Rakesh Khurana）对哈佛大学的教育进行了阐释："我们希望确保为学生提供一种具有深刻变革意义的体验，不论是智力的、社会的，还是个人的，以便让他们为公民生活、领导者的人生做好准备。哈佛学院尝试为未来几百年的博雅教育、科学教育设定标准。这就是我们。"②

普林斯顿大学校长克里斯托弗·L. 艾斯格鲁伯（Christopher L. Eisgruber）如此介绍这所顶尖学府："普林斯顿大学是一个由学者和学生组成的多元的社区，他们来自绚丽多彩的不同的种族、宗教、民族、地区和社会经济背景。我们多样的视角通过众多方式丰富着我们的校园，打破陈规旧套，激发我们的世界本该有的新愿景，创造了一个生机勃勃、多姿多彩、包容万象的校园生活。"③宾夕法尼亚大学校长阿米·古特曼（Amy Gutmann）说："有着将知识转化为与社会休戚相关的行动的传统，我们为这一源于我们的学校创始人——本杰明·富兰克林的传统感到骄傲。富兰克林的格言'做得好比说得好更有意义'清晰地解读了这个行动实用主义的传统，贯穿于我们的富有包容性的政策中，具有创新价值的工作中，以及教师、学生和其他工作人员等具有影响力的参与互动中。"④纽约大学招

① Brint S，Karabel J. The Diverted Dream：Community Colleges and the Promise of Educational Opportunity in America，1900-1985[M]. New York：Oxford University Press，1989：vi.

② Faust D G，Khurana R. The Harvard experience[Z]. Harvard College，Office of Admissions and Financial Aid，2017.

③ The Office of Admission and the Office of Communications. Experience Princeton：Diverse Perspectives[Z]. New Jersey：Princeton University，2015：2.

④ Gutmann A. Introduction to Penn[EB/OL]. University of Pennsylvania：https://www.upenn.edu/about/welcome [2018-03-01].

生顾问说："大学提供了非常多的选择和机会。我们希望申请者是一位独立的思考者。大学是理念，而不仅仅是一个地方。一位具有自信的学生，他可以做成任何事情，去任何他想去的地方。"①

除了上述高校，其他一流大学都有着类似的表述。不论是顶尖私立高校杜克大学、芝加哥大学、范德比尔特大学、约翰·霍普金斯大学，还是同样声名显赫、历史悠久的威廉玛丽学院、弗吉尼亚大学，以及其他大型州立大学，都一方面强调大学在培养各个领域领导者的杰出成就，以此彰显其教育的高品质；另一方面，依照领导者所应具有的素养，对未来的学生提出了要求和期望。他们希望，那些有机会进入美国一流大学的学生不仅学业成绩优秀，而且能将其独特的品质、思想、热情融入校园文化，给校园带来活力。这样的学生在离开校园之后，往往能够迅速地发挥才学，成为竞争激烈的现实社会中的佼佼者，并最终成为各个领域的领导者。

第三节　人才培养：从课程到实践

高质量的本科教育需要很多条件的支撑，如合理的招生制度、完善的课程设置、高效度的教学评估体系、一定淘汰率的毕业要求等。此外，大学充裕的办学经费、引领学界的科研产出等，也影响着本科教学。

一、课程

36 所案例高校都是综合性大学，学科门类较为齐全，包括理工、人文、社会科学、艺术、体育等。同时，不论是课程的设计还是教学过程，这些大学既重视学生的选择权，又重视学生的学习效果。

（一）课程设置

1. 多专业培养

约翰·霍普金斯大学设置了 51 个主修专业和 42 个辅修专业，超过一半的

① 课题组调研记录：资料编号 J-022，纽约大学，纽约州，2016 年 6 月 16 日。

学生选修了两个主修专业或辅修专业，为学生的全面发展提供了机会[①]。杜克大学设置了 53 个主修专业，52 个辅修专业，以及 23 个跨学科认证项目[②]，约 83% 的学生在主修专业之外，还选修了一门辅修专业或者认证课程[③]。另外，杜克大学还设置了两个特别专业，允许学生自己设计专业结构。威廉玛丽学院、达特茅斯学院等在文理分部教师委员会的审核及认可下，同样允许本科生设计具有个性的专业。

2. 课程特色

（1）芝加哥大学的核心课程

芝加哥大学的核心课程（core curriculum）为学生提供在各个领域探索知识的工具，比如物理、生物科学，人文科学，以及社会科学。这些课程由芝加哥大学的教授们设计。核心课程采用小班教学的方式，知识量丰富，设有多个基于文本阅读的讨论环节。核心课程占本科课程量的 1/3，这些课程构成一个完整的体系，有些课程以跨学科的形式出现。[④]其他大学同样设立了核心课程或者通识课程（general curriculum），二者虽然名称不一样，但课程的目的没有本质的区别。

（2）杜克大学的课程特色

杜克大学本科生主要在三一文理学院和普拉特工程学院就读。三一文理学院的本科生从 5 个不同的领域（分别是艺术、文学与表演，文明，自然科学，定量研究，社会科学）选修课程。同时，三一文理学院提供 6 个探究途径：研究、写作、跨文化探究、道德伦理探究、科学技术社会和外语。

普拉特工程学院的课程将一定强度的工程技术手工实践与通识方法相结合，学生从不同学科中选修专业，如写作、数学、自然科学、人文与社会科学、工程、应用科学、数字计算，任课教授来自三一文理学院和普拉特工程学院。[⑤]

此外，杜克大学在 34 个系中设立了 85 个服务学习课程（service learning course）。通过这些课程，学生能够将所学的知识技能服务于社区。[⑥]与杜克大学类似，其他大学都设立了类似的课程，辅导和激励学生参与社区服务。艾默里大学有 83% 的学生参与社区服务或志愿者工作。

---

① JHU Office of Undergraduate Admissions. Meet Johns Hopkins[Z]. Baltimore：Johns Hopkins University，2016：14.

② Office of Undergraduate Admissions. Know No Bounds[Z]. Durham：Duke Universities，2016：22.

③ Office of Undergraduate Admissions. Know No Bounds [Z]. Durham：Duke Universities，2016：18.

④ College Admissions. Uchicago：Think Transform Thrive[Z]. Chicago：The University of Chicago，2016：4.

⑤ Office of Undergraduate Admissions. Know No Bounds [Z]. Durham：Duke Universities，2016：4，18，22.

⑥ Office of Undergraduate Admissions. Know No Bounds [Z]. Durham：Duke Universities，2016：42.

（二）课程参与度

与教师的互动频率以及教育资源的多寡是评价课程参与度的重要指标，学生的学习质量在外部环境上主要受这两个因素的影响。

生师比以及班级规模会影响师生之间的互动频率。在师资力量方面，芝加哥大学的授课小班化方面排在全美前 10 位，生师比在 6 ：1 左右（2015—2016 学年）。[①] 耶鲁大学、哥伦比亚大学、宾夕法尼亚大学、莱斯大学的生师比同样是 6 ：1。耶鲁大学的 STEM[②] 学科的生师比甚至达到了 3 ：1。哈佛大学的生师比是 7 ：1。杜克大学生师比是 8 ：1，在班级规模方面，70% 的班级人数少于 15 个学生。[③] 多数一流私立大学的生师比都在 10 ：1 以内。雄厚的师资力量以及高比例的小班授课，让学生拥有无可比拟的与教师共同讨论和研究的机会。

州立大学的生师比要高不少，普遍都在 12 ：1 以上。比如，在案例高校中，生师比较低的公立高校分别是威廉玛丽学院和普度大学，生师比都为 12 ：1，北卡罗来纳大学教堂山分校紧随其后，生师比是 13 ：1，其他州立大学的生师比在 15 ：1 ～ 18 ：1，比如新泽西州立卢格斯大学是 15 ：1；宾夕法尼亚州立大学和康涅狄格大学是 16 ：1；克莱姆森大学是 17 ：1；马里兰大学最高，生师比是 18 ：1。[④]

二、实践

实践活动是教学内容的重要组成。通过实践活动，学生可以综合运用所学知识，探索和尝试自己的设想。宾夕法尼亚大学则用富兰克林的格言——“做得好比说得好更有意义”来激励学生参与实践。

（一）参与科学研究的机会

对于参与科学研究的意义，弗吉尼亚大学有着非常明确的理解：“参与具有深度的科研可以对学生的智力、分析能力产生长远的影响。本科生学习了如何从实验室或考察区域的原始资料或一手观察中收集数据。即使他们不从事学术生涯，研究经历将在他们的专业工作中的思维过程留下烙印——他们是如何收集和

---

① College Admissions. Uchicago：Think Transform Thrive[Z]. Chicago：The University of Chicago，2016：4.

② STEM 代表科学、技术、工程、数学，是 science，technology，engineering and math 四个英文单词的缩写。

③ Office of Undergraduate Admissions. Know No Bounds [Z]. Durham：Duke Universities，2016：53.

④ 生师比数据依据课题组调研资料整理，数据统计年度为 2015—2016 学年。

权衡证据的，如何评判信息的来源，如何验证结果。这些技能对于企业或学术领域都非常有价值，将会极大地拓展本科生的职业选择。不论他们将从事商业或金融，法律或医药，媒体或公共事务，他们在处理难题时将对自己的能力充满信心，将能够很好地践行他们的想法。”①

2016—2017 学年，哈佛学院超过 1500 学生参加了本科生的科研项目，获得了超过 500 万美元的项目基金，这一数字不包括实习和导师项目。②芝加哥大学 80% 的学生选择做一些科研工作。科研项目丰富，如分子工程，海洋生物实验室，大学还有两个国家级的实验室。芝加哥大学每年的科研经费近 4、5 亿美元。③约翰·霍普金斯大学是美国首屈一指的研究型大学。大约 70% 的本科生在毕业之前会参与各种形式的科学研究。所有 52 个专业中都有科研项目让学生参与。同时，设立了伍德罗·威尔森奖学金，提供给艺术、科学专业的学生依据自己的设计开展课题研究。获奖者将获得多达 1 万美元的资助，同时指定一位导师协助他们进行研究。④杜克大学超过一半的学生到校外进行各种形式的实践，其中，50% 进行独立研究，75% 参与服务学习项目。⑤弗吉尼亚大学作为大型公立大学，每年有 60% 的本科生参与各类科研项目活动。通过申请各类奖学金，如罗德斯奖学金（Rhodes Scholarship）、马绍尔奖学金（Marshall Scholarship）、特鲁曼奖学金（Truman Scholarship）、鲁斯奖学金（Luce Scholarship）和戈德沃特奖学金（Goldwater Scholarship），本科生可以独立开展科学研究。同时，弗吉尼亚大学设立了本科生卓越中心（Center for Undergraduate Excellence），运转着哈里森本科生研究奖，并建立弗吉尼亚大学和其他地区的科研机会数据库，通过这些方式支持和激励学生参与科研活动。⑥

（二）国际项目

芝加哥大学设立了超过40个国际项目，让学生到世界各地学习；通过北京、香港、巴黎、德里的校园中心，以及雅典、巴塞罗那、耶路撒冷、墨西哥的瓦哈卡、印度的普纳、罗马、维也纳的项目，芝加哥大学的学生有机会探索世界各地

① The Office of Undergraduate Admission. 2016 Visitor Guide[Z]. Charlottesville：University of Virginia，2016：11.

② Harvard College. Dig Deeper[Z]. Harvard College，Office of Admissions and Financial Aid，2017：7.

③ College Admissions. Uchicago：Think Transform Thrive[Z]. Chicago：The University of Chicago，2016：4.

④ Hopkins Interactive. Insider's Guide 2015[Z]. Baltimore：John Hopkins University，2015：17.

⑤ Duke University. Clubs & Organization[Z]. Durham：Duke University，2016：6.

⑥ The Office of Undergraduate Admission. 2016 Visitor Guide [Z]. Charlottesville：University of Virginia，2016：11.

的社区生活。①

芝加哥大学的学生国际项目分为三类：

第一类是教师引领项目（Faculty-Led Programs）。教师引领项目相当于芝加哥大学将课堂带到了世界各地。这些特别的教师往往已经在项目所在的城市热情地开展了几十年的研究工作，他们和学生探讨重要的文本，规划短途旅行，将课程引入生活当中。学生可以在欧洲、亚洲、拉丁美洲或中东地区进行为期三个月的异域文明研究，或者进行与专业相关的主题研究。每个项目设有语言学习部分，由学校安排住宿，且通过各种活动帮助学生融入当地生活。

第二类国际项目是直接注册项目（Direct Enrollment Programs）。芝加哥大学与其他大学建立了合作关系，学生可以在这些学校直接注册一个学期或者一个学年，进行专业领域的学习。同时，学生仍保留芝加哥大学的学生身份以及获取资助的资格。真实情境语言项目让学生在本地语言环境中学习、练习语言，迅速提高语言熟练程度。

第三类国际项目是其他资助项目（Funded Opportunities），如夏季国际旅行基金资助学生开展自己规划的国际项目；外语习得基金让学生能够获得修习中级或者高级语言课程，在真实情境中迅速提高语言能力；还有许多资助项目让学生可以在世界任意角落开展独立研究，比如秘鲁的考古学或者瑞典的分子动力学研究等。②

杜克大学设有超过 200 个海外学习机会，45% 的学生参与某种形式的国际项目。③杜克大学致力于培养的不仅是充满智慧、聪颖的学生，也培养立志成为社区、州、国家、世界的领导者的有道德的公民，这是杜克大学设立杜克融入（DukeEngage）项目的原因。杜克融入项目全额资助本科生的夏季服务活动。这一项目让学生有机会践行他们的公益想法。通过这一项目，本科生可以在秘鲁搭建清洁燃烧炉，支持约旦的外交工作，解析底特律市经济的不稳定性，和非政府组织（Non-Governmental Organizations，NGO）一起在都柏林服务难民社区，在开罗帮助残障青少年或者在中国开展艺术教育。这些项目方案有的源自教职工的创意，有的则是源于学生的激情。截至 2016 年，通过这一项目杜克大学将超过 3200 个学生送往六大洲的 69 个国家，让他们开展社会实践活动。④

约翰·霍普金斯大学在法国、中国、西班牙、意大利等国家设有学习项目。

---

① Uchicago College Admissions. Think Transform Thrive[Z]. Chicago：The University of Chicago，2016：4.

② College Admissions. Study abroad：let the foreign become familiar[Z]. Chicago：The University of Chicago，2016：1.

③ Office of Undergraduate Admissions. Know No Bounds [Z]. Durham：Duke Universities，2016：47，53.

④ Office of Undergraduate Admissions. Know No Bounds [Z]. Durham：Duke Universities，2016：44.

每年超过 500 名学生到 30 个不同的国家进行国际学习。① 范德比尔特大学在六大洲 40 多个国家设立了 140 多个短期国际项目供学生选择，约 39% 的学生参加了国际学习项目。学习期限上也比较灵活，可以是一学期或一学年，也可以是暑假或者小学期。比较受学生欢迎的留学地点是意大利、西班牙、丹麦、英国和法国。此外，在印度、以色列、摩洛哥、新西兰、塞尔维亚、乌干达和越南开设了新的国际项目。②60% 的哈佛大学的学生参与国际学习项目，不论是什么专业的学生，都有机会在国外的教室学习，参与当地文化融入项目，或者语言强化班。③ 耶鲁大学 66% 的学生参与国际学习、研究或实习。宾夕法尼亚大学有超过 50% 的学生到国外学习或实践。④

州立大学同样尽可能地为学生提供国际交流或学习的经历。弗吉尼亚大学资助和参与了超过 447 个国际学习项目，有学期项目也有暑期项目、一月份项目，设立了国际教育导师组帮助学生参与国际学习项目。学校鼓励学生，甚至是一年级的新生尽可能快地与国家教育导师接触。学生需要满足一定的条件才有机会参与国际学习项目。一般情况下，学生必须是注册的、参加学位课程的本科生，需要完成至少一个学期的学习，成绩平均绩点至少有 2.50，有着良好的学术和学科素养，完成了网上国际学习工作坊。有些国际学习项目还有其他资格要求。此外，弗吉尼亚大学与世界上超过 60 所大学建立了交换生项目，为学生提供了丰富的选择。⑤ 北卡罗来纳大学教堂山分校设立了 300 多个国际交流项目，分布在 70 个国家。威斯康星大学麦迪逊分校设立了 400 多个项目，分布在 60 多个国家，33% 的学生参与了这些国际项目。佛罗里达州立大学同样是 20% 左右的学生到国外学习或者交流。

芝加哥大学在校生克里斯蒂安·亚当斯到巴黎进行为期三个月的学习，他感叹道："在巴黎为期三个月的课外学习让我以从未想到过的方式拓展了我的视野。"⑥ 约翰·霍普金斯大学在校生约瑟夫说："我到巴黎学习了一年的时间，这段时光令我永世难忘。在修习艺术史期间，我游览了欧洲许多城市。这段留学经历是我四年大学时光的浓墨重彩的一笔。"⑦

---

① Hopkins Interactive. Insider's Guide 2015[Z]. Baltimore：John Hopkins University，2015：18.

② Office of admissions. At a glance：2015-2016[Z]. Nashville：Vanderbilt University，2016：1.

③ Harvard College. Dig Deeper[Z]. Harvard College，Office of Admissions and Financial Aid，2017：7.

④ 2016 年数据，依据课题组调研资料整理。

⑤ The Office of Undergraduate Admission. 2016 Visitor Guide [Z]. Charlottesville：University of Virginia，2016：17.

⑥ College Admissions. Uchicago Students Live the Life of the Mind，One Great City at a Time[Z]. Chicago：the University of Chicago，2016：2.

⑦ Hopkins Interactive. Insider's Guide 2015[Z]. Baltimore：John Hopkins University，2015：18.

三、艺术与体育

美国一流大学重视艺术与教育，源于传统，也源于培养人才的规律。20世纪60年代，为了强调耶鲁大学培养未来领导者的招生理念，校长金曼·布鲁斯特（Kingman Brewster）聘任约翰·缪斯肯斯（John Muyskens）为招生高级官员。缪斯肯斯向广大教职工和校友发出一封公开信，强调耶鲁大学的西方文明继承者的角色，以及以此为参照培养未来领导者的教育理念。在他所认同的标准中，包括艺术、戏剧、新闻业、体育、有组织的课外活动等。①21世纪，社会的发展呈现多元化特征，大学对艺术和体育的重视也是对社会多样化的一个回应。

（一）艺术

在A．怀特尼·格里斯沃德（A. Whitney Griswold）担任校长时期，耶鲁大学就开始重视校园的文化活动，每年各学院都要向校长办公室呈报文化活动的开展情况。比如，1968—1969学年，耶鲁大学举办了四场古典音乐会，九场演奏会（多数是高雅作品），在春季的时候举办了为期一周的视觉、表演艺术节。这些活动成为除了体育之外耶鲁大学重要的文化活动。20世纪60年代后期，尽管招生政策包含了其他的指标，但文化资本的考量仍是招生办公室和校友会在面试的过程中常规且重要的考量指标。②

芝加哥大学为学生提供了丰富的艺术项目和平台，有80个由学生运作的与艺术相关的组织；每年举办40多个戏剧作品的表演，这些戏剧由大约500名学生参与演出；每年还有数十个世界级的艺术演出和展览。芝加哥大学为学生提供了18万4千平方英尺③，超过90个空间，让学生创造和实践艺术。④约翰·霍普金斯大学设有5个戏剧团、11个合唱团、11个学生运营的出版物、18个舞蹈队等。⑤

芝加哥大学对于艺术教育的理念是，不论是文化追求还是专业探索，从艺术的角度来说二者是没有界限的。芝加哥大学艺术副教务长，拉瑞·诺曼（Larry Norman）认为："我们的学生、教职工和专业组织富有创造力的尝试以及大胆无

---

① Soares J A. The Power of Privilege：Yale and America's Elite Colleges[M]. Stanford：Stanford University Press，2007：97.

② Soares J A. The Power of Privilege：Yale and America's Elite Colleges[M]. Stanford：Stanford University Press，2007：117-118.

③ 平方英尺，英制面积单位，1平方英尺约等于0.093平方米。

④ College Admissions. UchicagoArts[Z]. Chicago：The University of Chicago，2016：1.

⑤ Hopkins Interactive. Insider's Guide 2015[Z]. Baltimore：John Hopkins University，2015：31.

畏的构想，促使艺术成为芝加哥大学的生活中心。”[①]艺术与创新之间的关系在美国大学的教育理念中似乎达成了共识。弗吉尼亚大学宣称：“在弗吉尼亚大学，对艺术的热情培育了我们的创新精神，让我们所做的每件事情都丰富多彩。它促使我们相互合作，激发我们产生新颖的想法。并且，在我们为了所有人追寻一个更美好世界的过程中，它使我们成为更强的富有创造力的问题解决者和设计思考者。在这里，不论是在融入社区的各种活动，还是在优选出来的不同寻常的表演艺术形式，或博物馆及来访艺术家活动，我们都通过艺术展示所具有的变革力量来颂扬和拥抱自己。”[②]

艺术与审美是美国大学非常重要的校园文化。钱学森曾对温家宝提出：“处理好科学和艺术的关系，就能够创新，中国人就一定能赛过外国人。”[③]艺术在高等教育中的重要地位应该成为共识。

（二）体育

体育不仅强身健体，对人的品格、修养等方面也有很好的完善作用。乔治·布什以“首席运动员”闻名，因为他深信维多利亚时代的一个信条：“体育与宗教的结合能够培养所有重要的个人品质。”他的许多内阁成员以及幕僚都是运动员。在向最高法院推荐大法官候选人的时候，他不忘强调：“这位候选人是他高中橄榄球队的队长。”即使到现在，宗教与体育二者相结合的个人品质在某些人看来仍然是美国领导者非常关键的资格。[④]芝加哥大学创立初期的体育文化与竞技部主任，阿莫斯·阿朗佐·斯塔格（Amos Alonzo Stagg）说：“如果胜利不是促使更加美好和高贵，那么这样的胜利是没有意义的。”[⑤]耶鲁大学1918级校友拉若克(LaRoche）曾经是耶鲁大学橄榄球队员、国家橄榄球基金会(National Football Foundation）的主席，他认为，真正男士的品质只能在运动场上找到，那才是领导力的学习场所，而不是教室[⑥]。

可见，体育在人格塑造的过程中有着重要作用，其在美国精英阶层中有着非常重要的地位。体育的重要地位，同样影响着顶尖大学的招生政策。耶鲁大学

---

① College Admissions. UchicagoArts[Z]. Chicago：The University of Chicago 2016：7.

② The UVA Alumni Association. We pursue creativity that inspires[J]. Virginia，2016 Spring：11.

③ 转引自沈致隆 . 科学与艺术的交融——兼谈“钱学森之问”[J]. 人民教育，2014，(3)：12.

④ Soares J A. The Power of Privilege：Yale and America’s Elite Colleges[M]. Stanford：Stanford University Press，2007：84.

⑤ College Admissions. Uchicago Athletics：A Sound Mind in a Sound Body[Z]. Chicago：The University of Chicago，2016.

⑥ Soares J A. The Power of Privilege：Yale and America’s Elite Colleges[M]. Stanford：Stanford University Press，2007：85.

董事会决定，在1974年的招生中增加校友子女的比例，为他们设立配额，力求达到20%。1977年，院校研究室OIR对这一政策的影响进行研究和分析，得出结论：校友子女学生的入学学业成绩和表现较为稳定地低于非校友子女的学业表现……然而，在体育方面，校友子女的表现要好得多，获得过更多的奖项……新政策没有显著地影响校友学生的质量和表现。①

截至2016年，芝加哥大学有超过500名校队运动员，40多个体育俱乐部，900多个体育业余团队，800多种体能、健身课程。②杜克大学校队涉及16种体育项目，业余体育有9个项目，有31个体育项目俱乐部。③约翰·霍普金斯大学设有21个校队，25个业余体育俱乐部。④众多美国一流大学同样设立了丰富多彩的体育活动，为学生的强身健体以及品格的养成提供了富有吸引力的平台。

四、小结

美国一流大学的本科教学水平还是比较受认可的，尽管也有非常多的批评的声音。一些人士曾言，最好的基础教育在中国，而最好的大学教育则是在美国。这样的观点其实就是对美国高等教育人才培养质量的肯定。在当今众多大学排行榜都普遍重视科研产出的情况下，美国大学仍然重视本科教学，确实难能可贵。究其原因，有很多。其中，非常重要的一点，就是美国高水平顶尖大学以私立院校为主，私立大学的办学高度市场化，如果没有令人满意的教育产品，它们就很难吸引到高质量的新生群体。如果没有高水准的课程设置，这些私立大学就难以产出杰出的校友。而美国私立大学的发展，离不开杰出校友巨大的社会影响力，也离不开富豪校友的慷慨解囊，回馈母校。在这些私立大学的带动下，众多公立大学同样重视本科教学，丝毫不敢怠慢。当美国一流大学有了高水平的人才培养质量，在开展本科招生推介项目的时候，它们就有底气在申请者和家长面前侃侃而谈，并能自信地走出美国，在世界各大洲巡回宣传，招揽各个国家的顶尖学子，在人才培养的起点上就先人一步。

美国一流大学的人才培养理念重点在于培养学生的综合素质，学生不仅具有扎实的专业知识，也具有在实践中运用所学的能力。同时，在全球化的背景

① Soares J A. The Power of Privilege：Yale and America’s Elite Colleges[M]. Stanford：Stanford University Press，2007：94.

② College Admissions. Uchicago Athletics：a sound mind in a sound body[Z]. Chicago：The University of Chicago，2016.

③ Duke University. Clubs & Organization[Z]. Durham：Duke University，2016.

④ Hopkins Interactive. Insider’s Guide 2015[Z]. Baltimore：John Hopkins University，2015：28.

下，美国大学提供了丰富的国际项目资助，开拓了学生的视野，具有全球性的眼光。艺术与体育也是人才培养的重要环节。艺术能够激发学生的创造力，体育则完善了学生品格，二者都是大学人才培养所不可缺少的。

丰富的校园生活既需要有激情热情并乐于参与的学生，又需要大学的巨额经费投入。在招生环节，美国高水平大学不断向申请者强调“融入校园”的重要性，吸引那些能够为校园带来活力的学生；在培养环节，美国大学通过学分制、奖学金及资助等方式，设置了丰富多样的学习和实践活动。在这种环境下，学生在课堂内外学习和掌握了知识，在团队活动中提高了社会交往能力和领导能力，在世界各地积累了阅历，提升了自信。学生所收获的综合能力让他们具备了较强的竞争力，离开校园之后能够很好地进入职业角色，创造价值。

尽管美国顶尖大学在入学条件的设置上没有直接面向社会的精英阶层，取才范围较广，但是在人才培养目标的定位上，都是致力于培养社会的精英和未来的领导者。一流的教育需要可观的投入，对于以私立大学为引领者的美国优质高等教育，其高昂的学费就是高投入教育的表征。这一属性让美国优质高等教育显得高不可攀。

第二章

美国弱势群体优质高等教育机会概述（1950—）

美国社会学家约瑟夫·索尔斯认为，从南北战争到20世纪50年代末，美国最好的院校都是由盎格鲁-撒克逊白人新教徒（White Anglo-Saxon Protestant，WASP）富家世族掌控，他们关心一个人的社会地位胜过其才能①。虽然有些学者不认同这样的表述，但也有其一定的道理。在一定程度上，20世纪50年代之前的美国精英教育还是属于特权阶层的教育，弱势学生的比例几乎可以忽略不计。第二次世界大战之后，美国社会的诸多变化对其高等教育产生了巨大的冲击，弱势群体的高等教育机会问题成为美国社会的冲突焦点之一，各种力量推动着美国高等教育机会分配体系的调整或变革。在此背景下，联邦政府在保障高等教育入学机会分配方面发挥了积极的作用。“它通过立法和资助手段尽力为所有人，特别是处境不利者接受高等教育创造一个公平的机会，同时，通过提高初、中等教育的质量，尽量消除由于处境不利、教育不良而导致的学术差距，以此缩小人们在获得什么样的高等教育机会上的差距。”②本章尝试论述20世纪50年代之后美国弱势群体如何逐渐在顶尖大学占有一席之地，并在抗争和博弈中逐渐获得越来越多的教育机会。

第一节　战争与退伍军人权利法案

两次世界大战都给美国的高等教育带来了深远的影响。第一次世界大战给

① Soares J A. The Power of Privilege：Yale and America’s Elite Colleges[M]. Stanford：Stanford University Press，2007：7.

② 杜瑞军. 公平之困——二战后美国高等教育入学机会分配政策的历史变迁[J]. 比较教育研究，2008，30（4）：59-63.

美国高校带来了大量的犹太学生，第二次世界大战则给美国大学带来了几百万的各种肤色、不同族群的令人肃然起敬的退伍军人。

第二次世界大战临近结束时，在美国军团组织（American Legion）和美国海外战争退伍军人组织（Veterans of Foreign Wars，VFW）这两个为退伍军人争取权益的民间机构的推动下，美国政府开始考虑如何安置大量退伍军人的问题，并最终推动了《退伍军人权利法案》（G.I. Bill of Rights）的颁布。《退伍军人权利法案》的正式名称为Servicemen's Readjustment Act of 1944。这一法案主要为退伍的美国军人提供低成本抵押贷款、低息贷款，大学、中学以及职业教育的学费生活费，同时提供一年的失业补助金。只要是服役超过90天的美国军人，且没有被开除军籍，就可以申请。至1956年，大约有220万美国退伍军人利用这一法案接受了高等教育，此外，大约560万退伍军人受益于这一法案并接受了各种职业培训。①

《退伍军人权利法案》既推动了美国高等教育的普及化过程，也考验了美国大学的招生制度，特别是那些高选拔性的一流大学的招生制度。在残酷的战争面前，人与人之间的种族、宗教、财富等方面的差异逐渐变小，美国不同群体之间的相互认同得到了很大的提升。精英大学在面对大量老兵申请者的时候，发现潜藏的招生配额制度需要进行调整，无法像以往那样照顾那些新教徒白人男子。以哈佛大学、耶鲁大学和普林斯顿大学为例，在第二次世界大战之前，来自上流社会的学生比例可以达到2/3以上，到了1963年，这一比例下降到了50%。这些来自上流社会的学生不再炫耀自己的家庭背景，而是努力在学术成就方面获得更多的优越感。②可以说，第二次世界大战加强了美国不同族群之间的凝聚力，这种凝聚力让大学的招生配额政策显得格格不入。此外，随着申请者数量的增多，大学既需要采用更高的标准进行筛选，又要保证所采用的选拔制度能够经受社会各界的质疑。在这些因素的共同作用下，美国大学的招生委员会在行使裁决权力的时候，越来越谨慎，避免让大学给社会民众留下服务于特定群体（如白人）印象。

第二次世界大战产生了另一个具有“革命性”的后果，就是拉德克里夫学院（Radcliffe College）的女生走进哈佛学院的课堂，1943年3月的教职工投票通过了这一改革。尽管时任校长詹姆斯·布莱恩·柯南特（James Bryant Conant）在任职早期反对男女同校，但最后还是默许了哈佛集团与拉德克里夫学院之间达成的协议。战争引发的各类事务让哈佛大学的教授们疲于奔命，难以腾出足够的

---

① G.I. Bill Rights. Wikipedia[EB/OL].http://en.wikipedia.org/wiki/GI_Bill_of_Rights[2018-01-01].

② Synnott M G.The Half Opened Door：Discrimination and Admissions at Harvard，Yale，and Princeton，1900-1970[M]. New Brunswick：Transaction Publishers，2010：202.

精力到拉德克里夫学院去讲课。在这种情况下，两个学院的学生一同上课成了解决这个问题的办法。虽然耶鲁大学早在1892年就开始招收女博士学位研究生，但直到20世纪60年代末期，耶鲁大学和普林斯顿大学才开始招收女性本科生。[①]因此，第二次世界大战促使美国精英大学发生的这一改变，对于女性学生是非常具有标志性意义的。民权运动爆发之后，女性的教育权利成为这些顶尖大学无法回避的问题，女生比例的上升成为社会民众的诉求之一。

第二节　民权运动与教育权利平等

战争给美国人带来了心灵上的洗礼，在共同的国家命运面前，种族歧视的不道德成为社会的共识。不过，思想上的变化仍不足以有力地推动社会系统的公平化。民权运动以及与之相随的社会动乱，让美国的高等教育系统不得不做出回应，这在一定程度上削减了传统优势阶层的特权。WASP男子的身份在优质高等教育竞争中不再具有决定性意义，有色人种、少数族裔、女性的教育权利得到了很大程度的保障。

一、民权运动

社会变革，特别是涉及利益与权利的变革，往往是一个充满冲突的激烈过程。20世纪60年代，围绕美国有色人种社会权利问题开展的民权运动，对美国的民主进程起了非常重要的作用，也为美国现代社会的形态奠定了演变的基调。

尽管美国宪法宣扬人人平等，但是其历史发展过程中不同种族在社会结构中的不同地位，使得一些族群遭遇了有形或无形的歧视和不公。非洲裔美国人就是其中一个典型的群体。此外，东欧移民、亚裔、拉美裔等作为社会底层的多数群体，同样处于弱势地位。如果说独立战争是西欧移民的权利抗争，那么，民权运动是美国社会权利平等意识的又一次觉醒，只是觉醒的对象发生了变化，是后来者移民、弱势群体的权利抗争。

加利福尼亚大学（简称“加州大学”）伯克利分校杰罗姆·卡拉贝尔（Jerome Karabel）认为，美国顶尖私立大学于20世纪60年代末期采纳基于种族的肯定

---

① Synnott M G.The Half Opened Door：Discrimination and Admissions at Harvard，Yale，and Princeton，1900-1970[M]. New Brunswick：Transaction Publishers，2010：204.

性行动政策的原因，对于民权运动的呼应并不是主要的（毕竟，民权运动始于20世纪50年代中期），更多的是因为1965—1968年社会掀起的大规模种族骚乱。如果他们不对这一社会诉求进行回应，激烈的社会暴乱可能会危及自身。[①]在外部环境的压力下，美国精英大学开始正视学生群体的构成问题，尽量维持一个为不同族裔、不同性别的群体提供平等教育权利的形象。在这一过程中，尽管不同的州对于肯定性行动计划的反应不同，但该行动计划的实施对于少数族裔的教育机会还是起了非常大的作用。不论是美国最高法院、各州，还是各大学，对于肯定性行动计划的声明和阐释都没有非常明确的定义，因为不同的群体对于该法案有着不同的立场和诉求，而美国宪法"人人生而平等"的理念与肯定性行动计划对于种族因素的倚重，这二者在逻辑理解方面并不是一致的。在这一背景下，肯定性行动计划总会时不时地挑动某些群体的神经，引发各种诉讼案例。党派的轮替也对该法案的走向起着重要的作用，保守的共和党倾向于维护传统群体的利益，而略为激进的民主党则不遗余力地推动教育权利在不同群体中的平均分配。关于肯定性行动计划，国内外学者的梳理和论述非常多，既有非常具有深度的论文，也有系统的专著进行深度论述，因此，本书不再浓墨论述。

二、少数族裔

民权运动的核心是黑人的权利问题，同时，其他有色人种作为非传统精英阶层，同样有着强烈的平等权利诉求。这些弱势群体成为民权运动的主力，推动着社会各个领域的冲突和变革。本书主要关注优质高等教育的民权运动。

第二次世界大战之后，精英大学的有识之士非常敏锐地捕捉到社会种族冲突与高等教育之间的矛盾问题。1949年，哈佛大学招生办老兵顾问约翰·门罗（John Monro，1958—1967年担任哈佛大学招生办主任）提出哈佛大学没有积极招录黑人学生。他认为招录一定名额的黑人学生，可以有效缓解美国社会部分尖锐的矛盾和问题。他认为，哈佛大学应该与主要城市（如纽约、芝加哥、底特律等）的黑人领袖协作，招收有才能的黑人学生，设立专门的奖学金。他的提议非常超前。通过与黑人学生国家奖学金服务与基金（National Scholarship Service and Fund for Negro Students，NSSFNS）合作，哈佛大学的黑人学生成倍增长。20世纪60年代初，哈佛大学的黑人学生比例是2%，到了1968年该比例增长至4%，1969年这一比例增长至7%。在1975级新生中，哈佛大学从407位黑人申请者中通过了109名，最终90名黑人学生接受了录取。黑人学生多起来之后，

① Karabel J. The Chosen：The Hidden History of Admission and Exclusion at Harvard，Yale，and Princeton[M]. New York：Houghton Mifflin Company，2006：9.

哈佛大学又任命了两位黑人院长。[①]

从惠特尼·格里斯沃尔德（Whitney Griswold）校长开始，耶鲁大学就开始录取少数族裔，之所以如此，时任招生办主任阿瑟·霍韦（Arthur Howe）的推动是主要原因。霍韦家族参与了1868年在弗吉尼亚州建立的汉普顿师范和农业学院（Hampton Normal and Agricultural Institute）——一所传统黑人学院的筹建工作，之后，阿瑟·霍韦的父亲曾担任这所学院的校长，阿瑟·霍韦也进了这所学院的董事会。这层特殊的关系使得阿瑟·霍韦重视黑人学生的招收。阿瑟·霍韦刚到耶鲁大学的时候，每个年级往往只有一两个黑人学生。阿瑟·霍韦利用其与黑人中学和黑人学院的关系，慢慢增加黑人学生的比例，一度提升至每个年级近10个。[②]1960年，37位黑人学生申请耶鲁学院，其中的11位收到了录取通知书，有10位接受了耶鲁大学的录取。1969年，耶鲁大学开始招收女学生的时候，共有525位黑人申请者，其中，黑人女性有138位。30%的黑人申请者通过了申请，其中62%的申请者（71名男性黑人和25名女性黑人）进入耶鲁大学。不过，这些进入耶鲁大学的黑人学生有一半是来自商人家庭或中产阶层。

进入20世纪70年代之后，耶鲁大学每年花费17 000美元面向黑人以及墨西哥裔、波多黎各裔、亚裔、印第安人等少数族裔开展招生宣传工作。[③]在时任总统肯尼迪推动大学招收少数族裔学生之后，耶鲁大学招生办公室原主任克拉克（Clark）于1969年招收了26名黑人本科生，1975年，增长至86名。1975—1997年，耶鲁学院每年招收的黑人学生平均为91名，约占总招生人数的7%。[④]

1969年，在福特基金会和洛克菲勒基金会的支持下，耶鲁学院设立了非洲裔美国人研究专业。这一专业的设立反映了全美高校的招生工作将非洲裔美国人纳入积极争取的范畴。耶鲁学院成立该专业的第三年，即1971—1972学年，共有537名学生，且多数为白人，研修了非洲裔美国人艺术、文化、历史、文学等领域的20门课程。1970年，耶鲁学院收到了755份非洲裔美国人学生提交的申请，其中有270名女性黑人申请者，最终，只有146名申请者收到录取通知书（37名女性黑人），83名到校报到（26名女性黑人）。可以看出，到了20世纪70年代，除了耶鲁大学，其他公立、私立大学也在积极录取非洲裔美国人学生。非洲裔美

① Synnott M G.The Half Opened Door：Discrimination and Admissions at Harvard，Yale，and Princeton，1900-1970[M]. New Brunswick：Transaction Publishers，2010：208.

② Soares J A. The Power of Privilege：Yale and America's Elite Colleges[M]. Stanford：Stanford University Press，2007：112.

③ Synnott M G.The Half Opened Door：Discrimination and Admissions at Harvard，Yale，and Princeton，1900-1970[M]. New Brunswick：Transaction Publishers，2010：211.

④ Soares J A. The Power of Privilege：Yale and America's Elite Colleges[M]. Stanford：Stanford University Press，2007：112-113.

国人申请者向至少一所常春藤联盟高校提交申请的同时，也向一些声誉不那么显赫——学术和社交压力较小的院校提交了申请。①

在其他少数族裔方面，以哈佛大学为例，在 1981 级新生中，哈佛大学在 149 位墨西哥裔美国人申请者中通过了 47 个申请，在 61 个波多黎各申请者中通过了 18 个申请，在 43 个印第安人中通过了 11 个申请。最终，35 个墨西哥裔美国人、10 个波多黎各美国人、9 个印第安人到哈佛大学报到。亚裔申请者多达 567 名，哈佛大学通过了 94 人的申请，最终 71 名到校报到。②

依据美国教育统计中心的数据—— 1988 年全美教育纵向定群研究，同时，依据同一时期巴伦教育的大学分层，可以看出，在 1991 年，从总体上来看，美国少数族裔在美国第一层次中的总体比例相对其人口比例已经有了很大的提升（表 2-1）。不过，在特定族裔上的差距还是比较大。亚裔学生在第一层次高校中的比例达到了 14%，远超过其人口比例（1960 年，美国亚裔人口比例约为 0.6%，2012 年约为 5%）；拉美裔学生比例为 3%，远低于其人口比例（1960 年，美国拉美裔人口比例约为 3.5%，2012 年约为 17%）；非洲裔学生比例为 5%，同样远低于其人口比例（1960 年，美国非洲裔人口比例约为 11%③，2012 年约为 13%④）。非洲裔美国人由于贫困以及教育资源不足，20 世纪 70 年代黑人学生数量一直不多，直至 20 世纪末都存在类似的问题。

进入 21 世纪，美国一流大学的有色人种教育权利得到进一步彰显。由于私立大学与公立大学在学生总数方面差距比较大，且私立大学与公立大学的招生政策存在差别，本书将私立大学与公立大学的有色人种学生比例问题分开讨论。由

表 2-1　1991 年美国各层次高校不同族裔学生比例　　（单位：%）

比例	第一层次	第二层次	第三层次	第四层次	第五层次	第六层次	第七层次	合计
亚裔学生	14	8	5	4	2	3	4	5
拉美裔学生	3	10	6	4	12	7	7	6
非洲裔学生	5	4	5	10	4	17	10	9

资料来源：Soares J A. The Power of Privilege：Yale and America's Elite colleges[M]. Stanford：Stanford University Press，2007：174

① Synnott M G.The Half Opened Door：Discrimination and Admissions at Harvard，Yale，and Princeton，1900-1970[M]. New Brunswick：Transaction Publishers，2010：211.

② Synnott M G.The Half Opened Door：Discrimination and Admissions at Harvard，Yale，and Princeton，1900-1970[M]. New Brunswick：Transaction Publishers，2010：209.

③ Passel，Jeffrey，Cohn D. 2008. U.S. Population Projections：2005-2050[R]. Washington D.C.：Pew Hispanic Center. Feburary：Census Bureau 2011 population estimates.

④ The United States Census Bureau. The U.S. Census Bureau sees racial，ethnic demographic shift[EB/OL]. http://www.census.gov/[2018-01-12].

于并不是所有高校都公布其学生的种族结构，根据数据情况，本书选择 13 所私立大学和 8 所公立大学作为数据分析样本。由图 2-1 中可以看到，在这 13 所私立大学中，2017—2018 学年本科生注册人数最多的是纽约大学，达到了 26 135 人，紧随其后的是康奈尔大学和宾夕法尼亚大学，分别是 14 566 人和 10 019 人，同样超过万人。除了这三所，其他私立大学的本科生注册人数都在万人以下，其中，麻省理工学院最少，为 4524 人，低于 5000 人。普林斯顿大学和耶鲁大学的本科生注册人数比麻省理工学院多 1000 人左右，分别是 5400 人和 5472 人。另有 6 所大学的本科生注册人数在 6000 ～ 7000 人，分别是哈佛大学、约翰 • 霍普金斯大学、布朗大学、范德比尔特大学、艾默里大学、卡内基 • 梅隆大学。杜克大学的本科生注册人数也基本在 7000 人左右。

在公立大学方面（图 2-2），本科生注册人数普遍超过万人。除了威廉玛丽学院的本科生注册人数是典型的精英大学规模—— 6276 人，其他 7 所公立大学的本科生注册人数都超过了 1.5 万人。其中，宾夕法尼亚州立大学的本科生注册人数最多，达到了 41 359 人，每年的新生规模就超过万人。紧随其后的是伊利诺伊大学香槟分校和普渡大学，分别是 33 932 人和 30 043 人，都超过了 3 万人。

2012 年，美国有色人种的人口比例大约是 37%，白人的人口比例超过了六成。2016 年，美国的人口构成变化不会太大，基本维持这一比例。2015—2016 学年，在 13 所排名前 100 的私立大学中，除了范德比尔特大学的有色人种学生比例约为 36%，其他 12 所大学的有色人种学生比例普遍超过了其对应的人口比例—— 37%（图 2-3）。普林斯顿大学和耶鲁大学的有色人种学生比例都是 39%，非常接近对应人口比例。有色人种学生比例最高的 3 所私立大学是纽约大学、约翰 • 霍普金斯大学和艾默里大学，分别为 66%、61% 和 59%；其他私立大学的

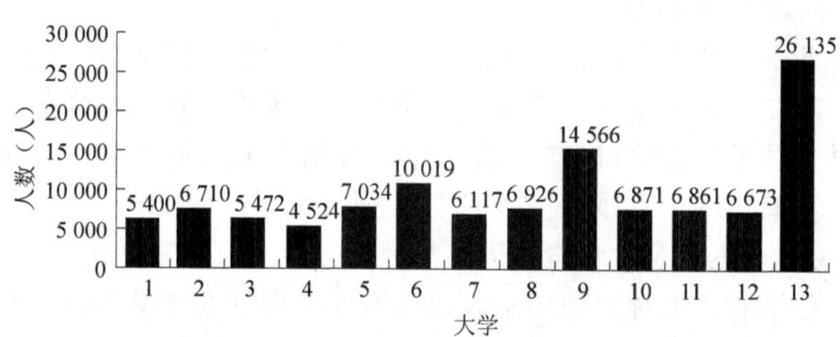

图 2-1　13 所样本私立大学 2017—2018 学年本科生注册人数

1. 普林斯顿大学；2. 哈佛大学；3. 耶鲁大学；4. 麻省理工学院；5. 杜克大学；6. 宾夕法尼亚大学；7. 约翰 • 霍普金斯大学；8. 布朗大学；9. 康奈尔大学；10. 范德比尔特大学；11. 艾默里大学；12. 卡内基 • 梅隆大学；13. 纽约大学

资料来源：U.S. News & World Report. National Universities Rankings[EB/OL]. http://colleges.usnews.rankingsandreviews.com/best-colleges/rankings/national-universities[2018-03-21]

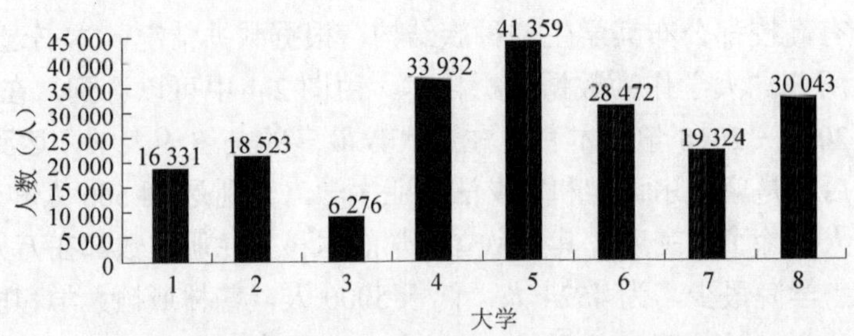

图 2-2　8 所样本公立大学 2017—2018 学年本科生注册人数

1. 弗吉尼亚大学；2. 北卡罗来纳大学教堂山分校；3. 威廉玛丽学院；4. 伊利诺伊大学香槟分校；5. 宾夕法尼亚州立大学；6. 马里兰大学；7. 康涅狄格大学；8. 普渡大学

资料来源：U.S. News & World Report. National Universities Rankings[EB/OL]. http://colleges.usnews.rankingsandreviews.com/best-colleges/rankings/national-universities[2018-03-21]

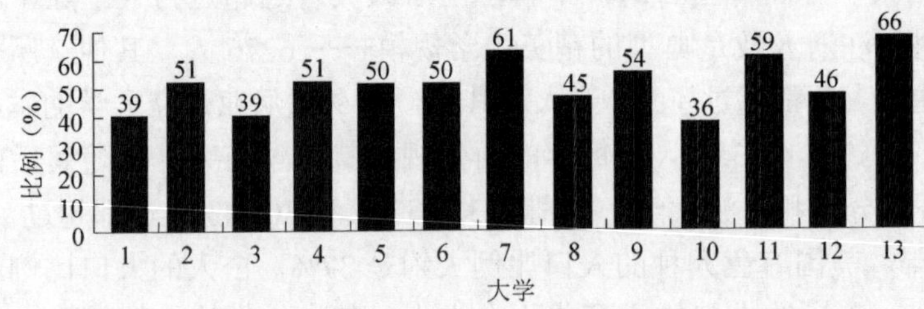

图 2-3　13 所样本私立大学有色人种学生比例

1. 普林斯顿大学；2. 哈佛大学；3. 耶鲁大学；4. 麻省理工学院；5. 杜克大学；6. 宾夕法尼亚大学；7. 约翰·霍普金斯大学；8. 布朗大学；9. 康奈尔大学；10. 范德比尔特大学；11. 艾默里大学；12. 卡内基·梅隆大学；13. 纽约大学

资料来源：根据课题组调研资料整理（2014—2016 学年数据）

有色人种学生比例多数略高于 50%。通过数据合并，13 所样本私立大学的有色人种本科生总数是 60 267 人，占本科生总人数 113 308 人的 53%，超过有色人种人口比例多达 16 个百分点。

公立大学的招生主要面向本州居民，因此，学生结构受本州人口结构的影响比较大。2015—2016 学年，在 8 所调研公立高校中，有色人种学生比例最高的两所大学是马里兰大学和弗吉尼亚大学，分别为 42% 和 41%。比例最低的是普渡大学，只有 15%，其次是宾夕法尼亚州立大学，为 19%。通过数据合并，8 所样本公立大学的有色人种本科生总数是 56 378 人，占本科生总人数 194 260 人的 29%，低于有色人种对应的总人口比例 8 个百分点（图 2-4）。不过，如果将私立大学与公立大学合并统计，这 21 所高校的有色人种本科生注册人数是 116 645 人，本科生总数是 307 568 人，有色人种本科生的比例为 38%，正好与其人口比例 37% 相差无几，略高 1 个百分点。

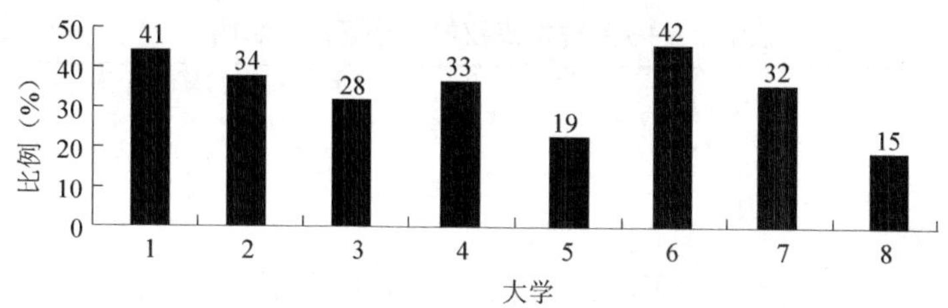

图 2-4　8 所样本公立大学有色人种学生比例
1. 弗吉尼亚大学；2. 北卡罗来纳大学教堂山分校；3. 威廉玛丽学院；4. 伊利诺伊大学；5. 宾夕法尼亚州立大学；6. 马里兰大学；7. 康涅狄格大学；8. 普渡大学
资料来源：根据课题组调研资料整理（2015—2016 年数据）

具体到各族裔的学生比例，从表 2-2 中可以看出，除了非拉美裔白人之外，亚裔在 13 所样本高校中的比例最高，多数在 20% 以上；其次是拉美裔，比例平均值是 11%；非洲裔紧随其后，比例平均值是 8%；印第安人或阿拉斯加原住民的学生比例在 1% ～ 3%；夏威夷原住民或其他太平洋岛民一般在 1% 以下，且多个高校将夏威夷原住民或其他太平洋岛民的统计口径归并至亚裔的统计口径。此外，有些大学还设立了“两个种族或以上的学生”“种族未知的学生”统计口径，有 7 所大学提供了这两个指标的数据。纽约大学、弗吉尼亚大学、康奈尔大学 3 所大学“两个种族或以上的学生”“种族未知的学生”两个指标的统计比例之和超过了 10%。这两个指标的比例很大一部分是有色人种学生。例如，许多亚裔组织呼吁，在填写涉及种族信息的问卷，亚裔应该选择不提供信息，以此表达抗议或尽可能避免遭受歧视。

从总体上来说，在平权运动等政治博弈的推动下，美国一流大学的学生种族比例与人口比例基本接近。不同的是，一流私立大学的少数族裔比例普遍较高，而大型公立大学的少数族裔比例普遍较低。白人在顶尖私立大学的比例偏低，引发了社会民众对“逆向歧视”的反思和批判。随着美国社会经济发展的衰退，贫富差距的扩大，美国大学的“逆向歧视”政策引发了新的社会分裂，代表黑人、犹太人、自由主义者的民权组织，以及激进的劳工组织之间产生了新的对立和矛盾。这种面向部分少数群体的招生优惠政策（preferential admissions）引发了支持者和反对者之间热情高昂的争议，他们不断诉诸法院致力于力推或阻止该政策。①不过，从历史的角度来看，尽管在有色人种内部仍存在不平衡，“逆向歧视”的争议从侧面印证了在历史上受到歧视和区别对待的美国有色人种的教育权利得到了尊重。

① Synnott M G.The Half Opened Door：Discrimination and Admissions at Harvard，Yale，and Princeton，1900-1970[M]. New Brunswick：Transaction Publishers，2010：199.

表 2-2　13 所样本高校学生族裔比例结构　　　（单位：%）

序号	大学	非拉美裔白人	亚裔	非洲裔	拉美裔	印第安人或阿拉斯加原住民	夏威夷原住民或其他太平洋岛民	两个种族或以上	种族未知
1	普林斯顿大学	61	21	8	8	1	1		
2	哈佛大学	49	22	15	12	3			
3	麻省理工学院	49	27	8	13	2	0		
4	杜克大学	50	28	11	10	1			
5	宾夕法尼亚大学	50	23	8	12	0		5	2
6	约翰·霍普金斯大学	39	28	6	14	1			
7	布朗大学	55	20	9	11	2	1		6
8	康奈尔大学	47	20	7	14	1		4	7
9	范德比尔特大学	64	13	10	9	0		4	
10	艾默里大学	41	19	7	11	1		5	2
11	卡内基·梅隆大学	54	31	16（非洲裔，拉美裔，原住民）					
12	弗吉尼亚大学	59	13	6	6	0	0	4	6
13	纽约大学	33	33	6	15	1		5	8

注：若夏威夷或其他太平洋岛居民比例数据缺失，则该指标已归并至亚裔的统计口径中。例如，宾夕法尼亚大学的亚裔比例 23% 包括了夏威夷或其他太平洋岛居民

资料来源：根据课题组调研资料整理（2014—2017 年数据）

三、女性学生

1943 年，拉德克里夫学院的女生才和哈佛大学的男生在同一个教室上课，1950 年，她们才被允许学习法律专业。女性不被认为是未来的领导者，因此，耶鲁大学、普林斯顿大学在很长的时间里都是拒绝录取女生的。哈佛大学招生女学生之后，对其他大学产生了影响。20 世纪 60 年代，在耶鲁大学校友委员会的年会上，参会者多次讨论到一个问题：为什么许多校友子女获得耶鲁学院的入学资格之后却跑去其他地方？在一份调查中，流失的学生约 80% 最后选择哈佛大学而没有选择耶鲁大学最普遍的原因是，波士顿的氛围以及哈佛大学的女子学院，女同学将这些男生吸引了过去。哈佛大学的男女同校教育给耶鲁大学的办学带来了巨大的压力。耶鲁大学试图改变这一状况，其中，最直接的解决办法就是建立女子学院。阿瑟·霍韦主任在 1956 年提出类似的建议，最终没有被校长格里斯沃尔德（Griswold）采纳。

直到金曼·布鲁斯特担任耶鲁大学校长，男女同校问题才得到足够的重视。哈佛大学有拉德克里夫学院，布朗大学有彭布罗克学院（Pembroke College），哥伦比亚大学有巴纳德学院（Barnard College），面对这一形式，耶鲁大学计划与瓦萨

学院（Vassar College）进行合作。耶鲁大学是最后一所录取女本科生的常春藤联盟高校。从创立到1968年，耶鲁学院都不招收女学生。在19世纪末，耶鲁大学研究生院艺术学院招收过女学生。实行男女同校的第一年1969年，耶鲁大学录取了1025名男生，另外录取了588名女生，其中，作为新生入学的女生230名，作为转校生的女生358名。在初期，校友和招生人员不知道该如何面试女生，如何将17岁的女生视为未来的领袖。录取女学生的依据主要是学术成就。①

随着美国女性权利的提升，以及社会经济多样化发展，在各个领域女性都有施展才能的机会。根据世界银行（World Bank）统计，1960年，美国女性人口的比例是50.5%，中间某些时间段略有上升，比如，1984年达到51%，2016年，美国女性人口比例又回归至50.5%。② 依据美国教育统计中心的数据——1988年全美教育纵向定群研究，可以发现，1991年在第一层次高校中，女学生的比例达到了43%；在第二层次的高校中，女生比例达到了45%，不过，都没有达到50%的水平（表2-3）。

2017—2018学年，美国8所常春藤联盟高校的女性本科生比例见图2-5，比例最低的是哈佛大学的47%，最高的是布朗大学的53%。4所大学女性本科生的比例低于50%，3所达到了51%或以上。8所常春藤联盟高校女性本科生的平均比例约为50%，接近美国女性人口比例50.5%（2016年统计数据）。

其他15所非常春藤联盟美国私立大学的本科生女性比例见图2-6，超过55%的高校共有5所，比例最高的是艾默里大学，达到了59%，另外4所高比例的高校分别是图兰大学（58%）、纽约大学和乔治·华盛顿大学（均为57%），以及佐治敦大学（56%）。本科生女性比例最低的高校是斯蒂芬理工学院，只有30%的本科生是女生。这和该院校以理工科为主的专业结构有关。同为理工科院校的麻省理工学院的本科生女性比例是46%，与侧重工业设计领域的卡内基·梅隆大学并列倒数第二。另外，有3所高校的本科生女性比例都是48%，分别是芝加哥大学、约翰·霍普金斯大学和莱斯大学；有3所高校的本科生女性比例都是50%，分别是杜克大学、范德比尔特大学和塔夫斯大学。这15所私立大学本科生女性比例平均值是50.4%，如果将斯蒂芬理工学院的特殊情况排除在外，那么该比例将超过50.5%的女性人口比例。

---

① Soares J A. The Power of Privilege：Yale and America's Elite Colleges[M]. Stanford：Stanford University Press，2007：9，102，104，105，108.

② The World Bank. Population，female（% of total），All Countries and Economies[EB/OL]. https://data.worldbank.org/indicator/SP.POP.TOTL.FE.ZS[2018-01-03].

表 2-3　1991 年美国各层次高校女学生比例　　　（单位：%）

巴伦教育高校分类	第一层次	第二层次	第三层次	第四层次	第五层次	第六层次	第七层次	合计
女学生比例	43	45	50	55	57	50	54	53

资料来源：NCES. National Education Longitudinal Study of 1988（NELS：88）[EB/OL]. https://nces.ed.gov/surveys/nels88/[2017-01-01]

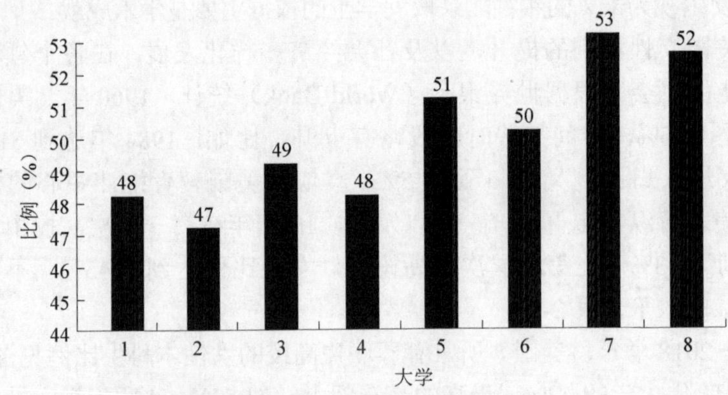

图 2-5　美国常春藤联盟高校的本科生女性比例（2017—2018 学年）

1. 普林斯顿大学；2. 哈佛大学；3. 耶鲁大学；4. 哥伦比亚大学；5. 宾夕法尼亚大学；6. 达特茅斯学院；7. 布朗大学；8. 康奈尔大学

资料来源：U.S. News & World Report. National Universities Rankings[EB/OL]. http://colleges.usnews.rankingsandreviews.com/best-colleges/rankings/national-universities[2018-03-21]

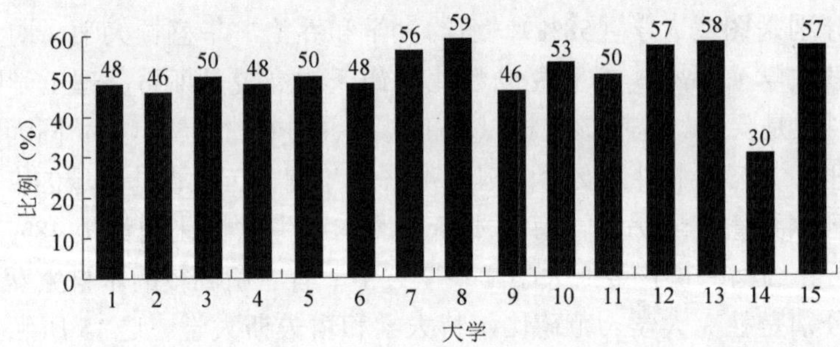

图 2-6　美国 15 所私立大学的本科生女性比例（2017—2018 学年）

1. 芝加哥大学；2. 麻省理工学院；3. 杜克大学；4. 约翰·霍普金斯大学；5. 范德比尔特大学；6. 莱斯大学；7. 佐治敦大学；8. 艾默里大学；9. 卡内基·梅隆大学；10. 维克森林大学；11. 塔夫斯大学；12. 纽约大学；13. 图兰大学；14. 斯蒂芬理工学院；15. 乔治·华盛顿大学

资料来源：U.S. News & World Report. National Universities Rankings[EB/OL]. http://colleges.usnews.rankingsandreviews.com/best-colleges/rankings/national-universities[2018-03-21]

在公立大学方面（图 2-7），13 所中 7 所大学的本科生女性比例达到或超过 51%，最高的 3 所大学达到了 58%，分别是北卡罗来纳大学教堂山分校、威廉

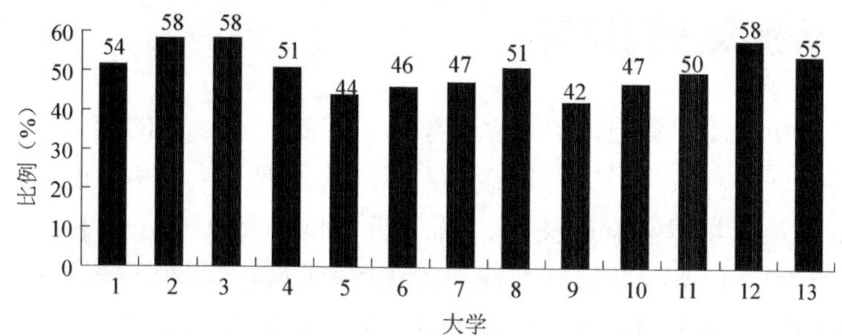

图 2-7　美国 13 所公立大学的本科生女性比例（2017—2018 学年）

1. 弗吉尼亚大学；2. 北卡罗来纳大学教堂山分校；3. 威廉玛丽学院；4. 威斯康星大学麦迪逊分校；5. 伊利诺伊大学香槟分校；6. 宾夕法尼亚州立大学；7. 马里兰大学；8. 康涅狄格大学；9. 普渡大学；10. 克莱姆森大学；11. 新泽西州立卢格斯大学；12. 特拉华大学；13. 佛罗里达州立大学

资料来源：U.S. News & World Report. National Universities Rankings[EB/OL]. http://colleges.usnews.rankingsandreviews.com/best-colleges/rankings/national-universities[2018-03-21]

玛丽学院和特拉华大学。有 5 所大学的本科生女性比例低于 50%，分别是只有 42% 的普渡大学，伊利诺伊大学香槟分校的 44%，宾夕法尼亚州立大学的 46%，马里兰大学和克莱姆森大学的 47%。13 所公立大学本科生女性比例的平均值是 50.8%，超过了女性人口比例 0.3 个百分点。

当前，几乎没有女性申请者声称在大学招生过程中遭受性别歧视。不同大学的男女生比例差异，主要是专业设置、生源人口结构等因素引起的。总体而言，民权运动结束之后经历了半个多世纪的社会变化，美国女性在教育权利方面已经获得了较为平等的地位。

第三节　亚裔的困境

以华裔、韩裔等为代表的亚裔，受科举及尊师重教传统美德的影响，普遍重视教育，不论是高阶层家庭，还是中低阶层家庭。因此，亚裔学生的学业表现普遍比较优秀。亚裔谦逊、自制、自强等特殊的群体文化，与美国传统上的主流文化存在一定的差异。在这种情况下，教育理念的认同差异、平等权利的不同理解等因素，使得亚裔对美国高等教育又爱又恨。

一、从犹太人到亚裔

20 世纪 20 年代，美国顶尖私立大学为了控制日益增长的犹太学生比例，对招生标准进行调整，改变了完全依赖学术标准的录取方式，引入非学术因素的考量，而品质就是非学术因素的核心。“品质”（character）——一种被认为在犹太人身上所缺乏的、但上层阶级新教徒却大量拥有的品质。对于哈佛大学、耶鲁大学、普林斯顿大学的所谓绅士管理者来说，品质是所有品德修养和生活方式的简称。由于品质的无形特性，只有拥有品质的人有能力对其进行考量。“坚毅”“个性”“领导力”等此类高度主观性的特质常用来阐释品质，通过这种高度的人为主观评价，哈佛大学、耶鲁大学、普林斯顿大学等老牌顶尖大学都拥有极大的自由决定谁可以进入它们的大学[①]，而犹太学生并不是非常受欢迎。

1967 年，耶鲁大学的新生中超过 20% 是犹太人。一位银行家杰出校友知悉此事之后，写信给金曼 • 布鲁斯特校长，表示担心。他声称，尽管自己不是反犹太主义者，且有很多朋友是犹太人，也认可犹太人的聪明才智，但是，他认为，作为一个群体，犹太人是排外的，以自我为中心的，且不热衷于公众服务。因此，耶鲁大学至少不应该让犹太学生的比例超过其相应的人口比例。[②] 从这一事例中可以看出，犹太人群体表现出的某些共有特征，或者是给他人留下的刻板印象，让他们无法得到美国主流价值观的认可。

不过，20 世纪下半叶，犹太人通过努力跻身美国上层阶层，同时，积极参与公共政治，成立富有影响的社会组织并献身公共事务，在这些努力下，顶尖大学曾经加在他们身上的种族歧视烙印也烟消云散。到了 20 世纪 70 年代，或更早些，哈佛大学的天主教学生和犹太学生与他们的新教徒同学几乎已经没有差别，犹太人问题已经成了过去式。哈佛大学有 4 位院长是犹太人，犹太学生的比例为 25% ～ 30%。[③] 现在，似乎轮到亚裔开始遭受这种隐性的歧视。其中，非常重要的一个理由就是，和犹太人同样善于学习钻研的亚裔，同样缺乏他们所谓的“品质”，因为不论是在传统上还是现在，美国顶尖私立大学对“书呆子”的评判总是显得略为负面。而亚裔给美国主流社会留下的刻板印象同样是重视文化学习，不关心公众利益，不关心政治，甚至被称为“哑裔”。普利策奖获得者丹尼

---

① Karabel J. The Chosen：The Hidden History of Admission and Exclusion at Harvard，Yale，and Princeton [M]. New York：Houghton Mifflin Company，2006：2.

② Soares J A. The Power of Privilege：Yale and America’s Elite Colleges[M]. Stanford：Stanford University Press，2007：78.

③ Synnott M G.The Half Opened Door：Discrimination and Admissions at Harvard，Yale，and Princeton，1900-1970[M]. New Brunswick：Transaction Publishers，2010：209.

尔·高登将亚裔称之为“新犹太人”，原因也在于此。①

二、“哑裔”与“天花板”

2016年6月底，天普大学（Temple University）在任华裔副校长戴海龙被罢职，遭受匪夷所思的不公正待遇，该校师生群起抗议。最终，对戴校长的莫须有的指责被该校董事会正式否认，校方宣布与戴海龙达成和解，戴海龙出任该校负责国际事务的副校长。尽管如此，戴校长的遭遇还是让许多华人进行了深刻的反思，他们认为亚裔的声音很弱，亚裔的社会团体组织不像非洲裔和犹太裔组织那样活跃有力，这是重要的原因。犹太人在美国的人口比例只有2%，亚裔则接近5%，但是犹太人对美国的影响力远远超过亚裔。犹太人的组织和非洲裔的组织都有专人收集对本族裔歧视和不公的事例，以维护本族裔的权益。与之形成对比，亚裔组织包括百人会在内，大多是兼职挂名，要的是名气，并没有实际为本族裔的权益服务。

亚裔不善于争取权利，不善于参与公共事务，多数人各扫门前雪。这种族群特征在美国社会中就容易处于弱势的地位，也就容易遭受各种不公正的待遇。在各种充满竞争力的领域里，亚裔的领导力往往不被认可，在公司企业如此，在政府部门同样如此。而在高等教育领域，这种刻板印象影响着精英大学的判断，形成亚裔申请者拖后腿的短板。休斯敦大学的校长曾经发表了一个关于不同族裔在美国大学学术职位和行政职位比例的统计数据。其中，拉美裔教授人数占3%，行政职位占5%；非洲裔教授占5%，行政职位占8%；亚裔教授占7%，担任行政职务的却只有1%。在美国108所研究型大学的校长中，截至2016年，只有两名是亚裔，一名是加州大学圣芭芭拉分校校长杨祖佑，另一名是马里兰大学的校长华莱士·陆（Wallace Loh）。②亚裔的安分守己固然是优点，却也给自己加上了一个看不见的玻璃“天花板”。

2014年11月20日，一位华裔警官梁彼得（Peter Liang）和同事在纽约布鲁克林一个高犯罪率的政府福利房巡逻。在持枪试图通过昏暗的楼道从八楼走向七楼时，听到声响受到惊吓，扣发了手枪，子弹弹射到七楼正巧穿过一名非洲裔美国青年的心脏。在多起白人警察粗鲁对待非洲裔美国人甚至射杀非洲裔美国人的案件中，白人警察都被判无罪。然而，梁彼得没有这么好的运气。2016年2

① Golden D. The Price of Admission：How America's Ruling Class Buys Its Way into Elite Colleges[M]. New York：Three Rivers Press，2007：195.

② 潘涵.“如果不是亚裔，会发生这一切吗？”戴海龙官复副校长后首次接受《海华都市报》独家采访 [EB/OL]. http://mp.weixin.qq.com/s/-sMPW2LqW8slqip0ZxxLpQ[2017-12-01].

月，梁彼得被陪审团判决五项控罪：过失杀人罪、渎职罪、攻击罪、鲁莽威胁他人罪和刑事疏忽谋杀罪全部成立，引起公众哗然。多数华人认为，梁彼得是替罪羊，成为警察与非洲裔美国人紧张关系的牺牲品。一些非亚裔同样表达了愤慨，在社交媒体纷纷发表观点，有些人认为：梁彼得最多是疏忽致死罪。也有些人在Facebook上评论讽刺：终于有警察因为杀了非洲裔美国人被定罪，因为这名警察不是白人，多么讽刺。希望亚裔能出来抗议，但这些“模范少数群体”会保持沉默，像过去一样。这些言论可以侧面反映出，美国民众对亚裔的普遍印象。更富戏剧性的是，在梁彼得案裁决的当天，全纽约警察取消休假，严阵以待，如大敌来临。他们并不是担心梁彼得被判有罪时华人会上街抗议，而是担心若是无罪判决，非洲裔将发起骚乱。① 亚裔与非洲裔在权利斗争中的表现有天壤之别，当然，在学校的学业表现也同样如此，只不过二者相反。

梁彼得案让华裔进行了反思，并行动起来。2016年2月20日，几十座大城市的华人同时走上街头抗议，表达对梁彼得案裁决的不满，声援和支持华裔警官。如此大规模的华人抗议非常少见，让美国社会刮目相看，也引起了众多主流媒体的关注和报道。最终，华裔的努力有了回报，梁彼得被法官裁定降罪一等，被认定为“疏忽杀人”，判了缓刑5年及社区服务，无须入狱。这一结果极大振奋了华人社区。2016年美国大选，各类亚裔组织的活跃程度有了很大的提升。不过，总体而言，亚裔对权利的主动捍卫和争取的力度仍然偏小，这也在一定程度上影响了亚裔对美国主流社会的参与和引领，不论是在大学之内还是在大学之外。

三、教育权利平等

在美国主流社会中，亚裔属于弱势群体。历史上臭名昭著的《排华法案》虽然以美国政府进行道歉而告终，但是，到了现代，亚裔仍然遭受各种形式的歧视。亚裔，特别是华裔，以及处于科举文化圈、深受汉文化影响的东亚国家，如日本、韩国等，这些族裔普遍重视学校教育，对子女的教育成就期望都比较高，且愿意营造良好的文化氛围帮助子女取得良好的学业成绩。因此，亚裔学生群体往往在中学成绩、标准化测验中表现优异。凭借这些出色的表现，亚裔学生在美国顶尖大学中的比例普遍较高。

总体来说，在2011—2012学年，按照不同族群在不同类型高校中的人数比例来看，高达43.15%比例的非拉美裔白人和50.69%的亚裔就读于四年制的大学（表2-4）。不论是在公立四年制高校，还是在私立四年制高校，相对于自身

① 一娴．梁彼得案：白人种祸根，华裔来背锅？[EB/OL]. http://www.wenxuecity.com/news/2016/02/15/4972346.html[2016-02-20].

族群的人口，亚裔的比例都是最高的，白人次之，拉美裔表现最差。拉美裔学生中高达 54.47% 的比例就读于学费低廉、入学要求很低的公立两年制大学，比例最高。亚裔在公立两年制、营利性高校或其他教育机构中的学生比例都是最低。可见，亚裔在高等教育中的总体表现远远好于非洲裔或拉美裔。

表 2-4　不同种族族裔在不同类型高校中的人数比例（2011—2012 学年）（单位：%）

学校类型	非拉美裔白人	非洲裔	拉美裔	亚裔
公立四年制	29.47	20.94	20.91	35.38
私立四年制	13.68	9.65	7.32	15.31
公立两年制	43.81	45.65	54.47	41.71
营利性	9.30	18.03	11.36	5.87
其他或非学历授予单位	3.73	5.74	5.94	1.74

资料来源：National Postsecondary Student Aid Study（NPSAS），2012. Urban Institute. Students-by income[EB/OL]. http://collegeaffordability.urban.org/what-is-college/students/#/by_race_and_ethnicity[2018-03-19]

在具体高校层面（图 2-2），在公开发布学生族裔结构的 13 所大学中，所有大学的亚裔学生比例都超过了人口比例 5%[①]。只有 3 所大学的亚裔学生比例低于 20%，分别是范德比尔特大学（13%）、弗吉尼亚大学（13%）和艾默里大学（19%）。另有 2 所大学的亚裔学生比例超过了 30%，分别是卡内基 • 梅隆大学（31%）和纽约大学（33%）。其余 8 所大学的亚裔学生比例都在 20% ～ 30%。亚裔（特别是华裔）非常仰慕的 8 所常春藤联盟高校中，就有 5 所高校的亚裔学生比例处在 20% ～ 30%，分别是普林斯顿大学、哈佛大学、宾夕法尼亚大学、布朗大学和康奈尔大学（图 2-8）。13 所大学亚裔学生比例的平均值是 22%，接近其人口比例的约为 4.5 倍。需要指出的是，这些公开族裔结构的大学，除了弗吉尼亚大学是公立大学之外，其余的 12 所大学都是排名非常靠前的顶尖私立大学。

在加利福尼亚州，亚裔学生在加州大学公立系统中的比例更是惊人，往往是人口比例的 6 倍，接近 1/3。在更为重视本科教育的文理学院，亚裔的比例同样远远超过了人口比例。例如，著名的威廉学院亚裔学生比例是 15%，非洲裔和拉美裔同为 11%。在女子学院巴纳德学院，亚裔学生的比例高达 21%，非洲裔是 12%，拉美裔是 11%。与之相比较，在上述 13 所样本高校中，卡内基 • 梅隆大学的非洲裔、拉美裔、所有原住民等学生总比例只有 16%。在其他 12 所样本高校中，只有哈佛大学的非洲裔学生比例达到了 15%，超过了其人口比例

① The United States Census Bureau. The U.S. Census Bureau sees racial，ethnic demographic shift[EB/OL]. http://www.census.gov/[2018-01-12].

（图 2-9）。另有 9 所大学的非洲裔学生比例都低于 10%。这 12 所大学的非洲裔学生比例的平均值约为 8%，低于其人口比例近 5 个百分点。拉美裔方面（图 2-10），所有的样本高校的拉美裔学生比例都没有超过其人口比例，比例最高的是纽约大学，有 15% 的学生是拉美裔。最低的是唯一的公立大学弗吉尼亚大学，拉美裔学生比例只有 6%。这 12 所大学拉美裔学生比例平均值约为 11%，低于其人口比例近 6 个百分点。

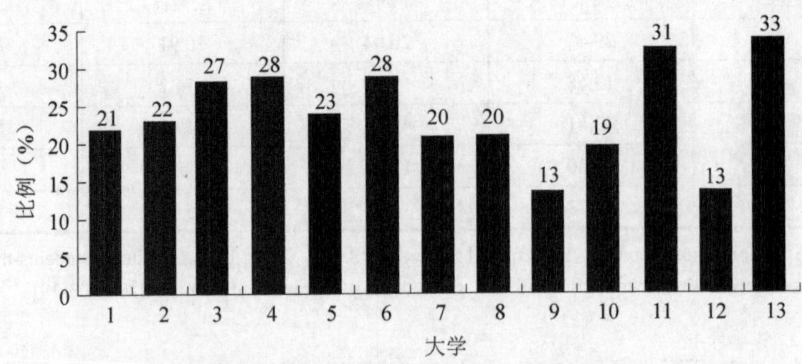

图 2-8　13 所样本高校亚裔学生比例

1. 普林斯顿大学；2. 哈佛大学；3. 麻省理工学院；4. 杜克大学；5. 宾夕法尼亚大学；6. 约翰·霍普金斯大学；7. 布朗大学；8. 康奈尔大学；9. 范德比尔特大学；10. 艾默里大学；11. 卡内基·梅隆大学；12. 弗吉尼亚大学；13. 纽约大学；2012 年全美亚裔人口比例：5%

资料来源：根据课题组调研资料整理（2014—2016 年数据）

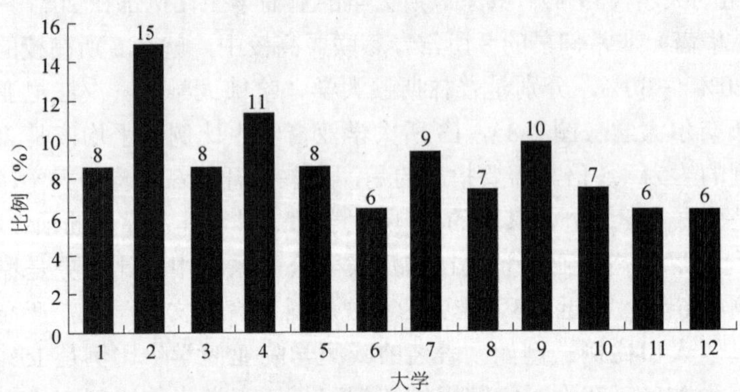

图 2-9　12 所样本高校非洲裔学生比例

1. 普林斯顿大学；2. 哈佛大学；3. 麻省理工学院；4. 杜克大学；5. 宾夕法尼亚大学；6. 约翰·霍普金斯大学；7. 布朗大学；8. 康奈尔大学；9. 范德比尔特大学；10. 艾默里大学；11. 弗吉尼亚大学；12. 纽约大学；2012 年全美非洲裔人口比例：13%

资料来源：根据课题组调研资料整理（2014—2016 年数据）

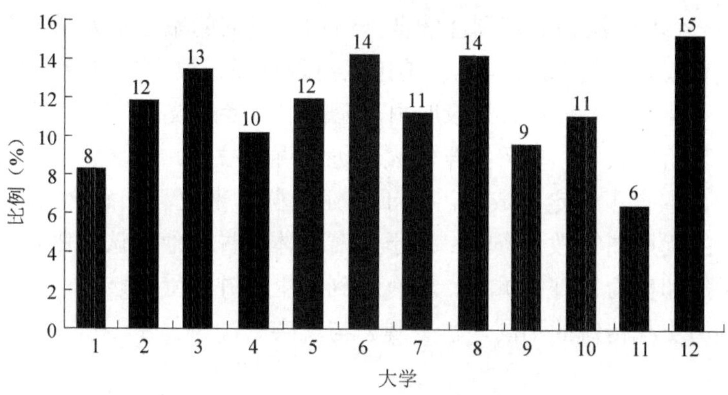

图 2-10　12 所样本高校拉美裔学生比例

1. 普林斯顿大学；2. 哈佛大学；3. 麻省理工学院；4. 杜克大学；5. 宾夕法尼亚大学；6. 约翰·霍普金斯大学；7. 布朗大学；8. 康奈尔大学；9. 范德比尔特大学；10. 艾默里大学；11. 弗吉尼亚大学；12. 纽约大学；2012 年全美拉美裔人口比例：17%

资料来源：根据课题组调研资料整理（2014—2016 年数据）

亚裔重视教育，对精英大学，特别是美国 8 所常春藤联盟高校顶礼膜拜。亚裔学生在申请大学时，如果仅从学业成绩或者标准化测验成绩来看，亚裔的学业成就并没有得到充分的尊重。在同等条件下，亚裔学生的标准化测验 SAT 成绩往往要比白人高出一两百分，或者比非洲裔、拉美裔申请者高出三四百分，才能获得同等的录取机会。在高中阶段各类最具声誉的奖项中，亚裔学生获得了大约 30% 的比例，比如 AP 国家学者（Advanced Placement National Scholar，美国大学预修课程国家学者）、总统学者（Presidential Scholar）、英特尔科学天才研究（Intel Science Talent Research）等，然而，他们在常春藤联盟高校中的比例只有 15% 左右。[①]2016 年，一位印度裔的学生做了一个恶作剧，参照自己的学业表现，将自己的种族更改为非洲裔，向多所顶尖私立大学递交了入学申请表，结果纷纷收到录取通知和奖学金，填写亚裔的申请表则都被拒绝。非洲裔与亚裔的录取机会形成强烈的对比。他将这段恶作剧放在 YouTube 上分享，引发了众多的关注和讨论。非洲裔、拉美裔享受着明显的隐性的让分政策。不过，即便如此，非洲裔、拉美裔的大学生比例仍然很低。

学业成绩被区别对待，这引起了许多亚裔（以华裔为主）的强烈不满和抗争。在华人社群中，较为有影响力的争取教育权利的组织是美国亚裔教育联盟（Asian American Coalition for Education，AACE）。根据其网站的介绍，

① Golden D. The Preferences of Privilege//Soares J A. Sat Wars：The Case for Test-optional College Admissions[M]. New York：Teachers College Press，2012：19.

AACE“是一个非党派和非营利性的全国组织，成立的宗旨是为了争取美国亚裔的平等的教育权利。自2014年始，美国亚裔教育联盟致力于团结美国亚裔社区，抗议美国常春藤联盟高校在大学录取中对亚裔申请者的歧视”[①]。该组织通过各类活动，以及与哈佛大学、耶鲁大学等大学进行诉讼拉锯，给这些顶尖大学带来了巨大的压力，取得了一定的成效。对于非亚裔群体来说，亚裔学生是优势群体，占据了较多的优质高等教育资源；对于亚裔群体来说，他们认为亚裔家庭在学业上的巨大付出和努力被打了折扣，没有得到尊重，并遭受了歧视。这些认知差异背后，既有历史与传统的不同，也有观念与现实的冲突。

第四节　精英阶层的优势

直到20世纪60年代，尽管耶鲁大学、哈佛大学等高校仍对犹太学生进行限制，但是在政策执行力度上已经大为减弱。通过民权运动的洗礼，以及有色人种少数族裔的斗争，美国精英大学在种族问题方面变得越来越慎重，并尽量不触及公众敏感的神经。不过，社会阶层却没有引发充分的关注，顶尖大学对优势阶层的偏爱没有受到应有的批评。美国社会学家约瑟夫·索尔斯教授认为，“到了20世纪60年代，美国精英大学招生政策的排外策略从激进的反犹太主义转移至社会阶层”[②]。那么，美国的精英大学是如何偏爱社会的精英阶层呢？

一、通识教育与精英阶层

美国顶尖大学对通识教育更为热衷，从教育理念的角度，是因为通识教育致力于培养具有潜力的综合型人才，这是未来领导者们所需要的教育。看似没有问题，不过，这样的教育理念背后却隐藏着顶尖大学的另一面。1954—1964年担任耶鲁大学招生办主任的阿瑟·霍韦对校友们解释了家庭背景、学生品质与通识教育（liberal arts education）之间的关系，并假设了两个案例。耶鲁大学是上流社会中培养未来领导人的文理学院。下层阶级的学生往往将主要的精力投在学业上，忽视课外能力、领导力等品质的培养。对于这些学生来说，州立大学的职

① AACE. About AACE[EB/OL]. http://asianamericanforeducation.org/zh/home-zh/[2016-08-20].

② Soares J A. The Power of Privilege：Yale and America’s Elite Colleges[M]. Stanford：Stanford University Press, 2007：54.

业教育比较适合，并且，他们一般支付不起高昂的学费。与之相对，另一类学生有着广泛且丰富的兴趣爱好，关注课本之外的知识，有了高质量的社会交往，来自能够支付学费的中产家庭。这样的学生更有可能成为一个有学识且有社会影响力的成功人士，或者领导者。①

可以说，通过致力于通识教育，这些顶尖大学既扮演了未来领导者培养机构的角色，也通过服务于社会的优势精英阶层，使得大学在社会演变中保持着其他普通高校无法比拟的强势地位，始终作为引领者占据着主导的地位。法国历史学家亚历西斯·德·托克维尔（Alexis De Tocqueville）在他的巨著《论美国的民主》（*Democracy in America*）中认为，美国永远不会形成贵族统治。不过，普利策奖得主丹尼尔·高登却持不同看法，认为法国人托克维尔低估了美国上层阶级的创造力，美国精英家庭通过一种间接的方式维护他们的优势地位，那就是大学录取政策。②

二、招生理念与阶层差异

上层家庭更注重个人的提升，而中层家庭则致力于获得成功的标志，比如成绩，过于注重结果而忽视了过程的重要性。二者之间呈现了不同的文化导向。影响这种文化导向的因素主要有宗教、父母职业、家庭收入和中学类型。上层阶级的社会文化并不是对学生的所有表现都有利，比如，学业成绩。耶鲁大学教育研究助理主任罗伯特·朗西（Robert Ramsey）的博士论文的主题是大学、法律学院中文化因素对学生学业表现的影响。他更多关注的是非智力因素对学生学业成就的影响。与综合能力中的品质相反，他的研究发现，上层阶级与中层阶级之间在社会文化上存在着显著区别。他认为，上层阶级的文化特征似乎导致了学生在学业方面表现不佳。大学衡量学业表现的标准主要是考试成绩和课程表现，这样的标准是有利于中层家庭的。不过，由于学业成绩的权重有限，上层阶级的学生可以充分利用其在非学术方面的优势。

校友面试在理论上是一个通过富有评价经验的校友对申请者进行全面评估的过程。尽管许多顶尖大学强调，是否参加面试并不会影响录取结果，但实际情况是，校友面试非常重要，权重很大，获得一个优异的校友评价，可以在录取过程中起到关键性的作用。校友面试为招生人员提供了一个全面了解申请者家庭背

---

① Soares J A. The Power of Privilege：Yale and America’s Elite Colleges[M]. Stanford：Stanford University Press，2007：2，53.

② Golden D. The Price of Admission：How America’s Ruling Class Buys Its Way into Elite Colleges[M]. New York：Three Rivers Press，2007：1.

景的机会，在这一过程中，精英阶层家庭的优势文化往往非常有利，他们能够获得弱势家庭难以企及的正面评价。比如，在耶鲁大学的某次招生中，最出色的SAT成绩的学生，因为家长只是普通的工程师，没有显赫的家世，没有丰富且令人印象深刻的课外活动，在校友面试中被描述成为一位未来的农场主。另一位学生在学术表现方面一般，但其父亲是校友，且在校友会中非常活跃；该学生具有人格魅力，在课外活动中表现杰出，是一个具有天赋的领导者。最终，这位学术能力一般的校友子女被录取。① 这种差别，对于大学来说似乎无可厚非，毕竟，在未来的领导者和农场主二者之间，精英大学自然倾向于选择领导者作为校友，这有利于提升高校的社会声誉，甚至能够获得捐赠或其他支持，以便在激烈的竞争中不至于落后。但是，从社会学的角度，优势阶层通过优质教育强化了优势地位，弱势阶层则失去了一个非常重要的向上流动的机会。

三、标准化考试 SAT 的阶层效应

1972 年之后，耶鲁大学不再预测大一新生的学业成就，而是将主要精力用于寻找那些能够预测成功领导者和成功的艺术家的个人品质。耶鲁大学摒弃招生中的学术公式之后，主要采用 GPA 和 SAT 评估申请者的学术能力。其中，GPA 比 SAT 要靠谱很多，SAT 对于大一新生的学术表现的预测能力非常低。单独用 GPA，或者 SATII（即 SAT 分科目考试）和 GPA 成绩相结合，两者的预测效果都比单独用 SAT，或者 SAT 与 GPA 相结合好。事实上，从 1926 年之后，耶鲁大学多数申请者不仅参加了 SAT 测验，也参加了两门 SAT II 测验。耶鲁大学每年都公布新生班级 SAT 成绩的中段区间值。耶鲁大学知道 SAT 对学术表现糟糕的预测力，不过，SAT 成绩与家庭的社会经济地位有着非常高的线性关系。社会经济地位取决于申请者父母的收入和教育程度。耶鲁大学明知这点，大学委员会（College Board）开展的相关研究也多次证实了这一点（表 2-5），且最近的研究是 20 世纪 90 年代包括 20 年测验数据的一个强有力的论证。

但是，为什么耶鲁大学一直采用 SAT 标准化测验，舍不得放弃呢？或许，SAT 对于耶鲁大学每年寻找 60% 比例的全额自付学费生是非常便利的。耶鲁大学教育研究办公室（Office of Educational Research）精确地记录着申请者和入学者的家庭背景信息，用于预测学生的表现。② 可以推测，顶尖大学对于这样的

① Soares J A. The Power of Privilege：Yale and America's Elite Colleges[M]. Stanford：Stanford University Press，2007：50，56-58.

② Soares J A. The Power of Privilege：Yale and America's Elite Colleges[M]. Stanford：Stanford University Press，2007：58，119，135-136.

表 2-5　2010 年高中毕业班学生 SAT 平均成绩（约 155 万考生）

家庭收入	阅读	数学	写作	总分
低于 2 万美元	437	460	432	1329
2 万～ 4 万美元	465	479	455	1399
4 万～ 6 万美元	490	500	478	1468
6 万～ 8 万美元	504	514	492	1510
8 万～ 10 万美元	518	529	505	1552
10 万～ 12 万美元	528	541	518	1587
12 万～ 14 万美元	533	546	523	1602
14 万～ 16 万美元	540	554	531	1625
16 万～ 18 万美元	547	561	540	1648
高于 18 万美元	568	586	567	1721
未反馈（38%）	498	515	492	1505

资料来源：Schaeffer R. Test Scores Do Not Equal Merit：Deemphasizing Standardized Tests in College Admissions [A]//Soares J A.（Edited By）. Sat Wars：The Case for Test-optional College Admissions[C]. New York：Teachers College Press，2012：158

差别是了如指掌的。不过，权贵家庭的学生更有可能成为未来的领导者，富有的家长和校友更有可能给大学提供捐赠，既然如此，这些大学在讨论教育公平的时候也就对社会阶层的因素尽量采取视而不见的态度了。尽管一些大学在批评者的压力下，开始提倡社会阶层的多样化，不过，这样的转变目前仍然缺乏足够的推动力。

四、家庭资本优势

家庭资本可以划分为经济资本、文化资本及社会资本，有些学者还进一步提出了权力资本的概念。虽然权力确实会影响高等教育入学机会，但是，权力对教育公平往往起到直接的破坏作用，在法理层面理应受到批判和规范。可以说，将权力的影响通过“权力资本”进行划分，似乎是一种委婉的包装和掩饰，从而将权力干预正当化了，在一定程度上这与学术正义是不相吻合的。因此，本书将权力资本排除在家庭资本之外，将权力对教育机会的影响留给法理领域进行探讨。

家庭收入与学生在大学入学的表现有着很大的关联，而这种关联并不能简化为家庭收入与学生表现两个变量之间的直接相关。一些私营企业主的家庭收入很高，有着充足的财力，但家长不重视儿女教育，只是忙于提高家庭收入，没有进行教育投入，那么，其子女的学业表现可能还不如中等收入的普通家庭。一些教师家庭收入不高，但在教育方面有着丰富的资源，其子女的学业表现往往非常好。社会资本主要是指家庭在社会关系网络中获得资讯的丰富程度。良好的信息渠道可以为家庭的教育决策提供重要的参考，为子女提供高质量有成效的文化资源，从而使其在教育机会的竞争中处于优势地位。因此，不论是经济资本还是社会资本，都无法对学生的表现直接起作用，都需要通过文化资本对学生产生影响，美国教育统计中心的数据在一定程度上印证了这一观点。

具有丰富家庭资本的学生，往往能够在美国顶尖大学的招生制度中获得非常大的优势。在美国教育统计中心的 NELS：88 数据中可以发现，家庭收入前 10% 的学生，在巴伦美国高校简介（Barron's Profiles of American Colleges）分类中的第一级层次的高校中比例高达 64%。即使是第二层级的高校，其比例也接近 50%。

在 1991 年的抽样调查中，高收入家庭学生在第一层次院校中的比例高达 63%。其中，专业类职业家庭与非专业类职业家庭的数值又相差很大，前者的比例是 41%，后者的比例只有 23%，后者几乎只有前者的一半。之所以如此，原因在于专业类职业家庭往往比非专业类职业家庭拥有更多的文化资本，只有父母的受教育程度要达到一定的高度，才具备通过专业技能获得高额家庭收入。而非专业类职业家庭的父母不一定拥有高学历，私营企业主或农场主等家庭同样可以获得高收入，但往往不能给子女太多的文化资源。不过，即便如此，在第一层次院校中，高收入非专业类职业家庭学生比例与中产阶层学生比例持平，同为 23%，比例也较高。

另一个数值也印证了父母教育程度的重要性。在第一层次院校中，父母均无大学学历（即第一代大学生）的比例只有 10%，而父母至少有一位拥有大学学历的学生比例高达 63%。在第一层次院校学生中，父母、学生都参观艺术博物馆的学生比例高达 72%，只有具备一定文化积淀和修养的家庭才可能会去参观艺术博物馆。此外，第一层次学生中参加体育项目、学校政治组织、年报或报刊、学术俱乐部的比例同样是最高的。[①] 上述数据说明，文化资本对于学生表现的重要性。美国上层阶级通过家庭资本优势，在优质高等教育机会争夺中处于绝对的领先地位。社会学家约瑟夫・索尔斯的研究发现，哈佛大学的学生中只有 5%～6% 的学生是来自中低阶层家庭，多数学生的家庭背景是非常丰厚的。[②] 正如丹尼尔・高登所说，美国精英大学“对于权贵的偏好是超越党派的。从政治

---

① NCES. National Education Longitudinal Study of 1988（NELS：88）[EB/OL]. https://nces.ed.gov/surveys/nels88/[2017-01-01].

② 课题组访谈记录：资料编号 H-001，约瑟夫・索尔斯教授（Joseph Soares），地点：美国北卡罗来纳州维克森林大学社会学系，时间：2016 年 3 月 15 日。

领域到文化领域，不论是民主党还是共和党，肯定性行动的支持者还是反对者，左翼的好莱坞电影明星还是右翼的企业大亨，名门望族还是暴发户，他们都受益于财务和权力”[①]。

五、盲需政策：口号与现实

美国顶尖大学普遍设立了盲需（need blind）政策，这样的政策在一定程度上有利于弱势群体，特别是低收入家庭的学生进入这些学费高昂的大学。不过，其效果并没有像社会预期的那样，大量贫困学生进入顶尖学府。

1963 年，耶鲁大学决定实行盲需政策，即在招生的过程中不考虑申请者是否需要资助。这一政策获得了非常高的社会评价，被认为是精英政治的胜利。阿瑟·霍韦在推动盲需政策的时候，向耶鲁大学董事会解释：只要我们保证录取的学生中 60% 来自美国前 5% 收入的家庭，那么就不用担心这样的政策会影响学校的预算。这样的政策可以保持耶鲁大学对中层家庭生源的吸引力，避免耶鲁大学的学生出现贫富两极分化的现象。从耶鲁大学接受资助的学生比例来看，这一政策对于学生的家庭阶层构成并没有影响（表 2-6）。1952 年，耶鲁大学本科生获得资助的学生比例是 43%。实行盲需政策的 1963 年，这一比例是 38%，1964 年是 40%，都比 1952 年低。在具有统计数字的年份里，1966 年耶鲁大学本科生受资助的比例最高，达到了 49%，没有超过 50%。这意味着有超过一半的耶鲁本科生是来自于没有资助需要的、家庭收入在前 5% 的富裕家庭。1981—2002 学年，这一比例一直在 37% ～ 44% 徘徊。

20 世纪 60 年代之后，精英大学学生群体的社会阶层结构与其种族录取政策紧密相关。黑人录取政策将低收入家庭的年轻人招入耶鲁大学，不过比例还是很低。尽管当前这些大学在种族、性别、宗教等方面充分体现了多样性，不过由于对权贵阶层家庭文化的肯定和偏爱，美国顶尖大学的学生群体的社会阶层构成并没有太大变化。[②]

顶尖大学喜欢宣扬它们的盲需政策，即它们提供充裕的资助，帮助那些录取的学生能够支付得起看起来高不可攀的教育费用。不过，它们却没有实行盲富（wealth blind）政策。它们大量从预备学校中招收学生，因为预备学校学费高昂，只有具备支付能力的家庭会选择预备学校。同时，招生人员接受学校的指导去寻

---

① Golden D. The Price of Admission：How America’s Ruling Class Buys Its Way into Elite Colleges[M]. New York：Three Rivers Press，2007：4.

② Soares J A. The Power of Privilege：Yale and America’s Elite Colleges[M]. Stanford：Stanford University Press，2007：114.

表 2-6　1952—2002 年耶鲁大学本科生获得资助的比例　（单位：%）

年份	受助学生比例	年份	受助学生比例
1952	43	1986	38
1958	34	1987	38
1960	29	1988	38
1961	36	1989	38
1962	37	1990	38
1963	38	1991	41
1964	40	1992	43
1965	39	1993	44
1966	49	1994	44
1971	44	1995	44
1981	37	1996	42
1982	39	1997	41
1983	39	1998	41
1984	38	2002	37
1985	38		

资料来源：Soares J A. The power of privilege：Yale and America's elite colleges[M]. Stanford：Stanford University Press，2007：67

找富裕学生，正如杜克大学的一位校长特里·斯坦福（Terry Stanford）所做的。由于追求捐赠，这些大学也担心招收过多低收入家庭的学生，进而产生贫穷的校友群体，导致捐赠额缩减。① 2015 年，斯坦福大学获得了 16.3 亿美元的捐赠，哈佛大学紧随其后，受赠额达到了 10.5 亿美元，同样超过了 10 亿美元。排在第三、第四位的是两所公立大学分别是南加州大学（6.5303 亿美元）和加州大学旧金山分校（6.0858 亿美元）。另有 6 所私立大学的受赠额超过了 5 亿美元，分别是康奈尔大学、约翰·霍普金斯大学、哥伦比亚大学、普林斯顿大学、西北大学和宾夕法尼亚大学。杜克大学的受赠额是 4.7201 亿美元，排在第 12 位。② 如此大额的民间资助，确实影响了大学的招生政策。

依据实施"盲需政策"的高校的资助情况，可以准确推算出那些来自高收入家庭的学生的人数比例。美国 8 所常春藤联盟高校都实行了盲需政策（关于资助政策的情况详见本书第七章"美国高等教育的资助体系"）。2015—2016 学年，在 6 所常春藤联盟高校中（图 2-11），耶鲁大学获得资助的学生比例最高，达到

① Golden D. The Price of Admission：How America's Ruling Class Buys Its Way into Elite Colleges[M]. New York：Three Rivers Press，2007：5.

② Council for Aid to Education. Collees and Universities Raise Record $40.30 Billion in 2015[R]. New York：Council for Aid to Education，2016：4.

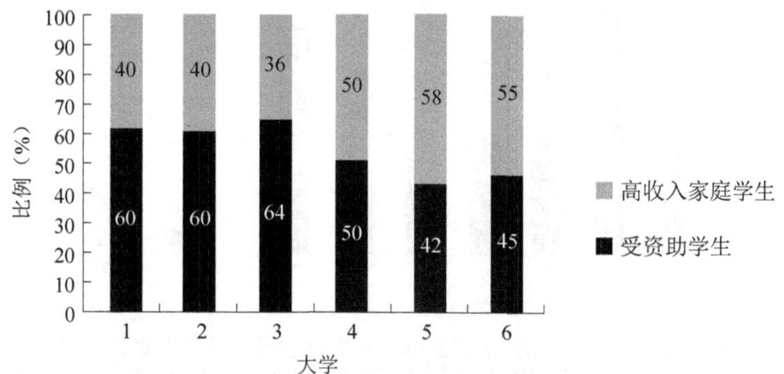

图 2-11　2015—2016 学年 6 所常春藤联盟高校本科生获得资助的比例

1. 普林斯顿大学；2. 哈佛大学；3. 耶鲁大学；4. 达特茅斯学院；5. 布朗大学；6. 康奈尔大学

资料来源：根据课题组调研资料整理

了 64%。其次是普林斯顿大学和哈佛大学，均为 60%。布朗大学和康奈尔大学受资助学生比例较高，分别是 42% 和 45%。一般情况下，家庭年收入需要超过 20 万美元，才不具有申请资助的资格。[①]许多学校则设定了更高的标准。比如，普林斯顿大学在宣传其资助政策时宣称："家庭年收入达到 25 万美元的学生，同样有资格获得一定程度的资助。"[②]美国普通工薪阶层的家庭年收入一般不超过 10 万美元，获得博士学位的毕业生年薪酬一般是 6 万～ 8 万美元，大学教授的年薪普遍不超过 20 万美元。因此，不符合资助条件的学生往往来自年收入在前 5% 的家庭。由此可以推算，在 6 所常春藤联盟高校中，高收入家庭学生比例最高的是布朗大学，达到了 58%；其次是康奈尔大学，达到了 55%。耶鲁大学的这一比例最低，只有 36%。6 所大学来自高收入家庭学生比例的平均值约为 47%。

其他私立大学方面（图 2-12），排名较为靠后的图兰大学和斯蒂芬理工学院受资助学生的比例很高，图兰大学是 77%，而斯蒂芬理工学院的比例达到了 93%。其他 5 所大学的全美排名都进入了前 30，在这些顶尖大学中，维克森林大学的受资助的本科生的比例最低，只有 40%；范德比尔特大学的比例相对较高，达到了 65%；其他 3 所顶尖私立大学受资助学生比例基本是一半，分别是杜克大学（50%）、艾默里大学（50%）和卡内基・梅隆大学（49%）。这 5 所知名度与常春藤联盟高校相当的私立大学中，来自高收入家庭的学生比例平均值是 49%。排名靠后的两所大学来自高收入家庭的学生比例分别是：图兰大学的 23%，

① MyinTuition. Quick College Cost Estimator：College，Cheaper than you think[EB/OL]. https://myintuition.org/college-cheaper-think/[2018-01-20].

② The Office of Admission and the Office of Communications. Experience Princeton：Diverse Perspectives[Z]. New Jersey：Princeton University，2015：23.

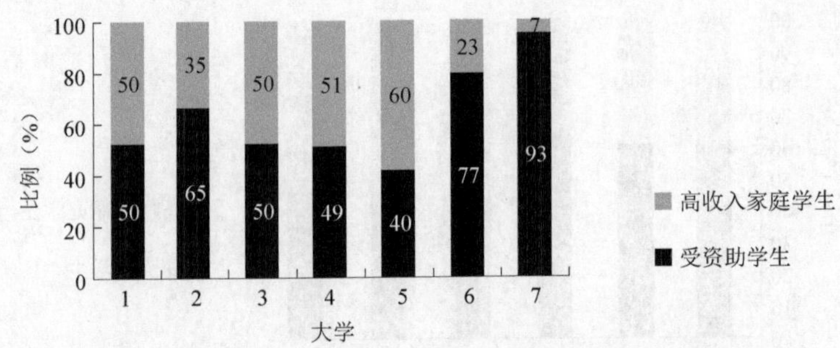

图 2-12　2015—2016 学年 7 所私立大学本科生获得资助的比例

1. 杜克大学；2. 范德比尔特大学；3. 艾默里大学；4. 卡内基 • 梅隆大学；5. 维克森林大学；6. 图兰大学；7. 斯蒂芬理工学院

资料来源：根据课题组调研资料整理

斯蒂芬理工学院的 7%。如果算上这 2 所高校，7 所私立大学来自高收入家庭的学生比例仍然近 40%，相对于高收入家庭 5% 的比例，这个比例非常高。

在公立大学层面，高收入家庭的学生比例就要低很多（图 2-13）。在 5 所公立大学中，受资助学生比例最高的是康涅狄格大学，达到了 87%，来自高收入家庭的学生比例最低，只有 13%。受资助学生比例最低的是伊利诺伊大学香槟分校，只有 68%，来自高收入家庭的学生比例达到了 32%。5 所大学受资助学生比例的平均值是 77%，来自高收入家庭的学生比例平均值是 23%。图 2-11 中，6 所常春藤联盟高校的高收入家 庭学生比例是 46%，是这些公立大学的 2 倍。图 2-12 中，7 所私立大学的高收入家庭学生比例是 40%，高出这些公立大学近 17 个百分点。由此可见，正如索尔斯教授所言，美国精英大学对高收入家庭有着巨大的偏好，这是当前美国高等教育不平等的首要问题。

对于优势阶层来说，美国精英私立大学的高昂的学费并不是一个问题。此外，优势阶层的家庭文化让他们在招生过程中往往处于有利地位。在这种情况下，美国私立大学的学生结构可能会不够具有国家层面的代表性，引起社会的批评。20 世纪 60 年代，耶鲁大学就遭受了此类的批评。①许多公益组织同样关注这一问题。杰克 • 肯特 • 库克基金会（Jack Kent Cooke Foundation）是一个慈善组织，专门为来自低收入家庭且学业成绩优异的高中生提供奖学金。2016 年，该基金会发布了一份综合报告，论述了为什么高校应该录取更多弱势群体学生以及该如何录取。这份报告引起了媒体的关注和报到。该基金会的执行主任哈罗德 • 乐威（Harold Levy）强调：“国家经济的发展和创造活力取决于我们具备多

① Soares J A. The Power of Privilege : Yale and America’s Elite Colleges[M]. Stanford : Stanford University Press，2007 : 60.

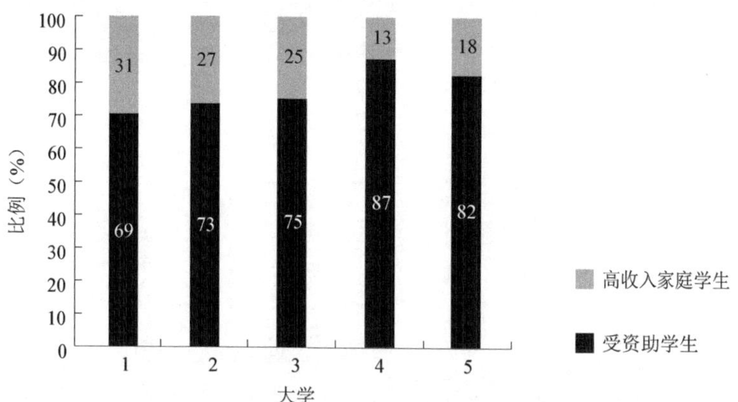

图 2-13　2015—2016 学年 5 所公立大学本科生获得资助的比例

1. 伊利诺伊大学香槟分校；2. 宾夕法尼亚州立大学；3. 马里兰大学；4. 康涅狄格大学；5. 新泽西州立卢格斯大学

资料来源：根据课题组调研资料整理

少能力将最聪明的学生送入最好的大学。”[①]可是，当前的形势是，“那些来自低收入家庭的聪明学生在精英大学里的比例只有 3%”[①]。不可否认，目前美国社会存在结构性障碍不利于贫困学生进入精英大学。该基金会呼吁，大学招生应该实行“贫困偏好”政策。[①]

不过，从乐观的角度来说，贫困学生仍然在一定程度上受益于精英大学雄厚的财力，受益于大量的校友捐赠。通过盲需政策，那些杰出的贫困学生获得了足够的经费支持，进入顶尖大学学习，接受了优质高等教育。

① The American Interest. A “Poverty Preference” in College Admissions. [EB/OL]. http://www.the-american-interest.com/2016/01/15/a-poverty-preference-in-college-admissions/[2017-09-01].

第三章

美国一流大学主要招生理念的产生与发展

20世纪美国的高等教育从模仿德国，到最终走向世界一流，走过了一段多姿多彩的历史，而其招生制度同样随着招生理念的不同，呈现了多种形态。大学本质上是培养人才的地方，学生对于大学来说是核心组成。因此，大学对于招生制度的调整往往是非常慎重的。加州大学伯克利分校的社会学教授杰罗姆·卡拉贝尔（Jerome Karabel）对美国3所顶尖大学——哈佛大学、耶鲁大学和普林斯顿大学有这样的一段论述："尽管通常我们认为美国三巨头是具有远见的，且致力于追求远大理想，不过更多的情况是，三巨头极为保守，对它们在高等教育界的地位出人意料地不确定，强烈地希望与权贵保持紧密的联系。如果它们发生了变化，往往是出于两个原因之一：它们认为现有政策的持续运转将会威胁到机构的核心利益（毕竟，维持它们的竞争优势是最重要的），或者威胁到它们身为其中核心且关键部分的大社会秩序的维持。"① 也就说，核心利益与社会秩序是影响美国精英大学发生变化的两个主要原因。作为保守的机构，精英大学的任何调整往往需要一个过程，大学招生政策的变化首要的是招生理念的转变。

第一节　20世纪初美国大学招生制度学术因素的彰显

哈佛大学、耶鲁大学等美国老牌大学成立于殖民地时期，由新教徒建立，最初的目的是为教会培养合格的神职人员。随着时间的推移，这些高等教育机构的培养目标变得丰富起来。到了美国大革命时期，耶鲁大学培养的律师已经比牧

① Karabel J. The Chosen：The Hidden History of Admission and Exclusion at Harvard，Yale，and Princeton[M]. New York：Houghton Mifflin Company，2006：8.

师多了，南北战争之后，又开始培养工业、贸易、银行业等领域的人才。①

在20世纪之前学术成就并不是入学的首要条件。进入20世纪之后，经济、科技的发展不仅推动美国高等教育的变革，其招生录取制度也发生了巨大的变化，学术标准的作用越来越重要。这一变化回应了美国经济发展、高等教育规模扩大、教育机会去特权化的历史诉求。在这一过程中，一方面，现代科学的发展，特别是心理测量科学的发展，使得学术能力的书面测量获得高校的认可，考试成为大学招生的重要手段；另一方面，教育权利民主化的社会潮流动摇了美国高等教育特权化的根基，高等教育的学术本位主义开始萌芽。科学与民主是美国大学招生制度学术因素在20世纪初得以不断彰显的重要推力。

一、20世纪初美国大学招生制度变革的背景

招生制度的变化与高等教育规模、结构的变化紧密相关。19世纪末，美国的经济发展提速，对教育的需求不断扩大。高等教育对这一变化的反应更是明显。

（一）南北战争之后经济飞速发展对现代科技的巨大需求

19世纪70年代，以电力的应用为主要标志的第二次科学技术革命引起第二次产业革命。与此同时，1869年，美国横贯东西部的铁路通车，使得美国西部广袤的土地和丰富的资源成为与欧洲各强国进行竞争的巨大优势，在电气时代的追逐中走在前列。资源与近代科技的结合，使得美国的经济实现跨越式的发展。进入20世纪之后，其工业生产总值已位居世界首位。在不到半个世纪的时间里，美国工业总产值从不到英国的1/2，到迅速超过英国、法国和德国，达到近百亿美元，超过英国1倍，超过法国2倍，占全球工业总产值的近1/3。②

美国经济的高速增长引发了社会对教育的巨大需求，使得教育规模急剧扩大。在中等教育方面，以科学技术为推动力的产业对劳动者的知识要求越来越高，接受过中等教育的技术工人成为社会急需的人才。在社会需求的推动下，美国的中等教育迎来了高速发展的时期。对于高等教育来说，与社会的脱节导致了其与西欧国家之间的差距越来越大。这种落后局面所带来的危机感迫使美国传统的精英大学向现代科学妥协，促使学术本位主义的萌芽和发展，并最终导致了美国精英大学在课程、校务管理、招生政策等方面的一系列改革。

---

① Soares J A. The Power of Privilege：Yale and America's Elite Colleges[M]. Stanford：Stanford University Press，2007：5.

② 中央电视台《大国崛起》节目组．大国崛起：美国 [M]. 北京：中国民主法制出版社，2014：71.

（二）《莫里尔法案》推动下的高等教育规模扩张

如果说美国经济的飞速发展促使其高等教育不得不正视现代科学，那么《莫里尔法案》的颁布和实施则彻底打开了美国大学的大门。1862 年 7 月 2 日，虽然南北战争让美国第十六任总统林肯焦头烂额，但是他还是抽出时间签署了一项已经提出十几年的法案，即《莫里尔法案》。该法案规定，根据每个州入选国会的参议员或众议员人数，按照每位三万英亩的标准，由联邦政府划拨并授权各州进行出售，收益用于资助一所或更多的高等院校从事农业和机械工程教育，这些学校就是所谓的“土地赠款学校”。《莫里尔法案》实施后，美国共有一千三百多万英亩公共土地用于资助高等教育，先后创立了六十九所赠地学院，二十八个州单独设置了农工学院，推动了美国高等教育的飞速发展。康奈尔大学原本是一所小型的私立学校，受益于该法案，发展成为具有影响力的综合型农业学府；同样，麻省理工学院于 1865 年获得马萨诸塞州的拨地资助后，这所私立学校开始走向卓越，成为全球顶尖的学府之一。1850 年，美国只有一百一十六所学院，到了 1900 年，学院数增长了两倍多，超过了四百多所。[①] 1870 年，美国有在校大学生五万两千多人，到 1900 年，大学在校生达到二十七万三千多人[②]。可以说，《莫里尔法案》是美国高等教育发展历程中的一个里程碑。

《莫里尔法案》促使美国高等教育规模快速扩大的同时，也促使大学开始从“象牙塔”中走了出来，与社会有了更紧密的联系和互动。英国教育家埃里克 • 阿什比爵士曾如此评价：“美国对高等教育的贡献是拆除了大学校园的围墙。”[③] 大学开始认真考虑社会对大学的利益诉求。高等教育入学机会是高等教育资源的重要组成部分。当大学不得不正视社会民众对高等教育入学机会的诉求时，其招生方式将随之进行调整，以便提高以现代科学为核心的学术权重成为时代的诉求。

（三）优势阶层对教育权利的诉求

以常春藤联盟高校为代表的美国精英大学在传统上是为 WASP 服务的，具有特权阶层性质。此外，由于历史的局限性，这些大学具有典型象牙塔的特征，不接受新科学，也鲜对其他阶层开放。19 世纪中叶之后，美国西部大开发以及经济快速发展产生了新的优势阶层，导致 WASP 在美国社会失去了绝对的优势。新兴的优势阶层同样希望将自己的子女送入常春藤联盟高校接受良好的教育，建

---

① 中央电视台《大国崛起》节目组 . 大国崛起：美国 [M]. 北京：中国民主法制出版社，2014：78-79.

② Brubacher J S，Rudy W. Higher Education in Transition：A History of American Colleges and Universities（4th ed.）[M]. New Brunswick：Transaction Publishers，1997：158-160.

③ 中央电视台《大国崛起》节目组 . 大国崛起：美国 [M]. 北京：中国民主法制出版社，2014：69-70.

立上流社会的交际圈。在这种情况下，弱化宗教、种族、身份等因素，提高大学的开放程度，让其他种群、阶层的人接受高等教育成为越来越难以阻挡的趋势。

优势阶层利用财力、社会影响力打开了大学的大门，但是，对于这些选拔性大学来说，并不能仅仅依靠家庭财产的多寡就决定让谁进入大学，因为这与大学的宗旨是相违背的。同时，这些新兴阶层的子女也不符合传统的面向白人WASP的考核模式。随着时间的推移，学术成就的权重就相对提升了。在这样的背景下，美国大学需要通过考试来对不同申请者的学业成就进行评估。

二、CEEB与统一考试

1900年，美国大学入学考试委员会（College Entrance Examination Board，CEEB，简称为大学委员会）正式成立。[①]这一机构的成立，意味着美国的高等教育开始将较为统一的考试逐步引入大学的招生制度，对于美国大学招生制度的现代化以及高等教育的民主化进程具有重要意义。

（一）中学认证制度的缺陷——统一考试的重要成因

从美国高校招生政策的演变历史来看，统一考试的出现具有必然性。19世纪末，美国各州高校对学生的入学要求仍五花八门。大学的入学要求互不相同，没有也无法与中等教育进行衔接，造成中等学校的课程五花八门，中等教育的目标与大学对中学生的要求存在矛盾。当教育规模扩大的时候，这些矛盾日益凸显，许多学生虽然可以被高校录取，但是学业水平却达不到高等教育的要求。1871年，为了获得更多合格的中学生进入大学，密歇根大学作为赠地大学运动的受益者，创建了认证制度，连同美国中西部和西部地区的大学一起帮助中学设置大学预备课程，并进行认证和评测，以便中学生毕业之后就能够进入赠地大学。1874年，密歇根州高等法院通过法案，允许税款用于高中办学，中学认证制度迅速普及到其他州。[②]19世纪末美国开始出现跨州的地区性专门认可组织，其主要职能是鉴定认可中学。[③]经过这些认可组织的鉴定工作，中等教育开始能更好地服务于高等教育。

中学认证制度虽然没有从根本上解决中学与中学之间、高校与高校之间存在并严重困扰着中学办学和大学招生的巨大差异，但是，认证制度在中学与大学

① College Board. https://www.collegeboard.org/about[2014-11-01].

② Soares J A. The Power of Privilege：Yale and America’s Elite Colleges[M]. Stanford：Stanford University Press，2007：15.

③ 吴向明．美国高等院校招生制度研究 [M]．北京：中国社会科学出版社，2008：29.

之间构建了一条较为有效的协作通道。通过认证制度，大学影响并监控着中学的培养过程，能够在一定程度上提高新生来源的质量。不过，对于招生工作来说，中学认证制度并不能为不同地区或学校的申请者提供横向比较的参考依据。统一考试则很好地解决了这个问题。难度、深度相同的测验让招生委员会能够便捷地对不同申请者进行比较，对他们的学术表现进行较为客观、科学的评价。另外，1890 年，全美只有大约 22 000 名公立高中高年级学生，到了 1959 年，这一数字变为 1 435 000 名。这么大的学生规模，显然很难有效实施中学认证制度。爱荷华大学 Universty of Iowa 的心理学教授 Lindquist 设立了基于课程的美国高校测验（American college test，ACT），这一标准化测验受到了中西部南部大学的欢迎。西部的大学实行中学认证制度时间更长，不过，到了 1968 年，加州大学也开始采用标准化测验 SAT。[①] 美国传统的精英大学先后成为大学委员会的会员单位，将大学委员会提供的多个科目的测验作为入学参考。但是，应该强调的是，统一考试仍然是这些大学招收新生的依据之一，他们仍然通过多种途径、多种方式来确保新生的质量。[②]

（二）大学委员会统一考试的理论基础——现代心理测量学

大学委员会成立的主要目的在于为大学提供统一的测验服务，便于大学开展招生工作。大学委员会作为民间机构，要让各大学认可并采用他们的测验项目，首要的一点就是所提供的测验要有科学性，要有理论的支撑。而 19 世纪与 20 世纪交接的这段时期，正是心理测量理论蓬勃发展的时期。现代心理测量学领域各种理论的发展和完善，让社会各界开始相信，人的内在品质是可以通过测验来测量的，不仅包括智力，也包括性格等。在招生过程中，申请者的学术潜力、道德品质是高校首要的评判指标，由心理测量理论衍生出来的各种测验工具自然成为他们的首选。

大学委员会的 SAT 考试是一种标准化测验。标准化测验的历史源于 20 世纪初的智商测验运动，这一运动促使心理测量学开始倚重统计方法，并逐步开始科学化的进程。对于高级动物——人类来说，生存和繁衍不容易成为一个吸引人的研究主题，尽管时至今日一些地区的人们还在与饥饿、疾病做斗争，但人们更加关注的是人的智慧，是人最为丰富和复杂的内心世界。当人们相信可以通过测验

① Soares J A. The Power of Privilege：Yale and America's Elite Colleges[M]. Stanford：Stanford University Press，2007：16.

② 陈为峰 . 美国高校招生制度的演变与启示——基于效度与信度的视角 [J]. 教育与考试，2013，(5)：17-19.

对人的内心进行测量，可以在智力方面对人进行横向比较的时候，考试在社会生活中的作用和影响将越来越大，那么，大学委员会——这一提供统一考试的机构的出现也就是一种必然了。

心理测量有了更为客观、更具说服力的理论基础和技术手段，这为统一性考试的出现和发展提供了最重要的技术条件，得到了多数大学的认同。大学委员会的统一考试发展至今，在世界范围内得到广泛的认同和运用，离不开现代心理测量学以及相关技术的发展和完善。

（三）大学委员会的成立与发展

1899 年 12 月 22 日，3 所中学[①]以及 12 所大学和学院[②]的代表在哥伦比亚大学发起成立美国大学委员会。成立该考试委员会的目的在于促使中学面向大学招生的科目要求提供相应的教学，以便中学生所受的中等教育与大学教育更好地衔接起来。教学科目包括植物学，化学，英语，法语，德语，希腊语，历史，拉丁语，数学，物理，动物学，其他科目根据需要可再行增加。[③]

大学委员会于 1900 年正式成立，并于 1901 年 6 月首次组织了 973 人参加的大学入学考试，即学业成绩考试（achievement test，AT），包含英语、法语、德语、希腊语、拉丁语、历史、数学、物理和化学 9 个考试科目。1904 年，哈佛大学加入该委员会。1909 年，耶鲁学院院长亨利 • P．莱特（Henry P. Wright）发现，在大学学业表现上，通过大学委员会考试入学的学生比那些通过耶鲁自命题考试的学生要好，于是，耶鲁大学决定正式加入大学委员会。1910 年之后，普林斯顿等 25 所东部著名学院和大学开始使用该委员会的标准考试，1916 年之后，这些大学逐渐放弃了各自举行的入学考试。[④]大学委员会成立之初的统一测验是基于高中课程的考试，用于考核预备学校中的学生的学业成就。1926 年出现的 SAT 考试以全新的形式出现，宣称新的测验采用选择题的方式，易于评分，用于测量学生对于学习的通用能力或者态度。[⑤]

---

① 3 所中学分别是 Newark Academy、Mixed High School 和 Collegiate Institute。

② 12 所大学分别是 Columbia University、Colgate University、University of Pennsylvania、New York University、Barnard College、Union College、Rutgers University、Vassar College、Bryn Mawr College、Women's College of Baltimore（现在是 Goucher College）、Princeton University 和 Cornell University。

③ "Plan of organization for the College Entrance Examination Board of the Middle States and Maryland and a statement of subjects in which examinations are proposed".Retrieved 6 March 2014.[EB/OL]. http://en.wikipedia.org/wiki/College_Board#History[2014-12-01].

④ 吴向明．美国高等院校招生制度研究 [M]．北京：中国社会科学出版社，2008：29.

⑤ Richard C. Atkinson，Saul Geiser. Reflections on a Century of College Admissions Tests.In Soares J A.（Edited By）. Sat Wars：The Case for Test-optional College Admissions[M]. New York：Teachers College Press，2012：26.

学术因素在美国一流大学的招生过程中扮演越来越重要的角色，特别是哈佛大学、耶鲁大学、普林斯顿大学等。社会学家约瑟夫·索尔斯认为，对于耶鲁大学来说，从1930年耶鲁大学设立学术计算公式开始（计算指标包括高中学习成绩、大学委员会的科目测验成绩、SAT成绩等），如果申请者的学术表现没有达到基本的学术要求，那么任何其他因素都不可能让他被录取，不管是校友因素还是教育经历，或者是与校管理层的关系，甚至是来自白宫的关系，都不行。[①]这也说明，学术成就开始成为美国大学招生政策的首要要求。

三、教育民主化与入学标准的变革

在美国早期，美国人深信他们的国家是一个充满机会的地方，与充满阶层障碍的欧洲是不同的，只要一个人努力工作并具备才能，他就能获得应得的回报。从托马斯·杰弗森（Thomas Jefferson）的“天然的才能政体”（natural aristocracy of talent）到罗纳德·里根（Ronald Reagan）的“机会社会”（opportunity society）的论述，美国是且应该是这样的一个地方——一个充满抱负和才能的人将可以达到他的能力所能够企及的高度。这样的理念一直是美国国家认同的核心。在19世纪大多数的时间里，美国是每个人都拥有独特发展机会的国家，这一信念在美国人和欧洲人中广为流传。美国社会的财富分布较为分散是这一信念的基石（诚然，一般是限于白人男子）。随着垄断型大公司的出现以及西部大开发接近尾声，社会财富逐渐集中，社会流动变得困难，这一信条开始受到质疑。[②]

不过，外部环境推动着教育的发展，特别是精英教育进行了调整，开始重视学术能力，这一转变引发了美国高等教育的民主化，似乎为美国社会的阶层流动带来了新的途径。在美国高等教育的发展过程中，其教育民主化的转变是与学术本位主义紧密相连的。学术本位主义（academic nativism），就是将学术标准或者学术要求作为主要的考量因素或评价依据。在美国大学招生领域，学术本位主义是与特权教育相对的。美国传统的精英大学开始出现学术本位主义的时间是在1900年左右[③]。或者说，从这一时期开始，美国一些顶尖的大学，如哈佛大学、耶鲁大学、普林斯顿大学、哥伦比亚大学、达特茅斯学院等传统老校，开始将以

① Synnott M G.The Half Opened Door Discrimination and Admissions at Harvard Yale Princeton，1900-1970[M]. New Brunswick：Transaction Publishers，2010：xxiv.

② Brint S，Karabel J. The Diverted Dream：Community Colleges and the Promise of Educational Opportunity in America，1900-1985[M]. New York：Oxford University Press，1989：1.

③ Synnott M G.The Half Opened Door Discrimination and Admissions at Harvard，Yale，and Princeton，1900-1970[M]. New Brunswick：Transaction Publishers，2010：xvii.

现代科学为核心的学术因素作为招生的重要考核内容。大学招生越来越重视学业成就，特别是考试成绩，这一变化对美国高等教育发展的影响是巨大的。WASP对美国优质高等教育机会的垄断地位开始受到挑战。

（一）查尔斯·艾略特与哈佛大学的改革

19世纪中后期，美国经济飞速发展，美国产生了许多实业家、富商等新的优势阶层。这些新的优势阶层对美国传统大学的观感是矛盾的：一方面，他们知道，子女可以在这些学校建立上流社会的人脉圈；另一方面，他们也知道，这些大学所提供的课程并不实用，或者说对于他们的家族产业不能提供专业上的帮助。在这种矛盾心理下，许多有钱人不愿意让他们的子女在这些大学里耗费光阴，也就不愿意再给这些私立大学捐款。美国的高等教育在一定程度上陷入了危机，被德国远远甩在了后面。

最先对这一局面做出反应的是哈佛大学。哈佛大学校长查尔斯·艾略特（Charles Eliot）曾在欧洲游学了很长时间，法国、德国等欧洲国家将教育与经济紧密结合，相互促进和推动，这一现象给查尔斯·艾略特留下了深刻的印象。他就任哈佛大学校长之后，就开始实施他的改革计划，致力于将哈佛大学从宗教传统的束缚中解放出来。①课程的改革是一方面，招生制度方面的改革同样是查尔斯·艾略特的一项主要改革工作。哈佛大学是所有美国传统大学中最先舍弃希腊文作为入学要求的。不仅如此，查尔斯·艾略特还认为，大学入学考试科目及其调整不应该成为申请者获取高等教育机会的障碍，这与民主精神是相违背的。对于大学来说，只要申请者接受了足够的教育（这些教育可能是有区别的、多样的），他就应该有机会进入大学。②

这种民主精神和办学理念对哈佛大学的招生政策产生了影响。哈佛大学是最先对非洲裔美国人及其他少数族裔学生敞开大学的美国名校之一。并且，在对申请者的入学机会具有重要影响的助学金和奖学金分配上，少数族裔的受资助的力度完全不亚于传统的WASP。1907年，哈佛学院的院长拜伦·S．赫尔伯特（Byron S. Hurlbut）看完新生申请助学金的情况之后，深为同情传统的受资助群体。外国人正凭借着学术素养的优势挤占本土学生的入学机会，特别是来自俄罗

---

① Wikipedia. Charles William Eliot[EB/OL].http://en.wikipedia.org/wiki/Charles_William_Eliot[2015-01-24].

② Eliot C W. Third Proceedings of the North Central Association of Colleges and Secondary Schools. Harry Charles Mckown. The Trend of College Entrance Requirments，1913-1922. In Synnott M G.The Half Opened Door Discrimination and Admissions at Harvard Yale Princeton，1900-1970[M]. New Brunswick：Transaction Publishers，2010：6.

斯的犹太人。[①]尽管这种变化对于一些传统受益者来说比较难以接受，但这是教育民主化的开端。通过学术成就，而不仅仅是种族、宗教等其他因素来遴选大学新生，这意味着高等教育权利突破了美国主流社会早早扎根的种族歧视屏障，走向了普通民众。

（二）以学术标准为主要依据的招生政策

学术本位主义推动了美国高等教育的民主化进程，在招生政策方面的体现就是，招生政策对学术标准的参照权重越来越高。1911 年，哈佛大学推行了一项名为“新计划”（New Plan）的招生方案，该方案将大学委员会的统一考试与中学认证制度结合起来，要求申请者提供认证中学的课程学习记录，以及大学委员会的四门综合性科目的考试成绩（第一门是英语；第二门是专业语言，普通申请者选择拉丁文，自然科学方向的申请者可以选择法语或德语；第三门是自然科学方面的考试，申请者可以选择数学、物理和化学中的一门科目；第四门是其他科目，申请者可以任选一门），以此对申请者的学术潜力进行考察。[②]

20 世纪上半叶，尽管哈佛大学大约 50% 的新生来自那些专门为精英大学提供生源的私立中学（走读学校或者寄宿中学），但是新计划的实施，使得这些私立中学的差生无法轻易地滥竽充数进入好大学，也使得其他中学的优秀学生有更多的机会进入传统名校。从另一角度来说，对于那些无法支付私立中学昂贵学费以及满足其他条件的平民家庭的学生，或者贫困生来说，新计划为他们提供了一个可能的途径。[③]

1900—1920 年，耶鲁大学、哥伦比亚大学、布朗大学等也逐步调整了招生政策，鼓励具有突出学术表现的不同种族身份的学生进入大学校园。不仅如此，犹太人、非洲裔美国人也同样以杰出的学术成就被聘为大学的讲师、教授或院长，甚至进入对大学的管理事务具有话语权的各种委员会或者俱乐部。教师群体的这一变化同样进一步影响了招生政策，使得公然的种族歧视行为越来越少，更多具有资格的少数族群学生愿意向这些传统的精英大学提出申请，而不用担心遭受歧视。

---

① Synnott M G.The Half Opened Door Discrimination and Admissions at Harvard Yale Princeton，1900-1970[M]. New Brunswick：Transaction Publishers，2010：xvii.

② McKown. The Trend of College Entrance Requirements，pp.6-12; Harvard College Bulletin on the New Plan of Admission，1912，ALL，#15 New Plan. Synnott M G.The Half Opened Door：Discrimination and Admissions at Harvard，Yale，and Princeton，1900-1970[M].New Brunswick：Transaction Publishers，2010：6.

③ Synnott M G.The Half Opened Door Discrimination and Admissions at Harvard Yale Princeton，1900-1970[M].New Brunswick：Transaction Publishers，2010：7.

在詹姆斯·布莱恩·柯南特担任哈佛大学校长期间，为了纪念哈佛大学成立三百周年，哈佛大学设立了特别的高薪酬大学教授和哈佛大学国家奖学金。设立哈佛大学国家奖学金的目的在于扩大哈佛大学的生源地区分布，吸引新英格兰地区以外的学生。1936年，31位哈佛大学国家奖学金获得者来自16个州。其中，10位来自私立预备学校，21位来自公立高中。奖学金额度视情况确定，从200美元至1200美元不等。对于极度贫困的学生来说，他们可以获得的金额几乎包括了所有的学费和生活费支出。为了便于挑选奖学金获得者，1936年，哈佛大学与耶鲁大学、普林斯顿大学协同举行了特殊的4月测试，包括学术能力测验和学业水平测验。1941年，所有的哈佛大学申请者都需要参加这一测验，包括1个学术能力测验和3个学业水平测验。[①] 对精英统治最为乐观的学者，包括莱曼和布鲁克斯（Brooks）认为，在20世纪50年代末60年代初，在常春藤联盟高校和类似的顶尖大学中，以前参照社会背景选拔出来的精英正被新的以学术能力为主要标准脱颖而出的精英所替代。[②] 这样的观点在一定程度上是可以接受的。

当然，不可否认的是，私立精英中学的学生还是能够凭借优势社会资本保持生源主体地位。但是，他们之所以能够进入哈佛大学、耶鲁大学等老牌大学，不再仅仅因为他们是上流社会的WASP，而是他们在学术方面也达到了一定的要求。同时，非传统的天主教徒以及其他少数族群能够凭借自身出色的学术表现获得这些大学的入学机会。

19世纪末，美国社会的财富开始走向集中，特别是大型垄断企业的出现使得底层民众很难向上流动。钢铁巨头安德鲁·卡内基（Andrew Carnegie）认为，教育是重构社会阶层流动的阶梯的首要途径。不过，此时的美国教育显然还起不到推动社会流动的作用。[③] 尽管如此，通过20世纪初美国高校招生政策变革历史的回顾和剖析，我们可以发现，随着现代科学技术的发展，社会对高等教育的学术供给日益迫切，这种倾向使得美国的高等教育开始正视现代科学在招生政策中的地位。现代心理测量理论的完善为美国大学客观评价申请者的学术成就提供了可能。人们认为精英政治废除了主教制度的权威。学术界的看门人从重品质到重智力的这一转变引发了社会革命。当然，才能的比拼不是发生在WASP家庭之内的兄弟之争，而是处于社会不同阶层、群体的家庭之间的竞争。[②]学术成就

① Synnott M G.The Half Opened Door：Discrimination and Admissions at Harvard，Yale，and Princeton，1900-1970[M]. New Brunswick：Transaction Publishers，2010：202-203.

② Soares J A. The Power of Privilege：Yale and America's Elite Colleges[M]. Stanford：Stanford University Press，2007：107-108.

③ Brint S，Karabel J. The Diverted Dream：Community Colleges and the Promise of Educational Opportunity in America，1900-1985[M]. New York：Oxford University Press：1989：4.

作为人人都可以获取的个人能力，减少了信仰、种族、族群等群体性隔阂，是实现教育民主化、体现教育现代性的重要载体。学术成就在美国大学招生制度中的权重越来越大，正如一把利刃，切开了美国高等教育的特权壁垒，为美国高等教育走向卓越开辟了新的道路。[①]

第二节　捐赠与校友倾斜政策

办学经费的来源对于大学的各个方面都有巨大的影响。社会捐赠（如大财团捐赠、校友捐赠、各种基金会捐赠等）是美国私立大学重要的办学经费来源。哈佛大学财大气粗，富可敌国，没有社会捐赠是不可能如此的。在这种情况下，对于多数是私立的美国精英大学，他们的招生政策同样要考虑对捐赠经费来源的影响。对于这些顶尖大学来说，通过录取捐赠者的亲属来回馈他们的支持，一方面是这些大学力所能及且最有力的表达感谢的方式；另一方面，也是许多捐赠者潜藏的期待。通过这种方式，社会优势阶层成为这些大学的校友，而招生过程中的校友倾斜政策非常好地维系了这些慷慨校友们的感情和忠诚度。尽管充满争议，但校友倾斜政策是美国私立大学赖以生存的重要手段之一。

一、捐资助学与大学的发展

19 世纪末 20 世纪初经济飞速发展的美国产生了大量的富豪，比如石油大王约翰•洛克菲勒（John Rockefeller），金融大王 J. P. 摩根（J. P. Morgan），汽车大王亨利•福特（Henry Ford），还有 1901 年成为世界首富、美国慈善家的典范——钢铁大王安德鲁•卡内基。安德鲁•卡内基为慈善事业做出了巨大的贡献，他的一句名言是：“一个有钱人如果到死的时候还是很有钱，那就是一件可耻的事情。”他创办了卡内基大学，还有其他学校和教育机构，捐赠金额近 1 亿美元。他还建立了卡内基教学促进基金会（Carnegie Foundation for the Advancement of Teaching，CFAT）。他在有生之年，一共为各种公益事业捐赠了超过 3.5 亿美元。另有一句安德鲁•卡内基名言引发了许多人对人生价值的思考：“用人生的前三分之一时光获取他所能得到的所有教育，用人生的第二个三分之一的时光赚取他

① 陈为峰，张存玉 . 浅析 20 世纪初美国大学招生制度学术因素的彰显 [J]. 教育与考试，2016，（1）：9-13.

所能赚到的钱，用人生的最后一个三分之一的时光奉献出他的所有，让世界更美好。"[①]石油大王约翰•洛克菲勒同样是一位杰出的慈善家。他捐赠了8000万美元给芝加哥大学，还创立洛克菲勒大学（Rockefeller University），创立了教育委员会（General Education Board）用于促进美国所有层次的教育；捐资2.5亿美元创办了洛克菲勒基金会（Rockefeller Foundation），该基金会还在北京建立了北京联合医科学院（Peking Union Medical College）。约翰•洛克菲勒一共捐出了约5.5亿美元的资产用于慈善事业。[②]

在这些商业巨头的带动下，美国有钱人热衷于慈善事业。当然，这一时期美国贫富差距巨大，社会舆论认为那些占有巨额财物的人应该对社会公平承担一定的责任，否则就是为富不仁，这种舆论压力也是美国慈善事业蓬勃发展的原因之一。教育作为首要的公益事业，自然是慈善事业的关注对象。受益于此，美国高等教育也产生了巨大的变化。

20世纪之后，社会捐助占高校收入的比例越来越高。哈佛大学位于美国大都市波士顿，波士顿的有钱人乐于为哈佛大学慷慨解囊。其中，造鞋机的制造者、矿业大亨高登•麦卡基可能是捐献金额最大的个体捐赠者。据估计，1903年他给哈佛大学的捐赠，让哈佛大学在应用科学方面获得了超过2300万美元的经费。其他金额的捐赠不胜枚举。在这些乐于捐赠助学的慈善人士帮助下，查尔斯•艾略特校长的继任者——劳伦斯•洛厄尔校长（Lawrence Lowell）在任期间哈佛大学的捐赠基金增长了5倍，从1909年的2270万美元增至1933年的逾1.2亿美元。[③]丰厚的社会捐赠使得哈佛大学的办学规模迎来了大发展，建立了商业管理学院，新建了学生宿舍楼，还有许多实验室、教学楼以及其他场馆。

20世纪20年代，斯特林（Sterling）、哈克里斯（Harkness）、惠特尼（Whitney）三大家族向耶鲁大学捐赠了大笔的财富，相当于7400美元。[④]仅1918年一年，耶鲁大学就获得了1500万美元的巨款捐赠。至1937年，耶鲁大学的捐赠基金同样超过了1亿美元。同样，20世纪30年代，耶鲁大学的校园也成了一个大工地，各种功能的建筑拔地而起。不仅是这3所老牌传统大学，其他精英大学特别是私立大学接受的社会捐赠亦是令他们振奋。这一时期的捐赠者主要来自美国传统上流社会的有钱人，特别是WASP。不过，随着来自欧洲的天主教徒和犹太人在银行

① Wikipedia. Andrew Carnegie[EB/OL].http://en.wikipedia.org/wiki/Andrew_Carnegie[2014-7-20].

② Rockefeller Sr J. The Philanthropy Hall of Fame. In Wikipedia. John D. Rockefeller[EB/OL].http://en.wikipedia.org/wiki/John_D._Rockefeller[2014-07-25].

③ Yeomans H A. Abbott Lawrence Lowell，1856-1943：356-357. In Synnott M G.The Half Opened Door：Discrimination and Admissions at Harvard，Yale，and Princeton，1900-1970[M]. New Brunswick：Transaction Publishers，2010.

④ Soares J A. The Power of Privilege：Yale and America's Elite Colleges[M]. Stanford：Stanford University Press，2007：61.

业、商业以及其他产业获得巨大成功，这些新贵也开始向大学捐赠大量财物。① 这些捐赠者成为大学的座上宾，甚至是大学相互争夺和讨好的对象。在这种情况下，捐赠者以及由他们发起的各种基金组织和慈善机构开始影响美国的高等教育。

传统上，私立学校的运转依靠学费和捐赠。自从20世纪80年代，这一情况发生了变化，学费不再是主要来源，捐赠变成了办学经费的主要来源。截至2006年，哈佛大学的受捐额超过了260亿美元。在顶尖院校中，校友们参加捐赠活动的比例可以达到40%。大部分比例的捐赠来自一小部分校友。在一些顶尖大学中，约90%的捐赠来自10%的校友群体。②

根据教育志愿协助（Voluntary Support of Education，VSE）的调查，2015年，全美高校共获得各类捐赠总价值为403亿美元。捐赠群体多种多样，有个人，有基金会，也有单位组织等。其中，来自校友的捐赠比例最高，占总捐赠额的26.9%，超过了1/4，金额达到了108.5亿美元。来自非校友个人的捐赠额比例也非常高，占总捐赠额的19.9%，接近1/5，总金额达到了80亿美元。受赠金额排名前20位的高校，共获得了115.7亿美元捐赠，占总捐赠额的28.7%，比例惊人（表3-1）。③

表3-1　2015年美国高校受赠金额排名　　　（单位：亿美元）

排名	大学	金额
1	斯坦福大学	16.3
2	哈佛大学	10.5
3	南加利福尼亚大学	6.5
4	加州大学旧金山分校	6.1
5	康奈尔大学	5.9
6	约翰·霍普金斯大学	5.8
7	哥伦比亚大学	5.5
8	普林斯顿大学	5.5
9	西北大学	5.4
10	宾夕法尼亚大学	5.2
11	加州大学洛杉矶分校	4.7
12	杜克大学	4.7

① Synnott M G.The Half Opened Door：Discrimination and Admissions at Harvard，Yale，and Princeton，1900-1970[M]. New Brunswick：Transaction Publishers，2010：9.

② Soares J A. The Power of Privilege：Yale and America's Elite Colleges[M]. Stanford：Stanford University Press，2007：165.

③ Council for Aid to Education. Colleges and Universities Raise Record $40.30 Billion in 2015[R]. New York：Council for Aid to Education，2016：4.

续表

排名	大学	金额
13	华盛顿大学	4.5
14	芝加哥大学	4.4
15	耶鲁大学	4.4
16	纽约大学	4.4
17	麻省理工学院	4.4
18	密歇根大学	4.0
19	圣母大学	3.8
20	加州大学伯克利分校	3.7

资料来源：Council for Aid to Education. Colleges and Universities Raise Record $40.30 Billion in 2015 [R]. New York：Council for Aid to Education，2016：1

从表 3-1 可以看到，2015 年受赠额排名前 20 的高校，无一例外地也是美国的一流大学，在各类大学排行榜上都能进入前 100 位。可以说，美国顶尖大学的发展离不开社会的捐资助学。

二、大学的妥协

捐赠者对美国高等教育的影响是巨大和深远的，不仅仅只是在招生政策的层面，而是整个高等教育。高校是否合理地使用了来自社会的捐赠，这是捐赠者、捐赠机构非常关注的。卡内基教学促进基金会的首任主席亨利·普里切特（Henry Pricheter）认为，基金会需要知道学校是否有效地使用了经费，而后决定是否给予资助，于是派出科学管理专家进行调查。大学无法拒绝，这成为高校调查运动的导火索。大规模的高校调查从 1910 年左右开始一直持续到 20 世纪 40 年代。230 个政府机构、专业协会、社会团体和高等学校参与或组织了调查。到 1937 年，调查已经涉及 40 多个州的 1887 所高校。调查内容非常广泛，涉及各类学校的各个方面。调查重点是质量与管理，目的是提高质量与效益。在调查中还要求高校提出建议并自己进行工作改进。[①]调查运动中一共形成 579 份调查报告并公之于众，其中，304 份被发表或打印散发，所有报告都被制成副本，存放在美国 16 所大学的图书馆中供公众查阅。[②]由政府、专业协会、社会团体、高等学校组织和公众形成的社会监督力量使得调查报告趋于真实，数据统计和评价

① Allen，W H. Self-Surveys by Colleges and Universities（1917）[EB/OL]. http://www.archive.org/details/selfsurveysbycol00allerich[2010-01-26].

② 赵炬明. 现代大学与院校研究（上）——美国院校研究发展述评 [J]. 高等教育研究，2003，（3）：35-45.

结果能够客观反映高校的情况。许多学校宁愿选择关门也不接受调查，更不用说提供虚假数据蒙混过关了。长期与世隔绝的高校第一次接受公众的审视，接受社会监督，美国大学的“围墙”就此被拆除。①

社会捐赠对美国大学的办学具有如此大的影响，其招生政策同样受到牵制，这就很好理解了。在美国大学招生政策中，有一项政策充满争议，那就是校友亲属倾斜政策，英文称之为“legacy preferences”或“legacy admission”。校友亲属倾斜政策出现在第一次世界大战之后。第一次世界大战导致大量东欧移民，特别是大量的东欧犹太人到美国寻求新生活。犹太人有着良好的教育传统。当美国精英大学开始将学术因素作为招生的主要依据时，大量的犹太人子女凭借优异的学业成绩进入大学，挤占了美国传统上层阶级子女的入学机会。为了应对这一局面，保持校友群体对母校的忠诚程度，美国大学对招生政策进行了调整。调整的结果就是，美国的 WASP 凭借“裙带关系”弥补了他们在学业成就方面的劣势。②

从 1964 年开始，耶鲁大学招生办公室配备专门的人员分析校友申请者的父亲对耶鲁大学以及对社会公众的贡献情况，以便决定给予校友申请者多大的优惠。耶鲁大学院校研究室对 1975 届（克拉克担任招生办主任）本科生中校友子女与非校友子女的录取标准和被录取的概率进行了全面的研究。研究发现，如果是一位资质非常平庸的学生，其校友子女的身份会将录取概率增加四倍之多。如果学生的综合表现让其录取概率超过 50%，那么，校友子女的身份将让其录取概率达到 100%。③

三、捐赠与学生群体结构

2006 年，普林斯顿大学校长雪莉·泰尔曼（Shirley Tilghman）在接受《华尔街报》（*Wall Street Journal*）专访时，对于校友优待政策的问题她非常坦诚地说，校友“对于大学的经费状况是极其重要的”。当记者追问：“如果不实行校友子女优待政策，难道这些校友就不支持学校的发展吗？”雪莉·泰斯曼回答道：“我们从没有进行过这样的实验。”④校友捐赠影响着美国大学的招生政策，众多校友子女受惠于校友倾斜政策。同时，校友捐赠所带来的充裕的办学经费，使得

① 陈为峰．美国院校研究之借鉴与院校研究的中国化 [J]. 高等教育研究，2011，(1)：61-64.

② Wikipedia. Legacy preferences[EB/OL].http://en.wikipedia.org/wiki/Legacy_preferences[2015-01-12].

③ Soares J A. The Power of Privilege：Yale and America's Elite Colleges[M]. Stanford：Stanford University Press，2007：93-94，99.

④ 转引自 Golden D. The Preferences of Privilege.In Soares J A. Sat Wars：The Case for Test-optional College Admissions[M]. New York：Teachers College Press，2012：21.

美国私立大学可以灵活地通过学生资助政策，调整校园里学生的结构，避免在教育权利公平方面授人把柄并遭受社会民众的激烈批评。

20 世纪 60 年代对于美国高等教育有着非常重要的意义。由民权运动引发的剧烈的社会变革和政治冲突，促使哈佛大学、耶鲁大学、普林斯顿大学在短短几年进行了一系列持久的变革：采纳基于种族的肯定性行动，并由此导致了诸多后续变化，如男女同校、招生男女平等。这些变革非常激进，以至于在耶鲁大学、普林斯顿大学的校友群体中引起了强烈的反对。而这些反对最终还是失败了。①

尽管在外界压力下精英大学对校友群体的优待有所收敛，但精英大学仍然尽可能地保护校友群体拥有的特权。对于美国私立大学来说，不论外界冲突如何激烈，批评意见如何尖锐，校友捐赠都是其核心利益之一，是办学经费的重要来源，校董事会成员也有不少校友。一旦失去了校友的支持，其后果的严重性对于私立大学来说是不可想象的，也是无法接受的。由表 3-2 可以看到，1950—1965 年，哈佛大学、耶鲁大学、普林斯顿大学的新生校友亲属比例中，除了耶鲁大学略有下降，哈佛大学和普林斯顿大学均稳步上升。经过调整，3 所大学的新生校友亲属比例稳定在 1/5 左右。1/5 的比例同样是许多精英大学的校友倾斜政策比例，这一隐性的配额政策维持至今。

有学者认为："这些大学对于权贵的偏好是超越党派的。从政治领域到文化领域，不论是民主党还是共和党，肯定性行动的支持者还是反对者，左翼的好莱坞电影明星还是右翼的企业大亨，名门望族还是暴发户，他们都受益于财务和权力。"② 与校友面对面的面试是耶鲁、哈佛等精英大学用来区分未来领导者的重要方式。③ 在面试的过程中，这些校友的价值观与大学的人才观达成一定的平衡状

表 3-2　哈佛大学、耶鲁大学、普林斯顿大学一年级校友亲属的比例（1950—1965 年）

（单位：%）

年份	哈佛大学比例	耶鲁大学比例	普林斯顿大学比例
1950	17.6	24	16.4
1962	18.7	20.2	17.5
1965	20.1	18.2	20.1

资料来源：Soares J A. The Power of Privilege：Yale and America' s Elite Colleges[M]. Stanford：Stanford University Press，2007：89

① Karabel J. The Chosen：The Hidden History of Admission and Exclusion at Harvard，Yale，and Princeton [M]. New York：Houghton Mifflin Company，2006：10.

② Golden D. The Price of Admission：How America's Ruling Class Buys Its Way into Elite Colleges[M]. New York：Three Rivers Press，2007：4.

③ Soares J A. The Power of Privilege：Yale and America's Elite Colleges[M]. Stanford：Stanford University Press，2007：51.

态或者，也可以认为，上层阶级的价值观在大学的招生政策中产生了影响，是优势阶层在高等教育领域的再一次垄断。美国精英大学的校友同样是社会的精英阶层。当大学形成这种在社会中处于优势地位的校友群体时，其校友倾斜政策引起的非议就非常尖锐了。

四、评论

虽然很多人批评以常春藤联盟高校为主的美国一流大学不应该照顾校友亲属、教职工子女以及一些特殊利益相关者，但是这已经成为一个有历史渊源的传统。许多学校雄厚的经济实力源于杰出校友的慈善事业；扩展专业设置、完善学科建设、改进基础设施、提高国际影响等许多保持学校竞争力的关键事务都需要以校友为主要发起者的慈善事业的支持。声誉是学校发展的重要基石，而声誉正是源自教职工的杰出成就以及校友的社会影响力，这些自主性非常强的学校在招生过程中自然要考虑这些相关因素。校友、教职员只是特殊利益相关者中的一部分，不同的学校还会涉及不同的利益群体。当然，申请者要享受这些权重有限的优待，必须具备一定的硬件条件如优秀的学业成绩。

需要说明的是，美国一流大学招生过程中的“校友亲属”有特殊的定义，一般指的是父母一方或双方毕业于该校本科学院的申请者。如果申请者的父母毕业于研究生学院或其他部门，或者申请者的祖父母毕业于本科学院，则不能享受录取上的优待。校友亲属的录取率比其他群体高一些，一方面可能是由于“优待”；另一方面，申请者父母的母校经历所带来的宝贵经验也有助于申请者做好入学的准备，从而更加符合这些学校的要求。

所有的美国高校都会或多或少地照顾教职工子女，一些竞争力不强的学校甚至实行无条件录取，而有的学校需要招生委员会或教师委员会进行详细的审核。此外，大多数美国一流大学会通过各种各样的募捐活动从社会筹集办学经费，那些贡献突出的家族子女也会受到一定程度的照顾①。这种政策也被称为发展优待（preference for development）。比如，得克萨斯州石油大亨亿万富翁罗伯特·巴斯（Robert Bass）有四个子女，其中，两个去了斯坦福大学，一个去了哈佛大学，还有一个去了杜克大学。巴斯先生作为斯坦福大学董事会成员，给这些大学都捐赠了至少 1000 万美元，给斯坦福大学的捐赠则高达 5000 万美元。②无独有偶，2014 年，中国某地产商富商在哈佛大学宣布设立助学金，计划在全球

① 王晓阳．美国大学的综合选拔招生制度 [J]．世界教育信息，2007，(1)：79-84.

② Golden D. The Preferences of Privilege[A].In Soares J A. Sat Wars：The Case for Test-optional College Admissions[M]. New York：Teachers College Press，2012：17.

范围内捐赠1亿美元，哈佛大学获得1500万美元，引起社会各界热议。其中的一个质疑，就是认为该富商在给子女买哈佛大学的录取资格。之后，其子进入哈佛大学。因此，这样的说法并非毫无根据。不过，一流大学不会录取那些看起来无法完成大学学业的学生，这一点是非常明确的，因为这样的录取将降低学校的毕业率，并且对于确实不具备完成学业的申请者来说几乎毫无意义。

当然，校友亲属倾斜政策对于非校友亲属的申请者来说是非常不公平的，多数美国人对这一政策非常反感。尽管实行该政策的私立大学承受着巨大的社会压力，但是权衡之下，为了保障学校的利益，只能顶住压力实行下去。正是认识到这一点，哈佛大学前校长劳伦斯•萨默斯（Lawrence Summers）底气十足地说："对于私立大学来说，校友亲属倾斜政策是不可或缺的。"① 申请者的受教育权在一定程度上向大学的发展逻辑妥协了。纵观美国高等教育的演变历史，校友亲属倾斜政策影响着美国大学多个时期的招生政策，成为美国大学与社会民众之间的争议焦点。这一政策体现了美国大学在个体生存与社会责任之间的挣扎和权衡。

第三节　犹太学生的比例与品质

哈佛大学、耶鲁大学、普林斯顿大学以及其他美国顶尖大学，如哥伦比亚大学、达特茅斯大学的领导者发现，如果仅仅依靠某个单一标准，特别是可以客观测量的标准，如学业成就，那么他们将失去对新生群体构成的控制权。② 而非客观标准的引入可以给这些大学的招生官们非常充分的裁量权，不仅控制招生标准的运用过程，也可以将录取结果把握在手里。人的评价涉及品质部分，而人的品质是一个极其复杂的概念，随着价值观的不同有着灵活多变的解释。美国一流大学招生制度中的品质指标与犹太学生有着密切的关系。

一、犹太学生的比例问题

从新教徒逐渐成为美国大陆的主人之后，美国就存在一个"近亲繁殖"的

① Wikipedia. Legacy preferences[EB/OL].http://en.wikipedia.org/wiki/Legacy_preferences[2015-01-12].

② Karabel J. The Chosen：The Hidden History of Admission and Exclusion at Harvard，Yale，and Princeton[M]. New York：Houghton Mifflin Company，2006：2.

上层阶级。他们住在东北美褐色的房子或乡村房舍里，去新教徒教堂，往往是圣公会教堂，将他们的儿子送入常春藤联盟高校里。①1914 年，第一次世界大战爆发之后，大量欧洲移民涌入美国。美国本来就是一个移民社会，因此，对移民一直持开放的态度。不过，当美国人发现移民的到来对他们的主流文化（主要是新教徒文化）产生冲击的时候，他们就开始担忧了。在他们惧怕的宗教文化中，犹太文化就是其中的代表之一。

在很长的一段时间里，哈佛大学、耶鲁大学、普林斯顿大学主要基于学术标准来录取学生，这与其他国家的顶尖大学是类似的。此外，在学术本位主义的影响下，美国传统的精英大学提高了学术因素在招生政策中的权重。同时，通过一系列改革，哈佛大学与公立中学进行了更多的接触，扩大了公立中学生源的招生比例。这一政策的初衷是为了招收更多具有学术潜力的学生，因为许多私立中学的学生进入哈佛大学之后并没有表现出太多学术能力，甚至不能完成学业。劳伦斯·洛厄尔（Lawrence Lowell）校长通过注重学术标准，提高了统一考试以及中学成绩在招生过程中的比例，让越来越多公立中学的学生有机会进入哈佛大学。在 1913 年，来自公立中学的学生成为哈佛大学的多数群体。②那些处于小城镇，甚至是偏远地区（主要是西部和南部地区）的学习优等生同样得以进入精英大学。这一政策导致的另一个后果就是，公立中学中成绩优异的犹太学生大量进入哈佛大学。1908 年，哈佛大学犹太学生的比例是 6%，到了 1922 年，这一比例增加到 22%，而这一期间美国犹太人的人口数占总人口数的 3%。③可以说，哈佛大学招收了过多的犹太学生。

不仅仅是哈佛大学，其他大学也存在犹太学生比例大幅提高的现象。1918—1919 学年，纽约牙科口腔学院（College of Dental & Oral Surgery）犹太学生比例最大，达到 80.8%，紧随其后的是纽约城市学院（City College of New York），犹太学生达到 78.7%，纽约大学的比例是 47.5%，汉特学院（Hunter College）是 38.7%，圣劳伦斯大学（Saint Lawrence University）是 31.7%，布鲁克林理工学院（Polytechnic Institute）是 29.4%。收费昂贵的私立学院中犹太学生比例会低一些，哥伦比亚大学的比例是 21.2%，芝加哥大学是 18.5%，宾夕法尼亚大学的比例是 14.5%，哈佛大学的比例是 10%，康奈尔大学是 9.1%，布朗大学只有 2.9%，

---

① Soares J A. The Power of Privilege：Yale and America's Elite Colleges[M]. Stanford：Stanford University Press，2007：7.

② Karabel J. The Chosen：The Hidden History of Admission and Exclusion at Harvard，Yale，and Princeton. Boston：Houghton Mifflin Company，2006：50.

③ Wikipedia. Abbott Lawrence Lowell[EB/OL]. http://en.wikipedia.org/wiki/Abbott_Lawrence_Lowell [2015-01-26].

普林斯顿大学只有 2.6%。[①]

尽管不同的大学所拥有的犹太学生比例不一，但是，短时期内校园里涌现这么多犹太面孔，还是让美国各界感到担心。毕竟，在当时的美国，基督教代表着美国的主流文化，新教徒一直是美国大学的学生主体，而犹太人是不受基督徒欢迎的，在基本教义上就有冲突。一些新英格兰地区的高校开始担心外来文化对校园的影响，比如哈佛大学、塔夫特斯学院（Tufts College）、布朗大学、耶鲁大学、麻省理工学院等。

如果仅依据学术标准，那么将会有越来越多的犹太人进入美国的顶尖大学，美国传统大学的形象将发生很大的变化，这是 WASP 绅士们难以接受的。此外，犹太学生群体具有一些特点。以哈佛大学为例，1920—1922 年，在选择各类学科进行学习的犹太学生群体中，有 40% 因为行为不当被开除。然而，在优等生群体中，几乎有一半是犹太学生。[②]可以说，犹太学生一方面在学术成就表现出天赋，另一方面在行为表现方面却授人以柄。这样的一个学生群体使掌控着美国精英大学的新教徒权贵不可避免地产生了忧虑。为了进行应对，1920 年之后，哈佛大学、耶鲁大学、普林斯顿大学等院校开始对学术标准的权重进行调整。[③]

二、间接的配额制

1921 年，美国通过《紧急配额移民法案》（Emergency Immigration Act of 1921），对移民的数量进行限定；1924 年，新的移民法取代这一法案，提高了对移民的要求。随着美国社会各界开始关注移民群体对美国未来可能造成的影响，并最终形成法案，美国大学越来越多的领导者同样开始相信，有必要对校园里的移民学生数量进行控制。与其他族裔寥寥无几的移民学生相比，大比例的犹太学生成为美国大学首要考虑的问题。

纽约市的许多大学开始在台面底下实行间接的招生配额制，主要的限制对象就是犹太学生。比如，哥伦比亚大学限制犹太本科生的招生人数，医科研究生院也限制犹太学生的人数。哥伦比亚大学加入大学委员会之后，一度十分依赖大学委员会的考试成绩录取新生，而犹太学生往往能够取得很好的大学委员会考试成

---

① Table I Number and Proportion of Jewish Students Enrolled in 106 Colleges，Universities and Professional Schools in the U.S. for Scholastic Year 1918-1919，pp.387-89. In Synnott M G.The Half Opened Door：Discrimination and Admissions at Harvard，Yale，and Princeton，1900-1970[M]. New Jersey：Transaction Publishers，2013：15-16.

② Synnott M G.The Half Opened Door：Discrimination and Admissions at Harvard，Yale，and Princeton，1900-1970[M]. New Brunswick：Transaction Publishers，2010：64.

③ Karabel J. The Chosen：The Hidden History of Admission and Exclusion at Harvard，Yale，and Princeton[M]. New York：Houghton Mifflin Company，2006：1.

绩。显然，如果要改变这种状况，限制犹太学生的录取人数，就需要改变过于依赖统一考试的招生制度。于是，哥伦比亚大学降低了统一考试成绩的权重，加入了其他的考核因素，比如家庭背景以及中学学业成绩。在新的申请表上，哥伦比亚大学要求申请者填写本人的出生地、宗教信仰，父亲的名字、出生地以及职业。除此之外，申请者还需要提交照片，如果条件允许的话，还需要参加面试。①

哥伦比亚大学教师学院的 E. L. 桑代克（E. L. Thorndike）设计了一种用于测试考生综合思维能力的测验（tests for mental alertness）。1919 年，哥伦比亚大学允许申请者选择这一考试替代大学委员会的测验。总体而言，犹太学生在这一测验中的表现并不理想。通过一系列调整，哥伦比亚大学不仅有效地控制了犹太学生的人数，而且从表面上来看，这样的调整似乎是招生制度的进步和完善。当然，从大学的角度来说，情况也确实如此，过高的犹太学生比例并不符合这些大学的办学传统和长远发展。同时，更为重要的是，他们不认为犹太学生具备足够成为未来社会的精英和领导者的个性品质。

哥伦比亚大学调整录取标准的方式给其他大学提供了借鉴。纽约大学同样采取了类似的措施，对招生制度进行了类似的调整，将申请者的非学术因素纳入评价范畴，通过这些新的方式，犹太学生的比例减少了近 50%。私立大学的这种趋势逐渐影响了其他大学的招生政策，甚至是那些犹太学生比例不是非常高的学校，比如普林斯顿大学、达特茅斯学院等。多数大学将犹太学生的比例限制在 10% ～ 20%。尽管如此，相对于犹太人口在美国总人口 3% 的比例，这些大学仍然觉得犹太学生的比例还需要进一步控制和压缩。

1921 年，普林斯顿大学成立了专门的委员会探讨控制学生规模的问题，起因更多是校区的容量有限，而不是种族或者犹太学生的问题。当然，哥伦比亚大学、哈佛大学、达特茅斯学院、斯坦福大学、耶鲁大学对学生规模的探讨或者政策在一定程度上影响了普林斯顿大学的管理者。实行更具选拔性的招生政策之后，更多学术之外的因素被考虑在内，比如心理测验、面试表现、地域分布、个性品格、校园活动等。1922 年之后，耶鲁大学也开始考虑犹太学生的比例问题，并逐渐形成类似的、主要用于限制犹太学生人数的选拔性招生政策。与哈佛大学有所不同的是，耶鲁大学的大部分教职工赞同对移民学生采取一定的限额政策，理由同样是个人品质的差异问题。②

学术标准不再作为大学招生的唯一标准，将非学术因素纳入评价范畴，这

① Wechsler. The Qualified Student. pp. 147-157.In Synnott M G.The Half Opened Door：Discrimination and Admissions at Harvard，Yale，and Princeton，1900-1970[M]. New Brunswick：Transaction Publishers，2010：18.

② Synnott M G.The Half Opened Door：Discrimination and Admissions at Harvard，Yale，and Princeton，1900-1970[M]. New Brunswick：Transaction Publishers，2010：148，189.

意味着美国顶尖大学采用新的评价体系录取学生。这种新的招生体系让大学可以重新掌握招生的主动权，而不是被动的受制于某个客观的录取标准，比如刚性的测验成绩。新招生体系的核心要素是品质——一种被认为在犹太人身上所缺乏的，但上层阶级新教徒却大量拥有的品质。对于哈佛大学、耶鲁大学、普林斯顿大学的所谓绅士管理者来说，“品质”是所有品德修养和生活方式的简称。由于品质的无形特性，只有拥有品质的人才有能力对其进行考量。从这个定义来看，品质是源于某些特定阶层的家庭文化，具有一定的排他性。坚毅、个性、领导力等此类高度主观性的特质常用来阐释“品质”，通过这种高度的人为主观评价，精英大学的守门人拥有极大的自由和权力来决定谁可以进入他们的大学。①

三、劳伦斯·洛厄尔校长的推动

在针对犹太学生推行“配额制”的招生政策形成过程中，哈佛大学的改革最为曲折。同时，由于其领头羊的角色，哈佛大学隐秘的配额政策也最具代表性，对美国高等教育的招生政策具有示范效应。

查尔斯·艾略特校长卸任之后，继任者是劳伦斯·洛厄尔。劳伦斯·洛厄尔对哈佛大学招生配额政策的形成起着关键的作用。查尔斯·艾略特对工业化所带来的经济大发展保持乐观的态度，认为社会群体的多样化有助于促进美国的经济发展和民主程度。与之形成对比，劳伦斯·洛厄尔先生关注与工业化进程相伴随的社会问题和经济冲突。此外，战争不仅给美国带来了大量东欧、南欧移民，也带来了不同的宗教和文化，美国社会的天主教因素、犹太教因素越来越多，这在一定程度上威胁了传统的新教文化。面对美国社会的多元化，劳伦斯·洛厄尔校长的反应同样更多的是忧虑，而不是乐观。

劳伦斯·洛厄尔校长的这些体验影响着他的教育理念，给哈佛大学带来了不同的影响。劳伦斯·洛厄尔校长认为哈佛大学的学生群体没有必要多元化，他甚至认为，学生群体的多样化对哈佛大学是一种损害。他更加重视本科学院，强调通识教育对学生的重要作用，认为共同的知识基础能够增强学生之间的凝聚力，不认为学生应该按照兴趣选择课程，并进行了改革，实行主修课和选修课相结合的课程体系。不久之后，这一课程体系成为美国其他大学效仿的样板②。在学生群体的构成方面，过多的犹太学生出现在校园里，一方面引发了一定的反犹太氛

① Karabel J. The Chosen：The Hidden History of Admission and Exclusion at Harvard，Yale，and Princeton [M]. New York：Houghton Mifflin Company，2006：2.

② Synnott M G.The Half Opened Door：Discrimination and Admissions at Harvard，Yale，and Princeton，1900-1970[M]. New Brunswick：Transaction Publishers，2010：32.

围；另一方面，在一定程度上减弱了学生群体的凝聚力。出于对这一状况的担忧，劳伦斯·洛厄尔校长对招生政策进行了改革，力图减少移民学生，特别是过多犹太学生对校园的影响。哈佛大学的这一变化，同样对美国一流大学的招生政策起到了推动作用。

哥伦比亚大学通过招生政策的调整大幅地降低了犹太学生的比例，这一成功的改革给了劳伦斯·洛厄尔校长信心，认为哈佛大学完全有必要采取类似的政策。洛厄尔校长认为，应该将少数族群（主要针对犹太学生）的招生额限制在15%。这个建议遭受了社会各界的指责，哈佛大学董事会也否决了这项招生改革。劳伦斯·洛厄尔校长转而希望获得教师群体的支持，但是教师大会通过几次激烈的讨论，最终否决了洛厄尔校长的招生改革计划。虽然劳伦斯·洛厄尔校长没有成功推行招生改革，但是哈佛大学以及外界对犹太学生以及少数族群学生与大学发展之间的关系进行了充分的讨论，这种讨论让大学的利益相关者开始认真思考高等教育机会问题、校园文化冲突问题、学生群体构成问题（犹太学生作为焦点问题）。对于这一“副产品”，劳伦斯·洛厄尔校长还是比较欣慰的。①

教师学院在否决劳伦斯·洛厄尔校长的改革计划的同时，认为有必要成立专门的委员会对招生办法进一步考察，看是否存在进行调整的必要。在教师代表的建议下，劳伦斯·洛厄尔校长组建了由13位成员构成的申请者遴选办法招生委员会（Committee on Methods of Sifting Candidates for Admission，以下简称“办法委员会”），开展调查工作。在该委员会的13名成员中，有7名来自文理学院，2名来自医学院，其余的4名分别来自商业管理学院、教育学院、工程学院和法学院。值得一提的是，有3名委员会成员是犹太人。该委员对犹太学生进行了调查，最终认为，犹太学生并不存在劳伦斯·洛厄尔校长所说的难以融入哈佛校园文化的问题。他们在学术、课外活动等方面都有不错的表现。①

1922年，虽然哈佛大学劳伦斯·洛厄尔校长的犹太限额改革方案没有得到各方的认可，由此专门成立的办法委员会还是对招生制度提出了改革建议。办法委员会强调了对种族、宗教歧视行为的零容忍，对于英文写作不及格的申请者（英语作为母语的学生）一律不予录取，对申请者的评价优劣等级由五个级别增加至六个级别。除此之外，办法委员会还提出了一个新的招生办法，称之为“前七名计划”（The Highest Seventh Plan）。该计划提出，对于那些完成认证中学课程学习的申请者，如果其成绩排名处于毕业班的前七名（包括第七名），且得到中学的推荐认可，可以不通过入学考试直接被录取。这一办法将推荐信作为一个

① Synnott M G.The Half Opened Door：Discrimination and Admissions at Harvard，Yale，and Princeton，1900-1970[M]. New Brunswick：Transaction Publishers，2010：85.

重要的考核指标。"前七名计划"实行之后，哈佛大学犹太学生的比例进一步提高，因为犹太学生往往都是刻苦学习、热爱知识的好学生。

1923 年 12 月，哈佛大学的文理学院认为需要将新生人数控制在 1000 人左右，才能保证教育质量，这一提议得到了工程学院的认可。哈佛大学董事会成立了新生规模限制特别委员会（Special Committee on the Limitation of the Size of the Freshman Class），对这一方案的必要性和可行性进行论证。论证的结果是，这一方案是必要的。劳伦斯•洛厄尔校长同样极力推动这项政策，当然，他的主要目标就是利用这项新政策对日益增多的犹太学生人数进行控制。

缩小招生规模意味着，哈佛大学需要采取更具选拔性的招生办法。更具选拔性并不是说提高学术要求，因为如果这样做，将导致哈佛大学只能招收优秀的学者，这与哈佛大学的宗旨——培养社会精英和领导者是不相符的。因此，哈佛大学对申请者进行了更为全面的评价，包括申请者的个性特点，申请者对学校和学生群体的影响，以及未来的职业发展潜力。这一变化进一步提高了招生委员会的裁决权。更为重要的是，这一裁决权适用于"前七名计划"，而这一计划正是大量犹太学生涌入哈佛大学的入口。教师大会基本赞成这一变化，但是提出对前七名计划使用裁决权的时候，只能针对某一学校或某一地区，而不能针对个人。尽管最终通过的招生政策与劳伦斯•洛厄尔校长所推动的有所差别，但是招生委员会在实施这项政策的时候往往不得不考虑犹太学生群体的比例问题，并运用新政策的裁决权对犹太学生的比例进行控制。最终结果也正如劳伦斯•洛厄尔校长所期望的，新的招生制度有效控制了犹太学生的数量。[①]1933 年在他离任的时候，哈佛大学的本科生群体只有 10% 是犹太学生。[②]

以明确的比例或者数量实行招生配额制难以获得美国大学和社会各界的认可，不过，劳伦斯•洛厄尔通过扩大招生委员会的裁决权，让那些对犹太学生的比例问题已基本达成共识的招生委员会成员间接地实行"配额制"，将犹太学生数量控制在能够接受的范围，进而达到学生群体构成合理化的目标。这种方式一方面巧妙地避免了权利斗士们的攻击；另一方面，又很好地体现了大学的办学宗旨。

针对犹太学生设立的隐秘的配额制存在了很长的一段时间。对于这段历史，有学者进行了归纳认为："从 20 世纪初至大萧条早期，美国精英大学一开始是基

① Synnott M G.The Half Opened Door：Discrimination and Admissions at Harvard，Yale，and Princeton，1900-1970[M]. New Brunswick：Transaction Publishers，2010：106-110.

② Thernstrom S. Poor but Hopeful Scholars.In Bernard Bailyn et al. Glimpses of Harvard Past[M]. Cambridge：Harvard University Press，1986：127-128.

于考试的录取制度，随后，上层阶级新教徒为了重新掌控教育权利，应对日益增多的犹太学生比例，改变了传统的基于学术的选拔制度，逐步建立新的选拔制度。新招生制度通过纳入可以进行主观评判的‘品质’，让他们获取了可以对申请者进行有效调整的自由裁量权。”[①] 通过这种方式，新教徒们得以合法地排斥那些不利于他们的主流文化的学生群体。

不过，当社会主流价值观开始转变，比如，第二次世界大战以及民权运动带给美国社会精神上的洗礼之后，反犹主义开始成为多数人反感的价值观和批判的对象。20 世纪 60 年代之后，美国精英大学的犹太学生比例又再次上升，尽管引起了许多校友的不满，但这样的争议最终还是迎合了社会主流价值观的改变。这些大学先后终结了反犹太的不光彩历史。[②]

四、品质的内涵

1933 年，詹姆斯・布莱恩・柯南特就任哈佛大学校长起始，截至 20 世纪 60 年代中期，这一阶段发生了几个主要的变革，如基于优异表现的奖学金项目越来越多，SAT 标准化考试的重要性不断增强，对犹太学生和公立中学的申请者的歧视现象减少，大学理念开始转向于寻求机会均等和招收具有才能的申请者。

第二次世界大战之后，天主教、中低层犹太学生的比例大幅上升，很大程度上是因为这些精英大学在招生和毕业环节提升了对学业水平的要求。在 20 世纪 60 年代早期，哈佛大学、耶鲁大学、普林斯顿大学的大多数学生的学术能力可以排在全美大学生的前 5% ～ 10%。学生的学术水平提升了，师资力量同样需要进行相应的匹配，否则，如果频繁出现学术水准不称职的教师，将会对高校的声誉产生负面影响。在这样的背景下，美国精英大学对非新教徒教授、甚至是犹太裔教授的聘任和晋升也就不难理解了。同时，第二次世界大战在美国社会中重新肯定了民主的价值，也消减了民众的反犹情绪，为这些美国精英大学的反传统做法提供了舆论基础。[③] 可以说，在这一时期，美国大学招生制度从一种维护新教徒精英的特权的制度，逐渐演变成另一种不同的制度。这些变化肯定了哈佛大

① Karabel J. The Chosen：The Hidden History of Admission and Exclusion at Harvard，Yale，and Princeton [M]. New York：Houghton Mifflin Company，2006：9.

② Soares J A. The Power of Privilege：Yale and America’s Elite Colleges[M]. Stanford：Stanford University Press，2007：81-82.

③ Synnott M G. Discrimination and Admissions at Harvard，Yale，and Princeton，1900-1970[M]. New Brunswick：Transaction Publishers，2010：201.

学、耶鲁大学、普林斯顿大学对贤能政治的推动和促进。①

20 世纪 50 年代，随着大学申请人数和质量的提升，新生的学术表现越来越好，标准化成绩有了显著的提升。在阿瑟·霍韦担任耶鲁大学招生办主任期间（1954—1964 年），他面临的招生局面非常不同。20 世纪 20 年代，耶鲁大学拒绝了大约 1/5 的申请者；到了 20 世纪 50 年代，耶鲁大学需要拒绝大约 3/5 的申请者。20 世纪 30 年代的申请者达到耶鲁大学要求的很少，而 50 年代的申请者则有 85% 是合格的，具备完成大学学业的可能。哈佛大学同样面对类似的问题，1955 年，哈佛大学的《校友简报》（*Alumni Bulletin*）报道："95% 的申请者具备被录取的资格。"②

从表 3-3 中可以看到，1961 年，耶鲁大学新生群体中 SAT 语言成绩在 700 至满分 800 分的学生比例只有 20%，即 1/5 的比例；两年之后，即 1963 年，这一比例就上升至 1/3，达 33%；到了 1966 年，这一比例就突破了一半，达到了 52%，同时，超过 90% 的新生 SAT 语言考试成绩达到 600 分以上。1950—1970 年，耶鲁大学新生的 SAT 语言考试平均成绩一直在上升。

在申请者的学术能力多数都能达标的前提下，如果更进一步对学业成绩分分计较，而忽视了其他非学术因素的评价，显然并不利于提高招生政策的良性发展。同时，仅仅依靠考试成绩也无法准确预测学生进入大学的学业表现。③相关的研究表明，在大学生的学业表现预测模型中，如果加入 SAT 成绩，预测的比

表 3-3　1961—1966 年耶鲁学院新生 SAT 成绩分布

年份	低于 599 学生比例（%）	600～699 的学生比例（%）	700～800 的学生比例（%）	新生总数（人）
1961	25	55	20	1018
1962	23	52	25	1015
1963	14	53	33	1022
1964	16	52	31	1054
1965	14	52	33	1048
1966	9	38	52	1012

资料来源：Soares J A. The Power of Privilege：Yale and America's Elite Colleges[M]. Stanford：Stanford University Press，2007：38.

① Karabel J. The Chosen：The Hidden History of Admission and Exclusion at Harvard，Yale，and Princeton [M]. New York：Houghton Mifflin Company，2006：10.

② Soares J A. The Power of Privilege：Yale and America's Elite Colleges[M]. Stanford：Stanford University Press，2007：37.

③ 课题组访谈记录：资料编号 H-004，宾夕法尼亚州立大学教育学院敏迪·孔哈勃副教授（Mindy L. Kornhaber），2010 年 9 月。

例仅仅从 30% 增加到 31%。这是一个非常微小的变化，几乎可以忽略不计。[①]在招生评价中，品质因素的出现是源于对犹太学生的限制，显得不那么光明正大，不过，从评价效度来看，品质的存在是有其合理性和必要性的。在新的时代背景下，大学的掌控者开始认真思考品质的真正内涵是什么，对于大学的校园、学生的发展又具有哪些关键的影响。

耶鲁大学的学校管理层和批评者都认为，领导才能（leadership）是讨论招生政策的基本出发点。对于招生委员会偏重学术标准的做法，那些体育才能的倡议者、子女被拒的校友、与私立学校有着密切关系的家庭，这三个群体的反对意见最大，都认为他们所认同的具有领导才能的生源没有得到足够的重视。[②]这些顶尖私立大学的传统就是为了培养未来的领导者。所以，从建校以来，他们对申请者的学业表现就不是太关注，而是更加看重申请者是否优秀的品质成为未来的领导者。[③]在这种情况下，美国精英大学开始将选拔学生的侧重点转移到以领导力为核心的品质。申请者的品质难以通过学业成绩或标准化测验进行评判，通过面对面的观察和交流是最为有效的方式之一，面试在大学招生过程中的作用变得举足轻重。20 世纪 50 年代之后，招生办公室希望每一个申请者都参加面试。1971—2001 年，每年接近 70% 的申请者参加了招生办组织的面试。校友面试有多重要？ 1972 年根据院校研究办公室（office of institutional research，OIR）的调查分析，从统计学的角度来说，校友面试是申请者所有因素中最重要的。校友面试对申请者是否能最终录取的预测度好于其他任何因素，包括高中成绩、SAT 成绩、推荐信等。

领导力的评判难度很高，这些大学尝试寻找科学的方法进行评判。SAT 考试是其中的方法之一。正如 20 世纪 20 年代他们认为 WASP 男子的 SAT 表现会比犹太人好，他们也认为领导力越强的人会在 SAT 方面有着越好的表现。[④] 20 世纪 20—50 年代，对于新教徒男性来说，才能比品质更为重要。20 世纪 40 年代之后，品质的重要性不断上升。因为，在多数申请者的学术能力足以完成大学学业的前提下，美国顶尖大学将精力主要投放在如何寻找未来的领导者。并且，在招生过程中最重要的人物是校友。也就是说，20 世纪 20—30 年代，从耶鲁大学、哈佛大学的招生过程中可以发现，这一时期是美国大学形成完善的评价学生

---

① 课题组访谈记录：资料编号 H-001，约瑟夫·索尔斯教授（Joseph Soares），地点：美国北卡罗来纳州维克森林大学社会学系，时间：2016 年 3 月 15 日。

② Soares J A. The Power of Privilege：Yale and America's Elite Colleges[M]. Stanford：Stanford University Press，2007：84.

③ 课题组访谈记录：资料编号 H-002，宾夕法尼亚州立大学孙开键教授（Hoi K. Suen），2009 年 1 月。

④ Soares J A. The Power of Privilege：Yale and America's Elite Colleges[M]. Stanford：Stanford University Press，2007：41，46，107-108.

学术表现和潜力的时期。到了20世纪50—60年代，美国大学则致力于优秀品质的寻找。①

在金曼·布鲁斯特担任校长期间，耶鲁大学对招生政策进行了改革和完善。1967—1971年，耶鲁大学对招生政策的两个方面进行了修订，开始对那些具有潜质取得职业成功的个人品质进行量化。之前对领导力的判断更多是从外在的角度。在阿瑟·霍韦担任招生办主任的时期，耶鲁大学对领导力的判断是通过申请者提交的照片，以及对学生个人背景的划分，比如，犹太人就不在评判的范围。到了金曼·布鲁斯特担任校长的时期，男女开始同校，犹太人的歧视也基本消失，通过照片的方式来判断领导力的方式也可以舍弃了。

1967年，校友委员会和招生办公室发了一封关于如何写面试评语的表格和指导意见。领导者和运动员仍是首要的关注点，不过，出现了更多具体的文化标准。比如，具有高雅艺术天赋的申请者，特别是表演艺术，如小提琴演奏者；还有那些具有丰厚文化资本的学生，那些见过世面具有国际视野的，具有文化修养的申请者。

布鲁斯特担任耶鲁大学校长期间，举办了几次以“领导力”为主题的校友大会。1968年11月，参会的校友获得一本小册子，名为“耶鲁大学在美国领导者教育中的角色”，由历史学家乔治·皮尔森（George Pierson）撰写。小册子归纳了历年来耶鲁校友在政治、工业、商业以及专业领域的统治情况。②

耶鲁大学院校研究办公室OIR一份由约翰·霍金斯主任挂名的报告，被视为第一份建议耶鲁大学建立正式的评定个人品质的规范方法，原因在于个人品质比学术测验更能预测成功的大学表现。该报告将录取过程划分为五个部分：认知或智力、个性、社会学部分（社会经济的）、程序和政策。在认知部分，三个因素被认为与学术表现相关：认知能力、性别和社会经济因素。SAT、GPA可以有效测试认知能力，但却不能很好地预测大一的学业成就。在个性部分，该报告认为面试和推荐信是非常有效的考察手段，而且，评价结果与是否能被录取有着非常高的相关性。不过，OIR还是希望能够找到更为刚性的方式来评价个性。

1971年，耶鲁大学院校研究办公室OIR发布的第二份关于招生政策的报告中，对耶鲁大学的教育使命进行了反思。成功的大学生涯所包好的内容远远超过了教室里面的表现。这份报告对什么是成功的学生进行了思考。1971年6月，约翰·H. 霍普金斯（John H. Hopkins）和小亨利·昌西（Henry Chauncey Jr.）拟

① 课题组访谈记录：资料编号H-001，约瑟夫·索尔斯教授（Joseph Soares），地点：美国北卡罗来纳州维克森林大学社会学系，时间：2016年3月15日，6月9日。

② Soares J A. The Power of Privilege：Yale and America’s Elite Colleges[M]. Stanford：Stanford University Press，2007：83，85，114.

定了一份研究计划，题目是“关于研究耶鲁学院的选拔办法，研究耶鲁学院和本科生表现的成功标准，与现有本科生的选拔办法相比较的研究计划”。

1972 年，耶鲁大学院校研究办公室 OIR 的管理科学的助理教授托马斯 • 泰伯（Thomas Taber）和朱迪斯 • 海克曼（Judith Hackman）撰写了第二个研究计划，该计划是一个大规模、历时两年的、多空间的研究。这一研究计划得到了众多支持，如耶鲁大学秘书长小亨利 •昌西，OIR 中心执行主任约翰 •H. 霍普金斯，经费与合同管理处主任约瑟夫 • S. 华纳（Joseph S. Warner）。耶鲁大学管理层批准了这一宏大的项目。该项目的研究时间是 1973—1975 年，研究对象涉及 9 个学院，预算经费达 134 991 美元。托马斯 • 泰伯和朱迪斯 • 海克曼的这一研究是 2007 年之前耶鲁大学最后一个关于招生标准的主要研究。

托马斯 • 泰伯和朱迪斯 • 海克曼从整个耶鲁大学随机抽取了 480 名对象，包括学生和教职工，进行 1 ～ 2 个小时的半结构访谈，目的在于概括和提取决定学生能否成功的行为标准。受访者要指出在 1963—1976 届的耶鲁大学学生中最成功的 3 个学生，以及最不成功的 3 个学生，同时，对这 6 个学生的行为模式进行描述。托马斯 • 泰伯和朱迪斯 • 海克曼认为，通常情况下具有意义的标准必须用具体的学生行为进行定义。这是研究的基石。通过对几百个成功者或失败者样本进行因素分析，托马斯 • 泰伯和朱迪斯 • 海克曼致力于确定不同类型成功者的可量化的品质。

需要指出的是，这些样本并不是耶鲁大学最具多样化的样本。这一时期的耶鲁大学学生中女生和少数族裔仍是极少数。到 1973 年，耶鲁大学的女生人数与男生不对等，少数族裔学生的比例近 6%。本科生中优势阶层子女占多数，这些学生的选拔标准主要是依据领导能力。

托马斯 • 泰伯和朱迪斯 • 海克曼的研究确定了成功者常见的 14 个因素和失败者常见的 11 个因素。他们对这些因素进行行为归类。在随后的研究中，他们对数据进行再次分析，将成功学生归纳为 7 类，不成功的学生归纳为 5 类。7 类成功学生是艺术家、运动员、野心家、刻苦者、领导者、学者和社会活动家。5 类不成功学生是离群寡居者、缺乏目标者、让人生厌者、极为刻苦者和不合格者。每一类型的学生确定了行为指标。

耶鲁大学 OIR 在两年的时间里发布了 5 个关于招生标准的研究报告，分别是 1974 年 11 月的《耶鲁学院学生表现维度——大学标准研究第一份报告》（*Dimensions of Student Performance in Yale College*：*A First Report of the College Criteria Study*）；1975 年 8 月的《耶鲁学院成功表现的类型——大学标准研究第二份报告》（*Patterns of Successful Performance in Yale College*：*A Second Report of the College Criteria Study*）；1975 年 8 月的《成功类型与可量化招生标准的关系：大学标准研究第二份报告附录》（*Relationship of Success Types to Quantified Admissions Variables：Addendum to the Second Report of the College Criteria Study*）；1975 年 11 月的《补充录取的七个成功类型与背景变量的关系》（*Relationship of 7 Success Types with Additional Admission and Background Variables*）；1975 年 12 月的《耶鲁学院不成功表现的类型——大学标准研究第三份报告》（*Patterns of Unsuccessful Performance in Yale College：A Third Report of the College Criteria Study*）。

尽管这些研究没有对学生的社会阶层结构提出挑战，也没有对 SAT 的角色作用提出质疑，不过，还是拓宽了录取标准。这些研究对成功学生的标准进行了更为多样化的定义，而不仅仅是领导者。不过，这里的多样化并不包括社会阶层的多样化。讽刺的是，优势特权阶层的学生通过学术标准获得优质教育资源。进入耶鲁大学，需要提供合乎要求的高中成绩表（具有课程难度或者包括众多 AP 课程），需要很高的 SAT 成绩，能够满足这些条件的学生往往来自优势阶层家庭。耶鲁大学在录取标准的制定中如此地重视个人品质，以至于有学者认为："可以说，在 20 世纪 60 年代后期，耶鲁大学选拔学生的标准主要是根据个人品质的指标，而不是学术指标。"①

美国教育考试中心 ETS 在 20 世纪 60 年代初就开始了类似的研究。在其主任 J. A. 戴维斯（J. A. Davis）的主持下，该项目对分数之外的有价值的个人品质进行了研究。这一研究拓宽了大学的标准，对招生改革具有参考价值。大学委员会委托的其他研究同样表明，类似耶鲁大学的精英大学，在 20 世纪 70 年代其招生录取的依据主要是个人品质，而不是学术能力。1979 年，华伦 • 威灵汉（Warren Willingham）和汉特 • 布里兰（Hunter Breland）进行了一项涉及 9 个院校五千多个新生的研究。大学样本不仅包括顶尖学院如威廉学院，也包括其他学院，如俄亥俄卫斯理恩大学（Ohio Wesleyan University）。他们的研究目的是从实证的角度论证具有一定选拔性的大学的录取标准中个人品质的权重。他们发现，申请者主要根据院校的学术要求选择申请院校，这一个形式决定了各个学校的申请者群体特征。对于不同学校的申请者群体，什么因素对他们能否被录取影响最大呢？他们发现，如果申请者群体的学业水平总体较高，那么个人品质的因素起着较大的作用；如果申请者群体的学业水平总体较低，那么学业成绩起着较大的作用。在过去的三十年里，对于常春藤联盟高校或类似的大学来说，学业成绩不够优秀的

---

① 课题组访谈记录：资料编号 H-001，约瑟夫 • 索尔斯教授，地点：美国北卡罗来纳州维克森林大学社会学系，时间：2016 年 3 月 15 日，6 月 9 日。

申请者可能会被淘汰，但是，仅仅有优秀的学业成绩并不一定就会被录取。二者之间如何平衡并不是固定的，受影响的因素可能是申请者的运动员、校友亲属、少数族裔等身份属性。

个人品质常常通过课外活动展现出来，不过，如果只是一名长期帮助贫困孩子的志愿者，这样的表现远不如是一名具有创造力的社会创业者。如果申请者不是校友亲属也不是少数族裔，那么，他就应该是一名艺术家、一位运动员、一位有成效的野心家、一位领导者、一位学者或一位充满人格魅力的社会活动家。① 同时，这些精英大学希望，那些有着丰富课外活动经历的申请者是主动参与的结果，而不是为了进入大学在父母安排或其他压力下，被动参加一些他们并不热心的活动。“主动参与”意味着学生扮演的是领导者的角色，如果是“被动参与”，那么这样的学生进入大学之后，可能会因为压力或者监督环境的消失，变得无所事事和默默无闻。正如维克森林大学所宣传的，除了美丽的校园、先进的技术以及大学排名，维克森林大学的人也塑造了这所知名学府。他们期待那些喜欢挑战和学习的人，并且，如果出现能够使他们实现理想的机会，出现能够让他们成为他们所期待成为的那种人的机会，他们会热爱这种机会并主动参与其中。② 大学提供平台和资源，他们希望学生具备主动参与的能力，而不是被动、没有主见地接受各种安排。

曾经担任哈佛大学高级招生官员的大卫·伊万斯（David Evans）在一篇发表于 1997 年的文章《纯粹精英政治的缺陷》（*The Pitfalls of a Pure Meritocracy*）中将美国顶尖大学的这种招生现象描述为——一群明智的老头在建构一个具有所有观点和背景的新生群体。在这种情况下，申请者的“个人品质”就比“苛刻的基于贤能的招生体系”重要了③。而领导才能是个人品质中最容易引起招生官员注意的核心部分。

可以看出，美国顶尖大学对品质的定义是多维度的，有着非常丰富的内涵，不同的人甚至可以给出不同的表述。这一特征给予了评价者很大的自由裁量权，同时，招生标准也变得模糊起来，让人难以捉摸。让这些大学喜出望外的是，正是自由裁量权和模糊性构成了新的招生系统的基石。自由裁量权允许大学按照意愿行事，模糊性使得他们的自由裁量权避开了公众的监督。④ 时至今日，美国大

---

① Soares J A. The Power of Privilege：Yale and America’s Elite Colleges[M]. Stanford：Stanford University Press，2007：122-127.

② Wake Forest University. Undergraduate Admissions[EB/OL]. http://admissions.wfu.edu/[2016-04-20].

③ Golden D. The Price of Admission：How America’s Ruling Class Buys Its Way into Elite Colleges[M]. New York：Three Rivers Press，2007：3.

④ Karabel J. The Chosen：The Hidden History of Admission and Exclusion at Harvard，Yale，and Princeton[M]. New York：Houghton Mifflin Company，2006：2.

学招生委员会的招生过程充满神秘，又似乎合理，与犹太学生比例问题引起并彰显的招生委员会裁决权有着很大的关系。随着时间的推移，招生委员会在评估一个申请者的时候要考虑诸多因素，这就使得评价结果充满了不确定性。同样条件的学生，有可能被拒绝，也可能被录取。不变的是，招生结果往往能够很好地体现大学管理者的主流意志和办学宗旨，高度体现大学的办学自主权，尽管这样的自主权充满争议。

第四章

美国一流大学的招生机制与宣传策略

美国高等教育没有一个统一的招生体系，也没有院校批次的区分。各个高校之间相互竞争，力求获得各类申请者的关注；学生拥有很大的选择权，可以向不同类型的院校提出不限数量的申请。同时，招生的评价标准多样，并考虑众多因素。在招生过程中，既要保持高校进行自由裁量的权力，又不能过于透明，给批评者留下攻击的把柄。[①]在这种情况下，招生工作对于美国大学来说就是一件非常烦琐的事情。

第一节 招生工作机制

不同的美国大学有着不同的竞争力，申请者数量有多有少，招生工作也就同中有异。

一、招生政策类别

美国高校类型繁多，办学定位亦多种多样。但是无论如何分类，其社会声誉总是有高有低，大致有一个排序。申请者结合自身的个性特征，根据大学的排序（每个人可能有不同的排序标准）选择高校。美国各个高校基于自身的院校类型和办学定位，同时根据中等教育的现状以及各种考试机构所提供的服务，实行不同的招生政策。有些学者认为主要有以下三个类别。

---

① Karabel J. The Chosen：The Hidden History of Admission and Exclusion at Harvard，Yale，and Princeton [M]. New York：Houghton Mifflin Company，2006：2.

1）著名的私立大学和优质的州立大学实行选拔性招生政策。这类高校根据自身的办学理念对申请者进行严格的选拔。选择学生的衡量指标多种多样，但是具备较高的学术潜力是主要的衡量指标。

2）一般的州立大学实行“入学后的筛选政策”。州立大学经费的主要来源是本州公民的税收，即州政府和地方政府，而为纳税人负责是美国各类机构的重要准则，因此，一般的州立大学要尽可能地保证本州公民的受教育权。这类高校招收新生时只进行一般性的、不严格的选拔，入学后再根据要求对那些不够水准的学生逐年进行淘汰。

3）两年制的社区学院实行开放性的招生政策。社区学院向所有具有中学毕业水准的成年人开放。①

还有一些接受某些财团、行业或基金会支持的、具有独特办学理念的高校，由于提供丰厚奖学金，学生几乎没有任何教育负担，因此，竞争激励，入学要求较高，录取率很低。此类高校同样采用高选拔性录取政策，比如深泉学院。

也有的学者将美国高校的招生类型分为两类：一类是开放式入学，学生只需提供高中毕业文凭或同等学力证明即可入学；另一类是选拔入学，要求学生提供从高中成绩到推荐信等一系列材料中的一种或数种，高校根据相关的标准录取学生。②

二、招生委员会

大学要实现其使命，招生部门是非常关键和重要的依托。招生部门必须准确地认识其核心价值和工作方向。招生委员会重要的工作目标之一，就是发现并录取符合院校核心价值和发展方向的学生。美国一流大学的招生程序不是刻板的科学，他们不是用机器来招生。③既然是一个人为的过程，那么该过程就确凿地包含人的因素，更像一门艺术，而非科学。一所高校的招生政策是服务于该校的办学目的和任务的，要更好地理解美国一流大学的招生程序，首先就要准确把握这些院校扮演的角色，以及他们所承担的任务。

1946 年，本德（Bender）开始担任哈佛大学的老兵招生顾问，不久就开始担任招生办公室主任。他成立了招生委员会，开启了集体讨论录取决定的时

① 袁仲孚．今日美国高等教育 [M]．上海：上海翻译出版公司，1988：48-49.

② 郑若玲．我们能从美国高校招生制度借鉴什么 [J]．东南学术，2007，（3）：156-160.

③ 课题组访谈记录：资料编号 H-003，哥伦比亚大学师范学院戴维德 • 汉森教授（David Hansen），2009 年 5 月 25 日。

代。[①] 招生委员会是招生工作的具体负责主体。因此，招生人员的选择非常重要。美国大学招生委员会的人员构成在不同的历史时期有着变化。20 世纪中期，可能和目前我国高校的自主招生委员会类似，招生委员会成员往往是清一色的学识渊博、德高望重的学者。可是，渐渐地，美国大学发现这样的招生委员会成员构成并不是最适当的，因为没有体现价值的多元化。因此，招生主任在招募招生人员的时候就致力于组建一个具有不同背景、能够带来不同观点的团队。

招生人员并不是资历越深越好，同组建多元班级的理念类似，很多大学的招生部门认为招生人员的组合应该具有多元背景，既需要有丰富经验、能深刻理解大学的办学目标和招生程序精妙之处的老招生人员，也需要老中青相结合，吸纳一些离开校园不久、缺乏经验但是能够带来新视角的年轻的招生人员，特别是本校毕业生，因为他们有着母校最新的生活体验。另外，招生委员会会吸收一些具有音乐、艺术、体育等背景的人员。性别、种族、地域、学历等因素也都会有所考虑[②]。在这样一支多元化的招生团队中，各成员能充分表达自己的观点，有效地进行互动，彼此之间能够互相学习，共同提高。“那些能够对申请者进行非常出色的区分和选择的招生人员，他们必须对人性特点有深刻的理解，具有优秀的阅读能力和倾听技巧，具有幽默感以及足够的耐心。此外，工作业绩出色的招生人员对大学生活有着丰富的知识，不仅是过去的，也包括现在的。”[③] 只有这样一支多元的招生团队，才能够为有效地创建一个多元的校园服务。

招生委员会的成员共同讨论申请案例，对来自五湖四海的申请者进行比较，挑选出合适的新生。有些申请者实力突出，特别是获得最高级别总体评价——“支持录取者”的申请者，无须过多讨论就能通过录取。还有一些申请者同样无须讨论，就是那些实力较弱，不可能被录取的申请者。剩下的多数申请案例需要委员会充分讨论，详细比较，谨慎裁决。他们的主观判断要基于客观材料之上，这是一个有着很大灵活性的决策过程。如果招生人员认为申请者是非常有潜力的，应该成为本校的一员，那么他可以极力推荐，游说其他招生委员。每个招生委员会的成员所提供的信息和意见会有不同的影响，在整个会议中不论是专业的还是个人的见解都会被记录在案，便于审查。在录取过程中，招生人员提出自己的主张，在招生主任（可能还有教员）在场的情况下，委员会做出最终决定。

---

① Synnott M G.The Half Opened Door：Discrimination and Admissions at Harvard，Yale，and Princeton，1900-1970[M]. New Brunswick：Transaction Publishers，2010：205.

② Tanabe G S，Tanabe K Y. Get into Any College：Secrets of Harvard Students [M].Belmont：Super College，LLC.，2001：11.

③ Hughes C. What It Really Takes to Get Into the Ivy League & Other Highly Selective Colleges [M]. New York：The McGraw-Hill Companies. 2003：167.

申请者的经历和天赋多种多样，不同教员和招生人员的价值判断亦有所差异。这种价值冲突使得招生过程充满许多不确定性。比如，一名申请者的父母亲没有受过高等教育，有些招生人员会认为是优势，有些招生人员则持相反的观点；另外，有些招生人员偏爱具有古典音乐才华的申请者，而有些则偏爱来自小地方的申请者。这些审阅者将自己的专业意见和个人偏好结合起来，然后向委员会提出自己的观点。这就使不同的言论在招生委员会中产生碰撞，一些招生理念在争论中不断完善，而这样的录取过程正是招生委员会所希望的。与根据统一简洁的标准进行一刀切的做法不同，这样的决定过程看起来似乎没有体现招生标准的权威性和严肃性，但是少数服从多数的原则使得招生标准充满弹性的同时，保证了其合理性和合法性。

三、招生日程

美国没有统一的招生计划，各个学校根据本校的情况采取不同的招生计划，通常有三种招生计划：提前招生、常规招生和滚动招生。其中，提前招生又分为两种类型：一种叫“提前决定”（early decision），另一种叫“提前行动”（early action）。二者的区别在于，提前决定是“捆绑”的，学生申请了这一计划，意味着对大学做了某种承诺，一旦被录取，便要进入该校，且要交纳一定的入学保证金，同时撤销已提交的其他学校的申请，否则便是违规。提前行动则是“非捆绑”的，学生只是表明将某大学列为首选，没有其他约束，学生即使被录取，也可等到其他大学的录取结果出来后作比较，再决定上哪所大学。在公立高中，学生普遍会参加提前招生，而在私立中学，近几年来学生参加提前招生几乎成为一个标准行为。提前招生的录取率往往比常规招生高，有些学校提前招生与常规招生二者的录取率甚至相差一倍以上。比如，2015—2016 学年，杜克大学提前决定的录取率高达 26%，而常规招生的录取率只有 10%。[①]同时，如果申请者没有被提前批次录取，一些学校还将该申请者放到常规招生中进行比较，提供二次机会。因此，提前招生项目颇受欢迎。

不过，许多提前决定项目要求学生在无法对所获得的助学金结果进行比较的情况下做出入学决定，使得家境一般而需要奖学金资助的学生常常没有足够的勇气申请提前决定[②]。那些来自富裕家庭或中上层阶级的申请者（往往是私立中学的学生）则往往并不需要奖学金资助，他们就成为提前决定计划的受益者。哈

① Office of Undergraduate Admissions. Guide to Applying to Duke University[Z]. Duke University，2016：1.

② 郑若玲．追求公平：美国高校招生政策的争议与改革 [J]．教育发展研究，2008，(3)：96-99.

佛的学者发现了这一不公平的现象，并著书出版，这导致哈佛大学于2007年终止了提前决定计划，普林斯顿大学、弗吉尼亚大学随后作出同样的决定。特拉华大学同样没有提前行动或提前决定。[①]不过，提前招生仍然有可取的地方，弗吉尼亚大学终止提前决定计划四年之后，于2010年宣布施行提前行动计划，理由是许多申请者强烈要求参加提前招生，同时承诺，对不同批次的申请者执行同样的标准，不会为参加提前招生计划的申请者提供政策上的优待。[②]

高校招生代表走访中学的行程一般在11月初结束，因为此时参加提前招生的申请者已经提交申请表完毕。招生人员只有6个星期左右的时间用于处理提前招生申请表。由于高校竞争越来越激烈，参加提前招生的申请者越来越多，一些一流大学在这6个星期中要处理占每年申请总人数20%～30%的申请资料，每份资料的审阅时间少于常规招生的1/3[③]。一方面，参加提前招生的申请者往往不容易流失，使得招生人员更容易下定决心是否要录取；另一方面，参加提前招生的申请者往往具备较强的竞争优势，因此，提前招生的录取率要比常规招生高很多。至于被拒绝的申请者，一部分可以参与常规招生，进入待录取名单（waiting list），剩下的申请者则只能到其他大学碰碰运气了。

对于学生来说，以哈佛大学为例，如果要参加提前行动招生计划，在10月15日之前要提交申请书，以便给招生委员会提供充裕的时间。在11月1日之前，申请者需要提交所有的申请材料，包括成绩单、中学报告、推荐信、助学金申请表等。12月中旬，参加提前招生的申请者将收到是否录取的通知书。12月15日之前，参加常规招生学生需要提交申请表，并在1月1日之前提交所有的申请材料；2月中旬，提交最新的中学报告；3月1日之前，提交助学金申请表，以及家庭缴税收入证明文件；3月底，申请者将收到是否录取的通知书；5月1日之前，获得录取资格的申请者要答复是否接受录取。[④]

---

① 课题组调研记录：资料编号J-034，特拉华大学（University of Delaware），特拉华州，2016年6月10日。

② Clark K. Early Applicants More Likely to Gain College Admission[EB/OL]. http://www.usnews.com/education/best-colleges/right-school/timeline/articles/2010/12/15/early-applicants-more-likely-to-gain-college-admission[2016-12-01].

③ Hughes C. What It Really Takes to Get Into the Ivy League & Other Highly Selective Colleges [M]. The McGraw-Hill Companies. 2003：176.

④ Application Timeline . Harvard University[EB/OL]. https://college.harvard.edu/admissions/apply/application-timeline[2016-12-01].

第二节 申请材料的规范化

美国一流大学招生委员会对申请者的申请材料有一套处理方法，通过较为规范化的程序，能够尽可能地保证每一份申请材料都合理地评价。

一、申请材料的规范整理

申请者提供的材料多种多样，但无论什么形式的申请材料，对于招生人员来说，都可以分为两类：一类是具有数值，可以进行横向比较的材料，如标准化考试成绩，中学成绩单等；另一类是质性材料，比如推荐信，家庭背景信息，以及其他材料（如创作的作品、多媒体光盘）。这些材料都需要招生人员进行汇总和比较。

大多数的申请材料由 2 ～ 3 位招生人员进行审阅。第一位审阅者的工作量比较大，他需要将申请材料进行整理，包括对 ACT 成绩的换算等，将归纳的申请者的关键信息抄录到一张格式化的摘要表上，建立申请者信息文件档[①]，摘要表的后半部分供审阅人员填写对申请者的评价。不同学校的摘要表和评定方式略有差异，摘要表的格式及主要内容见表 4-1（以哈佛大学为例）。

表 4-1 申请者主要信息摘要表（哈佛大学）

姓名：			
招生批次：(提前招生、常规招生等)			
中学		志愿专业	
中学概况		确认程度(绝对 1 ～ 5 不确定)	
母亲		职业意向	
高等教育情况		确认程度(绝对 1 ～ 5 不确定)	
父亲		高校课外活动	
高等教育情况		确认程度(绝对 1 ～ 5 不确定)	
兄妹情况		班级排名	
母语		SAT I 成绩	
种族		SAT II 成绩	
曾经的居住地及居住年限			
大学课程先修 / 国际学位课程选修情况及成绩			

① Tanabe G S，Tanabe K Y. Get into Any College：Secrets of Harvard Students [M]. Belmont：Super College，LLC. 2001：12.

续表

活动 / 荣誉		
课外活动	参与的年份 / 年级	部门 / 职位（注明年份）
校报、俱乐部等		
体育活动，如校队成员		
竞赛荣誉等		
暑期班、夏令营等		
其他		
面试意见：		
总体意见：		
（申请者主要特点，优劣势）		
（等级评定：学业成绩、课外活动、他人和学校的推荐力度、体育表现）		
最终录取意见：		

资料来源：Hughes C. What It Really Takes to Get Into the Ivy League & Other Highly Selective Colleges[M]. New York：The McGraw-Hill Companies. 2003：215-235.

第一位审阅者完成摘要表的填写工作之后，还要对申请者进行筛选以确定能够进入第二轮审核的名单。招生委员会没有指定淘汰比例，由审阅者自行决定。一般情况下，审阅者的经验越丰富，淘汰比例就越高，以减少第二轮的工作量。在有的学校，首轮筛选由两位审阅者进行，如果出现争议，则由第三位审阅者决定是否让申请者进入第二轮筛选[①]，如招生委员会的集体审议环节。

二、以数差定去留

虽然不同高校的评定方式略有区别，但总体上是类似的，且基本上是以数值划定等级，然后主要凭据数差（variance）决定是否录取申请者[②]。为了便于研究，本书以哈佛大学的等级评定模式为例。哈佛大学从 4 个方面对申请者的进行等级评定：学术、课外、个人和总体。

学术评定是招生人员根据申请者在学术领域的综合表现进行主观的、定性的判断，分为四个级别（表 4-2）[③]。对于大学的本科教育来说，教学工作还是排在首位的，因此，学生的学业表现就显得非常重要。如果学生的学业成绩被评定

① 欧阳敬孝，张晨．美国名校招生程序 [J]．英语沙龙（初级版），2007，（10）：30-33.

② 课题组访谈记录：资料编号 H-002，宾夕法尼亚州立大学孙开键教授（Hoi K. Suen），2009 年 1 月。

③ 2005 年 5 月以前，SAT 考试分为英文和数学两部分，每部分的最低成绩为 200 分，满分为 800 分，总分为 1600 分。2005 年 5 月之后，SAT 考试主要分成三部分：英文、写作、数学；每一部分 800 分，共计 2400 分。哈佛大学在评比申请者的 SAT 成绩时将各部分分开，表 4-2 中的 SAT 成绩指的是英文、数学两部分成绩的平均分，因此总分变为 800 分。其他学校的换算方法可能略有差异。

为第一级“综合实力出众”，那么被录取的可能性就会大大提高。反之，如果学业成绩被评定为最后一级“勉强够格”，那么就几乎不会被录取，因为这样的学生可能无法完成大学学业和获取文凭。如果把无法毕业的学生招收进来，就会给大学的培养工作带来一系列的问题，进而影响大学的社会声誉。

如果学业表现不佳，那么申请者必须在课外活动方面（表 4-3）有出色的表现，才有可能获得录取资格。正如中国的体育特长生，高考成绩可能不甚理想，但是可以凭借出色的体育表现获得大学的录取资格。对于大学来说，如果这些申请者有望在非学术领域获得成功，如成为美国篮球联赛（NBA）的职业运动员，那么这样的毕业生同样是杰出校友，可以提高母校的声誉。2012 年，声名鹊起的 NBA 华裔运动员、哈佛大学毕业生林书豪就是一个典型的例子。虽然他的学业成绩不很出色，但是凭借中学时期出色的篮球表现（北加州第二分区年度最佳球员，全加州第一阵容队员），他收到了哈佛大学的录取通知书，成为该校篮球队的主力队员。尽管林书豪对这样的录取结果并不满意，因为哈佛大学不是篮球强校，并不利于他进入 NBA，成为职业运动员，不过，他的例子还是值得哈佛

表 4-2　学术表现评定

评定等级	学术表现评定标准
一级：综合实力出众的申请者	顶级 GPA 成绩，很高的测验成绩（SAT Ⅰ、SAT Ⅱ分数在 750 以上，众多科目的 AP 或 IB* 成绩满分）（注：AP 和 IB 考试成绩满分分别为 5、7），强有力的推荐信，以及 / 或者国家级学术荣誉获得者
二级：成绩优等的申请者	具有很高的学习成绩（名列前茅的百分之五），较好的测验成绩（SAT 的分数低于 750，AP 成绩多为 5 分，或者 IB 成绩为 6 或 7），强有力的推荐信，所获荣誉低于一级申请者
三级：具备实力的申请者	GPA 成绩班级前 10% 或 15%，良好的测验分数（SAT 分数在 650 ～ 700，通过了 AP 和 IB 考试），推荐信虽然热情洋溢，但推荐者没有将其归类为“本学年最好的学生”
四级：勉强够格的申请者	不错的 GPA 成绩，中等水平的测验分数（SAT 成绩在 600 左右或更低，AP 成绩一般或没有）

* IB 全称为 international baccalaureate，国际学位

资料来源：Hughes C. What It Really Takes to Get Into the Ivy League & Other Highly Selective Colleges [M]. New York：The McGraw-Hill Companies. 2003：161-162

表 4-3　课外活动评定

评定级别	课外活动评定标准
一级：国家级天才	在一个或多个领域有非同一般的表现，是校园活动潜在的重要贡献者。参与国家认可的活动，如国家级音乐选手，全国娱乐活动的参加者（如电影，剧院，电视），大学运动代表队招募对象，等等
二级：地方或中学的重要贡献者	学校或者社区内的领导者，可能是州级认可的天才。多项校园运动的队长，但不是大学运动代表队招募对象
三级：经历丰富的贡献者	参加学校或当地的许多活动，但是不突出，没有特别的成就或体现出领导才能，中学学校运动代表队成员
四级：	很少或不参加体育运动及其他课外活动的人

资料来源：Hughes C. What It Really Takes to Get into the Ivy League & Other Highly Selective Colleges[M]. New York：The McGraw-Hill companies. 2003：162-163

大学的粉丝父母们借鉴的。

美国人相信，要获得成功，出色的交流沟通能力以及人格魅力是必不可少的。在招生过程中，招生人员将对申请者的个性特征进行一个评定，评定的依据主要是申请者提交的相关材料，如推荐信，自我介绍等。此外，面试环节同样可以提供有价值的信息，成为重要的参考资料。个人评定分为五个级别（表 4-4）。

申请者能否被录取，最终还取决于总体评价（表 4-5）。如果申请者的总体评价是“支持录取者”，那么招生人员就会进一步了解这名申请者的其他资料，包括品行问题。总体评价是“支持录取者”的申请者非常少，他们的竞争力排在所有申请者的前 1%，有着非常惊人的天赋，取得过非凡的成绩。他们在学术、个人、课外三项评定中至少有一项同样获得一级评价。

大多数被录取的申请者会取得“有力竞争者”（二级）的总体评价，同时，其他三项中至少有两项也是二级评价或一级评价。如果申请者在学术、课外、个人三个评价维度中获得一个一级评价，那么他们将处于有利的竞争位置，但是并不能保障他们的录取，他们还需要其他突出的表现。如果申请者获得“良好候选者”的总体评价，那么他们需要在其他三个评价维度中获得高级别的评价，或者具备能够使他们获得高水平“优待”的其他背景因素才可能被录取。

表 4-4　个人品质评定

评定级别	个人品质评定标准
一级：罕见个人魅力	推荐信或者面试者给予极高的评价，比如“我所遇到的最好的一个”
二级：杰出	具有优秀的内心品质。根据推荐信和面试资料，可以获得“今年最佳”的赞誉
三级：突出	拥有很强的个人魅力。根据推荐信和面试资料，可以获得高级别评价
四级：一般	积极的个人表现。推荐材料给予肯定评价。面试表现良好，但不是特别突出
五级：有问题或更差	推荐信的评价冷淡甚至消极，面试没有获得支持，其个性或诚信存在问题

资料来源：Hughes C. What It Really Takes to Get Into the Ivy League & Other Highly Selective Colleges[M]. New York：The McGraw-Hill companies. 2003：163-164

表 4-5　综合表现评定

评定级别	录取机会	综合表现评定标准
一级：支持录取者	95% 或更高	通过定量和定性的考评而进入前 1% ～ 5% 的申请者
二级：有力竞争者	50% ～ 75%	在一些领域获得国家级荣誉的优秀申请者
三级：良好候选者	20% ～ 40%	尽管申请人没有取得国家级成就，但处于所有申请者平均水平之上
四级：边缘候选者	低于 5%	勉强够资格（尚可过得去），但一般说来低于其他申请者

资料来源：Hughes C. What It Really Takes to Get into the Ivy League & Other Highly Selective Colleges[M]. New York：The McGraw-Hill companies. 2003：164

这样的一个评定过程，使得“大学录取标准比较全面客观，录取过程由集体操作，谨慎行事”①，体现了一定的规范性②。

第三节　招生宣传与生源优化

2017年9月，我国“双一流”建设高校名单正式发布，各省市陆续推出“双一流”高校建设配套方案和拨款计划，我国高等教育即将迎来新一轮的高速发展时期。尽管《统筹推进世界一流大学和一流学科建设实施办法（暂行）》面向高校的评价指标涉及大学的方方面面，甚至包括社会的认可度，但是难以否认的是，“双一流”建设方案的总体趋势是侧重学科发展。在其巨大的导向作用下，激烈的竞争压力将促使各高校（不论是在建“双一流”高校还是有望在下一轮评选中进入“双一流”建设名单的高校）将主要精力放在引进高层次人才和产出高水平科研成果，而相对忽视本科教育质量的提升。世界一流大学不仅体现在学科建设、科研成果的高水平，同样，在教学方面，特别是本科教育质量也应该是一流的。一流的教育质量体现在一流的生源、一流的培养体系，以及具有一定淘汰率的毕业要求。美国作为高等教育强国，其本科教学质量同样得到广泛的认可，众多学者对其专业设置、课程设计、教学质量评价等方面多有论述。“人才培养是大学的根本任务，招生则是人才培养的第一步。”③美国一流大学在生源结构和质量提升方面的系统工作，特别是其本科招生推介项目还没有得到我们足够的关注。美国大学非常重视面向生源市场的推介工作，其推介项目致力于提高社会认可度、扩大生源群体、吸引潜在的未来精英。美国顶尖大学从地区性的小规模学校，逐步发展成为国际性的顶尖学府，其推介项目起到了重要的作用。本书结合2016年4月至2017年1月课题组在美国的调查（样本院校见表1-1），对其一流大学的本科招生推介项目进行分析，以此为基础，尝试对我国高等教育的本科招生推介宣传工作提出借鉴。

---

① 王定华. 美国大学招生制度与公平性问题 [J]. 中国高等教育，2003，(9)：44-46.

② 陈为峰. 美国名校本科招生综合评价之录取决策过程 [J]. 中国考试，2010，(6)：45-50.

③ 于涵. 招生与培养：清华大学自主招生的理念与创新 [J]. 清华大学教育研究，2014，35(6)：31-34.

一、面向生源市场的精准推介与拓展

高校吸引生源的途径有很多，生源市场的拓展渠道广泛。

第一，是高校的社会声誉。哈佛大学、耶鲁大学、普林斯顿大学等顶尖大学，凭借其深厚的历史积淀和社会声誉，一直都是社会民众关注的焦点，因此，拥护者和申请者众多。不过，这些大学同样需要应对其他顶尖大学的激烈竞争，仍然希望吸引更多的申请者，以便在降低录取率的同时，也有更广的选择面。世界一流大学往往十分重视大学排名中常涉及的声誉指标。以“《泰晤士报·高等教育专刊》世界大学排行榜”为例，它的2009年度排行榜就设置了“声誉”调查这样的主观指标，包括同行评价和雇主评价两部分，分别占40%和10%。例如2010—2011年度排行榜，尽管其指标作了大幅调整，但声誉调查指标仍占34.5%的权重。其中，与教学相关的声誉调查（测量“感知到的教学声誉”）占15%，与研究相关的声誉调查（测量“感知到的研究声誉”）占19.5%。[①]马其顿法律规定自动认可世界前500名的大学的办学质量。这些现象，本质上隐含着“声誉→排名→资源→实力”这样的链条，为大学发展注入或“正”或“负”的能量。[②]可以看出，不论是在生源市场上还是在大学发展上，社会声誉对于高校的重要性不言而喻。

第二，高校发生重大正面事件吸引社会关注。一旦在科技、经济、文化等方面取得突破性成就，大学就与媒体紧密合作，通过高强度的报道吸引社会关注，提升知名度。比如某位教职工获得诺贝尔奖，或者在受欢迎程度较高的体育赛事中取得佳绩等，这些受社会热议和称赞的事件都可能吸引更多的申请者。美国的橄榄球深受大众欢迎，1993年，美国宾夕法尼亚州立大学橄榄球队获得美国大学联赛冠军，一连几个月主流媒体不断提到宾夕法尼亚州立大学的名字，使其变得家喻户晓。到了第二年，宾夕法尼亚州立大学的申请者几乎是上一年的3倍，录取率变得非常低。[③]芝加哥大学教职工和校友群体到2015年产生了89位诺贝尔奖获得者。其中，物理、经济两个领域获得者人数较多，分别为29人次和28人次。第一个科学领域诺贝尔奖美国获得者就来自芝加哥大学——成功测量光速的物理学家阿尔伯特·米切尔森（Albert Michelson）。[④]在《美国新闻与世界报道》大学排名中芝加哥大学进入前五，没有这些斐然的荣誉是很难达到的。

---

① Times Higher Education. World Reputation Rankings 2017：Methodology[EB/OL]. https://www.timeshighereducation.com/world-university-rankings/world-reputation-rankings-2017-methodology[2017-08-08].

② 王连森，王秀成．排名、声誉及大学应有的反应 [J]. 高教发展与评估，2015（2）：7-13.

③ 陈为峰．美国一流大学本科招生综合评价制度研究 [M]. 北京：科学出版社，2015：9.

④ The University of Chicago. Nobel Laureates[EB/OL]. http://www.uchicago.edu/about/accolades/22/[2017-02-28].

杜克大学每年的大学篮球联赛让其成为全美关注的焦点，许多申请者慕名而来，进而发现杜克大学在学术领域同样是领跑者。不难理解，美国大学重视体育，因其既可以为大学带来巨额的办学经费，也提高了大学的社会声誉，吸引了申请者，减少了招生投入。

第三，美国高校还需要扎实推进生源拓展工作。对于申请者来说，填报一所大学不只是在纸上“打个钩”那么简单，而是一项烦琐的工作，需要准备学业成绩资料、推荐信，在深入了解一所大学的基础上撰写具有说服力的自我推荐信，支付 30 ~ 80 美元不等的申请费。此外，高昂的学费也是许多申请者极为关注的。从表 4-6 可以看到，在 36 所样本院校中，私立大学比公立大学的学费要高出许多，私立大学学费最贵的是哥伦比亚大学，每年 51 008 美元，最低的是莱斯大学，每年 42 253 美元。在公立大学中，以州外居民作为统计口径，最贵的是弗吉尼亚大学，州内居民学费是 14 526 美元，州外居民学费是 43 822 美元；最低的是佛罗里达州立大学，州内居民学费是 6 507 美元，州外居民学费是 21 673 美元。因此，美国大学需要通过充分的沟通和交流来说服学生进行申请。

表 4-6　样本院校学费与录取率

序号	大学	2015 年学费（美元）	2015 年注册人数（人）	2014 年秋季录取率（%）	USNWR 排名
1	普林斯顿大学	43 450	8 088	7.4	1
2	哈佛大学	45 278	19 929	6.0	2
3	耶鲁大学	47 600	12 336	6.3	3
4	哥伦比亚大学	51 008	24 221	7.0	4
5	芝加哥大学	50 193	12 558	8.8	4
6	麻省理工学院	46 704	11 319	7.9	7
7	杜克大学	49 341	15 856	11.4	8
8	宾夕法尼亚大学	49 536	21 296	10.4	9
9	约翰·霍普金斯大学	48 710	21 484	15.0	10
10	达特茅斯学院	49 506	6 298	11.5	12
11	布朗大学	49 346	9 181	8.7	14
12	康奈尔大学	49 116	21 850	14.2	15
13	范德比尔特大学	43 838	12 686	13.1	15
14	莱斯大学	42 253	6 621	15.1	18
15	佐治敦大学	48 611	17 858	17.4	21
16	艾默里大学	46 314	14 769	26.8	21
17	卡内基·梅隆大学	50 410	13 285	24.6	23
18	弗吉尼亚大学	州内：14 526； 州外：43 822	23 732	29.0	26

续表

序号	大学	2015 年学费（美元）	2015 年注册人数（人）	2014 年秋季录取率（%）	USNWR 排名
19	维克森林大学	47 682	7 788	34.4	27
20	塔夫斯大学	50 604	10 907	17.3	27
21	北卡罗来纳大学教堂山分校	州内：8 562；州外：33 644	29 135	28.5	30
22	纽约大学	46 170	49 274	35.5	32
23	威廉玛丽学院	州内：16 919；州外：40 516	8 437	33.0	34
24	威斯康星大学麦迪逊分校	州内：10 415；州外：29 665	43 193	49.8	41
25	伊利诺伊大学香槟分校	州内：15 626；州外：30 786	45 140	59.0	41
26	图兰大学	49 638	13 531	27.9	41
27	宾夕法尼亚州立大学	州内：17 514；州外：31 346	47 040	50.3	47
28	马里兰大学	州内：9 996；州外：31 144	37 610	47.8	57
29	乔治・华盛顿大学	50 435	25 613	43.8	57
30	康涅狄格大学	州内：13 364；州外：34 908	26 541	50.0	57
31	普渡大学	州内：10 002；州外：28 804	38 770	59.2	61
32	克莱姆森大学	州内：14 240；州外：32 796	21 857	52.8	61
33	新泽西州立卢格斯大学	州内：14 131；州外：29 521	48 378	60.5	72
34	特拉华大学	州内：12 342；州外：30 692	21 870	65.9	75
35	斯蒂芬理工学院	47 190	6 125	43.8	75
36	佛罗里达州立大学	州内：6 507；州外：21 673	41 226	55.4	96

资料来源：U.S. News & World Report. National Universities Rankings[EB/OL]. http://colleges.usnews.rankingsandreviews.com/best-colleges/rankings/national-universities[2016-05-05]

从本书的调查来看，美国一流大学面向生源市场的推介工作主要有两项。

其一，与中学建立沟通交流机制，共同向潜在申请者开展推介工作。20 世纪初，美国曾经实行本科招生中学认证制度，在这一过程中，一些中学与大学建立了良好的合作关系。不论是哈佛大学、耶鲁大学、普林斯顿大学，还是大型公立大学，都有若干所重点生源中学。有些中学能够提供来自精英阶层的绅士型学生，有些中学则有着良好的体育传统，能够提供体育人才。除了这些中学，美国一流大学经常走访具有一定声誉的中学，一方面，在这些中学展开推介工作；另一方面，了解中学的师资水平、课程特点、学业评价方式、学生总体情况等，便于对该中学的申请者进行评价。

除此之外，中学也会主动与大学建立合作关系。不论是公立还是私立中学，都配备了升学顾问。升学顾问会定期访问高校的招生部门，参加大学举办的推介活动，及时了解大学的招生政策变化、教学改革走向等，然后将这些信息反馈给中学，为中学的教学调整提供参考，并为学生提供高质量的咨询服务。

其二，高校招生人员到重要的州市举办推介会，与学生和家长面对面交流。一些高校会组团举办招生推介会，并形成固定的合作模式。比如，芝加哥大学、佛罗里达大学、密歇根大学、佛蒙特大学、科尔比学院五所院校成立了“探索教育机会”（Navigating Educational Opportunities，NEO）的招生联合推介团，每年规划出一定的时间一同至若干城市举办招生会。招生团由各校的院长、主任以及招生代表组成，分为两个项目，学生项目和面向中学、社区升学顾问的顾问项目。参与者需要在专门的网站上注册，并提供相关信息。①约翰·霍普金斯大学、芝加哥大学、伊利诺伊大学香槟分校、圣路易斯华盛顿大学、佐治亚理工学院五所院校组成高校找寻导航（Navigating College Search，NCS）联合招生团，②布朗大学、芝加哥大学、哥伦比亚大学、康奈尔大学、莱斯大学五所院校成立了探寻教育卓越（Exploring Educational Excellence，EEE）联合招生团，举办类似活动。③一些联合招生团也开展国际招生推介会，比如哥伦比亚大学、杜克大学、佐治敦大学、西北大学、普林斯顿大学于2016年秋到东亚的中国、日本、韩国、马来西亚、新加坡举办招生推介会，争夺国际一流学生。需要指出的是，虽然美国一流大学没有设立招生配额制，但是其学生构成在区域、种族等方面呈现了一定的特点。之所以如此，与美国大学奉行的校园多元化理论有关，也与美国社会对教育权利平等的强烈诉求相关。为了保证各类新生群体的质量，美国大学的生源拓展工作具有非常明确的目的性，不同的招生顾问有着明确的分工，体现了很高的规划性和精准性。

二、构建多样的推介平台和信息发送渠道

在信息时代，大学有了多种多样的渠道向社会传递自己的声音，其中，网络是首要的渠道。美国大学招生咨询国家协会（National Association for College Admission Counseling，NACAC）通过大规模问卷的方式对美国大学的推介策略进行了调查，发现84.4%的招生代表认为校主页是最主要的推介途径，电子邮

① NEO. About Us [EB/OL].http://navigatingeducationalopportunities.org[2017-02-20].

② NCS. Navigating College Search[EB/OL]. https://navigatingcollegesearch.com[2017-02-20].

③ EEE. About Us[EB/OL]. http://www.exploringeducationalexcellence.org/about_us.php[2017-02-20].

件的重要程度排在第二。[①]浏览者可以通过网站了解校园的方方面面。网站的设计理念是以浏览者为中心（包括教师、学生、申请者），突出学校教学、科研成就、丰富的校园活动等。在样本院校中，超过一半的院校在网站上创建了虚拟校园（表 4-7）。普林斯顿大学的虚拟校园提供四种语言选项：英语、西班牙语、汉语和韩语。范德比尔特大学则提供了三种语言选项：英语、普通话和西班牙语。

在调研的 36 所高校中（表 4-7），除了普林斯顿大学之外，其他 35 所高校都在网站上设立了到访学生预约系统，收集学生的基本信息，主要包括学生的出生年月，家庭住址、电子邮箱、联系电话、中学校名、预计入学季度、感兴趣的专业、个人爱好等。25% 的样本高校还会收集学生的种族信息，如哈佛大学、耶鲁大学、哥伦比亚大学、艾默里大学、维克森林大学等。访问者提交信息之后，其电子邮箱会加入高校的群发邮件系统。群发邮件方便快捷，投入低，几乎是所有高校的推介手段。通过电子邮件，高校向学生发送校园招生项目、夏令营信息、校园文化节目等。此外，传统的纸质邮件同样是不少高校选择的宣传方式。哈佛大学、杜克大学、威廉玛丽学院、约翰·霍普金斯大学、纽约大学、卡内基·梅隆大学、芝加哥大学、范德比尔特大学、图兰大学等都会向潜在申请者邮寄平信。杜克大学、芝加哥大学最多，一年之内向有意向的申请者邮寄了近十封精美的纸质材料信件。

此外，以个人用户为主导的自媒体同样是美国大学重要的推介平台。除了 Facebook、Twitter 较为常见的平台，还有诸多移动应用及新平台，如照片墙 Instagram，社交网络 Google Plus，以及网络公开课下载应用软件 iTunes U 等。69% 的院校招生网站还推出了由在校生运作管理的博客网页，让浏览者通过大学生的视角了解校园生活。普渡大学甚至在校园网站中引入在线交流窗口，与网站浏览者实时交流，解答问题。这种方式往往是具有规模的商业营销网站才会采

表 4-7　美国一流大学招生主要策略

推介方式	高校数（个）	比例（%）（36 个样本）	举例或说明
社交平台	36	100	Facebook，Twitter，YouTube，Instagram，GooglePlus，iTunes U 等
群邮件	35	97	普林斯顿大学除外
虚拟校园	21	58	芝加哥大学、达特茅斯学院、普林斯顿大学、范德比尔特大学、塔夫斯大学等
在校生博客	25	69	哈佛大学、耶鲁大学、普林斯顿大学、威廉玛丽学院、麻省理工学院等

资料来源：根据研究团队调研资料整理

① NACAC.State of College Admission 2015 Report[EB/OL]. https://www.nacacnet.org/news--publications/publications/state-of-college-admission/#tab_1PowerPoints[2017-02-25].

用的策略。信息时代社会交流方式不仅多样，更新换代的速度也很快。作为致力于引领社会文化的高等教育机构，美国大学在新兴媒介的运用方面同样非常专业和娴熟。

三、全方位、有侧重的推介内容

这36所美国一流大学通过多种途径全方位地向学生、家长及其他人士展示大学的方方面面，不仅包括办学理念、师资力量、校园环境、学生文化活动、学科专业优势及特色、各类资助政策，也包括学校所在城镇的人文地理、经济发展、校友群体、实习与就业机会等。同时，在推介内容上也有所侧重，一些院校还为潜在申请者提供了各种类型的深度体验项目。

（一）内容全面的校园导览

校园导览（campus tour）在推介策略中的重要程度仅次于校主页和电子邮件，排在第三位。①所有36所高校的本科招生办公室都面向到访的学生、家长、升学顾问等人士举办校园导览活动。校园导览主要分为两部分内容：招生宣讲会（information session）和校园参观。招生宣讲会的举办频率很高，除了法定节假日，在学期中及暑假期间几乎每天1～2场，高峰期间甚至举办3～4场。参加人数有多有少，顶尖大学或大型公立大学的宣讲会往往多达上千人参加，例如哈佛大学著名的桑德斯剧院在宣讲期间场场爆满。宣讲方式主要有两种：90%以上的样本高校采用由富有经验的招生顾问进行系统讲解的方式；哈佛大学、康涅狄格大学则采用招生人员与两三个在校生一边讲解一边互动的方式。宣讲会的内容大同小异，招生顾问会先与出席者进行一定程度的互动，了解听众的背景信息，如来自什么地方，学生的年级情况，兴趣爱好等。通过互动，在充分吸引听众的注意力之后，招生顾问进一步介绍大学的历史、城市的特色、师资力量、课程设置、课外活动，以及招生、资助政策。多数学校会结合PPT或视频资料进行讲解，宣讲时间一般在1个小时左右。

招生宣讲会结束之后，紧接着就是校园参观活动。多数情况下，校园参观活动由在校生志愿者担任导游。一些访问者较少的院校则由招生顾问担任导游。导游志愿者的人数视情况而定，往往二三十位参观者配备一位志愿者。志愿者的介绍内容是经过精心组织的，不仅会介绍校园的教学、行政、住宿、体育等各个

① NACAC.State of College Admission 2015 Report[EB/OL]. https://www.nacacnet.org/news--publications/publications/state-of-college-admission/#tab_1PowerPoints[2017-02-25].

功能区，以及大学的创办人、标志性建筑、吉祥物等，志愿者还会结合自己的亲身经历介绍大学的各种细节，比如师生关系、校园文化活动、国际实习经历等。校园参观的时间一般在一个半小时左右。参观者在志愿者的带领下，穿梭校园的草地、教室、餐厅、图书馆，构成美国大学校园一道独特的风景线。

（二）电子邮件、传统信件有所侧重的推介内容

加入高校邮件群发系统的潜在申请者，将定期收到电子邮件或纸质邮件。表 4-8 是芝加哥大学等四所大学向潜在申请者发送的电子邮件。在邮件撰写格式上，不论是来自招生办公室的邮件还是来自招生顾问、在校生志愿者的邮件，都是以私人邮件的形式，而非没有明确指向的公告类邮件。在发送频率上，每个月至少 1 封，临近申请日期月份的邮件则达到 5 封甚至更多。在邮件的设计风格方面，行文简洁明了，搭配烘托主题的图片，与精美的网页类似。与电子邮件相比，传统纸质信件的发送频率要低得多，不过，邮寄的资料以手册为主，因此，在内容和信息量上却要丰富许多（表 4-9）。

表 4-8　部分案例院校群发电子邮件部分内容（按接收时间前后排序）

序号	芝加哥大学	杜克大学	约翰·霍普金斯大学	范德比尔特大学
1	招生信息宣传平台介绍；学生博客	杜克大学校园风景、专业设置特色	各州巡回招生推介会提醒	校园导览意见反馈
2	校园传统活动：清道夫搜索（scavenger hunts）	亚特兰大招生推介会邀请	亚特兰大招生推介会邀请	招生信息宣传平台介绍；学生博客
3	哥伦比亚日校园开放体验项目邀请	新闻：技术运用中心开放	2016 暑期招生活动邀请	各州巡回招生推介会邀请
4	橄榄球明星学生、运动特长生学术表现	普拉特工程学院开放日	申请技巧工作坊邀请	奖助学金政策介绍
5	新闻：芝加哥小熊俱乐部赢得世界系列赛冠军	艺术与人文开放日	新闻：在校生、校友参加里约奥运会	黑金校园开放日
6	特色课程介绍：恐龙研究	杜克大学在节能环保方面的杰出贡献	新闻：约翰·霍普金斯大学在预防寨卡病毒的贡献	—
7	夏令营项目介绍	校园体验项目邀请	校园活动：音乐节、游行等	—
8	经济学诺贝尔奖获得者介绍，经济学专业特色	杰出校友	新闻：本科生创业小组进入新实验室，获取资金、指导等支持	—
9	杰出校友介绍	夏季特色课程推荐	新闻：校园幻灯节日程、学生获得北美高校辩论大赛冠军	—
10	—	2016 年回顾：杜克大学高光时刻	—	—

资料来源：依据课题组调研资料整理

表 4-9　案例院校传统信件部分主题

序号	芝加哥大学	杜克大学	约翰·霍普金斯大学	范德比尔特大学
1	天文学家、校队篮球队员 Edwin Hubble 简介	杜克大学大教堂海报及简介	在校生 A 生活照及自我简介	奖助学金政策
2	校园风景海报	校园学习生活简介	在校生 B 生活照及自我简介	校园生活图片
3	夏令营项目介绍	各州巡回招生推介会邀请	在校生 C 生活照及自我简介	黑金校园开放日邀请信
4	—	学生国际交流项目介绍	在校生 D 生活照及自我简介	—
5	—	杜克大学及城市排名	在校生 E 生活照及自我简介	—
6	—	大学简介：生活、学术、课外活动、招生	—	—
7	—	社团介绍	—	—

资料来源：根据课题组调研资料整理

总体来说，不论是通过电子邮件，还是通过传统信件，这些高校都侧重提供三个方面的信息。第一，城镇生活与校园环境。许多中学生对大学的憧憬画面，往往是由校园生活和繁华都市构成的。当两所大学的学术声誉不相上下时，生活环境将成为许多申请者非常看重的因素。同时，多彩的校园生活比雄厚的师资、课程更容易给申请者留下深刻的印象。因此，美国高校乐于向潜在申请者邮寄精美的海报、图片来展示多姿多彩的校园生活及周边环境。比如，芝加哥大学强调大都市芝加哥的湖滨风光、篮球底蕴；埃默里大学、纽约大学（36所案例院校中的大学）展示多元的城市文化等。第二，特别课程项目的展示。美国一流私立大学 50% 以上的本科生能够获得前往其他国家进行学习交流的奖学金项目，公立大学的这一比例往往也达到 30% 以上。因此，很多高校将国际交流项目作为推介重点，通过展示学生在异域他乡的丰富体验来吸引申请者的关注。与城市相关的特别项目也是高校的推介内容之一。比如，埃默里大学介绍了具有特色的蜜蜂研究项目、医学院对埃博拉病毒的研究以及先进的艾滋病预防项目等。第三，奖助学金政策。美国私立大学的生均家庭支出预算（包含学费、学杂费、住宿费、生活费、交通费等）往往在四万至五万美元，甚至更多，负担很重。研究发现，中低收入家庭的学生往往倾向于学费较低的社区学院或地方性院校，而没有意识到学费高昂的大学可能会提供力度更大的资助。① 因此，如果这些高校没有将奖助学金政策等利好信息传播出去，那么将失去很多来自中低收入家庭的优秀学生。可见，让申请者了解奖助学金政策是这些高

① Kezar A. Recognizing and Serving Low-income Students in Higher Education：An Examination of Institutional Policies，Practices，and Culture[M]. New York：Routledge，2011：xi.

校的重点推介工作之一。此外，从艾默里大学的案例中可以看到，美国高校也通过邮件的方式收集申请者对推介项目的反馈意见，以便掌握推介项目的实施效果；在艾玛飓风登陆美国南部地区之后，该大学向南部受灾州的潜在申请者发出问候邮件，展现了大学的人文关怀。

（三）校园内的深度体验项目

除了提供资讯让潜在申请者参考，高校还根据情况面向高中三、四年级的学生提供融入大学校园生活的机会，让他们获得更为具体、直观的体验（表 4-10）。

旁听课程是较为常见的参与项目。在 36 所样本高校中，有芝加哥大学、麻省理工学院、杜克大学等 16 所高校（44%）为高中生提供旁听课程的机会。招生办公室会列出课程表供申请者选择，并要求旁听者提前到教室征得任课教师的同意，且不得中途退出课堂。有 4 所大学设立了在校生引导体验项目。参与者像影子一样跟随在校生志愿者一同上课、进餐、参加课外活动，用这种方式深度体验校园生活。芝加哥大学、杜克大学等 5 所高校为中学生提供过夜访问项目。参加者一般需要自备睡袋，与指定的在校生一起在公寓宿舍过夜，深度体验校园夜生活及住宿条件。很多到访者可能没有充裕的时间参加上述项目，有 5 所样本高校则邀请他们一对一地与在校生共进午餐，一方面了解学校的餐饮服务，另一方面有较充裕的时间与在校生面对面交流，获得更为具体的参考信息。此外，康奈尔大学、威廉玛丽学院、伊利诺伊大学香槟分校、约翰·霍普金斯大学设立了在校生小组交流项目（student panel）。参与者与在校生进行小组交流，获得多方面的参考信息。有些高校还会邀请中学生参加富有特色的校园文化活动。例如，图兰大学、弗吉尼亚大学、约翰·霍普金斯大学每年都邀请有意向的中学生参加标

表 4-10　美国一流大学本科招生深度体验项目（36 所样本校）

推介项目	高校数	百分比(%)	举例或说明
旁听课堂	16	44	芝加哥大学、麻省理工学院、杜克大学、宾夕法尼亚大学、布朗大学、威斯康星大学麦迪逊分校等
在校生引导体验	4	11	麻省理工学院、塔夫斯大学、范德比尔特大学、马里兰大学
过夜访问	5	14	芝加哥大学、杜克大学、约翰·霍普金斯大学、卡内基·梅隆大学、弗吉尼亚大学
在校生午餐	5	14	麻省理工学院、宾夕法尼亚大学、莱斯大学、塔夫斯大学、达特茅斯学院
交流小组	4	11	康奈尔大学、威廉玛丽学院、伊利诺伊大学香槟分校、约翰·霍普金斯大学
标志性建筑幻灯节	3		图兰大学、弗吉尼亚大学、约翰·霍普金斯大学

资料来源：根据研究团队调研资料整理

志性建筑幻灯节，感受校园文化。①

四、小结

36 所样本院校采取了非常类似的招生宣传工作。其中，常春藤联盟之外的私立大学在社会声誉方面处于下风，他们在精准推介方面做了更多的工作，特别是与常春藤联盟处于激烈竞争关系的芝加哥大学、杜克大学、约翰·霍普金斯大学、范德比尔特大学。

一般来说，排名靠前的高校往往具有较高的社会认可度，会有更多的申请者，录取率往往较低。对《美国新闻与世界报道》大学排行榜前 100 名的 101 所大学（有两所大学并列第 100 位）录取率与排名数据进行相关性分析，可以发现，排名与录取率高度相关，斯皮尔曼相关系数达到了 0.877，且具有非常高的显著性（$p < 0.01$）。录取率的高低反映了社会教育市场对大学的认可情况，具有很高的参考价值②。

2006 年，芝加哥大学、杜克大学、约翰·霍普金斯大学、范德比尔特大学的本科生录取率分别为 33%、23%、26%、33%。而在 8 所常春藤联盟高校中，录取率最高的是康奈尔大学，为 21%，最低的是哈佛大学，为 9%。到了 2014 年，芝加哥大学、杜克大学、约翰·霍普金斯大学、范德比尔特大学的本科生录取率分别为 9%、11%、16%、13%，平均降幅为 16.5 个百分点，而 8 所常春藤联盟高校的平均降幅只有 4.4 个百分点（表 4-11）。

美国一流大学通过多样化、多维度的宣传策略提高社会认可度，在优化生源的同时，也利用社会的审视和反馈促进高校提升教学质量、科研产出以及对社会的引领能力。通过推介项目，美国一流大学与民众之间实现了高频的互动。通过这种互动，大学将其独特的优势和魅力展示在学生、家长及其他民众面前。他们知道，学生与家长选择一所大学的理由是多种多样的，可能是因为认同某个专业的培养理念，可能是因为学校提供了较多的科研机会，也可能只是因为喜欢大学所在的城市。而这种互动也推动高校不断丰富其内涵，加大对人才培养的投入，并提高教育质量。

---

① 陈为峰，王秀成，刘坚．美国一流大学本科招生推介项目之解析与借鉴——基于美国 36 所高校的调查[J]. 云南师范大学学报（哲学社会科学版），2017，49（6）：90-98.

② U.S. News & World Report. National Universities Rankings[EB/OL]. http://colleges.usnews.rankingsandreviews.com/best-colleges/rankings/national-universities[2016-09-01].

表 4-11　12 所常春藤联盟高校的录取率变化情况

院校	2006 年(%)	2008 年(%)	2010 年(%)	2012 年(%)	2014 年(%)	2014 年与 2006 年相比录取率降幅（百分点）
普林斯顿大学	10	10	8	7	7	3
哈佛大学	9	7	6	6	6	3
耶鲁大学	10	8	8	7	6	4
哥伦比亚大学	11	10	7	7*	7	4
宾夕法尼亚大学	16	18	12	12	10	6
达特茅斯学院	15	13	10	10	12	3
布朗大学	14	11	9	9	9	5
康奈尔大学	21	19	18	16	14	7
芝加哥大学	33*	27	16	9	9	24
杜克大学	23	19	14	13	11	12
约翰·霍普金斯大学	26	28	19	18	16	10
范德比尔特大学	33	20	16	13	13	20

* 数据缺失，取前后数据的平均值

资料来源：NACAC. Selectivity Rate trends[EB/OL]. https://public.tableau.com/profile/tara.nicola#!/vizhome/SelectivityYieldRates/Dashboard2[2017-03-03]

美国一流大学本科招生推介项目对于美国高等教育有着重要的意义，不仅如此，也影响着社会民众的闲暇生活，带着一家老小参加州内外不同大学的推介活动成为许多美国家庭普遍的旅游活动。美国一流大学本科招生推介项目成效显著，原因在于他们从四个方面对推介项目提出了高要求。其一，推介项目的系统性和全面性。美国一流大学推介项目是一个庞大的系统项目，涉及学校的方方面面。推介理念在高校得到高度的认同，高校的各个部门都大力支持推介项目。从课堂到实验室，从图书馆到后勤，各个部分互相配合，将大学的优势和特色充满立体感地展示给关注者。其二，推介过程的规划性和精准性。不同的美国大学往往有不同的办学定位，对校园学生群体的构成有自己的理解。因此，在进行生源拓展时，所开展的工作具有很强的规划性，面向国际、国内生源市场，不同的招生顾问都有不同的分工。同时，他们通过各种方式获得潜在申请者的联系方式，精准地推送各类宣传资料。其三，推介内容具有深度和特色。美国大学的推介项目致力于给申请者留下丰富且深刻的印象，让他们产生独特的认同感。因此，美国大学在推介内容的选择上注重参与者的体验深度，尽可能地突出学校的特色。其四，推介工作的高度专业化。推介项目涉及许多专业工作，如网站数据处理、学生数据分析、虚拟校园的制作、视频影像的拍摄编辑等，美国大学在这些方面都体现了高度的专业性，追求高品质和高成效。从美国大学推介项目工作人员的构成来看，推介项目为本校大学生积极参与学校事务、锻炼自我、展示自我提供了重要平台，推动许多校园社团的成立并参与其中。这些学生结合他们的专业知识，投入巨大的精力提升了推介环节的专业程度。

不论是哈佛大学、耶鲁大学、普林斯顿大学等常春藤联盟高校，还是宾夕法尼亚州立大学、克莱姆森大学、马里兰大学等大型州立大学，都有非常高的社会认可度，有较为稳定的拥簇群体。各个大学在推介过程中往往向潜在申请者强调："我们的大学是独特的，是最适合你的。"① 比如，克莱姆森大学虽然是一所位于南卡罗来纳州的州立大学，地理位置也不具优势，但由于其教育理念、人才培养、后勤服务而受到高度认可，特别是毕业生的认可，其校友子女的申请率高达 90% 以上。之所以如此，各个高校一流的教学水平是一个原因，另外这些高校与民众之间通过各种渠道建立了紧密的联系，其富有特色的办学模式得到拥簇群体的高度认同也是一个重要的原因。在这一过程中，美国大学的推介项目起着重要的作用。

通过系统、丰富、高互动的招生推介项目，一方面，高校能够更好地掌握生源市场，了解社会的教育需求以及民众对高等教育人才培养的评判意见。在这种市场环境和批判氛围的影响下，高校将有更为充足的动力重视教学，为社会提供高品质的教育产品。另一方面，考生可以对大学生活的内涵、学科专业的要求等有一个更为深入具体的体验和了解，在填报志愿的时候减少盲目性。这两个方面都是我国高等教育当前遇到的两个难题。或许，推介项目所建构的从高校到学生、民众的桥梁，正是解决之道。

社会的评价主体是多元的，大学社会认可度的内涵同样有诸多内容。大学的综合实力是社会认可度的重要支撑，不过，社会认可度并不与大学的综合实力完全画等号。在媒体媒介高度发达的信息时代，大学要获得众多民众的认同，不能想当然地认为"酒香不怕巷子深"。与社会建立多样的推介渠道，将大学的优势、特色有效地传递给大众，进入民众选择视野的大学，往往能够获得相对较高的社会认可度。一旦获得较高的社会认可度，大学将吸引更加优秀的生源，获得更多的社会支持，发展动力也就更加充沛。②

---

① The Office of Admission and the Office of Communications. Experience Princeton：Diverse Perspectives[Z]. New Jersey：Princeton University，2015：1.

② 陈为峰，傅添，张存玉 . 美国顶尖私立大学生源优化策略的调查与启示——以芝加哥大学、杜克大学、约翰霍普金斯大学、范德比尔特大学为例 [J]. 高教探索，2017，(10)：71-78.

第四节　对我国高校招生工作的启示

中美的高校考试招生制度有着很大的区别。中国有着便捷、高效、统一的以分数取人的录取方式，且各个大学在教育部门及各类招生考试院的协助下，以非常少的人力、物力完成大规模的招生工作。从目前来看，这种方式符合我们的教育国情。与之相对，美国大学，特别是美国私立大学，在拥有高度办学自主权的前提下，以综合评价指标及各种教育理念为依据，展开了烦琐、复杂的招生录取工作，积累了丰富的、吸引国际优质生源的经验。

2003 年之后，我国部分高校开始试点自主招生，探索综合评价、多元录取方式以提升生源质量，十多年来，取得了不错的成效。不过，总体而言，对于优秀生源的吸引力与世界一流大学还有一定差距。在招生机制上，中美高校各成特色，可相互参考。在招生宣传上，美国高校的许多做法值得我们借鉴，本节尝试在招生宣传上为我国高校提出若干建议。

一、我国高校招生工作概况

从恢复高考到 2003 年之前，在很长的一段时间里我国高校的招生工作面对的是“分数”而不是“学生”，因此，也就基本上不存在面向考生的推介工作。教育部开展高校自主招生试点工作之后，诸多大学开始面向考生开展招生宣传工作。在这些大学的带动下，以及生源竞争压力日益增大的背景下，我国多数大学开展了各种形式的招生宣传推介活动，取得了不错的成效。

清华大学的本科招生推介工作具有自己的特点。每年一度的校园开放日也是招生信息交流会，设立总会场及专业分会场向参与的学生、家长介绍人才培养情况、招生政策等；开放图书馆、校史馆供学生参观；同时，与 30 多所兄弟院校举办面对面咨询会，吸引了大量的考生、家长参与。“iTsinghua 学堂”是清华大学的另一个颇有特色的推介项目。每年，清华大学众多知名教授将课堂带到全国各地的众多中学，在了解生源情况、建立生源合作的同时，让众多高中生感受顶尖学府的课堂魅力。此外，清华大学在招生网站投放了大量精心制作的内容，介绍清华大学的学习、生活、校园环境、运动设施、课外活动、国际交流项目等。北京大学作为清华大学的主要竞争对手，也开展了内容丰富的招生推介项目。北京大学的校园开放日与清华大学在同一天举行，内容和形式相近，增加了参观实验室的环节。在中学合作方面，北京大学派出阵容强大的招生人员至各省

（区、市）开展招生工作；在招生网站的布局和内容方面，与清华大学大同小异，全面展示大学的学科发展、人才培养、国际交流、校园生活等。

其他顶尖大学，如南京大学、厦门大学、复旦大学等高校，以及众多省属大学的招生推介工作基本类似，只是在投入程度上有所区别。总体而言，我国高校的招生推介工作主要分为以下主要内容：高校与中学联合，建立生源基地进行重点推介；招生办与各院系成立招生宣传小组，参加省（区、市）内外的招生宣传会，吸引了大量的考生和家长到场咨询，拉近了大学与民众的距离；通过“夏令营”或“冬令营”短期项目吸引优秀中学生深度体验大学生活；通过招生网站，全面介绍高校的学科、科研、校园生活、突出成就等；结合流行的社交软件，如建立 QQ 群、微信群与考生进行交流；设立校园开放日，面向中学生介绍高校的专业设置、办学特色等。①

二、不足与建议

我国高等教育的生源优化工作应该因地制宜，扬长避短。

（一）面向高校的建议

我国高校的招生推介工作还处于发展和模仿阶段，参照美国一流大学本科招生推介项目的做法和经验，我国高校的推介项目在以下四个方面具有提升空间。

第一，招生部门对生源市场的数据挖掘工作做得不够。由于人员及投入等各种原因，我国高校对生源市场的数据采集和分析工作并不成熟。一些高校的招生部门通过向新生发放问卷的方式收集信息反馈，其样本代表性是非常有限的。极少有高校在网页中导入数据后台，面向浏览者收集数据，这是一个遗憾。大数据的掌握是非常重要的，不论是提交招生计划还是专业设置，都需要对生源数据有一个总体上分析。当前，在校大学生对专业的满意度不高，其中一个原因就是高校在专业设置方面缺乏充分的数据支持，难以对有意报考的考生的专业意愿有一个总体的预测。另外，生源数据的分析有助于招生部门合理分配招生宣传的资源投入，从而做到有的放矢。比如，认可度较高的区域可以减少人力、物力投入，转而加大对学校认知度较低的区域的宣传力度。此外，不同宣传方式有着不同的宣传效果，何种组合方式能够达到效益最大化，也需要对受众的反馈进行收集和

① 王艳春．“互联网＋”背景下高师院校招生宣传工作改革探究 [J]. 长春师范大学学报，2017，36（9）：137-138.

分析。大学作为高等教育学府，高级人才聚集。生源市场的数据分析工作并不是难事，可以通过人员调配或设立课题项目的方式完成，为招生部门提供决策支持。

第二，招生推介项目的系统性有待提升。当前，我国高校的招生推介工作主要是面向考生的单向宣传，虽然有成效，但仍不够系统和全面，有着很大的提升空间。大学对中学生的吸引，不仅仅是专业设置、就业前景、奖助学金力度等，还包括高校的方方面面。所在地的城市特色和魅力、丰富多彩的校园生活、和蔼可亲并随时帮助学生拓展知识的教授、充满活力的在校生、激情四溢的体育赛事、周到温馨的后勤服务等，都会让学生对大学生活产生向往，给大学加分。系统的推介项目不仅涉及推介内容的全面多样，也包括参与人员的系统性。从校长到知名教授，从学生到校友，都应该适时出现在推介活动中，出现在宣传册、网站、视频中，现身说法，让中学生立体地感受到大学的综合实力和多彩魅力。

第三，学生对推介项目的体验普遍走马观花，深度不够。除了校园开放日，高校应该设立更多的校园深度体验项目，比如开放课堂、实验室、研究基地、文化节、名师茶会、在校生午餐等，邀请或吸引学生进入校园，对高校形成具体、深刻且又独特的印象和感受。此外，具备条件的高校可设立访客接待中心，常年为中小学生、家长及其他游客提供导游服务，并通过滚动播放宣传片、学生志愿者介绍校史、校园、学习生活等方式，将推介工作常态化。当他们对高校有了深入的了解，独特的认可体验也就容易形成，通过他们的口耳相传，高校将逐渐培养出稳定的拥簇群体，在提高社会声誉的同时，形成稳定的生源。这种深度参与，也便于高校向考生、家长采集教育市场信息，构建动态数据库。

第四，推介项目各环节的专业程度不足。不论是推介网站、信息采集、视频制作，还是校园讲解、项目设计等，都需要提高专业化程度，这样才能达到效益的最大化，事半功倍。当前，各校的招生团队人力有限，专业知识也有限，而招生推介项目的许多环节都需要专业人士才可以达到预期的效果。比如，招生网站是众多考生了解大学的首要途径，许多高校的网站设计和维护与商业网站的差距却非常大，原因就在于没有重视网站的专业性。北京大学、厦门大学等高校的招生宣传网站在某些时段网速极慢，甚至影响了正常的浏览，这是专业性欠缺的表现。因此，招生团队应善于统筹规划人力与投入，尽可能提高推介项目的专业化程度。此外，什么样的视频资料对考生具有较好的宣传效果，如何运营公众号能显著提升关注度等环节，都需要高度专业化。

（二）面向省域的建议——以云南省为例

我国高等教育对面向社会（主要是生源）的推介宣传方面的工作还没有普

遍关注和重视。谁先踏出第一步，谁就很有可能掌握主动权。作为边疆地区，云南高等教育在国内外的社会认可度总体不高，有综合实力不突出的原因，也有刻板印象（“云南是落后的边疆少数民族地区”）和主流媒体忽视的原因。相对于其他省份的高校来说，云南的高校虽然有不足的地方，但是也有独特的优势。如果云南省高等教育抓住机遇，在进行内涵建设提升综合实力的同时，在社会认可度的提升方面先人一步，面向社会率先系统实施主动推介项目，那么，云南很有可能走出属于自己高等教育的新道路，后来居上。

推介项目的工作主体是各个高校。不过，对于云南省来说，在这一理念未获普及的情况下，就需要一个完善的机构设置来推动该项目。同时，结合云南省的优势，在核心机构的推动下，构建省校间的协作机制和支持体系，推动云南省高等教育的推介工作，有效提高云南省高校的社会认可度。具体措施如下。

1. 成立云南高等教育省校协作推介委员会

该委员会是云南高等教育“省校协作推介项目”的核心机构，由常务委员会及临时委员会构成。“省校协作推介项目”的有效展开不仅需要教育管理部门、各高校的积极参与，也需要多个行政机构的支持，特别是旅游及人力资源等相关部门的支持和参与。因此，常务委员会成员以教育主管部门、高校相关负责人、项目相关专家为主，同时吸纳其他相关部门工作人员参与其中，提供必不可少的支持。常务委员会主要负责推介项目核心事务的处理，比如政策制定、项目实施成效、基本要求制定等。临时委员会负责项目临时性事务的处理，依据工作任务确定人员的构成，形式灵活，接受常务委员会的任务指派，如项目推广、专业技术支持（如多媒体信息技术、宣传材料制定、辅助信息采集）等。

常务委员会的主要职责如下。

1）制定并论证“省校协作推介项目”的实施战略及规划，确定项目的中长期目标及短期目标。依据“双一流”建设的周期，建议推介项目的中长期规划以五年作为一个周期；短期目标则以年度工作计划为主。

2）论证具体实施方案的必要性和可行性。推介项目是一个系统工程，项目的实施涉及方方面面，不仅涉及全省层面，也涉及各个高校的具体工作方案，因此需要委员会进行充分的探讨和论证。

3）确定政府、高校的投入预算及产出预期。推介项目的投入主要涉及电子、纸质宣传材料的制作、媒体广告的合作、网络平台的制作等，需要委员会对投入与产出形成宏观把控和指导，力求事半功倍。

4）评估“省校协作推介项目”的实施成效。为了有效推动推介项目的实施，常务委员会应指派评估小组或临时评估委员会，对项目计划的完成情况和实施效果进行考核与评估。

5）制定“省校协作推介项目”的运转及协调机制。“省校协作推介项目”的首要任务是提供关注点，吸引推介对象参与项目，对云南的高等教育产生兴趣。云南作为旅游大省，应充分利用云南的旅游资源，将云南高校与旅游项目进行一定程度上的捆绑。比如，将大学纳入旅游路线，吸引游客走进大学校园，特别是呈贡大学城；在旅游宣传活动及项目中，融入高等教育的因素，展现云南高校的校园、优势、特色等。充分利用多样的民族文化，将大学校园文化活动（特别是文化节）纳入宣传计划，吸引大众关注。此外，除了与旅游部门的协作，推介项目还涉及信息化的问题，以及城市、学校多方面资源的协调。该委员会将在各方的沟通与协作中发挥重要的作用。

2. 云南省教育厅成立云南高等教育省校协作推介办公室

该办公室的主要任务是协助云南高等教育省校协作推介委员会开展具体工作，建立省、校两个层面的协调机制，统筹规划云南省各方资源，协助高校开展推介工作。主要任务有三。

1）在充分尊重各高校办学自主权的前提下，推广“高等教育省校协作推介”理念，尽可能达成共识，让多数高校参与到该战略当中来。

2）为各高校的推介活动提供协作交流服务，提供策略咨询。

3）为高校提供“共性”的支持，避免各高校重复投入和浪费有限的办学资源。具体而言，高校学生信息收集平台及登记系统、虚拟校园、省市宣传材料等，都可以协作开发。此外，可以建立全省层面的数据库，便于高校共享参考。

制定、实施全省或区域层面的推介项目。省校协作推介工作可以分为两个层面：全省或区域层面和校本层面。校本层面的推介工作由各个高校组织开展，而全省或区域层面多个高校的联合推介工作则需要教育厅“云南高等教育省校协作推介办公室”协调实施。具体工作如云南省高等教育广告的制作与宣传；呈贡大学城教育与文化旅游项目的设计与实施；同类别高校（如师范类院校、艺术类院校等）推介项目的设计与开展，等等。

3. 高校成立高校推介委员会，建设推介中心、学生体验中心

高校推介委员会旨在调动高校内部各部门积极参与该项目，提供必要的支持。目前，各高校的招生部门都开展了一定程度的招生推介活动，这些工作是校本层面推介项目的重要基础。推介中心或学生体验中心则负责推介项目的实施和落实。

美丽的校园、丰富多彩的校园活动、风景怡人的城镇环境、以学生为中心

的服务理念、具体有效的职业规划和就业指导咨询、整洁的校舍、充裕的奖助学金等，大学的各种优势和特色都有可能成为社会认可度的推动源，成为优秀生源的吸引点。这些信息的传播需要高校推介委员会和推介中心的大力协作。具体而言，高校层面的推介活动主要有：

1）成立访客接待中心，制作宣传片，举办宣讲会，分发宣传资料，收集考生信息。

2）与后勤部门合作，为学生提供校园生活体验机会，如饮食、住宿等。

3）招生部门与院系合作，推介优势专业。

4）组织巡回宣讲活动，到重点省市宣传。

5）详尽介绍各级各类奖助学金项目，减少学生对学费的忧虑。

6）与校友会合作，邀请校友参与推介项目，提供支持等。

7）向游客提供优惠券，为到访的中学生提供免费的午餐体验。

8）提供资料，自我导游参观校园等。

需要强调的是，推介项目涉及大量的专业、非专业的事务（网站维护、推介会组织、校园导游、邮件系统运转、视频制作、宣传材料等），从美国大学推介项目工作人员的构成来看，推介项目为本校大学生积极参与学校事务、锻炼自我、展示自我提供了重要平台，推动许多校园社团的成立并参与其中。同时，众多校友也通过这一平台反哺母校、服务社会。

“双一流”建设计划以五年作为一个建设周期，旨在建立有进有出的动态调整机制，打破了身份固化。这一机制对所有的高校提出了新的挑战，也提供了新的机遇。云南省高等教育应扬长避短，稳扎稳打，发挥特色和优势，将可能实现突围，登上新的发展台阶。“省校协作推介项目”一方面有利于提高云南高等教育的社会认可度；另一方面，高等教育与外部环境之间建立高频的互动，形成社会监督机制全方位审视高校，反过来推动高校不断提高办学质量，提升综合实力和竞争力。美国大学的发展历程验证了这一点。此外，生源不足将是一些竞争力不足的云南高校越来越严峻的问题，而生源质量是云南优质高校提速发展的重要因素。推介项目的实施有助于云南高等教育吸引生源，掌握主动权。从宏观的角度来说，通过推介项目，高等教育与中等教育形成了交流渠道，中学生提前了解了大学，可以更好地为大学生活做好准备，将在一定程度上减弱“高考指挥棒”的负面影响。因此，我们提出拙见，云南省应适时规划和实施“省校协作推介项目”，促进云南省高等教育的发展。①

① 陈为峰，刘坚，王秀成.“双一流”背景下关于云南高等教育开展“省校协作推介项目”提高社会认可度的建议 [R]. 昆明：云南教育决策咨询智库，2017（2）：2-10.

第五章

美国一流大学本科招生评价因素与决策

美国选拔性高校（highly selective colleges），特别是美国一流大学的招生过程是美国高等教育最复杂且难以捉摸的部分之一。来自世界各地的顶尖申请者追逐有限的名额，竞争激烈，而且，在录取决策过程中所用到的工具和方法不仅有定量的还有定性的。各个学校对优秀学生的标准同中有异[①]。对于学生和家长来说，美国一流大学，特别是常春藤联盟高校的本科招生充满着神秘色彩。尽管有许多升学指导书籍和机构声称对美国名校的招生规则了如指掌，其实他们也不敢保证那些达到所谓入学标准的申请者就一定能被申请学校录取，因为能不能够被录取，不仅需要足够的竞争优势，还需要运气[②]。

第一节　学术因素

在申请过程中，学业自然应该放在首要的位置，在高校的招生过程同样如此，学业成绩是招生人员首要考虑的因素。不过，与中国的高考赋予分数百分之百的权重不同，美国一流大学招生制度并没有将学术成就作为唯一的依据。一般情况下，申请者必须至少在两个方面特别出色才有希望被一流大学录取。如果只是某一个方面出色，这样的申请者是不具备太大竞争力的。有些申请者在学术方面获得的成就即使在国家范围内是佼佼者（如国家学术荣誉的获得者），但如

① Warren W. Willingham. Success in College：The Role of Personal Qualities and Academic Ability [M]. New York：College Entrance Examination Board，1985：189.

② Tanabe G S，Tanabe K Y. Get into Any College：Secrets of Harvard Students [M]. Belmont：SuperCollege，LLC. 2001：19.

果没有突出的个性品质（如领导力），那么也不能保证一定能被某所一流大学录取[①]。这些一流大学对申请者的挑选如此苛刻，其中一个非常重要的原因就是这些申请者都非常优秀。那些舍得掏申请费、有信心竞争一流大学录取名额的学生，在学业成就方面往往不会太差，一般具有顺利完成大学学业的学术潜力。不过，只有潜力还是不够的，学生的生活态度、个性品质同样会在很大程度上影响其求学过程和职业发展，甚至对于成功人生来说这些非学术方面的因素重要程度更高。因此，这些招生人员希望尽可能多地了解申请者。

美国一流大学综合评价招生制度将学术成就作为学生评价的核心部分[②]，不过权重是有限的。他们还会结合其他方面获取申请者的相关信息，对申请者进行全面的了解和评估，如课外活动、个人品质，以及其他的影响因素[③]。绝大多数一流大学的申请者中学成绩出色，而且，SAT 或 ACT 测试成绩不会太差，每一位申请者都具备非常强的竞争力。但是，当很多这样的学生同时申请时，招生人员就会采取一定的程序对他们的学术凭据进行评价[④]。成绩或者排名表面上只是一串数字，但是当从各种维度对数字背后所隐藏的信息进行挖掘之后，招生人员就能够勾勒出申请者饱满的形象。

一、高中学业

高中学业成绩，即国内学者常提及的平时成绩，是美国大学评价申请者的重要依据。从申请者的成绩单以及中学报告中，招生人员可以得到非常多的信息，比如，从申请者选择的课程以及成绩中判断申请者擅长哪些科目，是否盲目选择课程导致糟糕的课程成绩，是否合理地安排自己的课程计划，等等。“他们希望从中了解到：这名年轻人对自己的优势、劣势是否了解？他是如何去实践的？他在哪些方面做出了贡献？其他人又是如何评价他的？”[⑤]

（一）美国高中课程概况

美国中学的课程设置与中国存在差异。这种差异的基本特征，应该是中国

① Hughes C. What It Really Takes to Get into the Ivy League & Other Highly Selective Colleges [M]. New York：The McGraw-Hill Companies. 2003：14-15.

② Warren W. Willingham. Success in College：The Role of Personal Qualities and Academic Ability [M]. New York：College Entrance Examination Board，1985：188.

③ 伟婷．美国名牌大学申请技巧 [J]．国际人才交流，2004，（3）：62-63.

④ 王晓阳．美国大学的综合选拔招生制度 [J]．世界教育信息，2007，（1）：79-84.

⑤ Kramer S，London M. The New Rules of College Admissions：Ten Former Admissions Officers Reveal What It Takes to Get into College Today[M]. New York：Fireside，2006：1.

的中学教育具有明显的应试教育倾向，而美国中学则几乎没有。美国的中学生发展较为全面，没有繁重的课业压力，无须把所有的时间用于应付考试，这要得益于美国的一流大学采用综合评价的方式选拔新生。为了便于读者更清晰地了解美国一流大学如何评价申请者的中学经历，需要简要介绍美国中学的课程设置情况，以及评分政策。本书以美国宾夕法尼亚州斯泰克克里奇区高级中学（以下简称“斯区高中”）作为案例进行介绍。

1. 斯区高中的学分制

大多数的美国高中都是学分制，斯区高中也不例外。斯区高中规定，课程成绩是由平时成绩及期末考核成绩组成。第 9 ～ 12 年级是美国高中的时间段。斯区高中对升学的要求是，学生需完成 4 个学分才能够从 9 年级升入 10 年级，需累计完成 9 个学分才能够从 10 年级升入 11 年级，需累计完成 14.5 个学分才能够从 11 年级升入 12 年级。学生要从斯区高中毕业，需要修满一定的总学分以及相关学科的学分（表 5-1）。

表 5-1　斯区高中学分要求

学科领域	学分要求
英语	4.0
社会研究	4.0
自然科学	3.0
数学	3.0
体育	1.8
健康教育	1.0
驾驶员安全教育	0.2
选修课（依据学生的兴趣以及关注点进行选择）	5.5
毕业项目	需完成
社区服务	需完成
总学分	22.5

资料来源：根据斯区高中学生手册整理

由表 5-1 可知，斯区高中的学生需要完成 22.5 个学分，以及毕业项目和社区服务才能够毕业。从学分的学科分布来看，学生主要需完成英文、社会研究、自然科学、数学这四个学科领域的学分，这些内容构成了主修课。此外，中学生还需要修满 5.5 个学分的选修课。

2. 斯区高中的评分政策

斯区高中每学年分为两个学期，每个学期为 18 周，每 9 周学生就会收到一份学业报告。任课教师在评分的时候，首先对学生的表现进行排名，然后依照排名百分比给出评分（表 5-2）。如果学生选修高级课程（advanced courses），中学成绩（grade point average，GPA）绩点值的权重要加 1。

3. 斯区高中的校园时间表

由于大部分美国高中采用学分制，学生根据自己的选择到校上课或参加课外活动，也可以在校外实践或者工作（学生 16 周岁之后就可以受雇打工），因此，美国高中生没有统一的出勤时间。不过，为了方便开展教学活动及其他集体活动，学校制定了校园时间表。斯区高中的校园时间安排见表 5-3。

表 5-2　斯区高中课程评分标准及 GPA 绩点值

成绩等级	排名百分位（%）	GPA 绩点值	高级课程 GPA
A+	98 ～ 100	4	5
A	92 ～ 97	4	5
A−	90 ～ 91	4	5
B+	88 ～ 89	3	4
B	82 ～ 87	3	4
B−	80 ～ 81	3	4
C+	78 ～ 79	2	3
C	72 ～ 77	2	3
C−	70 ～ 71	2	3
D+	68 ～ 69	1	2
D	62 ～ 67	1	2
D−	60 ～ 61	1	2
E	<60	0	0

资料来源：斯区高中学生手册

表 5-3　斯区高中校园时间表

节数	时间
第 1 节	8：10 ～ 9：05
第 2 节	9：11 ～ 9：58
第 3 节	10：04 ～ 10：51
第 4 节	10：57 ～ 11：44
第 5 节	11：50 ～ 12：37
第 6 节	12：43 ～ 13：30
第 7 节	13：36 ～ 14：23
第 8 节	14：29 ～ 15：16

资料来源：斯区高中学生手册

从表3-3中可以看出，斯区高中的校园时间表分为8个时间段，从早上8：10开始，到15：16分结束，学校的课程和活动主要安排在这一时间段。在美国人的饮食习惯中，午餐不受重视。学生一般在第三、第四个时间段吃简单的午餐，有时甚至边上课边吃午餐，多数教师允许这种行为。

4. 斯区高中的主修课

和国内高中的主修课不同，斯区高中的主修课并不是固定不变的，学生可以在学科领域内选择不同类型和难度的课程。以自然科学为例，斯区高中的自然科学课程根据学生的深造意愿分为三类：第一类课程提供给那些很有可能在自然科学领域继续接受教育或者培训的学生（表5-4）；第二类课程提供给那些毕业之后不太可能继续接受教育的学生（这类学生一般占学生总数的15%～20%）（表5-5）；第三类课程提供给那些打算继续接受教育或者培训，但不一定在自然科学领域内的学生（表5-6）。

表5-4　很有可能在自然科学领域继续接受教育或者培训的学生

年级	课程
9	高级地球系统科学1
10	高级生物1
11～12	高级生物选修课 高级化学2 高级地球系统科学选修课 高级化学1 解剖学与生理学 物理（AP）B 物理（AP）C 化学1 环境科学1 物理1 研究科学与工程

注：选课时需完成相应的预备课程；AP（advanced placement）即大学课程先修

表5-5　毕业之后不太可能继续接受教育的学生

年级	课程
9	地球系统科学或地球系统科学1
10	生物或生物1
11～12	环境科学 物理化学综合 物理1 化学1

注：选课时需完成预备课程

表 5-6　打算继续接受教育或者培训但不一定在自然科学领域内的学生

年级	课程
9	高级地球系统科学 1
10	高级生物 1
11 ～ 12	高级生物选修课 高级化学 2 高级地球系统科学选修课 解剖学与生理学 化学 1 环境科学 1 物理化学综合 物理 1 研究科学与工程

注：选课时需完成预备课程

资料来源：斯区高中网站 .http://www.scasd.org/Page/182[2017-02-25]

一般情况下，每门课是 1 个学分。由表 5-4 ～表 5-6 可以看出，斯区高中为 9 年级和 10 年级的中学生提供了自然科学的基础课程。基础课程根据学生毕业之后的去向划分为两类。进入 11 和 12 年级之后，没有打算继续深造的中学生仍然学习一些基础课程。有意向升学的中学生则可以选择一些难度比较高的课程。他们还可以选择大学课程先修。大学课程先修不仅可以增加他们进入大学的机会，而且一些大学或学院认可大学课程先修的学分。

其他主修课程（英语、社会研究、数学）课表和英语选修课表如表 5-7 ～表 5-10 所示。

表 5-7　斯区高中英语主修课

项目	课程内容
高级项目	高级英语 09 高级荣誉英语 09 高级英语 10 高级荣誉英语 10 高级英语 11 英语语言和写作（AP）11 英语文学和写作（AP）12
大学预备项目	英语 09 英语 10 大学预备英语 11 大学预备英语 12 初学者英语 1A-5A，1B-5B（非母语）

续表

项目	课程内容
大学预备项目	大学写作英语 科幻小说 文学 体育和探险文学 现代经典 电影和媒体研究
大学基础项目	英语 09 英语 10 英语 11 英语 12 初学者英语 1A-5A，1B-6B（非母语）

表 5-8　斯区高中英语选修课

年级	课程
9 ～ 12	学术成功策略 剧院新闻导论 1
10 ～ 12	高级新闻 2 创作 新闻 2 高效阅读和研究技巧
11 ～ 12	演讲

资料来源：斯区高中. www.scasd.org/Page/8610[2017-02-25]

表 5-9　斯区高中数学主修课

<table>
<tr><th>年级</th><th colspan="2">高级班</th><th>提速班</th><th>标准班</th><th>入门班</th><th>基础班</th></tr>
<tr><td>9</td><td colspan="2">高级几何</td><td>几何 1</td><td>代数 1</td><td>大学预备数学 1</td><td>算术基础</td></tr>
<tr><td>10</td><td colspan="2">高级代数 2</td><td>代数 2</td><td>几何</td><td>大学预备数学 2</td><td>代数基础 1-1</td></tr>
<tr><td>11</td><td>高级荣誉微积分入门</td><td>高级微积分入门</td><td>微积分入门或方程 / 三角学</td><td>代数 2</td><td>大学预备数学 3</td><td>几何基础</td></tr>
<tr><td>12</td><td>微积分 BC（AP）</td><td>微积分 AB（AP）</td><td>微积分入门或微积分导论或离散数学</td><td>微积分入门或方程 / 三角学或三角学</td><td>大学预备数学 4</td><td>代数基础 1-2</td></tr>
</table>

注：供 11 和 12 年级具有相关基础知识的学生选修的课程有：计算机科学（AP）、统计（AP）数学高级主题、计算机数学 1- C++、离散数学

资料来源：斯区高中网站 . http://www.scasd.org/Page/179#apbc[2017-02-25]

表 5-10　斯区高中社会研究主修课

年级	课程
9	世界历史 1 高级世界历史 1

续表

年级	课程
10	世界历史 2 高级世界历史 2 高级荣誉世界历史 2
11	美国历史 大学预备美国历史 美国历史（AP）
12	民主活动 美国政府 当下的主题 经济 社会学 心理学 高级经济学 高级阅读 高级写作 美国政府和政治（AP） 早期欧洲历史 近代欧洲历史（AP） 心理学（AP）

资料来源：斯区高中网站．http://www.scasd.org/Page/191[2017-02-25]

5. 斯区高中的文化课概况

斯区高中并不是提供零散的科目让学生选择，而是根据培养目的将科目划分为不同的项目，类似于大学的专业划分。斯区高中的文化课课程表见表 5-11。

表 5-11　斯区高中文化课课程表

学习项目	简介	包含的科目
会计和金融	学习会计和金融的基本知识	高级会计 1；高级会计 2；法务会计学；企业会计；会计实践；个人理财（社会研究学科领域）；键盘技巧
农业科学	学习农业科学，积累相关经验	农业科学实践；农业科学 1；农业生态系统；农业建筑技术；农业动力技术；农业动力系统；宠物动物学；农业科学合作实习；基因科学；马科学；农业科学探索；森林学；园艺学；景观美化；大型动物科学；野生动物
艺术和设计	培养学生的艺术创造力，基本的艺术创作技巧	3D 艺术；艺术史（AP）；美术（AP）；制陶术；陶瓷艺术；商业设计；素描；素描研讨班；蚀刻与石刻；首饰制作；美术师；油画；数字摄影；高级摄影；雕刻；丝印和图版印刷
汽车技术	为对汽车行业感兴趣的学生提供相关知识和实践	汽车技术 1，2，3；高级汽车技术；汽车技术合作实习（每周需在校外工作至少 15 个小时）；汽车认证实践
民用建筑	提供大量的机会让学生培养对建筑、工程学、工程管理的兴趣	建筑探索实践 1；工程结构与力学；绿色建筑构建；建筑实习；建筑认证实践（每周需在校外工作至少 15 个小时）

续表

学习项目	简介	包含的科目
思科（Cisco）互联网学会	提供互联网技术的课程和实践	高级思科互联网 1；高级思科互联网 2；A+ 基础；A+ 技术；网络完全与以太网入侵
烹饪艺术	酒店业、食品工业的烹饪基础知识	烹饪艺术导论；烹饪艺术 2；酒店管理；烹饪艺术合作实习；求职技巧
综合职业	求职技巧、职场知识	综合职业；工作实践（每周需在校外工作至少 15 个小时）；
制图与设计	计算机辅助制图（CAD）相关基础知识和技术	制图：基础和 2D CAD；制图：传媒应用和 3D CAD；制图：高级制图应用和 3D CAD；建筑制图 1；高级建筑制图 2；计算机绘图 1；计算机绘图 2；高级计算机绘图；制图设计工作实践（每周需在校外工作至少 15 个小时）；求职技巧
驾驶员 / 安全教育	交通知识，驾驶技术；获取驾照	驾驶员 / 安全教育
早期儿童教育	该课程提供与儿童相关的知识和经验；与儿童进行互动，为与儿童相关的职业做准备	早期儿童教育 1；早期儿童教育 2
工程技术	与工程相关的技术知识	高级工程技术；工程探索；电子系统；数字和模拟电子；机器人；综合职业
英语	英语的读写听说	见主修课部分
家庭与消费者科学	与家庭相关的知识	食物与营养项目的相关课程：美食烘烤；一流烘烤；奇趣食物；美味旅行；营养和健康；高级食物
		人类发展项目的相关课程如下：儿童认知；人际关系
健康教育（必修）	健康知识、态度和行为	健康 1；健康 2
卫生行业	提供卫生行业领域的相关知识	临床观察；医学用语；卫生系统和行业；医用技巧导论；解剖和生理（必修课）；体育医学导论；体育医学：个人训练和临床康复；健康护理症状和研究；
丰富化学习	让特长生或者有独特兴趣的学生获得学习的机会	校外各种社会实践，大学提供的夏令营及其他活动
数学	不同难度的数学科目	见主修课部分
市场	让学生熟悉产品营销和相关服务	商法；计算机精通；市场工作实践（每周需在校外工作至少 15 个小时）；创意广告；电子商务；娱乐和体育营销；企业；商业探索；创业；求职技巧；键盘；市场基础；个人理财；销售
音乐	让学生通过音乐获得在生活中取得成功所需的技能；理解变得优秀所需要的东西；获得终身参与艺术所需要的音乐知识	合唱团；音乐会演奏团；音乐啦啦队；其他音乐活动
社会研究	把学生培养成为民主社会及日渐相互依赖的世界中的一个负责任的、多产的公民	见主修课部分
技术教育	培养学生运用工具、材料、工艺、人造系统去解决问题和造福人类的能力	计算机制图；音像媒介技术；木工；技术木工
语言	学习其他语言	阿拉伯语；法语；德语；拉丁语；西班牙语

资料来源：根据斯区高中网站整理 . http://www.scasd.org/site/Default.aspx?PageType=1&SiteID=986&ChannelID=987&DirectoryType=6[2017-02-25]

此外，斯区高中还提供特别的课程项目帮助后进生完成学业。

6. 斯区高中的体育活动

斯区高中提供了大量的体育活动供学生选择，如棒球、篮球、中长跑、草地曲棍球、足球、高尔夫球、冰球、长曲棍球、垒球、游泳和潜水、网球、排球、摔跤。这些体育活动与相关的竞技比赛相结合，培养学生的体育兴趣和特长，构成了美国作为体育强国的学校基础。

此外，啦啦队是另一个重要的体育活动。大部分体育项目都有啦啦队。啦啦队项目主要培养学生的跳跃、舞蹈、特技以及其他相关技巧。

7. 斯区高中的其他课外活动

斯区高中为学生们提供了超过 90 个社团和活动项目。当学生确定选修的课程之后，他们可以选择相关的课外活动。这些课外活动一方面为学生带来乐趣，另一方面让学生获得课堂上不易获得的知识和经验。许多学生主要根据课外活动的体验，对未来的教育方向或职业生涯进行规划。

课外活动五花八门，有学术竞赛小组、出版社、艺术社团、音乐社团、各种体育社团（舞蹈、健身、冰球、户外、垂钓、乒乓球、滑冰等）、影视社团、环保社团、外语小组、社区服务社团，等等。大部分社团是学生依据自己的兴趣创立起来的，教师在尽量不直接干预的情况下提供建议和咨询服务。

总体来说，斯区高中在保证基本学术要求的前提下，给予学生极大的自由发展空间。在学生的评价体系中，学业成绩占了一定的比例，而各种实践以及课外活动的表现也是评价体系的主要内容。学生有机会在各个方面表现自己，培养个人兴趣，发挥自己的特长。

（二）中学学业成绩如何评价

从斯区高中的课程设置可以看出，美国高中为中学生提供了丰富的、难度各异的课程。中学生在课程选择上具有很大的自由度，可以兼顾兴趣和能力。不同学生的高中经历往往是不同的，所提交的成绩单、中学报告、课外活动资料也多种多样。在这种情况下，招生人员需要从简单的数字背后挖掘尽可能多的信息。

1. 课程难度

对于成绩单背后的信息，招生人员往往先从课程难度（academic rigor）入手。课程难度反映的是申请者挑战自我的品质，通过对自己的严格要求获得好成绩，或者申请者只是在优越的学习环境中取得大部分普通学生都可以获得的好成绩。对于美国这样一个较具诚信氛围的国家来说，确认一名学生是否在挑战自我并不是一件非常困难的事情，因为招生人员能够通过与该申请者就读的中学进行沟通，获取可信度比较高的相关信息。他们会了解该中学的概况，如教育水平高低，课程情况如何，全体学生的学习概况。在这一过程中，中学的升学顾问起着很重要的作用。

招生人员会请求中学的升学顾问说明申请者所选的课程难度。升学顾问会对申请者的中学课程进行判断，一般分为五个级别：最难（the most demanding），非常难（very demanding）、有一定难度（demanding）、平均难度（average）和低于平均难度（below average）①。这些指标非常直接地反映了申请者的课程难度是高还是低。课程难度还隐含这样的一个信息，即这些申请者的能力。他们进入大学之后能否勇于挑战自我、充分发挥自己的潜能投入学习呢？课程难度是一个非常重要的判断依据。大部分被一流大学录取的新生的中学课程难度是最难或者非常难。对于招生人员来说，这类学生对自己的学习能力充满信心，敢于挑战自己的学习能力。这样的学生进入大学之后，同样能够很好地完成学习任务，成为学术领域的杰出人才。

高级课程，如大学课程先修和国际学位（international baccalaureate，IB）课程的数量是判断课程难度的一个重要的依据。但是，包含三个高级课程的课程难度不见得就比仅有一个高级课程的课程难度大。需要说明的是，招生人员在评价申请者的课程难度时，并不是“一视同仁”，还会考虑情有可原的因素。简单地说，如果申请者有着良好的家庭背景，在一个能够提供丰富学习资源和有力学习支持的中学中学习，那么这样的申请者选择很多高难度的课程并不值得大惊小怪。反过来说，如果申请者来自一个位于贫民区、学习条件非常有限的学校，客观因素导致他无法选择高级课程，那么他的课程难度会结合学校的情况进行评判②。此外，如果申请者的课外活动表现出色，那么他的课程难度不高也会被招生人员所理解，毕竟一个人的精力还是有限的。总而言之，招生人员会根据申请者就读的中学的情况对其课程难度进行灵活判断。

2. 中学成绩

中学教师给学生的课业成绩有总体上升的趋势，高分的含金量越来越少，招生人员需要结合课程难度以及中学的评分风格对其 GPA 进行分析。许多中学的申请者成绩一般都高于 B-，这将有利于学生进入本州的大学；而对于刻苦努力的学生来说，由于无法获得更高的成绩，他们所付出的努力就无法得到尊重。

---

① Hughes C. What It Really Takes to Get into the Ivy League & Other Highly Selective Colleges [M]. New York：The McGraw-Hill Companies. 2003：18.

② 常桐善 . 大学招生的卓越性与公平性——美国加州大学的理念及实践 [J]. 考试研究，2010，(3)：14-25.

这些微妙复杂的情况需要招生人员去面对和处理。如果招生人员认为中学成绩不具有太大的参考价值，他们可以加大其他因素如中学年级排名和标准化测试成绩的权重。值得强调的是，在这一过程中没有条条框框束缚招生人员进行判断。

招生人员还会注意申请者 GPA 的变化趋势。如果申请者的成绩单呈上升趋势，对于招生人员来说，该申请者较具吸引力。反之，如果申请者的成绩节节下降，那么对于其申请是非常不利的①。总体而言，招生人员希望看到申请者有一个稳定的进步表现，而不是起伏不定。12 年级上学期的成绩非常重要，往往成为许多申请者挽回局面的最后机会，而且，招生人员也比较看重这一学期的成绩，因为对于大学来说，这一学期的成绩最具有参考意义。

3. 年级排名

年级排名（high school rank 或 class rank）与中学成绩、课程难度是紧密相关的，也是招生人员对申请者进行评价的重要指标。不过，招生人员并不仅仅关注申请者在班级的绝对排名，而是更加关注谁是一所学校最出色的学生。招生人员会结合排名百分位数（percentile ranking）、GPA 分布图等数据较为精确地评价学生的学业表现。美国私立中学不会将学生的学业成绩进行正式地排名。不过，许多预科学校会将学习成绩优秀——排名前 20% 的学生吸纳至一个被称为“优等生协会”（Cumlaude Society）的组织。这个组织类似于“国家荣誉协会”（National Honor Society）。②

由于没有统一的标准和硬性的规定，年级排名也存在水分。美国的一些中学将成绩在 4.0 以上的学生都列为年级第一，因为这样的排名方式虽然有悖传统，但有利于本校学生与其他申请者竞争，进入名牌州立大学。申请材料还包括中学提供的学校报告，详细说明申请者所在中学的评分体系、课程以及学生组成，甚至还包括申请者所在班级的学习成绩概况。根据这些信息，招生人员也可以对申请者的学业进行评估③。因此，尽管有一些学校迫于保护学生权益的压力，没有对学生进行排名，但是这并不妨碍招生委员会结合中学的课程信息对申请者进行比较。

美国不同的州发展了 12 年级标准化测验（K-12 standards-based tests），目的在于设立一个更为清晰的标准用于明确学生应该学习的知识和教师授课的标准，

---

① Kramer S，London M.The New Rules of College Admissions：The Former Admissions Officers Reveal What It Takes to Get into College Today [M]. New York：FIRESIDE Rockefeller Center，2006：13.

② Golden D. The Price of Admission：How America’s Ruling Class Buys Its Way into Elite Colleges[M]. New York：Three Rivers Press，2007：xi.

③ Tanabe G S，Tanabe K Y. Get into Any College：Secrets of Harvard Students [M]. Belmont：SuperCollege，LLC. 2001：8.

并测量学生的学业成就。NACAC 委员会探讨了在大学招生中采用该测验的可能性。不同州的 12 年级测验的质量参差不齐，纽约州的测验更为成熟和完善一些。不过，这些测验的目的在于评价学生的学业水平是否达到了高中的最低标准，在区分度和信度方面存在缺陷，还无法很好地运用于选拔性高校的招生录取。①

二、标准化测验成绩

由于没有统一的标准，来自不同高中的学生 GPA 值无法进行简单的横向比较，特别是GPA值相近的时候，更加难以判断哪一个申请者的学业成绩更为出色。在这种情况下，标准化测验成为比较申请者学术潜力的重要依据。美国面向中学生的标准化测验主要有 SAT 和 ACT。多数美国高校采用了标准化测验作为招生依据，不过，标准化测验存在偏差，特别是有利于优势阶层子女，因此，2010 年，美国大约有 850 所受认证、具有学士学位授予权的高校没有采用或者没有完全采用 SAT 或 ACT 作为招生录取标准之一。这些采用测验可选的（test-optional）高校包括类似得克萨斯大学和加州大学等大型公立大学，也包括一些高选拔性的小型文理学院，如马萨诸塞州的斯密斯学院。一些顶尖大学也开始不要求申请者提供标准化测验成绩，比如维克森林大学、沃瑟斯特理工学院等。②

（一）SAT I

SAT 由美国教育考试服务中心（Educational Testing Service，ETS）举办。每年有超过 200 万的美国高中生参加 SAT 考试，几乎所有的美国大学，特别是常春藤联盟高校都要求申请者提供 SAT 成绩作为录取和评定奖学金的重要参考指标。

SAT 考试分为两部分：SAT I 推理测验（reasoning test）和 SAT II（subject tests）科目测验。SAT I 主要测验考生的写作、阅读和数学能力，一般用 SAT 直接指代。2005 年 5 月以前，SAT 考试分为英文和数学两部分，每部分的最低成绩为 200 分，满分为 800 分，总分为 1600 分。2005 年 5 月之后，SAT 考试主要分成三部分：英文、写作、数学；每一部分 800 分，共计 2400 分。SAT II 考试涉及的科目很多，有文学、美国历史、世界历史、1 级数学、2 级数学、生物、化学、物理、法语（听力可选）、德语（听力可选）、西班牙语（听力可选）、现

① Atkinson R C，Geiser S. Reflections on a century of college admissions tests.In Soares J A. Sat Wars：The Case for Test-optional College Admissions[M]. New York：Teachers College Press，2012：36.

② Robert Schaeffer. Test scores do not equal merit：deemphasizing standardized tests in college admissions. In Soares J A. Sat Wars：The Case for Test-optional College Admissions[M]. New York：Teachers College Press，2012：153.

代希伯来语、意大利语、拉丁语、中文（含听力）、日语（含听力）、韩语（含听力），每科成绩总分为800分，考试内容与中学课程联系较为紧密。①

SAT的计分方式是将原始分转换为标准分，每个测验内容最低分为200分（原始分最低的考生），最高分为800分（原始分最高的考生），分数的频率呈现正态分布特征，即一般情况下400分（英文、数学两科的分数之和）和1600分的考生最少，中位数成绩1000分的学生最多。

虽然SAT存在很多缺陷和争议，但它一直是招生委员会"忠实的伙伴"，同时也是对其他国家申请者的学术能力进行比较的工具。大学委员会曾于1999年对SAT的效度进行研究。SAT与大学新生的学业成绩相关度为0.52，如果加上GPA，那么相关度可以达到0.61②。因此，SAT成绩与GPA同样具有参考意义。当然，只有SAT成绩并不能充分预测申请者可能取得的学业成就，SAT成绩的作用还是非常有限的，还需要参照其他方面的能力测验。如果将SAT I最高分者称为美国的高考状元，那么美国一流大学拒绝这些高考状元的事情屡见不鲜。因此，要进入美国顶尖大学，并不需要取得满分。表5-12是美国部分名校2014年新生所取得的SAT或ACT成绩情况，由标准化测验成绩位于25%至75%排名范围的分数区间来表示。

以耶鲁大学为例，2014级新生中，有25%的新生的SAT成绩在1420分（满分为1600分）以下，1590分以上的学生同样只有25%。一般情况下，在大学排名中越靠前，招生录取率越低，新生的SAT总体成绩就越高。

表5-12　美国一流大学新生SAT成绩区间（排名百分位数位于25%～75%）

大学	SAT/ACT
普林斯顿大学	1410～1600
哈佛大学	1410～1600
耶鲁大学	1420～1590
哥伦比亚大学	1400～1570
斯坦福大学	1380～1570
芝加哥大学	1440～1590
麻省理工学院	1430～1570
杜克大学	1360～1550
宾夕法尼亚大学	1360～1540

① The College Board. About the Tests，SAT and SAT Subject Tests Overview[EB/OL]. http://sat.collegeboard.org/about-tests[2014-10-03].

② Bridgeman B，McCamley Jenkins L，Ervin N. Predictions of Freshman Grade-Point Average From the Revised and Recentered SAT I：Reasoning Test [EB/OL].http://professionals.collegeboard.com/data-reports-research/cb/predictions-fgpa-revised-sati[2009-05-01：5].

续表

大学	SAT/ACT
加州理工学院	1490 ～ 1600
达特茅斯学院	1360 ～ 1560
约翰·霍普金斯大学	1340 ～ 1520
西北大学	1390 ～ 1550
华盛顿大学（圣路易斯）	32 ～ 34
康奈尔大学	1320 ～ 1520
布朗大学	1330 ～ 1540
圣母大学	32 ～ 34
范德比尔特大学	32 ～ 34
赖斯大学	1370 ～ 1550
加州大学伯克利分校	1250 ～ 1500
艾摩雷大学	1260 ～ 1470
佐治敦大学	1320 ～ 1500
加州大学洛杉矶分校	1190 ～ 1450
弗吉尼亚大学	1250 ～ 1460
卡内基·梅隆大学	1340 ～ 1530
南加利福尼亚大学	1280 ～ 1480

资料来源：U.S.News &World Report. Education：National Universities Rankings. http://premium.usnews.com/best-colleges/rankings/national-universities[2014-09-27]

SAT 不能准确预测考生未来的职业生涯是否能够取得成功。SAT 成绩低完全不妨碍学生今后成为一名成功的商人、政客或其他领域的佼佼者，很多事实也证明了这一点，一流大学的许多成功校友当年的 SAT 成绩排名就属于倒数 25%，而这些校友中不少人成为对母校慷慨解囊的捐赠者[①]。之所以如此，根本原因就在于 SAT 只是测量了人的一小部分能力（推理、阅读、数学、写过等），而学业、职业的成功所不要的能力远远不止这些，可能还包括创造力（creativity）、分析能力（analytical intelligence）、实践能力（practical intelligence）以及智慧（wisdom）等[②]。许多学者通过研究论证了标准化测验的局限性。此外，SAT 考试中类比题型有利于上级阶层，不利于弱势群体，在考试公平层面具有缺陷，加利福尼亚州的州立大学系统是 ETS 最为重视的超级教育市场，对这一缺陷反应强烈。多年来，SAT 测验，特别是语言分析部分饱受批评，因为其成绩与家庭社会经济地位

① Hughes C. What It Really Takes to Get into the Ivy League & Other Highly Selective Colleges [M]. New York：The McGraw-Hill Companies，2003：29.

② Sternberg R J，Bonney C R，Gabora L，et al. WICS：A model for college and university admissions[J]. Educational Psychologist，2012，47（1）：30-41.

紧密相关。①

耶鲁大学拥有数据可以论证 SAT 普通测验的语言部分或数学部分受社会经济地位、种族、性别的影响程度如何，不过，耶鲁大学始终没做这项研究，加州大学却做了这项研究。

1972 年之后，高校招生的研究热点从如何评价学术能力转换到非拉美裔白人与非洲裔美国人之间的学术表现差异。平权法案引发的政治事件最终促使加州大学重新审视 SAT 的学术效度。当加州大学完成研究之后，大家发现 SAT 对大学表现的贫瘠的预测能力，这使得 SAT 丧失了可信度。②在这些压力下，美国大学委员会对 SAT 进行改革，2005 年开始实行新 SAT 考试。新 SAT 更加注重阅读理解和写作能力的考核，减少了类比题型（对单词与单词之间的逻辑关系进行比较分析）；数学部分增加了代数题型；同时，尽量使 SAT 科目考试的考试内容与中学课程相呼应。

由于美国精英大学认为，WASP 男子在 SAT 方面的表现会比犹太裔美国人、非洲裔美国人等少数族群好，因此，尽管 SAT 并不能很好地预测大学表现，但是，这些大学还是倚重 SAT 来选拔新生，以此维护传统生源的优势。有些学者认为，从这个角度来说，SAT 承载了社会偏见，扩大了招生过程的不公平。③

一些学校也做出改变，如哥伦比亚大学不接受 SAT II 科目考试，不要求申请者提交测验的作文成绩。④特拉华大学规定：特拉华州生源的申请者可以选择不提交标准化测验成绩。⑤还有其他不少顶尖大学出台了类似的政策。

（二）ACT

ACT 是由成立于 1959 年的美国 ACT 公司组织的考试，与 SAT 均被称为“美国高考”。ACT 的考试成绩被美国三千多所大学采用，测验的内容更接近于中学的课程，分成四个部分：英语、数学、阅读和科学推理，此外，还有可选择的作文测验。各部分的成绩单独计算，再计算出一个总成绩。

考生在参加 ACT 考试时，最好也进行写作部分的测验，因为一些高校如果遇到只有 ACT 成绩的申请者，会将其 ACT 成绩转换成 SAT 成绩（表 5-13 和

① Soares J A. The Power of Privilege：Yale and America's Elite Colleges[M]. Stanford：Stanford University Press，2007：119.

② Soares J A. The Power of Privilege：Yale and America's Elite Colleges[M]. Stanford：Stanford University Press，2007：136.

③ Soares J A. The Power of Privilege：Yale and America's Elite Colleges[M]. Stanford：Stanford University Press，2007：51.

④ 课题组调研记录：资料编号 J-004，哥伦比亚大学，纽约州，2016 年 6 月 17 日。

⑤ 课题组调研记录：资料编号 J-034，特拉华大学，特拉华州，2016 年 6 月 10 日。

表 5-14），而 SAT 是要求进行写作测验的。如果申请者的 ACT 成绩不包含写作，那么就无法与其他申请者的 SAT 成绩进行比较。①哈佛大学、宾夕法尼亚大学等学校在申请要求中明确提出，申请者提供的 SAT 或 ACT 成绩必须包含作文成绩。②

除了 ACT 或者 SAT 成绩，许多一流大学还会要求申请者提供 2～3 门 SAT II 成绩，特别是常春藤联盟高校。许多院校认为 ACT 无法像 SAT II 那样体现出中学课程的学科特性，会鼓励申请者提交 SAT II 成绩。对于申请者来说，这样的建议其实就是等于要求，申请者最好提交 SAT II 成绩或者其他能够表明其突出学业成就的数据，如大学课程先修或国际学位课程的成绩。如，哈佛大学要求本科申请者提供至少两门 SAT 学科成绩。③耶鲁大学、宾夕法尼亚大学允许申请者提交 ACT 成绩，或者 SAT 以及两门以上的 SAT II 科目考试成绩。④

表 5-13 ACT 综合分数与 SAT 阅读 + 数学综合成绩对照

SAT 阅读 + 数学（分数区间）	ACT 综合分数	SAT 阅读 + 数学（分数）
1600	36	1600
1540 ～ 1590	35	1560
1490 ～ 1530	34	1510
1440 ～ 1480	33	1460
1400 ～ 1430	32	1420
1360 ～ 1390	31	1380
1330 ～ 1350	30	1340
1290 ～ 1320	29	1300
1250 ～ 1280	28	1260
1210 ～ 1240	27	1220
1170 ～ 1200	26	1190
1130 ～ 1160	25	1150
1090 ～ 1120	24	1110
1050 ～ 1080	23	1070
1020 ～ 1040	22	1030
980 ～ 1010	21	990

① Graves L. Getting Ready for the SAT and ACT [EB/OL]. http://www.usnews.com/articles/education/ best-colleges/2008/08/21/getting-ready-for-the-sat-and-act.html[2009-06-01].

② Applying：Requirements and Process for Freshman [EB/OL]. http://www.admissions.upenn.edu/apply/freshman-admission/requirements-and-process[2014-10-03].

③ Harvard University. Application Requirements [EB/OL]. https://college.harvard.edu/admissions/application-requirements[2014-10-01].

④ Yale University. Standardized Testing for Freshman Applicants [EB/OL]. http://admissions.yale.edu/standardized-testing[2014-10-03].

续表

SAT 阅读 + 数学（分数区间）	ACT 综合分数	SAT 阅读 + 数学（分数）
940 ～ 970	20	950
900 ～ 930	19	910
860 ～ 890	18	870
82 ～ 850	17	830
770 ～ 810	16	790
720 ～ 760	15	740
670 ～ 710	14	690
620 ～ 660	13	640
560 ～ 610	12	590
510 ～ 550	11	530

资料来源：ACT. Compare ACT & SAT Scores[EB/OL]. http://www.act.org/solutions/college-career-readiness/compare-act-sat/[2014-09-28].

表 5-14　ACT 英语或作文与 SAT 作文

SAT 作文（分数区间）	ACT 英语 / 作文（分数）	SAT 作文（分数）
800	36	800
800	35	800
770 ～ 790	34	770
730 ～ 760	33	740
710 ～ 720	32	720
690 ～ 700	31	690
660 ～ 680	30	670
640 ～ 650	29	650
620 ～ 630	28	630
610	27	610
590 ～ 600	26	590
570 ～ 580	25	570
550 ～ 560	24	550
530 ～ 540	23	530
510 ～ 520	22	510
480 ～ 500	21	490
470	20	470
450 ～ 460	19	450
430 ～ 440	18	430
410 ～ 420	17	420
390 ～ 400	16	400
380	15	380

续表

SAT 作文（分数区间）	ACT 英语 / 作文（分数）	SAT 作文（分数）
360 ～ 370	14	360
340 ～ 350	13	340
320 ～ 330	12	330
300 ～ 310	11	310

资料来源：ACT Compare ACT & SAT Scores. [EB/OL].http://www.act.org/solutions/college-career-readiness/compare-act-sat/[2014-09-28].

中国教育部推行高考平行志愿填报方式，这将进一步强化分数的作用，使得即使只是 1 分，也具有其他因素都无法撼动的优势，而 SAT 成绩对于美国高校的影响力却有所下降。一方面美国民众越来越怀疑采用 SAT 成绩预测学生学业成就的可信度，另一方面学校系统、学生以及家长将越来越多的精力投入到 SAT 等考试的备考中，相对忽视了其他知识和技能的储备。针对这一情况，有些美国高校不再要求申请者提供 SAT I 成绩。当然，对于一流大学来说，由于他们需要有效和可信的指标来区分来自世界范围的众多申请者，因此，标准化测验成绩仍然是重要依据。

美国中学生每年都有多次 SAT 或 ACT 的考试机会，不同地区的考生略有区别。美国地区每年有 7 次 SAT（包括 SAT II）考试机会，分别安排在 10 月、11 月、12 月、1 月、3 月、5 月和 6 月，SAT I 考试费用是 52.5 美元，SAT II 考试费用是 26 美元。非美国地区的考生每年只有 6 次考试机会（没有 3 月份的考试），考试资费要贵一些，要多交 33 至 42 美元的跨地区注册费。[①]

美国和加拿大的考生每年有 6 次 ACT 考试机会，一般安排在 9 月、10 月、12 月、2 月、4 月和 6 月，考试费用是 38 美元（不选择写作部分），或 54.5 美元（选择作文部分），这些费用还包括考试中心向考生、中学、四所大学寄送成绩单的资费。其他国家的考生则只有 5 次 ACT 考试机会。[②]考生可以选择多次考试，有些大学允许申请者提交最好的成绩，但有些大学则要求申请者提交所有次数的 SAT 或 ACT 成绩，如耶鲁大学。[③]因此，考生最好对考试日程进行合理规划，争取用最少的考试次数考出好成绩，最好不要超过三次考试[④]。如果申请者的 SAT 或 ACT 考试次数太多，一方面显得申请者缺乏自我规划能力，另一方面

① The College Board U.S. Services and Fees [EB/OL]. http://sat.collegeboard.org/register/us-services-fees[2014-10-03].

② ACT. Current ACT Fees and Services [EB/OL]. http://www.actstudent.org/regist/actfees.html[2014-10-03].

③ Yale University Standardized Testing for Freshman Applicants [EB/OL]. http://admissions.yale.edu/standardized-testing[2014-10-03].

④ 欧阳敬孝，张晨 . 你也能进哈佛：美国名牌大学招生秘笈 [M]. 深圳：深圳报业集团出版社，2007：178.

招生人员会认为申请者采取了应试学习提高成绩，这两个印象都是负面的，应该尽量避免。

三、高难度课程

高难度课程主要有大学课程先修（AP）和国际学位课程（IB）。

（一）大学课程先修

AP课程项目是美国大学委员会为中学生提供高难度课程，由大学教师以及课程教师共同设计开发，目的在于为中学生提供大学水平的课程体验。大学委员会提供的AP课程种类见表5-15。可以看出，AP课程主要分布在6个领域，分别是艺术、英语、历史与社会科学、数学与计算机科学、自然科学、世界语言与文化。AP顶石（AP Capstone）文凭课程主要训练中学生的研究能力，以适应大学的学术研究要求。

对于大学来说，AP考试成绩可以较为准确地反映学生对大学课程的适应情况，非常具有参考价值。85%以上的美国选拔性大学认可AP课程成绩，将之作为评价申请者的一个指标。[①]此外，如果申请者的AP考试成绩在3以上（AP成绩分为5等，表5-16），那么申请者进入大学之后，可以免修相关的课程（多数大学提供此类政策），节省一大笔费用。因此，AP课程项目非常受欢迎。

表5-15 AP课程目录

AP课程领域	课程
AP Capstone文凭课程系列	AP研讨课、AP研究
艺术	AP艺术史、AP音乐理论、AP艺术工作室：2D设计、AP艺术工作室：3D设计、AP艺术工作室：绘图
英语	AP英语语言与作文、AP英语文学与作文
数学与计算机科学	AP微积分AB、AP微积分BC、AP计算机科学A、AP统计学
自然科学	AP生物、AP化学、AP环境科学、AP物理C：电与磁、AP物理1：基于代数、AP物理2：基于代数
历史与社会科学	AP政府与政策比较、AP欧洲历史、AP人类地理、AP宏观经济学、AP微观经济学、AP心理学、AP美国政府与政策、AP美国历史、AP世界历史
世界语言与文化	AP中国语言与文化、AP法国语言与文化、AP德国语言与文化、AP意大利语言与文化、AP日本语言与文化、AP拉丁文、AP西班牙语言与文化、AP西班牙文学与文化

资料来源：The College Board. AP Courses[EB/OL]. https://apstudent.collegeboard.org/apcourse[2014-10-04]

① The College Board. AP and College [EB/OL]. https://apstudent.collegeboard.org/creditandplacement/ap-and-college[2014-10-04].

表 5-16　AP 课程考试成绩与解释

AP 成绩	成绩解释
5	极其优秀（extremely well qualified）
4	良好（well qualified）
3	合格（qualified）
2	可能合格（possibly qualified）
1	不推荐（no recommendation）

资料来源：The College Board. Course Descriptions[EB/OL]. http://apcentral.collegeboard.com/apc/public/courses/descriptions/index.html[2014-10-04]

从组织形式上来说，AP 课程项目与我国的统一考试比较类似。大学委员会在每年 5 月份组织统一时间的考试，以此作为统一要求，引导 AP 课程的实施。有意愿开设 AP 课程的中学需要向大学委员会提出申请，接受大学委员会的审核。同时，任课教师必须参加培训以便胜任 AP 课程的实施，制定的教学大纲也要符合大学委员会的要求。AP 课程项目已经实现了国际化，目前有 100 多个国家的部分中学提供 AP 课程。对于学生来说，可以直接参加 AP 课程考试，不一定要选修 AP 课程。

2014 年，AP Capstone 课程考试费是 139 美元，其他 AP 课程的考试费是每门 91 美元，如果考点不在美国本土，考试费还要贵一些。参加 AP 课程考试的学生越来越多，AP 课程考试成为大学委员会重要的经费来源，与此同时，也引发了争议。对于部分大学来说，AP 课程影响了学校的教学工作，学生在大学里选修的学分下降，意味着学校的收益下降，部分教师无课可上。此外，AP 课程与大学课程还是存在一定区别的，中学时期就大量学习大学课程并不见得就是好事。因此，一些名校开始限制中学生通过 AP 课程兑换的大学学分数，一些大学要求 AP 课程成绩在 4 以上才可以申请兑换学分。

与 SAT 考试类似，中学生在选择 AP 课程项目的时候同样要谨慎，不能盲目。招生人员同样会从蛛丝马迹中挖掘申请者的信息。如果申请者在中学选修了 AP 课程，却没有参加 AP 考试，招生人员可能会认为申请者之所以没有参加考试，是因为没有充分掌握课程知识。此外，AP 课程的选择要尽量符合自己的职业规划，体现自己的学术优势。

（二）国际学位课程

另一个中学生可以选修的、为进入大学做准备的课程是由位于瑞士日内瓦的国际学位组织提供的课程。该组织成立于 1968 年，是一个专注于国际教育、培养国际公民的非营利组织，已经和 147 个国家的 3917 所学校建立了合作关系，

1 229 000 多名 3 ～ 19 岁的学生学习了该组织提供的一些课程。①

IB 课程共分 4 个课程项目，分别是面向 5 ～ 12 岁学生的 IB 小学项目（IB Primary Years Programme），面向 11 ～ 16 岁学生的 IB 中学项目（IB Middle Years Programme），面向 16 ～ 19 岁学生的 IB 文凭项目（IB Diploma Programme）和 IB 职业证书项目（IB Career-related Certificate Programme）。② 其中，IB 文凭项目提供具有学术挑战性的课程（也称 DP 课程），只能选择用英语、法语或西班牙语授课，通过 DP 课程考试的学生往往能更好地胜任大学课程的学习。

DP 课程分为 6 组（表 5-17）。IB 文凭项目学制是两年，学生必须选择 6 门课程，其中前五组课程每组至少要选择 1 门，3 ～ 4 门课程的学时达到高级标准（240 个学时），其他课程达到普通标准（150 个学时）。达到这些要求，并通过 IB 组织的考试（每年的 5 月和 11 月），学生就可以拿到文凭了。DP 课程同样是美国一流大学招生委员会的重要参考。

表 5-17　IB 文凭项目课程列表

组别	课程
第 1 组：语言与文学	语言 A：文学；语言 A：语言与文学；文学与表演
第 2 组：语言习得	现代语言（若干语言可选）、经典语言（拉丁文，经典希腊文）、其他语言（西班牙语、法语、汉语等）
第 3 组：个人与社会	商业管理、经济学、地理、历史、全球社会中的信息技术、哲学、心理、社会与文化人类学、世界宗教、全球政治
第 4 组：自然科学	生物；计算机科学；化学；设计技术；物理；体育、健身与健康科学
第 5 组：数学	数学研究、数学、高级数学、高等数学
第 6 组：艺术	舞蹈、音乐、电影、戏剧、视觉艺术、其他艺术形式

资料来源：International Baccalaureate Organization. Diploma Programme Curriculum Framework [EB/OL]. http://www.ibo.org/diploma/curriculum/[2014-10-04]

四、联合课程项目和荣誉

优异的标准化测验成绩可以让申请者具备很强的竞争力，而一些联合课程项目（co-curricular programs），如夏令营项目、科技竞赛等同样可以让申请者脱颖而出，让一流大学为之追逐。如麻省理工学院、加州理工学院、斯坦福大学等一流大学为争夺那些获得国家级学术荣誉的学生展开了激烈的竞争，因为这些学生很有可能成为相关领域的佼佼者。

① International Baccalaureate Organization. About the International Baccalaureate [EB/OL]. http://www.ibo.org/general/who.cfm[2014-10-04].

② International Baccalaureate Organization. Four programmes at a glance[EB/OL]. http://www.ibo.org/programmes/[2014-10-04].

表 5-18 是美国国家认可的部分学术项目和奖学金竞赛。奥林匹克项目首先在全美范围进行选拔，对选拔出的数十名优秀学生进行集中指导，而后挑选出数名表现优异的学生代表美国参加国际奥林匹克竞赛。能够入选集训名单已经是一项荣誉，如果能够获得国际大奖，那么这名优秀的学生将会成为一流大学争夺的生源。其他项目同样具有很大的影响力。例如，英特尔科学天才研究、西门子西屋科技竞赛这两个项目都为冠军获得者提供高达 10 万美元的奖金，竞争非常激烈。

表 5-19 是美国部分奖学金竞赛和学术项目。这些项目对入围者的选拔过程类似于美国一流大学的招生过程，同样对申请者的领导才能、课外成就、个性品质进行综合考量。因此，美国一流大学的招生人员往往对这些入围者另眼相待。

中学生可以选择参加暑期班（summer school programs）提高自己。这些暑期班的组织者一般为中学，也有由高校来组织的。如果申请者在暑期班的表现非常优异，将为其申请增添不少砝码，否则意义不大。

表 5-18　美国国家认可的学术竞赛和项目（部分）

名称	相关信息（网址）
美国和国际数学奥林匹克项目	www.unl.edu/amc/index.html
美国和国际化学奥林匹克项目	www.chemistry.org
美国和国际物理奥林匹克项目	www.aapt.org
科学研究院（Research Science Institute）项目	www.cee.org/home/index.shtml
英特尔科学天才研究（Intel Science Talent Search）	www.intel.com/education/sts/index.htm
西门子西屋科技竞赛（Siemens Westinghouse Science and Technology Competition）	www.siemens-founation.org
MIT 少数族裔工程企业科学入门项目（MIT's Minority Introduction to Engineering, Entrepreneurship, and Science Program）	web.mit.edu/MITES

资料来源：Hughes C. What It Really Takes to Get Into the Ivy League & Other Highly Selective Colleges[M]. New York：The McGraw-Hill Companies. 2003：42-44

表 5-19　美国奖学金竞赛及学术项目（部分）

项目	相关信息（网址）
以色列布朗夫曼青少年研究基金（Bronfman Youth Fellowships in Israel）	www.bronfman.org
约翰·马特力天才奖学基金（John Motley Morehead Scholarship Foundation）	www.moreheadfoundation.org/award
杰弗逊奖学基金（Jefferson Scholarship Foundation）	www.jeffersonscholars.org/default.asp
国家荣誉获得者可口可乐奖学金项目（Coca-Cola Scholarship Program National Award Winners）	www.cocacola.com
特鲁莱德协会夏季体验项目（Telluride Association Summer Experience）	telluride.cornell.edu
康科德评论（Concord Review）奖	www.tcr.org

续表

项目	相关信息（网址）
英语教师国家理事会成就奖（NCTE Achievement Awards in Writing）	www.ncte.org/grants/achieve.shtml
夏季数学项目（多个项目）（Summer Math Programs）	www.ams.org, www.ams.org/careersedu/mathcamps.html
国家成就奖学金计划[①]（National Merit and National Achievement Scholarship Programs）	https://osa.nationalmerit.org
青少年古典文学联盟[②]（Junior Classical League）	www.njcl.org

①基于预备 SAT 考试（Preliminary Scholastic Aptitude Test，PSAT）和全美精英奖学金考试（National Merit Scholarship Qualifying Test，NMSQT）颁发的国家奖学金；②一般由国家拉丁文考试成绩优异者组成

资料来源：Hughes C. What It Really Takes to Get Into the Ivy League & Other Highly Selective Colleges[M]. New York：The McGraw-Hill companies. 2003：45-47

第二节　非学术因素

大学的首要属性是学术机构。因此，对于申请者的学术能力非常重视，会谨慎地评估每一位申请者是否具备完成大学学业的能力。不过，当大多数申请者都具备出色的学业成绩，且在大学里大部分能够获得学业成绩优秀的评价时，学术因素在申请过程中的权重将受到一定程度的影响。哈佛大学的招生手册向申请者明确传递这样的信息："在哈佛学院，我们致力于招收那些能够在多样化的校园环境中相互教育的学生，不论是学业，非学业的，还是社会层面的。""我们的多数学生都是学术与课外活动的卓越表现者。他们的个人品质——诚实正直、成熟稳重、强烈的个性、关心他人，这些在我们的评价中也具有重要的地位。"[①]

一、颇受重视的课外活动

1971 年，耶鲁大学院校研究办公室的研究者建议耶鲁董事会的教育政策委员会停用学业预测公式。一方面，中学的学业成绩越来越难以估算，另一方面，1968—1973 年，耶鲁大学的学业成绩开始虚高。1968 年，28% 的耶鲁毕业生获得学业优秀的评定，到了 1973 年，这一比例上升至 57%。哈佛大学的情况类似，1966 年，比例约 65%，到了 1976 年，比例接近 84%。1991 年，耶鲁大学优秀学业毕业生的比例是 58%，之后，耶鲁大学出台政策限定了 30% 的定额。[①]

① Harvard College. Join Us：Admissions and Financial Aid [Z]. Harvard College，Office of Admissions and Financial Aid，2017：15.

因此，1972年之后，耶鲁大学不再预测大一新生的学业成就，而是将精力主要用于寻找那些能够预测领导者和成功的艺术家的个人品质，其他顶尖大学也出现了类似的情况。[①]也就是说，学术成就在美国一流大学本科招生综合评价过程中扮演着重要的角色，但权重有限。要在众多学术成就相差无几的申请者中鹤立鸡群，申请者还需要具备能够吸引招生人员注意的非学术因素。

美国一流大学绝大多数申请者都具有优秀的学业成绩。招生人员将他们从成千上万的申请者中挑选出来，还因为这些申请者具备其他吸引眼球的因素，其中申请者的课外经历是最重要的非学术因素。虽然不少人狭隘地认为大学仅仅是一个培养一批又一批学术人才或科学家的教育中心，但是这些一流大学的管理者却很坚定地认为，优秀的含义远多于此。他们希望学生不仅在学校出色，而且在社会上也出色。他们知道，某些重要的知识来自于课堂之外[②]。"课外活动也是一些大学尤其是一流大学较重视的指标，它不仅有助于大学考查学生对非学术活动或在学校以外社区活动的参与程度、承担的义务、所作的贡献，而且可以关注到学生的特殊才能或成就。"[③]深明此理的招生人员通过寻找能够给大学校园带来激情和阅历的申请者，构建一个充满活力的校园。

申请者的课外活动因素（extracurricular activities）在申请过程中起着很重要的作用，还有两个客观原因：第一，多数一流大学的申请者学业成绩都不差[④]，一般都具备完成大学学业的学术能力，要从这么多申请者中挑选出大学所需的学生，需要借助课外活动这个有效的指标；第二，培养未来领袖是一流大学的首要任务，而且校园及社区都需要具备领导能力的人做出贡献，寻找这类人才的一个重要途径就是评价申请者的课外活动表现[⑤]。

（一）课外活动的评价

申请者在课外活动中表现出来的热情是招生人员非常看重的，因为这是招生人员判断申请者是否真正投入课外活动的关键依据。申请者投入课外活动时间的多少、获得哪些奖项等信息同样是重要参考。除此之外，招生委员会主要从三个方面评价申请者的课外活动。

---

① Soares J A. The Power of Privilege：Yale and America's Elite Colleges[M]. Stanford：Stanford University Press，2007：120.

② 林玉体．美国高等教育之发展 [M]．台北：高等教育文化事业有限公司，2002：663-664.

③ 郑若玲．我们能从美国高校招生制度借鉴什么 [J]．东南学术，2007，(3)：156-160.

④ 课题组访谈记录：资料编号 H-004，宾夕法尼亚州立大学教育学院敏迪•孔哈勃副教授（Mindy L. Kornhaber），2010年9月。

⑤ Hughes C. What It Really Takes to Get Into the Ivy League & Other Highly Selective Colleges [M]. New York：The McGraw-Hill Companies. 2003：56.

1. 广度和深度

和中国高中生将大部分的时间消耗在教室里不同，美国高中生的课外活动时间很多，学校也为学生们提供了丰富多样的课外活动。对于学生来说，如何把握课外活动的质量是很重要的：一方面，要展示自己善于探索的好奇心；另一方面，要将自己的特长发挥出来，展示自己的能力和潜力。因此，申请者的课外活动并不是越多越好，也不是越单一越好。如果申请者有着丰富的课外活动，往往能够引起招生人员的关注。但这还只是第一步，招生人员还希望从这些课外活动中发现申请者独特的一面。他们欣赏申请者有丰富的课外活动，但也希望申请者在课外活动中表现出天赋，比如领导能力，解决问题的能力，坚持到底的精神，或者起到他人不可替代的作用[①]。从一定意义上来说，深度比广度更为重要[②]。招生人员的关注点并不仅仅是申请者在哪方面展示了兴趣，他们更在意从中获取申请者的信息，进而将申请者的总体形象勾勒出来。招生人员知道无法对一个申请者的课外活动经历作出科学的论断，但是他们将尽力结合自己的经验以及从更宏观的视角对申请者的课外活动价值进行评价。

申请者无法仅凭一两个课外活动就吸引招生人员的注意[③]，除非这一课外活动获得国家级别，或者至少是地区级别的认可。即使是出色的音乐爱好者，颇具名气的演员，成绩优异的运动健将，也需要提供优秀的中学成绩和标准测验成绩，同时具备良好的个人品质，才可能被录取。

2. 申请者之间的比较

对于招生人员来说，比较同一类型课外活动中不同申请者的表现也能获取有价值的信息，便于他们做出决策。一些申请者虽然同为校报主编，但很有可能在成就上有天地之别。有些主编将报纸办得风生水起，蒸蒸日上，影响力日益增强；有些申请者可能在其位不谋其政，或者碌碌无为，使报纸没有任何发展。显然，前者的课外活动含金量要比后者高得多，这样的申请者容易获得招生人员的青睐。此外，在比较的过程中，招生人员还会判断他们所获得的成就在多大程度上依赖于其他参与者，是否展现了优秀的领导才能和团队协作的能力。申请者在课外活动中表现出的资源运用能力同样是招生人员所关注的。有些申请者能够克服各种困难，运用各种策略化险为夷，达成目标；有些申请者则过于“知难而

① Warren W. Willingham. Success in College：The Role of Personal Qualities and Academic Ability [M]. New York：College Entrance Examination Board，1985：179.

② 张晓鹏. 自主招生综合评价美国名牌大学录取工作现状 [J]. 上海教育，2006，(8)：34-37.

③ Kramer S，London M.The New Rules of College Admissions：The Former Admissions Officers Reveal What It Takes to Get into College Today [M]. New York：Fireside，2006：154.

退”，不善于解决问题，这样的申请者获得职业成功的可能性要大打折扣。招生人员通过这些充满灵活性的比较方式，找到最优秀的“活动家”“执行者”“领导者”。

杜克大学对本科招生的评价理念进行了归纳和解读：“评价过程是个性化的，且参照不同的背景，因此，难以依据申请者的学业表现直接预测录取机会。录取的申请者往往具备以下一个或更多的个性：①参与的意识——有想法、善于合作、能服务于社区；②倾向于充分挖掘他们所具有的天赋和能力；③乐于接受挑战、具有良性的进取心（a healthy ambition）；④具有产生影响的能力、有进行改变的欲望；⑤创造力、好奇心、善于发现乐趣；⑥对待机会持开放态度。”[①]

3. 对校园的可能影响

美国一流大学的学生往往各有绝活，他们多种多样的天赋让校园生活丰富多彩。之所以如此，和校园构建理论有关，也和招生人员的努力有关。每个国家都有辩论国家队队长，招生人员并不会、也不可能将这些佼佼者都招至麾下，因为大学毕竟不是辩论训练营，学生天赋的多样性对于校园来说是非常重要的。校园的多元文化需要不同的学生天赋作为支撑，此外，同一领域是无法产生众多领导者，不同领域才可能涌现出一群领导者。

大学不只是一个讲台或者研究机构，更是一个充满活力、缤纷多彩的地方。招生人员希望能够从申请者的活动经历中推断出该申请者可能给大学校园带来的变化，以及他们才能天赋的发展方向。深入分析申请者的课外活动表现，往往能够预测出他们进入高校之后可能做出的贡献。杜克大学招生顾问强调：学生在参与课外活动的时候是“享受这一过程”，进入大学校园之后，“学生能够丰富班级的内容，让班级变得强大起来”[②]。美国一流大学的目的是培养21世纪的领袖，政治、音乐、体育或商业的领军人物可以在中学或大学课堂外完成“蜕变”。各种各样高质量、高竞争力的校园活动需要源源不断注入新鲜血液。这些新军一方面成为校园文化的组成部分，另一方面，也在这样的环境中得到成长。基于这样一个被美国社会普遍接受的育才理念，招生人员对校园课外活动的组成格外看重，并且，在招生宣传中也会着墨渲染大学所能提供的种类繁多、世界顶级的课外活动项目，以吸引优质生源[③]。

① Office of Undergraduate Admissions. Guide to Applying to Duke University[Z]. Duke University，2016：2.

② 课题组调研记录：资料编号 J-007，杜克大学，北卡罗来纳州，2016 年 5 月 27 日。

③ Hughes C. What It Really Takes to Get into the Ivy League & Other Highly Selective Colleges [M]. New York：The McGraw-Hill Companies. 2003：56-58.

（二）美国中学生主要的课外活动形式及组织

美国中学生有着丰富的课外活动，一方面是由于社会重视培养学生的非学术能力；另一方面则是由于美国一流大学招生标准的导向作用长期引导学生投身其中。美国中学生主要有以下几个类别的课外活动。

1. 政治

美国一流大学宣称要培养21世纪的领袖，而且他们也具有培养领袖的传统，政治性活动成为美国大学生校园生活很重要的一部分。基于此，招生人员同样注重招收具有政治天赋的人才。美国中学生参与政治活动的主要组织见表5-20。值得强调的是，美国一流大学招生委员会并没有对不同的政治活动赋予一个固定的权重。比如，不同的州都有各自的男女生州（Boys and Girls State），不同的男女生州为学生提供的锻炼机会是不同的，招生人员在评判的过程中根据这些具体情况灵活对待不同的申请者。

2. 辩论

注重辩论才能是欧美国家源远流长的传统，能够出色地进行辩论的中学生同样获得美国一流大学的青睐，因为辩论和演讲的技巧在大学以及职业发展中都具有重要作用。不同政客针对不同的社会议题进行公开辩论是美国社会常见的现象。在美国人的观念里，分享思想、自我推销的交流能力是获得成功的必要素质之一。辩论不仅仅是考察表达能力，还需要参与者做大量的前期资料准备工作，类似于收集论据支持论点，这一过程同时也是独立性研究的过程，可以反映出大学所看重的思维能力和批判能力。因此，不少大学为国家级的辩论选手提供奖学

表 5-20　美国中学生课外活动部分形式

类别	主要形式	备注
学生政治性组织	男女生州（Boys and Girls State/Nation）	培养领导才能，了解州、联邦的相关事务
	美国参议院佩奇学校（U.S. Senate Page School）	服务于联邦参议院
	参议院青年奖学金项目（Senate Youth Scholarship Program）	奖励在管理事务表现突出的中学生
辩论赛事	国家辩论联盟（National Forensics League, NFL）	辩论联赛
	天主教辩论联盟（Catholic Forensics League, CFL）	辩论联赛
	即席演说（Extemp）	辩论赛事
	林肯 - 道格拉斯（Lincoln-Douglas）	辩论赛事
	政策辩论（Policy Debate）	辩论赛事

资料来源：Hughes C. What It Really Takes to Get into the Ivy League & Other Highly Selective Colleges[M].New York：The McGraw-Hill Companies. 2003：67-73

金，吸引这些优质的生源。

美国有两个主要的辩论赛事组织：国家辩论联盟（National Forensics League，NFL）和天主教辩论联盟（Catholic Forensics League，CFL）。还有其他的一些国际级的辩论赛事，也具有很大的影响力（表 5-18）。参加这些辩论赛事的中学生一般会参加一些由知名大学如达特茅斯学院、斯坦福大学、密歇根大学、西北大学等举办的暑期班，暑期班为新手们提供良好的培训，提高他们的辩论技巧以及与队友和教练的协作能力。如果申请者曾获得这些辩论赛事的荣誉，就意味着其具有很强的辩论能力。特别是明星级的辩论选手，往往具备很鲜明的个性、优秀的交流能力。这些品质有助于他们取得成功。

3. 艺术

社会的氛围以及中学的重视，使得美国中学生有机会接触各种艺术，多数学生掌握一两种艺术技能。包含音乐、舞蹈等形式的艺术修养同样在美国大学招生的过程中被看重。对于文化艺术高度繁荣的美国社会，艺术不仅仅是一种消遣和娱乐或精神的陶冶手段，更是经济支柱之一，也是个人获得社会认可和成功的重要途径。因此，招生人员通过评估申请者的艺术特长，对其学术发展和职业成就进行预测。那些具有突出艺术造诣和成就的申请者，同样是稀缺生源，成为许多名校音乐、艺术学院争夺的对象。

掌握传统乐器的申请者比其他具有音乐才能申请者更受招生人员的青睐，因为这些人员可以作为古典音乐、交响乐、管弦乐新生力量。爵士音乐爱好者、作曲者、声乐爱好者同样受重视，不过绝大多数被录取的音乐爱好者（不包含声乐爱好者）在管弦乐方面表现出浓厚的兴趣和天赋。招生人员在甄别这些具有音乐天赋的人才时，往往和音乐学院的相关人员进行紧密合作，由专业人员对申请者提交的音乐资料进行审核。舞蹈、戏剧、视觉艺术以及其他表演形式同样是大学校园活动的重要内容，不过，此类才能的评价对于招生委员会来说并不是一件容易的事情。只有申请者的履历和申请表具有足够的竞争力，招生人员才会给予重视①。

4. 媒体

参与媒体工作和写作是中学生较为传统的课外活动，当然，只有具有较为重要意义的活动才能够引起招生人员的注意。学生有大量机会提高他们的写作技能，不过，中学生较为常见的参与平台是学校的刊物，如校报。申请者可能曾担任主编，

---

① Kramer S，London M.The New Rules of College Admissions：The Former Admissions Officers Reveal What It Takes to Get into College Today [M]. New York：Fireside Rockefeller Center，2006：155-168.

审稿人员或者版面责编等，不过这些职位并不是招生人员最关心的，即使申请者曾参与更高级别的刊物的工作。他们更关心申请者每周花费的时间、出版周期的长短、刊物有多少参与者。如果申请者是某一刊物的创办人，那么招生人员将会关注申请者担负哪些职责，团队合作情况如何，刊物的质量高低以及出版周期。

5. 社会实践

一些在创业方面表现出色，或者善于商业运作的申请者会引起招生人员的兴趣。这些申请者具有很强的实践能力，能够把想法付诸行动，这样的品质尤其能赢得他人的赞赏。如果学生的商业行为是为了减轻家庭负担，那么这些学生将会得到更多的尊重。同时，招生人员认为这些小小年纪就承担家庭责任的学生，如果入学之后减轻了他们的经济压力，那么他们的能力会在其他方面充分表现出来，成为一个优秀的学生。

学生的兼职时间有长有短，普遍情况下是一周 5 ～ 10 个小时。如果学生的兼职时间在 20 小时之上，那么招生人员就要探究该学生兼职的目的是什么，因为不同的目的反映出学生不同的品质，他们进入高校后享受的待遇也会有所差异。此外，如果招生人员发现一名投入大量时间参加兼职工作的申请者是为了补贴家用，那么招生人员就会降低其他课外活动的要求。

实习是一名中学生很有价值的学习体验。学生会在不同的单位实习，也有可能是在父母的公司实习。对于招生人员来说，中学生的实习地点并不重要，他们更加关心实习活动的价值以及实习活动对学生可能造成的影响。

美国中学生都会参加社区服务，招生人员几乎可以在每一张申请表上看到申请者曾经参加的社区服务。学生可以通过参加学校或社区的某些团体服务于社区，也可以独自服务于社区。招生人员更加看重学生服务社区的原因，以及学生在这一过程中体现出的责任心、同情心和领导能力。

6. 体育

相对于其他非学术才能，体育方面的天赋更容易让申请者脱颖而出[①]。美国高校的体育发展水平很高，包括常春藤联盟高校及其他一流大学在内的不少高校的体育组织代表了国家的水平，经常获得奥运会和其他国际大赛的冠军奖牌。同时，体育能够给校园带来活力，是校园生活的重要组成部分。因此，体育在美国一流大学的招生过程中是非常重要的考察项目之一，也是需要招生人员投入细致努力的工作之一。

要在学业和体育两方面同时获得成功难度是很大的，这两者之间往往存在矛

① 赵守拙，赵世桢．略谈美国高考 [J]．陕西教育（理论版），2006，（9）：18.

盾。对于一流大学来说，他们并不希望招收学习上一塌糊涂的运动奇才。具有体育特长的学生能够获得大学额外的帮助，这些帮助并不是仅仅指望他们能够在体育界取得成绩，更希望他们能够取得大学生活上的成功，同时为其后的生活做好准备。很多常春藤联盟高校的运动员能够在法律、商业、医疗、教育等专业领域取得职业生涯的成功，也有不少人在职业运动队或大学运动队担任管理人员或教练员。美国许多商业、教育、政治领域的领军人物曾是大学运动代表队的成员。

每所高校都有自身的体育发展特点，拥有的优势项目也各不相同，招生委员会根据学校的需要确定哪一个体育项目的运动员能得到最大的优先录取权，在符合基本学术要求的前提下，把这些申请者录取进来增加学校优势体育项目的实力①。对于一些常春藤联盟高校来说，篮球和橄榄球等项目一直都是优先发展项目。这些优先发展项目的教练员会在中学二年级的学生中开始寻找有天赋的运动员，中学顾问一般会建议有运动天赋的学生在进入高年级之前就与高校的教练联络，介绍自己的相关情况，比如体育成绩、学业成绩等。

大学体育代表队的教练员对运动员的录取有着很大的影响力，许多极具天赋的运动员都是通过教练员的极力推荐而被录取的。不过，也有大量的运动员虽然得到教练员的认可，但最终没有被录取，因为招生委员会还要评价申请者是否能够完成大学学业，是否能够给大学校园带来积极的影响。虽然常春藤联盟高校未对申请者的学业成绩提出最低的要求，但是他们发明了一个被称为学术指数（academic index，AI）的量化公式对申请者进行比较，学术指数常被用于运动员的评价，实际上相当于对运动员的学业成绩提出了最低的要求。由于有了这一学术指数作保障，常春藤联盟高校一直保持了较高的毕业率。

学术指数由三个部分相加组成，SAT 或 ACT 的平均成绩、年级排名和 SAT II 的成绩。每一个部分在 20 ～ 80 计分。公式针对 SAT 的成绩有所调整，如果 SAT I 的写作、阅读和数学三部分的平均成绩（包括由 ACT 成绩转换得来的 SAT 成绩），比三门最高 SAT II 的平均成绩高，那么 SAT 的平均成绩将替代 SAT II 的平均成绩，采用公式 1。如果 SAT I 比三门最高 SAT II 的平均成绩低，就不替代，采用公式 2。

AI=[SAT（写作）+SAT（阅读）+SAT（数学）]÷30 +[SAT（写作）+SAT（阅读）+SAT（数学）]÷30+ 班级排名分值　（公式 1）

AI=[SAT（写作）+SAT（阅读）+SAT（数学）]÷30+[SAT II + SAT II + SAT II]÷30+ 班级排名分值　（公式 2）

学术指数的最高分是 240 分，要得到这个分数，SAT I 的写作、阅读、数

① 王定华. 美国大学招生制度与公平性问题 [J]. 中国高等教育，2003，(9)：44-46.

学部分都要满分，年级排名分值也要满分（在300人以上的学生群中排名第一）。有些网站会提供简易界面让申请者自己计算学术指数，如http://www.collegeconfidential.com网站。每一个常春藤联盟高校的申请者都有一个学术指数，但学术指数对于非运动员申请者来说基本上不起作用。每一所常春藤联盟高校的平均学术指数都会被计算出来，平均学术指数就是运动员申请者的基线，大部分被录取的具有运动天赋的新生，他们的学术指数与该校平均学术指数的差异不会太大，一般在2.5个标准差①之内，少数人除外②。不同的常春藤联盟高校对学术指数的排名方式略有差异，如普林斯顿大学将学术指数分为1～5个级别，1表示最高；达特茅斯学院和宾夕法尼亚大学将学术指数分为1～9个级别，9表示最高。③

学术指数是教练和招生委员会共同协作招收运动员的纽带。教练更加关注申请者的体育成绩，而招生人员还需要考虑申请者是否能够取得学业上的成功。不少运动员进入高校之后可能会由于各种原因无法继续体育活动，那么招生委员会要保证他们依然能够成为学校的财富。教练通过考察列出他所希望招收的人员名单，招生委员会再对这些人员的学业成绩、个人品质等其他因素进行综合考量，最后确定出最佳的录取方案。

（三）客观因素的考量

美国一流大学的招生工作始终体现出灵活性，对申请者课外活动的评价过程同样如此。有些学生在课外活动中的表现不突出，如果是因为个人或家庭不具备相关条件，那么，这些学生不会被定性为表现不佳。一些来自低收入家庭的学生，往往需要花费大量的时间做兼职，招生人员会提高他们做兼职所花费的时间的权重，而不会期望他们提供类似校报主编、校队队长、乐团骨干等头衔。对于身体有缺陷的申请者，招生人员同样会区别对待，联邦法律及相关法规也禁止歧视残疾人。

二、处处体现的个人品质

美国一流大学的培养目标是社会各个领域的领袖，而不只是学术带头人，

---

① 标准差（standard deviation，SD），各数据偏离平均数的距离（离均差）的平均数，它是离差平方和平均后的方根。用σ表示。标准差能反映一个数据集的离散程度。

② Hughes C. What It Really Takes to Get Into the Ivy League & Other Highly Selective Colleges [M]. New York：The McGraw-Hill Companies. 2003：97.

③ College Confidential. The Academic Index[EB/OL]. http://www.collegeconfidential.com/academic_index.htm[2009-07-03].

因此，大学希望能够创建一个具有多元文化的校园作为这些未来领袖成长的土壤。美国的教育家深信，学生在课堂外获取的知识和他们在课堂上获取的知识同样重要，而一个具有多元文化、宗教、种族等因素的校园环境将是学生最有利的课外学习空间。在这样的环境下，具有突出个人品质的学生将会不断汲取营养，取得学业和事业的成功。在招生过程中，申请者的个人品质以及相关背景同样是招生人员关注的因素。招生人员希望这些来自不同社会背景、具有独特个性的即将进入校园的学生能够给校园带来新的价值，增加新的活力。可以说，美国一流大学一方面希望招收到最优秀的学生；另一方面，他们希望由这些新生组成的校园是多元化的、有活力的、能够给学生的成长提供充足养分的校园。这二者虽然很难找到一个平衡点，但是他们始终在朝这个方向努力。

（一）个人品质对于学生评价的重要性

人的评价是从整体出发、各方面因素的综合考量，学生的评价同样如此。在对学生的评价过程中，有些因素可以量化，比如学生的标准化考试成绩、年级排名、所得荣誉的级别等；有些因素不可以量化，只能进行定性评价，比如学生的个性以及其他品质。这两部分的因素构成了学生的综合特征，而综合评价正是基于综合特征基础之上的。可以量化的往往只是很小的一部分，要综合评价一个学生，就要充分考量不可量化的部分，个人品质构成了不可量化的主体。因此，对于招生人员来说，个人品质在学生的评价过程中作用就很大。考试考得好的学生并不一定能够取得事业上的成功。既然如此，为了给学校选拔出大部分能够取得成功的学生群体，招生人员就要充分考量学生的个人品质以及其他因素。

申请表所提供的信息能够在很大程度上表明申请者是否足够成熟，是否有激情，以及具备的性格特点。当大部分的申请者在其他方面的表现非常出色的时候，这些因素便成为他们是否能够被录取的关键所在。既然录取他们的目的之一是构建一个多元的校园，自然就不会用一个固定的框架去考量这些学生，而是在很大程度上取决于招生人员的判断。

2009 年，《波士顿环球报》的记者监督了马萨诸塞州的知名大学阿默斯特学院[①]的整个录取程序。阿默斯特学院的招生委员会有 6 位成员，要在 7700 位申请者中挑选 1100 位学生。一位来自科罗拉多州申请者的资料显示，他成绩平平，在一般情况下肯定不合格。但招生委员发现，他父亲离家出走多年，母亲失

---

① 阿默斯特学院（Amherst College），始建于 1821 年，历史上曾经是美国颇有名气的贵族男校，素有“小常春藤”之称，是美国一所著名的私立学院。阿默斯特学院是全美国最富有的学校之一，每学年由 18 000 名著名校友（其中包括诺贝尔奖提名者，普里策奖金获得者，美国最高法院法官，还有一位美国前总统）捐赠的总资金能够达到接近 9 亿美元。

业，他生长在犯罪率极高的社区。在这样的环境下能够取得一般的学习成绩就已经是非常不容易了，委员会一致决定录取该申请者。一位来自贫困移民家庭的学生，11 岁才开始讲英语，且各科成绩都很出色，招生委员会成员连举手表决都没有就把她的材料放进了录取档案。这类在逆境中成长起来的学生一般具备很大的发展潜力，而且能够给校园带来积极的影响，因此备受青睐。而与此形成鲜明对照的是，一名女生的申请材料是：成绩全 A，女童子军成员、舞蹈家、同学的辅导老师。然而，如此优异的记录仍未给委员会成员留下深刻印象，大家很快就予以否决。一位录取委员会成员说："这样的人太多了。"当然，如此考察学生的家庭背景，并非论出身取人，也不是把大学变成慈善机构，其最终目的还是挑选人才。在这样的选才过程中，大学把社会和家庭因素当作衡量学生"品格"的一项指标。①

哈佛大学在招生宣传中声明："申请资助并不会影响学生的录取机会，包括国际学生。事实上，招生委员会对于那些具有证据证明克服了经济上或其他方面的巨大的困难的申请者，反而会有赞赏之意。"②这些学生往往具有坚强的意志，不惧挫折，更容易取得卓越的成就。

（二）具备优秀品质的学生的特点

1992 年毕业于哈佛大学，曾经在哈佛大学担任五年高级招生人员以及三年学监③的夏克·休斯认为："那些被认为具备优秀个人品质的学生，往往能够克服各种困难在中学阶段取得优异的学业成绩，同时，也能够凭借这些品质在今后的大学生涯、职业生涯中取得成功。这些学生构成了美国一流大学新生的主体，他们热情友好，招人喜欢，具有个人魅力，能够取得学业成功，也能够成为一名出色的领导者。"④

"在哈佛学院，我们致力于招收那些能够在多样化的校园环境中相互教育的学生，不论是学业，非学业的，还是社会层面的。我们的多数学生都是学术与课外活动的卓越表现者。他们的个人品质——诚实正直、成熟稳重、强烈的个性、关心他人，这些在我们的评价中也具有重要的地位。"⑤

---

① 东方早报. 美国大学招生标准 [EB/OL].http://zixun.fuwuwo.com/?action-viewnews-itemid-779[2009-05-18].

② Harvard College. Join Us：Admissions and financial aid [Z]. Harvard College，Office of Admissions and Financial Aid，2017：15.

③ 学监，英文为 proctor，指大一新生的顾问。

④ Hughes C. What It Really Takes to Get Into the Ivy League & Other Highly Selective Colleges [M]. New York：The McGraw-Hill Companies. 2003：113-114.

⑤ Harvard College. Join Us：Admissions and Financial Aid [Z]. Harvard College，Office of Admissions and Financial Aid，2017：15.

这些学生表现的出色的内在动力是多种多样的，可能源自父母的压力，可能源自对成功的渴望，也可能源自对失败的恐惧。但无论如何，他们已经有了明确的人生目标，对大学生活也有明确的计划和安排，知道该如何充分利用大学时光，他们拥有无限发展的潜力。

（三）推荐信：评价个人品质的依据之一

在硬件条件都差不多的时候，个人品质将成为决定一名申请者能否最终拿到通知书的关键因素。在收到申请表时，招生人员面对这么多优秀的申请者往往很难快速做出判断，他们需要了解更多的信息。推荐信、个人自述、面试人员的意见等都是招生人员获取信息的主要途径。他们要根据这些较为可靠的信息判断申请者的性格特点、个性品质，以及与众不同之处①。

不同的学校对申请者的函件要求不尽相同，但是一般情况下会要求申请者提交两封教师推荐信和一封中学升学顾问的推荐信。教师推荐信一般是由高年级的学科任课教师书写，有些学校可能会指定某一学科的任课教师写。如果申请者的专业意向是工程或数理类，那么招生人员可能会要求申请者提交数学或科学等相关学科任课教师的推荐信。通常，招生人员看重的是推荐信的实质内容，而不会过分关注推荐者的身份。

教师推荐信没有固定的格式，但是招生人员会对推荐者提出他们希望得到的信息，包括推荐者与申请者的熟悉程度（如相识多少年）、任教何种科目等。一封将申请者的个人经历复述一遍的推荐信对于招生委员会来说价值并不大，他们希望推荐者能够更多地从个人角度介绍申请者。另外，招生人员会要求推荐者对被推荐者进行评价，评价的对象包括申请者的求知欲望、学术前景、自信心、对他人的关心程度等，评语一般分为“我所遇到的最好的一个”“在今年的学生中排名前 5%”“一般”“较差”等四个等级。

升学顾问在招生过程中也起着非常重要的作用。私立学校配备的升学顾问一般比公立学校多。这些升学顾问主要的工作职责就是辅助学生处理各类校园事务，对学生的了解比较充分。因此，他们的推荐信往往会很深刻，能够发掘学生深具内涵的优秀品质，给招生人员提供有用的信息。最好的推荐信一般是源自于内心的，而不是一些表面的话语②。

此外，招生人员还会结合中学报告（secondary school report，SSR）来评

---

① 王定华. 美国大学招生制度与公平性问题 [J]. 中国高等教育，2003，(9)：44-46.

② Tanabe G S，Tanabe K Y. Get into Any College：Secrets of Harvard Students [M]. Belmont：SuperCollege，LLC. 2001：56.

价申请者。中学报告的主要目的是向招生委员会提供中学的相关官方信息，如班级情况，学生排名，课程信息等。申请者短文（personal statement 或 personal essay）也可以向招生人员提供重要的信息。申请者短文一般要求申请者介绍一位对他们有重要意义的人，一个对他们而言有意义的话题，一件对他们有重要影响的事情，也可以是自选话题。有些招生办公室会拟定一些短文题目用于考核申请者的创造力或思维过程①。

（四）面试：展示个人品质的另一渠道

成绩单、推荐信等申请资料所提供的信息还是有限的，而由于是只局限在书面，再丰富也无法提供饱满的申请者的印象。招生人员希望通过面试环节，获取更多申请者的信息。许多大学强调面试不会影响录取结果，事实也确实如此，面试对录取结果有一定影响，但还不至于起决定性作用②。面试是申请者展示个人品质的一个渠道，同时，大学也通过面试扩大学校的影响力，或者通过面试说服优秀申请者不要选择其他学校③。美国一流大学的面试包括校本部的面试和遍布许多州和地区的面试网点。校本部的面试一般由招生人员负责，而面试网点则一般由校友或其他志愿者负责。招生办公室如果建议申请者参加校友的面试，这对于申请者来说是一个好的信号，申请者一般都会接受这一邀请④。

并不是所有的面试都会有好的结果，如果申请者给资历老的面试人员留下不好的印象，那么就会给他的申请带来负面影响，特别是一些过分羞涩或容易焦虑的申请者。面试时间一般是 30 ～ 60 分钟，有个人对话式的面试，也有多人小组讨论式的面试⑤。面试人员希望通过交谈和观察进一步了解申请者，过于沉默寡言的性格显然会影响这一过程的进行。⑥

三、评论

艾默里大学招生人员向申请者如此描述他们的评价过程：“我们在看一份申

① Hughes C. What It Really Takes to Get Into the Ivy League & Other Highly Selective Colleges [M]. New York：The McGraw-Hill Companies. 2003：117-119.

② Kramer S，London M.The New Rules of College Admissions：The Former Admissions Officers Reveal What It Takes to Get into College Today [M]. New York：Fireside Rockefeller Center，2006：191.

③ Tanabe G S，Tanabe K Y. Get into Any College：Secrets of Harvard Students [M]. Belmont：SuperCollege，LLC.，2001：158.

④ 郑若玲．我们能从美国高校招生制度借鉴什么 [J]．东南学术，2007，（3）：156-160.

⑤ 张晓鹏．自主招生综合评价美国名牌大学录取工作现状 [J]．上海教育，2006，（8）：34-37.

⑥ 郑若玲 . 陈为峰 . 美国名校本科招生方式及其启示 [J]. 外国教育研究，2010，（10）：56-61.

请表的时候，会先看学生的中学成绩单。学生是否修习了所在中学所能提供的最具难度的课程？表现如何？之后，我们阅读推荐信。推荐者是如何描述申请者的优点的？关于学生的动机和好奇心我们可以知道些什么？然后，我们再看自述，以及学生的课外表现。学生在哪些方面展现了极大的热情？学生如何发挥作用的？在这些材料的基础上，我们才看标准化测验成绩。通常，我们会非常确信从这些材料中获得的信息以及我们得出的评价结论。考试成绩很重要，但只是其中的一部分。我们尽可能地从中学表现中预测学生未来的潜力。我们希望学生是聪慧的、好奇的、有动力的、坚定的和积极参与的。我们相信此类学生最适合艾默里大学，可以成为这一社区的未来。”[①] 范德比尔特大学对招生录取的评价的解释是：“这是一个全面综合的过程。我们结合中学的具体背景看待学生的学业成绩。其他方面的评价因素还包括标准化测验，领导能力，在课外活动中的参与程度，申请者自述以及推荐信。”[②] 这样的招生理念同样可以在一流的文理学院中看到。比如，NBA 球星库里的母校——戴维森学院如此解读其招生理念：“充满学习激情、独立、好奇、用于求知冒险、诚实和稳健，这些都是戴维森学院的招生官希望在申请者身上看到的。学院采用综合评价方法。每一个申请者都审慎和独立地进行评价。在我们的评价过程中，学术成就是最重要的标准，同时，自述、推荐信、课外活动、测验成绩等同样是评判指标。”[③]

美国一流大学招生委员会希望能够尽可能多地了解申请者的相关信息，有些信息影响非常大，甚至起着决定性的作用，有些信息影响则非常小，可能微乎其微。纽约大学招生顾问强调：“我们确实考虑申请者的方方面面。”[④] 但是，当两个申请者的“砝码”相差无几，在招生人员的心中处于平衡状态时，任何一个新增的微小因素都可能使天平倾斜，比如申请者是校友子女，或者有利于申请者取得职业上的成功的其他背景因素等，类似于中国的“同等条件下优先录取”。单独对这些因素进行考量并不能体现出价值，但是把这些因素与申请者的其他因素捆绑在一起，可能就会起作用。2014 年，普林斯顿大学录取的新生里面，有 11.3% 是校友的子女[⑤]，比例还是比较高的。

在常春藤联盟高校，教师委员会（Faculty Committee）也会参与招生录取的决策。教师委员会根据在校生的情况、学校的专业发展向招生委员会提出相关建

① Office of Undergraduate Admission. Welcome[Z]. Atlanta：Emory University，2016：10.

② Office of admissions. At a glance：2015-2016[Z]. Nashville：Vanderbilt University，2016：4.

③ Office of Admission and Financial Aid. Get connected[Z]. Davidson：Davidson College，2016：5.

④ 课题组调研记录：资料编号 J-022，纽约大学，纽约州，2016 年 6 月 16 日。

⑤ Princeton University. Admission Statistics [EB/OL]. http://www.princeton.edu/admission/applyingforadmission/admisson_statistics/[2014-10-20].

议。比如，如果某一学科的学生人数过少，那么教师委员会就会要求招生委员会留意选择该学科的申请者。教师委员会对招生工作的影响很大。大学的发展不仅有学术需求，也有非学术需求。学校非学术活动的管理者同样会根据校园的社会、文化、课余活动的需要，游说招生委员会招收某些申请者。例如，乐队负责人可能会在某一年倡议招收一批大提琴演奏者，而体操教练可能会强调体育的重要性，并要求招收相关体育人才。学校的其他成员或组织，包括学校的领导者、校友办公室成员、体育组织教练等，也会根据自己的需要，游说招生委员会选拔他们乐意接受的人才。

第六章

校园多元化理论与优质高等教育机会平等

哈佛大学文理学院前院长麦克乔治·邦迪（McGeorge Bundy）认为："在当今的美国社会，作为一个非洲裔美国人仍然遭受种族身份对他们的不利影响。因此，大学招生应该将少数族裔社区的因素考虑在内。如果不考虑种族因素，那么高选拔性的高校和专业学校将只有寥寥无几的少数族群学生。"[①] 从邦迪院长的观点中可以看出，少数族群社区对于少数族群学生在学校的表现有着非常大的负面影响，如果高选拔性的高校和专业学校，即优质高等教育的机会分配上没有考虑这些因素，那么，这些弱势群体将在优质高等教育资源的竞争中处于劣势。

在教育机会公平层面，需要考虑族群、阶层等差异因素。在众多美国一流大学反复宣传和强调的校园多元化理论中，同样阐明了族群、地域、文化差异对于学生群体和学校教育的重要性。这两种观点殊途同归，弱势群体在一定程度上从中受益。不同的是，前者是基于权利平等和教育公平的视角，后者是基于人才培养、教育理念的考量。结合校园多元化理论的形成过程，可以更好地理解其对于弱势群体的优质高等教育机会的影响。

第一节　校园多元化理论的形成过程

在特权社会，高等教育作为稀有资源，往往是特权阶层才具有资格或具备条件拥有的。随着社会的进步和民主意识的觉醒，高校开始消除阶级壁垒，正视不同群体的平等权利，尊重不同文化的现代价值。在这种转变中，校园多元化的

---

① Synnott M G.The Half Opened Door：Discrimination and Admissions at Harvard，Yale，and Princeton，1900-1970[M]. New Brunswick：Transaction Publishers，2010：200.

正面意义得到越来越多的认同。

一、校园多元化理论的萌芽

20 世纪之前的哈佛大学是典型的精英私立学校之一，学生一般都是上层社会家庭的青年男子，学生结构单一。1904 年，哈佛大学校长查尔斯 • 艾略特在给校董事会的一封信中说，他希望所有青年男子，无论是有很多钱的、有一点钱的还是完全没有钱的，只要有头脑，哈佛大学都应该对他们敞开大门。这位哈佛大学历史上最具创新精神的校长还曾经宣称，如果他有机会从头开始建立一所新的大学，那么他首先就要造一栋学生宿舍，然后再造一座图书馆并装满各种图书。如果还有钱剩下，他才会想到去雇教授和建教室。其实查尔斯 • 艾略特的理念就是，对于求学时期的年轻人来说，大学的经历中最重要的部分不在于课堂和教授，而是有机会离开家庭和父母独立生活，并通过大学得以广泛地接触各种人以及他们的信念、态度和背景①。

查尔斯 • 艾略特在担任哈佛大学校长的 40 年间，让哈佛大学摆脱了传统的束缚，汲取欧洲先进的教育理念，成为一所引领美国高等教育发展的现代大学。查尔斯 • 艾略特能够给哈佛大学带来如此巨大的变化，与他的教育理念和成长经历，特别是欧洲的工作经历有着密切的关系。对于查尔斯 • 艾略特来说，民主、实用主义及科学的方法几乎是所有问题的解决之道。这样的信念也反映在他对哈佛大学改革当中，比如重视实用科学，削弱传统课程的比例，将研究生院及专科学院作为教学重点。②在招生政策上，正如前文所述，查尔斯 • 艾略特展现了显著的民主精神，愿意尽其所能为具有才能的申请者提供高等教育的机会，促使哈佛大学的学生群体走向多元化，让不同群体的学生都获得一定的高等教育机会。从这个角度来说，校园多元化理论的现实基础正是高等教育民主化。

对学术能力要求的提高同样在一定程度上促进了学生群体的多样化，特别是区域的多样化。在詹姆斯 • 布莱恩 • 柯南特担任哈佛大学校长期间，为了纪念哈佛大学成立三百周年，哈佛大学设立了特别的高薪酬大学教授和哈佛大学国家奖学金。设立哈佛大学国家奖学金目的在于扩大哈佛大学的生源地区分布，吸引新英格兰地区之外的学生。1936 年，31 位哈佛国家奖学金获得者来自 16 个州，其中，10 位来自私立预备学校，21 位来自公立高中。奖学金额度视情况而定，从 200 美元至 1200 美元不等。对于极度贫困的学生来说，他们可以获得的金额

① 程星．细读美国大学（第二版）[M]．北京：商务出版社，2006：22.

② Eugen Kuehnemann. Eliot C W：President of Harvard University（May 19，1869-May 19，1909）[M]. New York：Houghton Mifflin，1909：60-64.

几乎包括了所有的学费和生活费支出。①

普林斯顿大学的校长伍德拉·威尔逊先生持有类似的观点，他认为校园应该成为一个具有不同种族、地域和文化背景的学生聚集的地方，具有不同观点的学生相互学习，消除偏见，彰显美国大熔炉的民主精神。②此外，他认为来自贫民区的学生有着宝贵的生活经历，如果他们进入高校得到良好的教育资源，往往能在学业上取得巨大的进步。③对于20世纪初的美国社会来说，传统的WASP主流社会已经逐渐动摇，优势阶层开始走向多样化，这是社会发展所不可避免的，也是资本主义经济发展对特权社会的一种否定。在这一背景下，特权阶层的子女已无法轻易凭借家庭优势获取成功，而更多的弱势阶层子女能够凭借个人的努力实现个人价值和社会价值。对于大学来说，要保持培养社会精英的教育理念，以及引领社会未来的优越感，自然也需要对社会的这一变化做出应对。社会的精英阶层走向多样化，那么，校园的学生群体自然也需要走向多样化，于是，校园多元化的理念获得越来越多的认同。

二、NAACP的成立及其对教育权利平等的推动

校园多元化，本质上是学生群体的多样化。美国是一个移民国家，来自世界各地的非拉美裔白人、犹太人、非洲裔、拉美裔、亚裔等组成了美国多样化的社会。在传统上，WASP作为“五月花号”④的主要成员，他们是这片土地的优势阶层。非洲裔大多是当作商品从非洲掠夺过来的，犹太人则主要是第一次世界大战时期从东欧逃难过来的，其他少数族群作为后来者，同样经历了在美国社会底层挣扎的过程。因此，这些非主流的群体是弱势群体，在美国社会的地位一度非常低下，在高等教育领域同样如此。

校园多元化理论将美国社会不同族群以及所代表的文化作为大学校园不可分割的一部分。这一理念的提出，首先就需要社会的现实基础，就是少数族群能够像WASP一样具有同等的接受高等教育的权利。因此，有色人种争取教育权的过程，也是校园多元化理论突破社会的围墙，最终得以实现的过程。

---

① Synnott M G.The Half Opened Door：Discrimination and Admissions at Harvard，Yale，and Princeton，1900-1970[M]. New Brunswick：Transaction Publishers，2010：202-203.

② Synnott M G.The Half Opened Door：Discrimination and Admissions at Harvard，Yale，and Princeton，1900-1970[M]. New Brunswick：Transaction Publishers，2010：163.

③ Synnott M G.The Half Opened Door：Discrimination and Admissions at Harvard，Yale，and Princeton，1900-1970. New Brunswick：Transaction Publishers，2010：172.

④ “五月花”（Mayflower），1620年英国移民搭乘至美国的一艘船只，以运载一批清教徒到北美建立普利第斯殖民地和在该船上制定《五月花号公约》而闻名。

美国有色人种的权利冲突以非洲裔美国人为代表。黑奴问题差点导致美国四分五裂，尽管林肯总统的铁腕避免了这一悲剧，但是此时距离南北战争的结束不足40年，美国非洲裔美国人的地位在观念上并没有发生太多的变化。1908年，在林肯总统的故乡——伊利诺伊州的斯普林菲尔德（Springfield，Illinois）发生了由白人发起的、针对非洲裔美国人的种族骚乱。这场骚乱导致了美国民权组织有色人种协进会（National Association for the Advancement of Colored People，NAACP）的成立。

NAACP成立的宗旨在于保障所有人的政治、教育、社会、经济权利的平等，以及消除种族仇恨和种族歧视。在最初成立的阶段，该组织的执行委员会只有一个非洲裔美国人成员，其他成员主要是非拉美裔白人和犹太裔美国人。犹太人为NAACP的成立和运转提供了大量的资金支持。之所以如此，是因为犹太人对非洲裔美国人有同病相怜之感，他们都在美国社会受到不公的待遇，社会地位低下。[①] NAACP高度关注弱势群体的权利平等问题，成为许多有色人群争取权利的有力后盾，逐渐成为一个影响力的、多样化的组织。比如，美国种族隔离政策之所以能够被推翻，NAACP的策划和推动起到了关键性的作用。在美国的民权运动浪潮中，NAACP同样起着重要的推动作用。

三、种族隔离政策的终结与教育权利平等

美国的法律体系继承了英国的判例法制度。所谓的判例法（Case Law），就是对于基本法律的解读，应该将先前的案件审理结果作为依据，特别是上级法院的判例。如果有足够的理由对原先的判例提出异议，那么需要最高法院作出不同的判决之后，下级法院才可以推翻之前的判例结论。

美国许多教育法案的形成源于社会不同群体之间权利的冲突，教育领域的种族隔离制度的废除同样如此。1890年，路易斯安那州立法机构通过了一项种族隔离法案——《车厢隔离法案》(Separate Car Act)。该法案认为，可以为白人、非洲裔美国人分别提供独立的车厢，这样的隔离政策不会产生不平等。这一法案引起了广泛的争议，许多有色群体强烈抗议这样的政策。其中，由部分具有社会声誉的非洲裔美国人、一些路易斯安那州移民后裔和新奥尔良白人组成的公民委员会（Committee of Citizens）向这一法律发起挑战。1892年，他们说服了一位具有7/8白人、1/8非洲裔美国人的男子，荷马·普莱西（Homer Plessy），乘坐专属于非拉美裔白人的一等车厢。为了确保荷马的违法行为被发现，公民委员会

① Wikipedia. NAACP[EB/OL]. http://en.wikipedia.org/wiki/NAACP[2015-01-12].

将这一挑战告知铁路公司，并且雇用了具有执法权力的私人侦探将荷马拘捕了。奥尔良教区的法官判决普莱西的行为违反了种族隔离法，需缴纳25美元的罚款。公民委员会上诉至路易斯安那州最高法院，维持原判之后，于1896年又上诉至联邦最高法院。联邦最高法院的大法官们通过辩论，以7∶1的压倒性多数（共9名法官，其中1名法官因故缺席）判决普莱西败诉，认为路易斯安那州的种族隔离法没有违宪，隔离并不意味着不平等。这一法案的通过，意味着公立学校也可以合法地实行种族隔离政策，更不用说私立学校了。①

种族隔离政策对美国的教育产生了很大的影响。少数族群和有色人种在这一法案的影响下，在教育机会方面遭受了许多不平等待遇。在基础教育方面，公立中小学可以堂而皇之地实行种族隔离政策，让有色人种无法享受优质基础教育资源。中学认证制度对美国大学的招生具有很大的影响。中小学的种族隔离政策让大部分有色人种失去了与WASP进行平等竞争的机会。不可否认，哈佛大学、耶鲁大学、哥伦比亚大学等传统名校并没有关闭面向有色人种的大门，但是有色人种的学生数量对于这些大学来说只能称得上是一种点缀。“1941年，耶鲁大学护理学院拒绝了一名非洲裔美国人申请者，理由是担心无法为非洲裔美国学生提供满意的校园生活。这一行为被认为是种族歧视，并与纳粹的种族政策相提并论。面对质疑，耶鲁大学校长查理斯·塞缪尔（Charles Seymour）进行了辩解，提到由于在医院与病人接触以及校园生活方面非洲裔美国人会遇到的耶鲁大学无法控制的各种问题，一位非洲裔美国学生离开了耶鲁校园。护理专业的特殊性给招收非洲裔美国学生带来了更多的困难，哈佛大学也存在类似的问题。”②

种族隔离政策影响了美国半个多世纪，直到1954年，种族隔离在美国才寿终正寝，导火索同样是权利冲突引发的诉讼案件。1951年，美国中部的堪萨斯州首府托皮卡，在美国民权组织有色人种协进会NAACP的支持下，13对父母将托皮卡市的教育委员会告上地区法庭，为他们的20个子女争取平等的教育权利。他们要求托皮卡教育委员会取消小学的种族隔离政策。地区法庭依据1896年联邦最高法院通过的普莱西法案，判决以奥利弗·布朗（Oliver Brown）为首的原告团败诉，认为虽然公立学校的种族隔离政策虽然对非洲裔美国人小孩有不利影响，但是学校的硬件师资是一样的。因此，托皮卡市的教育委员会没有违法。此外，按照美国的法律体系，托皮卡地区法院必须遵从联邦最高法院的判例。

1953年，联邦最高法院受理了布朗诉教育委员会案。然而，最终的判决却迟迟难以产生，因为种族隔离政策在当时的美国还是存在很多争议，不仅有反对

① Wikipedia Plessy v. Ferguson [EB/OL]. http://en.wikipedia.org/wiki/Plessy_v._Ferguson[2014-05-24].

② Synnott M G.The Half Opened Door：Discrimination and Admissions at Harvard，Yale，and Princeton，1900-1970[M]. New Brunswick：Transaction Publishers，2010：210.

者，同样有大量的支持者。大法官们一方面意见不尽相同，另一方面，也承受着巨大的社会压力。直到1954年，联邦最高法院才做出最终判决，认为对于公立教育来说，“分离且平等”是不存在的。尽管这些学校外部条件相同，但是隔离本身就对非洲裔美国人儿童的教育和心灵成长造成了阻碍，因此，教育领域的隔离政策本质上是不平等的。①

种族隔离政策被废除，意味着“隔离且平等”的思想被美国法律否决了。对于非洲裔美国人来说，“隔离”就意味着不平等，在高等教育领域同样如此。在布朗案例的鼓舞下，以及20世纪50年代美国民权运动的推动下，非洲裔美国人和妇女以及其他有色人种少数族裔要求获得平等的高等教育权利的呼声越来越高。对此，20世纪60年代美国联邦政府面向所有公民的子女提供高等教育。在这一潮流的影响下，私立大学也开始认真对待所有社会群体高等教育机会的公平问题。②加州伯克利大学的杰罗姆·卡拉贝尔认为，美国顶尖私立大学于20世纪60年代末期采纳基于种族的肯定性行动政策的原因，对于民权运动的呼应并不是主要的（毕竟，民权运动始于20世纪50年代中期），更多的是因为1965—1968年社会掀起的大规模种族骚乱。如果他们不对这一社会诉求进行回应，如火如荼的社会暴乱可能会危及他们自身。③

同时，冷战时期苏联人造卫星的发射成功让美国开始反思，美国是否错过了太多具有天赋的人才。在这一背景下，之前所谓的全面发展的绅士开始让位于那些不仅智力超群（SAT和高中成绩都非常优秀）而且在某一项或更多的课外活动中表现出色的申请者。当美国社会对贤能政治展开反思的时候，这一理念所代表的民主性对人们的观念产生了影响。才能不是只有白人新教徒男子才具有的，其他族群以及女性同样具有才能，这一理念也应该在大学教育中得到体现。于是，美国文化产生了剧烈的变革，“多样化”和“包容性”的价值观开始得以彰显。在这一背景下，基于种族因素的肯定性行动轰轰烈烈地开展起来，女性的高等教育权利再也没有障碍。④

1960年，哈佛大学招生与资助工作的负责人本德在他的工作报告中指出，一所大学不应该只是简单地招收学习成绩名列前茅的学生，而是应该建构一个多

① Brown v. Board of Education. Wikipedia[EB/OL]. http://en.wikipedia.org/wiki/Brown_versus_Board_of_Education[2014-05-20].

② Synnott M G.The Half Opened Door：Discrimination and Admissions at Harvard，Yale，and Princeton，1900-1970[M]. New Brunswick：Transaction Publishers，2010：xx.

③ Karabel J. The Chosen：The Hidden History of Admission and Exclusion at Harvard，Yale，and Princeton [M]. New York：Houghton Mifflin Company，2006：8.

④ Karabel J. The Chosen：The Hidden History of Admission and Exclusion at Harvard，Yale，and Princeton [M]. New York：Houghton Mifflin Company，2006：5-6.

样化的学生群体。1963 年，以保守著称的普林斯顿大学开始采取积极的措施招收符合入学要求的非洲裔美国人学生。①20 世纪 60—70 年代，美国大学的招生政策发生了很多的变化，犹太学生的限制逐渐消除，女性开始获得接受高等教育的权利，非洲裔美国人的教育问题得到越来越多的关注。②

四、校园多元化理论的形成

招生配额政策在退伍军人权利法案的冲击下失去了原有的意义，但美国一流大学仍关注校园多元文化对教育质量的影响。20 世纪 60 年代左右的美国民权运动为该理论的实践创造了现实基础。随着美国民权运动的爆发，社会各界开始推动不同种族、性别人群的高等教育权利平等。在这种情况下，这些选拔性大学需要寻求其他方式淘汰大量的申请者，需要新的理论依据对校园的学生群体进行控制和构建。在这种背景下，校园多元化理论应运而生。

美国校园学生群体的多样化以高等教育的民主化为基础。随着时间的推移，美国学者发现构建一个多元化的学生群体不仅没有降低高等教育质量，反而促进了学生的成长。1986 年，受哈佛大学校长德里克•博克（Derek Bok）的委托，理查德•莱特（Richard Light）教授组织了一支代表美国 25 所大学的 65 人的研究队伍对大量学生进行访谈，评估哈佛及其他各类学校对本科学生成长发展的影响。在访谈中，他们反复询问的一个关键问题是：学生在课内或课外的何种状态下学习效果为最佳？经过十多年的努力，莱特将研究成果写成一个畅销书《充分利用大学时光——学生们说出他们的想法》(*Making the Most of College*：*Students Speak Their Minds*)。莱特的研究表明，大学时代广泛接触来自各种宗教和种族背景的同学并学会在一个多元化的环境里生存，是大学生在大学时代所有经验中感到最吃力同时又是收益最大的体验③。

莱特的研究构成了西方高等教育研究的一个重要成果：对大学生的思想及其他方面的发展影响最大的不是学校，不是教授，而是他们的同学。而且这个发现在许多大学环境里经过无数重复试验研究，结果基本一致④。这个研究也有力地论证了半个世纪之前哈佛大学查尔斯•艾略特和普林斯顿大学伍德拉•威尔

---

① Tomberlin G E，Jr. Trends in princeton admissions. In Synnott M G.The Half Opened Door：Discrimination and Admissions at Harvard，Yale，and Princeton，1900-1970[M]. New Brunswick：Transaction Publishers，2010：220.

② Soares J A. The Power of Privilege：Yale and America's Elite Colleges[M]. Stanford：Stanford University Press，2007：2.

③ Light R J. Making the Most of College：Students Speak Their Minds[M]. Cambridge，Mass：Harvard University Press，2001.

④ 程星．细读美国大学（第二版）[M]．北京：商务出版社，2006：23.

逊两位老校长的校园多元化的教育理念。在这种理念的影响下，构建多元化校园成为大学招生的一个重要任务，许多招生改革在实施之前，往往要考虑这样的改革是否会影响校园的多元化。曾经担任哈佛大学高级招生官员的大卫·伊万斯（David Evans）在一篇发表于1997年的文章《纯粹精英政治的缺陷》（*The Pitfalls of a Pure Meritocracy*）中将美国顶尖大学的这种招生现象描述为——一群明智的老头在构建一个具有所有观点和背景的新生群体。在这种情况下，申请者的"个人品质"就比"苛刻的基于贤能的招生体系"更重要。[①]

需要强调的是，多元环境对教育的积极影响是有一定条件的，莱特将这种条件称之为"学生拥有某些共同的价值观"。受访谈的学生认为，民族和种族多元化能在多大程度上真正有利于成长，主要取决于大学在多大程度上以这一基本设想作为学校的发展基础，在多大程度上利用、强化它。如果这种设想没有得到校园文化氛围、大学教师、学校管理者甚至学生团体组织者所提供的支持，种族民族多元化就会失去预期的教育价值，甚至会导致尴尬场面的出现，直至毁掉学习。学生应该树立一种观念，这种观念代表的是一种无偏见的开放心灵，一种与那些外貌、背景都与自己相异的人群相识、交往的渴望。而且，背景多元化常常引起丰富的对话、问题、争论，而这些在清一色的非拉美裔白人、非洲裔、亚裔、拉美裔群体中是不会出现的。因此，任何大学都必须营造这种友善气氛。只有在这个前提下，学生才能迅速超越表面上的差异，开始积极地交往和相互学习[②]。相互理解和熟知才能相互尊重，从而避免尖锐的冲突和矛盾[③]。"一个高质量的学生群体由多样化的思想、视野、背景和生活经历组成。"[④]

校园多元化理论是美国一流大学本科招生制度的一个重要理论基础。招生委员会的工作不仅仅是挑选申请者，也包含建构一个充满活力的、多元化的班级，这一过程就如同组建一支管弦乐队。只有人员齐整的管弦乐队才能演奏出优美动听的乐曲，美国一流大学的管理者亦深信这一常理。"他们认为，只有组建一个能够对校园生活起到尽可能多影响的班级，才有可能完成学校的使命，这就是当今美国大学深信的校园多元化理论。"[⑤]

---

① Golden D. The Price of Admission：How America's Ruling Class Buys Its Way into Elite Colleges[M]. New York：Three Rivers Press，2007：3.

② Light R J. Making the Most of College：Students Speak Their Minds [M]. Cambridge：Harvard University Press，2001.

③ Banks J A. An Introduction to Multicultural Education（3rd ed.）[M].Boston：Allyn & Bacon A pearson Education Company，2002：1.

④ Office of Undergraduate Admissions. Need-based Aid[EB/OL]. http://apply.emory.edu/apply/needbased.php[2018-03-26].

⑤ 课题组访谈记录：资料编号H-003，哥伦比亚大学师范学院戴维德·汉森（David Hansen）教授，2009年5月25日。

第二节 校园多元化理论的内涵与争议

美国一流大学在各种场合都会直接或者间接地表明其校园多元化的价值理念，一方面，他们可以向社会各界有着不同背景的群体宣称，他们尊重文化差异，尊重所有的群体，没有歧视存在，致力于教育公平；另一方面，这些大学强调，校园多元化是其教育理念的重要组成部分，多元文化的校园环境为学生提供卓越的教育土壤，培养学生的包容精神、国际视野，使其逐渐具备成为国际领导者的基本素养。

一、多元化的内涵

多元化包含背景的不同，也包含个体的差异。“在哈佛学院，我们致力于招收那些能够在多样化的校园环境中相互教育的学生，不论是学业，非学业的，还是社会层面的。”“我们的多数学生都是学术与课外活动的卓越表现者。他们的个人品质——诚实正直、成熟稳重、强烈的个性、关心他人，这些在我们的评价中也具有重要的地位。”① 普林斯顿大学校长克里斯托弗·L. 艾斯格鲁伯（Christopher L. Eisgruber）如此介绍这所顶尖学府：“普林斯顿大学是一个由学者和学生组成的多元的社区，他们来自绚丽多彩的不同的种族、宗教、民族、地区和社会经济背景。我们不同的视角通过众多方式丰富着我们的校园，打破陈规旧套，激发我们的世界本该有的新愿景，创造了一个生机勃勃、多姿多彩且包容万象的校园生活。”② 维克森林大学提出了一个口号：“我们是不同的，正如每一位人。”③ 这一理念体现了文化差异对于大学校园的重要意义。

美国的大学特别是常春藤联盟高校认为，多元化是促使他们的教育变得有价值的不可或缺的一个方面。“要构建一个能够反映美国丰富多元性的环境，就要考虑数量的影响。”④ 这样的理念意味着要构建一个多元的学生群体，仅仅录取个别具有独特背景和经历的学生是不会起多大作用的，还需要录取足够数量的具

① Harvard College. Join Us：Admissions and Financial Aid [Z]. Harvard College，Office of Admissions and Financial Aid，2017：15.

② The Office of Admission and the Office of Communications. Experience Princeton：Diverse Perspectives[Z]. New Jersey：Princeton University，2015：2.

③ Wake Forest Universiy. Undergraduate Admissions[EB/OL]. http://admissions.wfu.edu/.[2016-04-20].

④ Blackpast. University of California Regents v. Bakke，1978 .http://www.blackpast.org/?q=primarywest/university-california-regents-v-bakke-1978[2009-07-03].

有相似背景的学生，这样才能够对校园产生积极的影响。学生群体的多元包含社会阶层的多元和种族的多元等。塑造一个充满多元文化学习要素的校园环境是美国一流大学招生工作的重点。他们倡导学生在多方面表现自己，而不仅仅关注学业。他们赞赏学生的优良品质品德，在评价标准中明确包括了对于个性的评判，通过这种方式，学生能确实体会到美德在生活中的影响和意义，从而成为一个乐于服务社会、关心他人的公民。

少数族群身份对申请者的影响大小取决于多个因素。如果少数族群申请者强烈地体现了他们族群的文化特色，比如长时间受本族文化的熏陶，那么他的少数族群身份就会具有较大的影响力。如果申请者来自于一个较为落后的族群聚集地，但是通过自己的努力表现优异，也有利于其申请。由于非洲裔美国人、墨西哥裔美国人、美国原住民、波多黎各人等种族的优秀学生比较少，他们中表现优异者往往是常春藤联盟高校相互争夺的生源。

通常情况下，离学校越远的优秀学生越不容易招收。因此，招生人员会适当考虑地域差异，如果某一地区的学生比较少，该地区的优秀学生可能获得一定的优势。例如，美国的拉斯维加斯是一个高速发展的地区，但是其学校系统还不完善，具备进入美国一流大学资格的学生较少，这一地区的申请者就具备一定的地域优势。当然，申请者要提供相关的居住信息。如果申请者是最近才移民到一个具有地域优势的地区，则不适合这一规则。

招生人员也会考虑学校差异。如果来自某些学校的申请者比较少，这些学校的申请者可能会获得一些优势。美国一流大学希望这些被录取的申请者起到示范作用，以吸引更多来自这些学校的优秀学生。

高等教育的国际化给美国一流大学的生源结构带来了影响。虽然多数大学并没有面向国际学生设定一个招生名额，但是国际生源竞争力非常强，能引起招生人员很大的兴趣，招收的数量也越来越多。例如，2008 年 10 月，哈佛、布朗和斯坦福大学的招生人员到北京进行宣传招生，吸引了 300 多名优秀的中国高中生。哈佛大学招生委员会负责人威廉·菲茨西蒙斯（William Fitzsimmons）直言："我们没有限定中国学生的录取名额。我们知道，还有很多优秀的中国学生没有参加这次申请，我们希望他们也来参加。""我们尝试告知美国的年轻人，包括小学生们这样的一个信息，他们需要努力学习，因为他们将与来自世界各地的学生进行竞争。"①

耶鲁大学对国际学生同样非常重视。理查德·莱文（Richard Levin）校长曾

① Jan T. U.S. Colleges Scour China for Top Students[EB/OL]. http://www.iht.com/articles/2008/11/11/asia/college.php[2008-11-11].

说："来自中国的学者具备特殊的文化和经历，耶鲁的学生和教师也可以从他们身上学到许多东西，耶鲁是一所国际性的大学，相信每个成员都会充分利用这个社区的优势。这个社区是世界的缩影，如果校园中失去了中国学生，耶鲁必将黯然失色。"① 当然，其他国家的学生同样受此待遇。因此，如果一名学生能够给校园带来独特的、积极向上的影响，那么他就能吸引一流大学更多的注意。

二、批评与争议

多元化不论对于高校还是社会的发展，都是有积极意义的。如果在社会的各个领域里面只有白人领袖，显然是不符合美国的价值观。因此，在人才培养的过程中就需要考虑到种族多样化的问题。但是，在录取过程中实行配额制是违法美国法律的。美国大学不能公开表明他们将录取10%的非洲裔美国人或者拉美裔美国人，他们只能在录取的过程中将种族作为参考依据，对学生的构成进行调控。在对外宣传时，这些大学只能说他们将种族作为其中的一个因素来构建学生群体。②

对于这种多元化理念也有很多学者不以为然，比如普利策奖获得者丹尼尔·高登就认为："常春藤联盟高校在招生的过程中对上层阶级的校友亲属给予倾斜，这种现象凸显了一个事实，那就是金钱和关系正逐渐侵蚀美国顶尖大学的招生录取，破坏大学的信誉和美国的民主，尽管他们不承认这一点。"③ 而且，他们用校园多元化理论在掩饰这种行为，并在一定程度上蒙蔽了公众的判断。这些精英大学需要给予校友子女一定的配额，需要隐秘委婉地吸引富裕家庭的子女，需要避免失去对学生群体结构的控制权。在这种情况下，校园多元化理论成为一个极好的依据或托词。

非洲裔、拉美裔等少数族裔是校园多元化的主要受益者。有受益方，就有非受益方，甚至是受损方，亚裔，特别是华裔就是其中的代表。如果大学招生只考虑学术因素，那么美国顶尖大学中的亚裔学生比例将会非常高，加州公立大学系统对学术因素的侧重就使得该州的大学亚裔学生比例非常高。分布于新英格兰地区以常春藤联盟高校为代表的精英大学不愿意看到这种情况，坚守着校园多元化的办学理念，提高学术要求或其他方式让亚裔学生保持在1/5的比例。尽管这

---

① 于桐．耶鲁深呼吸[M]．北京：西苑出版社，2002：15.

② 课题组访谈记录：资料编号H-001，约瑟夫·索尔斯（Joseph Soares）教授；地点：美国北卡罗来纳州维克森林大学社会学系；时间：2016年3月15日，6月9日。

③ Golden D. The Price of Admission：How America's Ruling Class Buys Its Way into Elite Colleges[M]. New York：Three Rivers Press，2007：3.

一比例已经远远超过全美亚裔的人口比例，但华裔群体仍然觉得深受这些大学的歧视。

不仅在高等教育领域，一些受益群体将多元化理论推及社会的其他领域。多元公司（Diversity Inc.）是一家致力于通过大数据分析促进企业用人多元化的公司。其首席科学官昌淳博士（Dr. Chang Chung）指出，越来越多的证据表明，多元化将会提升企业的综合表现①。需要指出的是，多元公司正是一家代表拉美裔群体利益的公益组织。这种论调引起了亚裔群体的排斥和反对。

总而言之，多元化理论有正面的作用，也有类似平均主义的负面影响。不同的群体依据不同的立场和目的，对多元化理论进行了不同的解读。对于美国这样一个多元化的社会，多元意味着不同群体的权利的相对平等，也意味着文化上的相互尊重和包容。高等教育领域的多元化有着培养人文素养上的考量，也有着教育公平的价值诉求。不过，如果用多元化理论来粉饰平均主义，或者模糊某些群体的真正的动机，这样的多元化反而将造成社会的割裂，与多元化的初衷背道而驰。

第三节　校园多元化理论与录取决策——以哈佛大学为例

美国高选拔性大学的综合评价招生制度考虑了诸多因素，比如学业成就、课外活动、个人品质，以及申请者的其他属性（种族、地区、社会阶层等）。此外，校园多元化理论同样对美国大学的本科招生有着巨大的影响。招生委员会在评价申请者的过程中，其考评标准似有似无。一方面，他们花了巨大的精力去寻找未来的精英、各领域的领导者。这么说来，考评标准是显而易见的。另一方面，他们希望构建一个多样化的学生群体，同时尽可能地兼顾不同群体、阶层的受教育权利。因此，他们对不同的申请者有着不同的评判视角，不会按照同一个模子去度量每一个申请者。可以说，他们没有一个固定的标准。

---

① Tahmincioglu E. A Conversation With DiversityInc's Chief Science Officer Dr. Chang Chung[EB/OL]. http://www.diversityinc.com/diversityinc-top-50/conversation-diversityincs-chief-science-officer-dr-chang-chung/ [2016-05-05].

一、被录取者的学业成绩与课外活动

那么，美国高选拔性大学最终录取了什么样的一个学生群体，是否与他们宣扬的综合评价制度相符？本文以哈佛大学为例，对美国高选拔性大学的本科招生综合评价制度实施结果进行初步解析，尝试从美国高选拔性大学的录取结果检视其招生过程。

美国一流大学的招生过程公开程度不高，没有官方渠道获得最终被录取申请者的具体申请材料，因此，本书退而求其次，将现有的资料进行整理归纳，以哈佛大学 51 位毕业生所提供的申请材料作为样本进行分析①，以期达到“一叶知秋”的效果。

（一）学业成就

在这 51 名哈佛大学的学生中，有 50 名提供了美国标准化考试之一 SAT 成绩。在没有提供 SAT 成绩的两名学生中，一名提供了 ACT 成绩（35 分，折算成 SAT 成绩为 1560 分左右）；另外一名学生的申请材料只有提供 IB 课程成绩，没有提供高中平时成绩 GPA 和 SAT 成绩（这名申请者来自印度尼西亚，是印度尼西亚国家级辩论赛冠军，情况有点特殊）。如图 6-1 所示，在提供标准化测验成绩的 50 名哈佛大学学生中，SAT 成绩在 1460 ～ 1550 的学生最多，达到了 25 人，比例为 50%；其次是高分学生（1560 ～ 1600），为 11 人；1260 ～ 1350 的考生数最少，为 6 人。

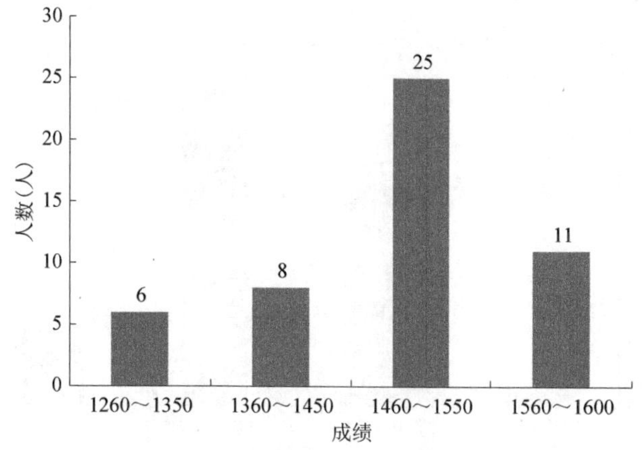

图 6-1　50 名哈佛大学学生 SAT 成绩分布

资料来源：The Staff of The Harvard Crimson. 2005. How They Got into Harvard. New York：St. Martin’s Press

① The Staff of the Harvard Crimson. 2005. How They Got into Harvard[M]. New York：St. Martin’s Press.

如前文所述，SAT 成绩是招生人员对申请者进行比较的重要依据，此外，高中学业成绩 GPA 对大学学业具有比较高的预测意义，同样是招生人员重视的材料之一。在 51 名哈佛大学学生中，46 名学生的申请资料提供了高中学业成绩情况（多数学生提供准确的 GPA 值，其他计分方式此处进行了简单归类，便于统计），成绩分布见图 6-2。可以看出，只有极个别的最终入围者的 GPA 在 3 以下，29 位学生的 GPA 达到 4 以上，超过了 50%，说明这些学生选择了高难度课程，而且取得不错的考核成绩。

（二）课外活动

只有优异的 SAT 或高中学业成绩并不能保证申请者获得美国一流大学的录取资格，因为 SAT 高分者很多，学业成绩年级第一的学生人数同样超过一流大学的招生人数。申请者还需要在其他方面表现突出。如果学业成绩或者 SAT 成绩不具备竞争力，那么申请者只有在课外活动或者其他特长方面就更要突出，才有可能进入一流大学。

在哈佛大学这 51 名被录取的学生中，SAT 成绩最差的 6 名学生都在课堂之外展现了国家级的能力，分别是棒球独立学校联赛的最有价值球员、新英格兰地区田径比赛冠军、爱尔兰网球比赛全国冠军、国家物理奥林匹克金牌获得者、英格兰青年科学家协会主席等，且在其他方面也有过人之处。如果按照 1～5 为课外活动的优秀程度赋值（1 为最差，5 为最优，3 为中等，以此类推），那么，这些学生的课外活动表现都能够达到 5 的级别。他们所取得的这些显赫的成就让标准化考试成绩变得无足轻重。

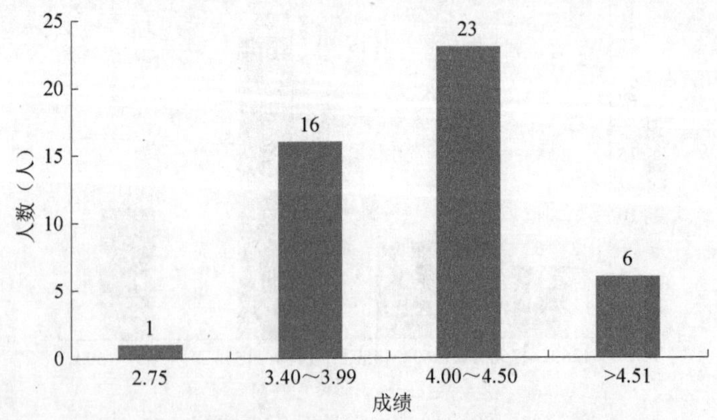

图 6-2　46 名哈佛大学学生高中学业成绩 GPA 分布

资料来源：The Staff of The Harvard Crimson. 2005. How They Got into Harvard. New York：St. Martin's Press

那些学业成绩非常优异（SAT 成绩满分或者 GPA 达到 4.5 以上的学生），同样在课外活动方面展现了兴趣和天赋。3 名 SAT 满分获得者中，有两名是华裔（中国台湾地区）美国人。和其他大陆父母一样，中国台湾父母同样重视子女的考试成绩，因此，SAT 获得满分并不能够引起太多注意。这两门 SAT 满分的华裔学生，一名是校报编辑、交响乐团成员、物理协会主席，获得的奖项包括总统学者，国家精英学者，数学科学政府学者；另一名是科学奥林匹克队长、科学碗队长、乐队成员、网球健将，获得的荣誉有美国物理竞赛队前 25、AP 国家学者、国家精英奖、化学奥林匹克竞赛入围半决赛等。第三位 SAT 获得满分的学生是一名混血加拿大人，其课外活动同样丰富，参加了数学小组、文学杂志、辩论协会、编制协会、地理设计协会等社团，获得了市县级数学奖、国家精英奖等荣誉。

几乎所有的哈佛学生都在课外活动方面展示了自己的一技之长，有的甚至是多面手。51 名学生参加的课外活动种类非常多：在体育方面，有棒球、篮球、橄榄球、网球、曲棍球、排球、足球、高尔夫球、田径、游泳等；在文艺方面，有歌剧演员、导演、对跳舞、芭蕾舞等；在音乐方面，有小提琴、大提琴、合唱团、吉他、高音班卓琴、曼陀琴、爵士钢琴等；在兴趣小组方面，有数学兴趣组、地球科学、法语、各种杂志或年鉴、辩论等；在领导才能方面，有学生政府代表、学生会主席，各种协会的创始人、主席；还有企业运营者，志愿者等其他课外表现。可以说，这些受哈佛大学青睐的学生各具神通，课堂内外的表现都很出色。

（三）学业成绩与课外活动的相关性

按照前文 1 ～ 5 的赋值方法，课外活动达到国家级（如国际大赛冠军，奥林匹克竞赛前三名等），赋值为 5；地区范围的佼佼者赋值为 4，学校层面表现突出为 3，参加多项课外活动但不突出为 2，一般表现为 1。那么，51 位哈佛学生的课外活动表现都能够在 3 以上。其中，13 人达到 5 的水平，29 人到达 4 的水平。

一般情况下，如果申请者的学业成绩非常优秀，那么招生人员对其课外活动的要求就不会太高；反之，如果申请者在课外活动方面所取得的成就或荣誉（体育项目国家级冠军、奥林匹克大赛冠军等），使其成为稀缺生源，那么招生人员对这样的申请者在学术方面就会适当放低要求。从这一分析可以得出一个假设：被美国一流大学录取的申请者，其学业成就（SAT 成绩或 GPA）与课外活动（EXTRA）的表现是负相关的。虽然这里的 51 个案例不是随机抽样的，可能会存在抽样偏差，但是由于数量已经不少，仍然可以通过这些数据对上述的假设进行一定程度的初步检验。

SAT与课外活动EXTRA的Spearman相关检验的样本为50人，相关检验结果发现，二者之间的相关系数为-0.322，在0.05水平上是显著的。尽管具有显著的相关性，但是决定系数值却很小，大约为0.1。可以说，SAT成绩与课外活动的相关性并不是很高。

GPA与课外活动EXTRA的Spearman等级相关检验样本数为46人。从检验结果来看，GPA与课外活动之间并没有相关性（两者的相关系数为-0.117，$p = 0.219$）。此外，三个变量偏相关的分析也没有发现显著的相关性。尽管假设并不成立，但是却在一定程度上验证了美国一流大学综合评价招生录取结果的不确定性。

二、校园多元化理论的影响

在美国高选拔性大学的招生过程中，校园多元化理论的影响是非常显著的。多元化的含义有很多，如地域的多元化、族群的多元化，也包括学生特长、个性的多元化。大学招生办公室的招生顾问有明确的分工。他们将美国分为若干个地区，将美国之外的区域也分为若干个范围（如东亚、南亚、非洲、南美等），将这些地区分配给专门的招生顾问。通过这种明确分工，美国顶尖大学的学生群体在多样性方面就显现出较为稳定的某些特点。

2017年，哈佛大学本科部哈佛学院一共收到39 506份申请，经过招生委员会的选拔工作，2038名申请者收到了录取通知书，录取比例为5.16%。最终，1694名接受了哈佛大学的录取，新生产生率为83.1%。在这些最终进入哈佛大学的本科新生中（图6-3），来自濒临大西洋的美国中部地区的新生最多，达到21.3%，新英格兰地区是16.5%，美国南部是18.7%，中西部各州是10.1%，中部是1.7%，山地各州（Mountain States）有3.3%，太平洋地区有15.6%，国际学生为12.4%。从图6-3可以看出，2014—2017年，美国哈佛大学新生的区域比例尽管略有波动，当总体而言是相对稳定的。在波动幅度的绝对值方面，最大的是来自太平洋地区美国各州的新生比例，差值达到了1.9个百分点；最小的是来自山地各州的新生比例，差值仅为0.4个百分点。从这个角度来说，尽管他们否认存在任何形式的招生配额，但哈佛大学的招生名额存在一定程度的区域配额。哈佛大学如此，其他美国高选拔性大学，如耶鲁大学、普林斯顿大学等也存在类似的情况。

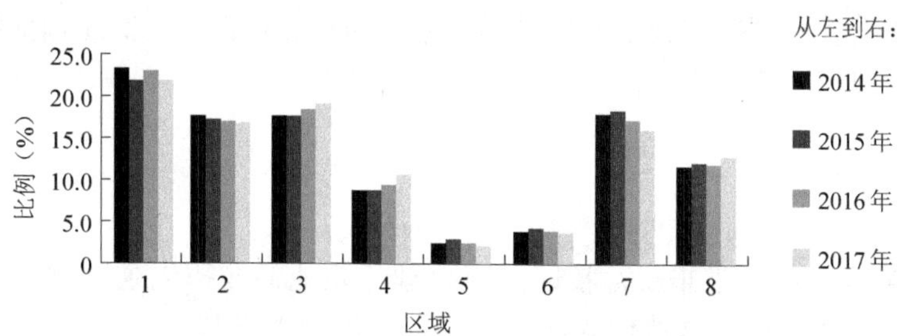

图 6-3 哈佛大学 2014—2017 年新生区域分布

1. 濒临大西洋的美国中部地区；2. 美国新英格兰地区；3. 美国南部各州；4. 美国中西部各州；5. 美国中部；6. 山地各州；7. 太平洋地区美国各州；8. 国际学生

资料来源：Harvard University. Admissions Statistics[EB/OL] https://college.harvard.edu/admissions/admissions-statistics [2017-08-27]

在种族分布上（图 6-4），2017 年哈佛大学录取的新生中，14.6% 是非洲裔美国人，22.2% 是亚裔美国人，西班牙裔或拉美裔美国人有 11.6%，还有 2.5% 是印第安人或太平洋岛民。与区域分布类似，哈佛大学招收的本科新生在种族分类的比例上同样具有一定的稳定性，2014—2017 年，非洲裔美国人的比例略有增长，但保持在 10% ～ 15%；亚裔美国人则是在 20% ～ 23%，同样呈增长趋势。近年来在美国的亚裔，特别是华裔开始关注自己的高等教育机会问题，甚至与常春藤联盟高校打官司摆事实讲道理，还是取得了一定的效果。少数族裔比例增加了，占主体的美国白人则略有下降，比例从 2014 年的 53% 下降到 2017 年的 49.1%。不过，在总体上美国白人的比例还是保持在一半左右。

美国一流大学的学生在区域分布或种族分布上的比例都呈现较为稳定的结构特点，有多个方面的原因。校园多元化理论的影响是其中的一个方面。和我国的顶尖大学钟情于收割高分学生不同，美国一流大学尽管也喜欢学术精英，但他们不希望校园里都是学术精英。他们知道，校园外面的现实社会中的精英、领导

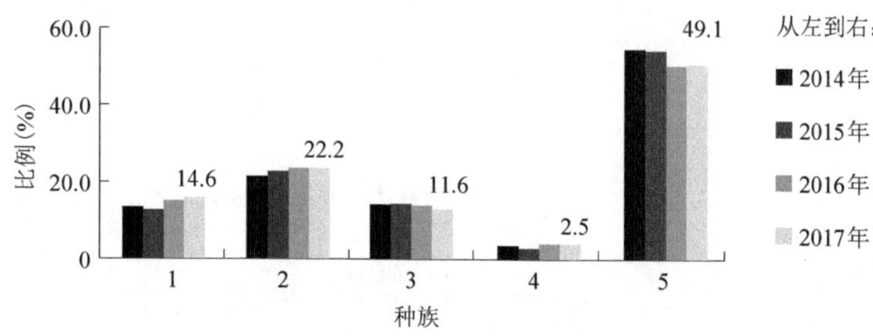

图 6-4 哈佛大学 2014—2017 年新生种族比例

1. 非洲裔美国人；2. 亚裔美国人；3. 西班牙裔或拉丁裔美国人；4. 印第安人或太平洋岛民；5. 美国白人

资料来源：Harvard University. Admissions Statistics[EB/OL]. https://college.harvard.edu/admissions/admissions-statistics [2017-08-27]

者，同样来自各个领域，并不仅仅是学富五车的高级知识分子，还包括社会活动家、出色的组织者等。

三、小结

对于美国一流大学来说，校园多元化理论是他们在招生录取过程中实施自由裁决权的重要依据，是他们躲避各类维权组织的指责甚至是诉讼的有力工具。校园多元化理论的产生过程充斥了社会各界对教育公平的诉求，也逐渐成为美国一流大学办学理念的重要组成部分。对于校园多元化的评判，有赞誉、有质疑、有反对，在这些嘈杂的声音中，体现的是教育理念的不同理解、传统观念的价值冲突和不同群体的利益博弈。这三种矛盾交织在一起，构成了美国高等教育的独特形态。

第七章

美国高等教育的资助体系

在私立大学的带动下，美国一流大学的学费都比较高。由表 4-6 可知，美国一流大学的学费和中国大学的学费有着天壤之别。从标签价格来看，公立院校四年的学费在 4.5 万美元左右（这是州内居民的标准，州外居民则要翻倍，甚至是增加两倍），私立院校四年的学费则在 15 万美元左右，并且这一数字还在逐年增加。[①]高等教育支出不仅包括学费，还包括住宿费、交通费、书本费以及其他生活费用。如此高昂的学费有其存在的必要性。同时，众多中低收入家庭往往难以直接支付美国一流大学的高昂学费。在这种情况下，美国社会从政府部门、高校到各类社会组织或企业、个人，构建了一个庞大、烦琐的高等教育资助体系，为支付能力不足或表现卓越的学生提供资助计划，帮助他们完成学业，在一定程度上保障了教育公平。在这些计划中，那些经济资本、文化资本、社会资本处于弱势的学生基本上都能够获得资助。资助政策是美国高等教育保持高水平发展过程中必不可少的一个环节。

第一节　精英教育与学费政策

美国大学的学费普遍比较高，特别是私立大学，高昂的学费既是维持其精英教育的保障措施，也成为阻碍许多中低收入阶层学生进入大学的高门槛。

一、美国一流大学的学费

优质的高等教育作为稀有资源，多是社会的优势阶层、权贵阶层才有资格和

① Peterson’s editors. How to Get Money for College[Z].Denver：Peterson’s，2014：i.

能力获得的。面向精英阶层办学的私立大学构成了早期美国高等教育的基础，其办学理念也奠定了美国高等教育的基调。面向权贵阶层的精英教育，其学费自然不会亲民，而且，也只有高昂的学费才能支撑起符合精英阶层要求的优质教育。

1957 年，耶鲁大学的本科就读费用是中等家庭收入的 55%，到了 1989 年，这一比例上升至 62%；1999 年达到了 73%；2004 年，数字继续上升，达到了 75% 的比例。1958 年，哈佛大学的学费是 1056 美元，普林斯顿大学是 1200 美元，耶鲁大学是 1100 美元。与之相比较，在公立大学中，美国加州大学伯克利分校是 106 美元，密歇根大学是 250 美元，威斯康星大学是 200 美元。除了学费，还有住宿费膳食费和其他支出。以耶鲁大学为例，麦迪逊分校其住宿费膳食费为 900 美元，其他生活支出约为 500 美元，加上学费，合计为 2500 美元。然而，当时美国中等家庭的年收入约为 4500 美元。① 私立大学的教育支出占美国中等家庭年收入的 56%，超过了一半。

2015—2016 学年，本书的 23 所私立大学样本院校的学费见图 7-1，可以看到，所有高校的学费都在 4.2 万美元以上。其中，5 所大学的学费在 5 万美元以上，学费最高的是哥伦比亚大学，达到了 5.1 万美元，其余 4 所是芝加哥大学、卡内基 · 梅隆大学、塔夫斯大学和乔治 · 华盛顿大学。学费最低的是莱斯大学的 4.2 万美元，另有两所大学的学费在 4.5 万美元以下，分别是普林斯顿大学和范德比尔特大学。

公立大学接受州政府的财政资助，致力于保障本州居民的高等教育权利，因此，州立大学对本州居民有着很大的优惠力度。从图 7-2 可以看到，

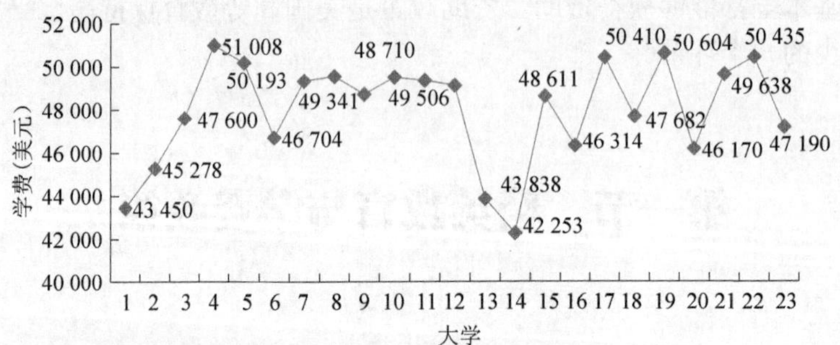

图 7-1 23 所私立大学样本院校学费（2015—2016 学年）

1. 普林斯顿大学；2. 哈佛大学；3. 耶鲁大学；4. 哥伦比亚大学；5. 芝加哥大学；6. 麻省理工学院；7. 杜克大学；8. 宾夕法尼亚大学；9. 约翰 · 霍普金斯大学；10. 达特茅斯学院；11. 布朗大学；12. 康奈尔大学；13. 范德比尔特大学；14. 莱斯大学；15. 佐治敦大学；16. 艾默里大学；17. 卡内基 · 梅隆大学；18. 维克森林大学；19. 塔夫斯大学；20. 纽约大学；21. 图兰大学；22. 乔治 · 华盛顿大学；23. 斯蒂芬理工学院

资料来源：U.S. News & World Report. National Universities Rankings[EB/OL]. https://www.usnews.com/best-colleges/rankings/national-universities?_mode=table[2017-03-30]

① Soares J A. The Power of Privilege：Yale and America's Elite Colleges[M]. Stanford：Stanford University Press，2007：59.

2015—2016 学年，在本书的样本院校中，州立大学对于本州居民的学费介于 6000 ～ 1.8 万美元。学费最低的是佛罗里达州立大学，为 6507 美元；另有两所大学的学费低于 1 万美元，分别是北卡罗来纳大学教堂山分校和马里兰大学。学费最高的是宾夕法尼亚州立大学，达到了 17 514 万美元；威廉玛丽学院次之，为 16 919 美元。

如果是非本州居民就读公立大学，学费就要翻倍了。对于州外居民，学费最高的是弗吉尼亚大学，为 43 822 美元；威廉玛丽学院次之，为 40 516 美元，同样超过了 4 万美元。多数高校的州外学费为 2.8 万～ 3.5 万美元（图 7-3）。除了学费，另有食宿费、个人其他开支等 1 万多美元需要考虑在内。比如，2015—2016 学年弗吉尼亚大学的食宿费为 10 400 美元，其他个人开支预计 2 340 美元，

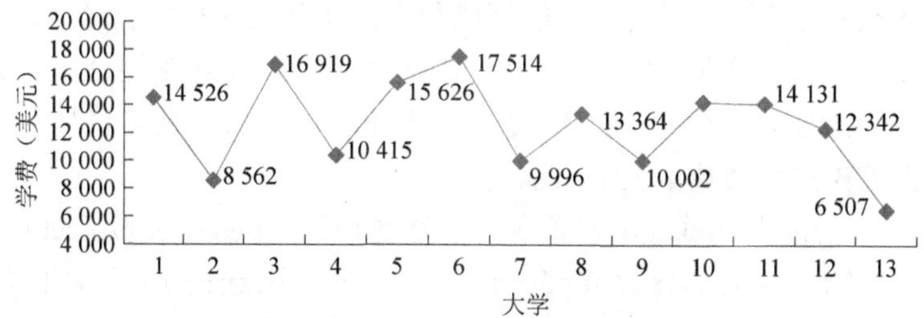

图 7-2　13 所公立大学样本院校州内居民学费（2015—2016 学年）

1. 弗吉尼亚大学；2. 北卡罗来纳大学教堂山分校；3. 威廉玛丽学院；4. 威斯康星大学麦迪逊分校；5. 伊利诺伊大学香槟分校；6. 宾夕法尼亚州立大学；7. 马里兰大学；8. 康涅狄格大学；9. 普渡大学；10. 克莱姆森大学；11. 新泽西州立卢格斯大学；12. 特拉华大学；13. 佛罗里达州立大学

资料来源：U.S. News & World Report. National Universities Rankings[EB/OL]. https://www.usnews.com/best-colleges/rankings/national-universities?_mode=table.[2017-03-30]

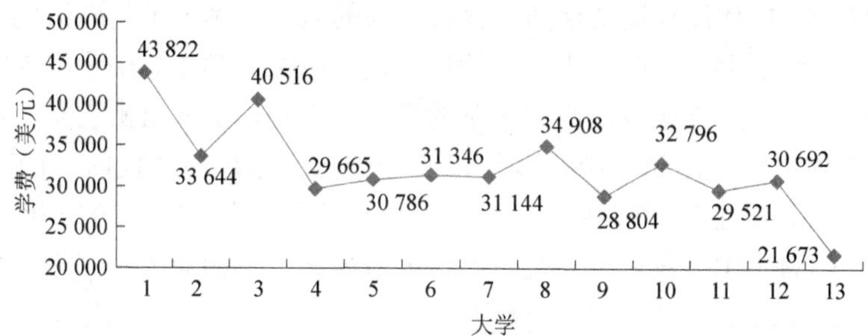

图 7-3　13 所公立大学样本院校州外居民学费（2015—2016 学年）

1. 弗吉尼亚大学；2. 北卡罗来纳大学教堂山分校；3. 威廉玛丽学院；4. 威斯康星大学麦迪逊分校；5. 伊利诺伊大学香槟分校；6. 宾夕法尼亚州立大学；7. 马里兰大学；8. 康涅狄格大学；9. 普渡大学；10. 克莱姆森大学；11. 新泽西州立卢格斯大学；12. 特拉华大学；13. 佛罗里达州立大学

资料来源：U.S. News & World Report. National Universities Rankings[EB/OL]. https://www.usnews.com/best-colleges/rankings/national-universities?_mode=table[2017-03-30]

合计 12 740 美元。[①]可以看出，美国一流大学的教育成本非常高。

二、资助政策的演变

一些早期建立的大学，比如欧柏林学院（Oberlin College）和安条克学院（Antioch College）（允许学生勤工助学），以及教会学院、历史上的传统黑人大学，这些高等学府致力于为来自低收入家庭的学生创造一个能够获得成功的环境。教会学院为学生提供紧急救助基金，提供财务教育，为首代大学生提供个性化的资助项目，即使这些学生并不了解奖学金的申请程序和学校的资助政策。[②]

1954 年，美国东北部 95% 的私立院校采用了大学委员会（CB）的高校奖学金服务（college scholarship service）。正如 CB 创设了 SAT 试图取代 GPA，高校奖学金服务项目的设立目的在于规范化和合法化私立院校实行基于需求的资助政策。通过这一基于需要的资助政策，私立大学可以提升在促进机会公平和精英政治方面的形象。他们可以说致力于按才能录取，按需要提供资助。这也是 1960 年之后 CB 的会员数量大幅上涨的原因。[③]

1961 年，哈佛大学试验了一项名为“赌博项目”（gamble project）人才培养项目。有人捐赠了 5 万美元设立奖学金，从全美范围选拔 19 位学生进行资助。这些学生来自贫困且父母没有接受过教育的家庭，SAT 成绩比班级低 75～100 分。时任耶鲁大学招生办主任霍韦认为，这样的计划是哗众取宠。常春藤联盟高校中的 60% 的学生需要具备承担学费的支付能力，全美范围达到这种收入层次的家庭估计只有 3%～5%。因此，这样的计划并不具有实际意义。[④]尽管如此，这一政策仍然具有探索意义。

20 世纪 60 年代民权运动期间，少数族裔的教育权利公平问题得到了一些顶尖私立大学的积极回应。哈佛大学开始积极地招收黑人学生。由于黑人学生在学生宿舍的融入问题存在争议，只有少量的黑人学生得以进入哈佛大学，住在学生宿舍的黑人则更少。比如，1935 年，没有一个黑人学生住在校内。1936 年，据估计有 8 名黑人学生在学院注册，另有 2 名就读于研究生院。1940 年，在 3574 名哈佛大学本科生中，只有 9 名是黑人，人数如此之低的原因是因为学费压力巨

---

① The Office of Undergraduate Admission. 2016 Visitor Guide[Z]. Charlottesville：University of Virginia，2016：11.

② Kezar A. Recognizing and Serving Low-income Students in Higher Education：An Examination of Institutional Policies，Practices，and Culture[C]. New York：Routledge，2011：VIII.

③ Soares J A. The Power of Privilege：Yale and America's Elite Colleges[M]. Stanford：Stanford University Press，2007：64.

④ Soares J A. The Power of Privilege：Yale and America's Elite Colleges[M]. Stanford：Stanford University Press，2007：66.

大，而不是学术水平的问题。[①]民权运动以及肯定性行动计划的实施，确实保障了众多少数族裔、非主流群体的入学机会。不过，这仅仅是从族群的角度来看。如果从家庭经济收入的角度来看，那么同一个族群内，高收入家庭子女的入学机会要远远超过低收入群体的入学机会。

1963 年，耶鲁决定实行“盲需政策”（need blind），即在招生的过程中不考虑申请者是否需要资助。这一政策获得了非常高的社会评价，被认为是精英政治的胜利。不过，从耶鲁大学接受资助的学生比例来看，这一政策对于学生的家庭阶层构成并没有影响。接受资助的学生比例基本维持在40%左右（表2-7）。[②]2016 年，哈佛大学大约 70% 的学生获得各种形式的资助，其中，接近 60% 的学生获得了基于资助需要的奖助学金。也就说，目前哈佛大学有超过 40% 的学生是来自家庭收入处于前 5% 的富裕家庭。[③]

20 世纪 70 年代早期，联邦政府开始关注社会阶层问题，设立了 TRIO 项目[④]，旨在帮助首代大学生和低收入家庭大学生能够进入大学，并获得成功。TRIO 项目提供指导、学术支持，以及进入大学并获得学业成功的必要且重要的知识。特别是联邦佩尔助学金（Federal Pell Grant）项目，为低收入家庭学生提供基于个人财务需求而不是基于优秀的资助。[⑤]州层面的项目，比如印第安纳州的 21 世纪奖学金项目，为低收入家庭学生提供专门的资助，提前向学生承诺提供资助，让他们可以选择更好的学校，不用顾忌学费，且为他们提供升学辅导。[⑤]

传统上，私立学校的运转是依靠学费和捐赠。到了 20 世纪 80 年代，这一情况发生了变化，学费不再是主要来源，捐赠成了办学经费的主要来源。哈佛大学有着很长的依赖捐赠的历史。截至 2006 年，哈佛大学的受捐额超过了 260 亿美元。在总量上，超过 300 所院校每年至少有 1 亿美元用于办学运转。在顶尖院校中，校友们参加捐赠活动的比例可以达到 40%。大部分比例的捐赠来自一小部分校友。在一些顶尖大学中，约 90% 的捐赠来自 10% 的校友群体。[⑥]充足的捐赠让顶尖大学敢于大张旗鼓地宣扬他们的“盲需政策”，即他们提供足够的资

---

① Synnott M G.The Half Opened Door：Discrimination and Admissions at Harvard，Yale，and Princeton，1900-1970[M]. New Brunswick：Transaction Publishers，2010：207.

② Soares J A. The Power of Privilege：Yale and America's Elite Colleges[M]. Stanford：Stanford University Press，2007：67.

③ Harvard College. Join Us：Admissions and Financial Aid [Z]. Harvard College，Office of Admissions and Financial Aid，2017：15.

④ TRIO 是指美联邦一系列面向弱势群体学生的资助项目的专有名词。原义是三重唱。

⑤ Kezar A. Recognizing and Serving Low-income Students in Higher Education：An Examination of Institutional Policies，Practices，and Culture[C]. New York：Routledge，2011：VIII.

⑥ Soares J A. The Power of Privilege：Yale and America's Elite Colleges[M]. Stanford：Stanford University Press，2007：165.

助帮助所有被录取的学生能够支付得起教育费用，以此来吸引那些非常杰出的但对学费有担忧的学生。

三、中低阶层的困境

尽管私立院校的学费一般要比公立院校高很多，但其奖学金项目可以很好地缩小二者的差距。许多私立院校投入大量的经费用于资助学生。所以，很多时候，上私立高校的成本并不会比州立院校高。关键的问题在于，中低阶层的学生在顶尖私立大学的竞争中往往处于劣势，未能跨过这些大学的第一道门槛，也就享受不到极具吸引力的盲需政策了。通过盲需政策，这些大学确实吸引了不少中低阶层的优秀学生。不过，他们却没有实行“盲富”（wealth blind）政策。他们大量地从预备学校中招收学生，因为预备学校学费高昂，只有具备支付能力的人才会选择预备学校。由于追求捐赠，这些大学也担心招收过多低收入家庭学生，进而产生贫穷的校友群体，并导致捐赠额缩减。①

此外，这些精英大学的录取政策中的评价指标同样不利于低收入家庭的学生。比如，课程难度、GPA、标准化考试成绩。提前录取、校友政策、体育生、精英奖学金等。实际上，即使分数、课程难度等学业成绩很出色，低收入家庭学生的入学机会仍然比高收入家庭学生低。低收入家庭的白人学生和拉美裔学生提交的大学申请表数量最少，收入越高，提交的申请表数量越多。亚裔学生则没有这一现象，家庭收入对他们的大学申请表数量没有影响。②哈佛大学前校长劳伦斯·萨默斯研究发现，在美国，家庭收入是一个影响子女能够获得大学学历的主要因素。在他的研究样本中，家庭收入处于底层 1/4 的学生，只有 9 位可以完成大学学业。而家庭收入处于上层 1/4 的学生，完成大学学业的概率是 75%。不仅如此，社会阶层对于学生是进入顶尖大学还是非选拔性大学有着非常大的影响。③鲍文（Bowen）、卿格思（Chingos）、麦克芬森（McPherson）的研究发现了类似的现象。在美国过去 30 年里，低收入家庭学生与中高收入家庭学生的大学录取率差距在不断扩大。④

---

① Golden D. The Price of Admission：How America’s Ruling Class Buys Its Way into Elite Colleges[M]. New York：Three Rivers Press，2007：5.

② Kezar A. Recognizing and Serving Low-income Students in Higher Education：An Examination of Institutional Policies，Practices，and Culture[C]. New York：Routledge，2011：XI.

③ Soares J A. The Power of Privilege：Yale and America’s Elite Colleges[M]. Stanford：Stanford University Press，2007：3.

④ Kezar A. Recognizing and Serving Low-income Students in Higher Education：An Examination of Institutional Policies，Practices，and Culture[C]. New York：Routledge，2011：VII.

在常春藤工作组（Ivy Group）和大学委员会的高校奖学金服务的政策中，家庭收入在前5%之外的学生都能获得一定的资助。1958年，美国中等家庭的收入是5100美元，只有当家庭收入超过12 000美元的学生才不具有接受资助的资格。资助额度通过固定的公式计算，主要参数是家庭收入以及必要的家庭支出，然后得出一个家庭能够为学生提供的教育支出，剩下的部分由学校提供资助。这样的资助政策看起来风险很高，有可能超出学校预算。不过，SAT、学业成绩高的学生往往来自上层家庭，依据这些成绩录取学生可以保证学生群体的支付能力。因此，这样的自主政策对于这些大学的预算并没有太大影响。对于这些顶尖私立大学来说，资助政策被用来控制学生的社会阶层构成，以便于提高大学的国家代表性。

一些谨慎的学者认为，“学术革命”的说法过于乐观。他们持不同的观点：20世纪50年代大学招生的变化是从特殊的社会关系转换至大学学术标准。WASP家庭仍然将远超其人口比例的后代送入常春藤联盟高校，之所以如此，得益于他们富足且有学识的家庭环境，以及金钱可以购买的最好的预备学校，或是学区房或是私立学校的学费。①

第二节　教育资助项目概览

大学支出对于中低产阶层的家庭来说，是一笔非常大的负担。各种各样的资助项目是一个减少高等教育成本的不错的选择。资助指的是给予某个学生的钱款，一般是一揽子资助计划，包括馈赠资助（通常称之为奖学金、助学金）、学生贷款，以及勤工助学岗位。②这些资助项目总体上可以分为四大类：联邦政府资助项目、州政府资助项目、大学资助项目和民间资助项目。资助项目种类繁多，过程复杂，为了帮助申请者更好地获益于这些复杂的资助政策，大多数院校配备人员负责为学生或申请者提供资助政策咨询服务。这些院校还会印刷专门的出版物介绍各类奖助学金政策，以便供学生家长参考。此外，中学的顾问人员同样关注高校的奖助学金政策，具备丰富的相关知识为学生解答各类问题。③

① Soares J A. The Power of Privilege：Yale and America’s Elite Colleges[M]. Stanford：Stanford University Press，2007：9，60-61，65.

② Betterton D. A guide to financing your child’s college education.In Peterson’s Editors. How to Get Money for College[Z].Denver：Peterson’s，2014：2.

③ Bell G M. All about scholarships.In Scholarships，Grants& Prizes[Z].Denver：Peterson’s，2013：3.

一、概况

每年全美高等教育奖助学金的总额约为1280亿美元，其中，90%的奖助学金发放给那些有资助需求的学生。判断一名学生是否具有资助需求，主要依据家庭贡献预测（expected family contribution，EFC），该预测的计算公式是有政府提供的联邦公式（Federal Methodology，FM）。多数情况下，只有年收入超过20万美元的家庭才不具有申请助学金的资格。[①]同时，多数学校限定：在大学四年或八个学期的学习期间，所有表明需要财力帮助的美国公民或永久居民都具有资格接受资助。[②]而一些财力雄厚的私立大学则对国际学生一视同仁，比如哈佛大学[③]、普林斯顿大学等。

官方的联邦学生资助网站设立了与家庭贡献预测类似的FAFSA4caster tool计算工具。这一工具同样可以帮助学生评判是否符合联邦资助的条件，同时，相关信息还可以转送至实际的联邦学生资助免费申请（Free Application for Federal Student Aid，FAFSA）表格，正式完成申请过程。家庭贡献预测的计算还与低收入家庭的收入标准紧密相关。2018年，美国发布了新的低收入家庭认定标准。除了阿拉斯加和夏威夷两个州的标准略高，其他48个州和华盛顿特区具有统一的家庭低收入认定标准，且根据家庭人口数递增（表7-1）。三口之家是31 170美元，五口之家是44 130美元。被认定为低收入的家庭，除了在教育领域有许多福利政策，在纳税、医疗等领域都有福利政策。因此，许多低收入家庭会选择多生育子女。

FAFSA是非常重要的，联邦学生资助提供的奖助学金占了资助总额的67%，同时，几乎各州都通过联邦政府系统发放资助，除此之外，众多高校也依据FAFSA的申请结果发放奖助学金。可以说，FAFSA是决定一名学生能否获得资助的通行证。当然，一些高校要求申请者填写高校奖学金服务/资助简况申请表CSS/Financial Aid PROFILE[④]申请表。由于申请者需要填写进入大学前一年的家

① MyinTuition. Quick College Cost Estimator：College，Cheaper than You Think[EB/OL]. https://myintuition.org/college-cheaper-think/[2018-01-20].

② The Rector and Visitors of the University of Virginia. We Stand Apart Because We Stand for All：Affording UVA[Z]. University of Virginia，2016.

③ Harvard College. Join Us：Admissions and financial aid [Z]. Harvard College，Office of Admissions and Financial Aid，2017：15.

④ CSS/Financial Aid PROFILE是由大学委员会（College Board）的分支机构大学奖学金服务中心（College Scholarship Service）设计的资助申请表，与FAFSA略有不同，CSS/Financial Aid PROFILE申请表包括更多的家庭信息，标准也更为严格，评估的家庭支出往往比较高。部分院校比较认可并采用CSS/Financial Aid PROFILE评估学生的资助资格，申请这些院校常常要提交FAFSA和CSS/Financial Aid PROFILE两份申请表。FAFSA是免费的，CSS/Financial Aid PROFILE则需要一定费用。CSS/Financial Aid PROFILE的申请网站为http://profileonline.collegeboard.com/index.jsp.

庭财务数据，因此，申请者在高中毕业年份的 1 月份提交申请报告。学生提交申请后，过若干周会收到 FAFSA 简况表，称之为学生资助报告（student aid report，SAR）。SAR 包括了家庭贡献预测 EFC。申请者可以通过 www.fafsa.ed.gov 提交申请，申请者以及最少一位家长需要通过 www.pin.ed.gov 获取联邦密码作为数字签名进行申请。对于提供提前招生、提前行动录取政策的高校，一般会让申请者填写 CSS/Financial Aid PROFILE 申请表或者高校自己设计的申请表。

申请者收到学生资助报告 SAR 的同时，所申请的高校也会收到 SAR 报告。根据这份报告，高校针对申请者的具体情况制定一揽子资助计划，资金来源不外乎是联邦、州、大学和民间。一揽子计划可能包括奖学金、助学金、贷款或勤工助学岗位（work-study）。奖学金一般是基于学业成绩（merit-based）进行发放，助学金一般是基于需求进行发放（need-based）。贷款和勤工助学岗位也称之为“自助资助”（self-help aid），因为贷款需要归还，勤工助学需要承担一定的工作任务，二者都不是赠与性质的资助。申请者在收到一揽子资助计划时，往往非常关注哪一部分是无须归还的奖学金，哪一部分是贷款，贷款的利率如何，归还期限又如何，勤工助学岗位的工作要求是什么，每周需要工作几个小时等。

一揽子资助计划和大学总支出之间的差额，就是家庭需要承担的部分。家庭承担的部分可以分为学生额度和家长额度。比如，学生个人资产的 35%，以及当学生的年收入超过 2200 美元时，其中的 50% 需要用于学费支出。扣掉学生额度，余下的部分就是父母需要承担的教育支出。如果父母觉得家庭承担的额度还是无法承受，那么可以和高校的资助办公室联系，看是否可以进行适当调

表 7-1　当前美国低收入家庭认定标准（2018 年 1 月 18 日生效）（单位：美元）

家庭人数	48 个州和华盛顿特区	阿拉斯加	夏威夷
1	18 210	22 770	20 940
2	24 690	30 870	28 395
3	31 170	38 970	35 850
4	37 650	47 070	43 305
5	44 130	55 170	50 760
6	50 610	63 270	58 215
7	57 090	71 370	65 670
8	63 570	79 470	73 125

注：1. 家庭低收入的标准等于家庭贫困线的 150%；2. 如是如果家庭人口超过 8 人，位于“48 个州和华盛顿特区”的家庭，每增加一个人口，该标准增加 6480 美元，阿拉斯加的家庭增加 8100 美元，夏威夷的家庭增加 7455 美元

资料来源：U.S.Department. Federal TRIO Programs Current-Year Low-Income Levels[EB/OL]. https://www2.ed.gov/about/offices/list/ope/trio/incomelevels.html[2018-03-22]

整。许多私立院校愿意尽可能争取申请者到校就读。此外，如果有其他院校争取同一个申请者，提供了更为优惠的资助计划，那么高校也可能提高他们的资助方案。① 申请者在获得奖学金资格之后，还需要回函致谢以及确认是否接受奖学金。高校一般要求申请者在 5 月 1 日之前回复，也可能更早。②

不论是联邦、州、校还是其他来源的资助，奖助学金主要资助给具有资助需求的学生。以弗吉尼亚大学为例（表 7-2），联邦提供的奖助学金中 84% 的比例是基于需求的，州层面基于需求的奖助学金比例更高，达到了 99%，校层面也达到了 93%，校外奖助学金基于需求的比例最低，但也达到了 80%。总体来看，弗吉尼亚大学基于需求的奖助学金比例高达 87%，只有 13% 的比例是基于其他条件进行发放的奖助学金。

二、联邦学生资助

联邦学生资助（Federal Student Aid，FSA）是美国教育部的下属机构，是美国最大的提供学生资助的部门。FSA 的工作人员超过 1300 人，每年以助学金、贷款、勤工助学金的方式为超过 1300 万名学生提供超过 1200 亿美元的资助。美国 1965 年的《高等教育法案》第四编授权联邦为大学生提供资助，这项工作由 FSA 承担。FSA 的主要职责包括：向学生家长宣传联邦资助项目；设计 FAFSA 申请表并每年审核大约 2000 万份申请表；向超过 6000 所院校机构准确发放各类资助拨款；管理联邦学生贷款档案文件并确保贷款的回收；为学生、家长、借款人提供帮助；监督联邦学生资助项目运转过程中所涉及的参与者——学校、金融

表 7-2 2016—2017 学年弗吉尼亚大学学生奖助学金概况

奖学金 / 助学金	金额（美元）	基于需求（美元）	比例（%）	非基于需求（美元）	比例（%）
联邦	12 810 055	10 740 956	84	2 069 099	16
州（不仅仅是弗吉尼亚州）	6 443 981	6 405 081	99	38 900	1
校奖学金，年度捐赠，学费赠与，院系奖学金，不包括体育生资助和学费减免	68 354 751	63 575 107	93	4 779 644	7
校外奖学金或助学金	80 903 884	65 118 734	80	15 785 150	20
总额	168 512 671	145 839 878	87	22 672 793	13

资料来源：University of Virginia. Institutional Assessment & Studies [EB/OL]. http://ias.virginia.edu/cds-2016-17 [2018-03-18]

① Betterton D. A guide to financing your child’s college education. In Peterson’s Editors. How to Get Money for College[Z].Denver：Peterson’s，2014：2-3.

② Bell G M. All about scholarships. In Scholarships，Grants & Prizes[Z].Denver：Peterson’s，2013：4.

机构、学生遵纪守法。[①]

近些年来，美国经济不景气，联邦缩减预算，有些奖学金项目也受到了影响。比如，设立于1985年的罗伯特·C. 拜德荣誉奖学金项目（Robert C. Byrd Honors Scholarships），每年从每个众议院代表选举区选拔10位优秀学生，提供1500美元的资助，全美受助者多达4000多人，是影响比较大的奖学金项目。然后，由于美国国会没有通过预算，2012—2013学年之后就停止了该奖学金项目。[②]

（一）助学金

邦学生资助办公室提供的助学金主要有四种（表7-3）。联邦学生资助每年发放一次，学生每年都需要提交FAFSA申请表。如果申请者没有按照要求达到一定的在读时间，那么将需要归还全部或者部分助学金。

表7-3　2017—2018资助年，FSA提供的主要助学金项目

项目	说明	资助金额
联邦佩尔助学金（Federal Pell Grant）	提供给那些有特殊资助需要的，且还未获得学士学位或者研究生学位的学生；某些就读于本科后教师认证专业同样可以获得该项助学金；资助期限不超过12学期或者6年的时间	2017—2018资助年度的助学金上限是5920美元
联邦增补教育机会助学金项目（Federal Supplemental Educational Opportunity Grants，FSEOG）	提供给那些有特殊资助需要的，且还未获得学士学位或者研究生学位的学生；联邦佩尔助学金受助者优先；不是所有的高校都参与FSEOG项目；拨款根据不同的学校进行调整；申请表必须在学校截止日期前提交	资助额度上限是4000美元一年
高校及高等教育教师教育（Teacher Education Assistance for College and Higher Education，TEACH）辅助助学金	提供给那些将要或正在就读的、计划成为中小学教师的本科、本科后、研究生课程项目的申请者；在8年的期限内完成相关学业之后，申请者必须同意在师资薄弱地区的学校或者教育服务机构（面向低收入学生）作为全职教师服务满4年；必须就读于参与该项目的院校并达到一定的学业要求；如果没有完成服务年限，助学金将转变为必须偿还的“直接未资助贷款”（Direct Unsubsidized Loan）	2017—2018资助年度资助金额：上限是3736美元，发放时间是2017年10月1日之后，2018年10月1日之前
伊拉克阿富汗服务助学金（Iraq and Afghanistan Service Grant）	在“911事件”之后，父母或者监护人作为美国军人在伊拉克或阿富汗服役，并在执勤过程中牺牲，此类学生具有资格申请；申请者必须是由于收入问题不具有资格获得联邦佩尔助学金；必须不超过24周岁，或者在父母或监护人牺牲时至少是高校、职业院校的在职学生	2017—2018资助年度资助金额：上限是5529.28美元，发放时间是2017年10月1日之后，2018年10月1日之前

资料来源：FSA. Federal Student Grant Programs[EB/OL]. https://studentaid.ed.gov/sa/sites/default/files/federal-grant-programs.pdf[2017-12-22]

① Federal Student Aid. About Us[EB/OL]. https://studentaid.ed.gov/sa/about[2017-12-21].

② College Financial Aid Advice. Robert C Byrd Honors Scholarships[EB/OL]. http://www.college-financial-aid-advice.com/robert-c-byrd-honors-scholarship.html[2018-01-26].

（二）贷款

助学贷款需要按照一定的利率归还本息。贷款的资金来源有联邦政府或者民间机构，如银行和金融机构。美国教育部提供两类联邦助学贷款。第一类，威廉·D. 福特联邦直接贷款（William D. Ford Federal Direct Loan，Direct Loan）项目。直接贷款项目是美国最大的联邦贷款项目，教育部是借款方。直接贷款项目分为四个子项目：①直接补贴贷款（Direct Subsidized Loans）项目，提供给符合条件且具有资金需要的本科生完成高等教育学业。该贷款项目的利率每年可能有差别，2017—2018 资助年度的利率是 4.45%。[①]②直接非补贴贷款（Direct Unsubsidized Loans）项目，提供给符合条件的本科生、研究生或专业学生，无须表明具有资助需要。该贷款项目的利率每年可能有差别，2017—2018 资助年度的年利率是本科生 4.45%，研究生或专业学生 6%。③直接 PLUS 贷款（Direct PLUS Loans）项目，提供给研究生或专业学生以及非独立学生的家长，支付其他资助不覆盖的教育支出。该贷款项目的利率每年可能有差别，2017—2018 资助年度的利率是 7%。④直接合并贷款（Direct Consolidation Loans）项目，该项目允许申请者将多个联邦助学贷款项目合并为一个贷款项目，简化程序和服务。美国教育部提供的第二类联邦助学贷款项目是联邦佩金斯贷款（Federal Perkins Loan）项目，该项目是以院校为基础的、为本科生研究生提供特定资金资助的贷款项目，院校是借款方。佩金斯贷款项目采用固定利息率，贷款年利率是 5%。[②]

在贷款额度方面，如果是符合条件的本科生，可以从佩金斯贷款项目获得上限 5500 美元的助学贷款，可以从直接补助贷款项目和直接非补助贷款项目获得 5500 ～ 12 500 美元的助学贷款。如果是符合条件的研究生，可以从佩金斯贷款项目获得上限 8000 美元的助学贷款，具体金额取决于高校的资金情况和其他因素；可以从直接非补助贷款项目每年获得上限 20 500 美元的助学贷款；可以从直接 PLUS 贷款项目获得助学贷款，用于支付其他资助不覆盖的教育支出。如果贷款人是学生家长，同样贷款项目每年获得上限 20 500 美元的助学贷款；可以从直接 PLUS 贷款项目获得助学贷款，用于支付其他资助不覆盖的教育支出。[③]

联邦助学贷款一般是有贷款需求的学生的首选，因为与其他贷款项目相比，

① FSA. What Are the Interest Rates for Federal Student Loans?[EB/OL]. https://studentaid.ed.gov/sa/types/loans/interest-rates[2017-12-24].

② FSA. Federal Student Loans for College or Career School Are an Investment in Your Future[EB/OL]. https://studentaid.ed.gov/sa/types/loans[2017-12-23].

③ FSA. How Much Money Can I Borrow in Federal Student Loans?[EB/OL]. https://studentaid.ed.gov/sa/types/loans[2017-12-24].

联邦助学贷款有很多优势。第一，学生毕业、辍学之后才需要开始还款，而许多民间贷款则可能要求借款人在就读期间开始还贷。第二，联邦助学贷款的利率是固定的，年利率一般都低于 5%，低于民间贷款的利率。民间贷款的利率可能会变动，最高的利率高达 18%。第三，获得联邦助学贷款的学生很有可能获得政府的补贴用于支付在校期间的贷款利息；民间贷款则无法获得政府的补贴。第四，联邦助学贷款（除了 PLUS 贷款）不要求学生提供个人信用记录，而且，获得贷款的学生还可以获得一个良好的信用记录。民间贷款则需要学生提供个人信用记录，贷款的发放会依据信用记录以及其他因素确定不同的利率和还款条件。第五，多数情况下，联邦助学贷款不需要担保人，而民间贷款则需要担保人。第六，联邦助学贷款可以申请转变为直接合并贷款，将多个贷款项目归集为一个总项目进行管理和还贷。民间贷款项目则不可以。① 第七，如果参与某些公共服务，申请者可能可以获得减免。此外，在提前还贷、还款方式上联邦助学贷款都会比较优惠。②

（三）勤工助学

联邦勤工助学（Federal Work-Study）项目为需要资助的本科生、研究生提供课外兼职岗位，获得报酬用于教育支出。该项目提供的岗位侧重社区服务和与学生专业相关的工作。同时，不仅全日制学生有资格申请，非全日制的学生也可以申请该项目。

学生可以选择在校内或者在校外工作。校内岗位一般是服务于学校。校外岗位一般是在非营利私立单位，或者是公共机构，工作的内容必须是服务于公共利益。一些学校可能与营利性私立单位签订了协议为学生提供勤工助学岗位，此类岗位的工作内容必须和学生的专业课程相关。如果学生所在的学校是营利性机构，那么相关的条款就会更加严格。

勤工助学岗位的薪资根据工作性质、内容而定，不会低于联邦最低的薪资标准。由于预算有限，学生应该尽可能早地申请工作岗位。在支付方式上，如果是本科生，将是按小时获得薪酬；如果是研究生或专业学生，可能是按小时或者获得固定薪酬。学校至少每个月要支付一次薪酬。学校必须将薪酬直接支付给学生，除非学生提出特殊的要求，如支付到学生的银行账户上，或者抵扣学费、住

① FSA. Consolidating Your Federal Education Loans Can Simplify Your Payments，But It Also Can Result in the Loss of Some Benefits [EB/OL]. https://studentaid.ed.gov/sa/repay-loans/consolidation[2017-12-24].

② FSA. When It Comes to Paying for College，Career School，or Graduate School，Federal Student Loans Offer Several Advantages Over Private Student Loans[EB/OL]. https://studentaid.ed.gov/sa/types/loans/federal-vs-private [2017-12-24].

宿费等相关教育支出。①

三、各州奖助学金项目

什么是奖学金？从广义上说，奖学金是为具有入学资格的学生提供资金上的公开赠与，帮助他们支付学费或者用于在校期间的生活支出。奖学金无须归还，不过，要持续获得资助，学生往往需要满足一些条件，比如，达到一定的课程平均绩点，完成一定数量的课时，修习某个特定的专业，或者成为某个组织的成员。在许多院校，奖学金可以和学校的工读项目组合起来。奖学金常常和其他形式的资助项目组成一个非常具有吸引力的奖助学金一揽子计划，比如低息贷款，通过这种方式让学生能够承担高等教育费用。

奖学金通常可以分为三个主要类别：第一类，基于需求奖学金（need-based scholarships），依据收入提供奖学金金额。第二类，基于才能奖学金（merit-based scholarships），依据学术成就，有时候也可能是因为课外活动成就提供奖学金；基于才能奖学金的来源有很多，比如大学，大学中的院系，州奖学金项目，或者是某个乐于帮助杰出学生的捐赠者。第三类，综合评估奖学金（association-based scholarships），此类奖学金的赠与依据五花八门，比如家庭居住的县市、特定组织的成员身份、兄弟会或宗教组织，或者父母的工作单位等。②有些奖学金项目可能只资助入学的第一学年，有些奖学金项目则可以持续资助整个就读期间。

（一）概况

多数学校不排斥有资助需求的学生。除了美国政府出资联邦佩尔助学金项目和联邦增补教育机会助学金项目这两个美国最大最好的两个基金项目之外，各州拨款的奖学金基金项目也是很好的选择。②

各州的教育机构都提供了基于才能的奖学金和基于需求的奖学金。同时，许多州面向本周居民设立了学费保障计划或者教育保护项目。另有1/4左右的州采纳了泰勒计划（Taylor Plan），当中低收入家庭子女达到一定的学业成绩要求之后，该计划将为他们支付大学学费。此外，一些州相互之间签订协议，互相提供学费优惠政策。不是所有的州都提供了勤工助学岗位计划，另有不少的州针对

---

① FSA. Federal Work-Study Jobs Help Students Earn Money to Pay for College or Career School [EB/OL]. https://studentaid.ed.gov/sa/types/work-study.[2017-12-24].

② Bell G M. All about scholarships.In Scholarships，Grants& Prizes[Z].Denver：Peterson's，2013：3.

教育或医疗健康专业提供了学费减免计划。[①]

一些奖学金项目是联邦与州合作组织和实施的资助计划。比如，学生激励助学金（Student Incentive Grants），该项目的性质类似联邦佩尔助学金，不同的是，该项目由各州的教育机构评选出受助者，部分资金是由联邦政府提供的。申请者需要提交 FAFSA 申请表，各州根据学生资助报告 SAR 以及家庭贡献预测 EFC 向具有资格的学生发放助学金，一般采用先到先得的方式。各州提供的额度各不相同，2018 年度新墨西哥州的资助额是 2000 美元，[②]北卡罗来纳州的资助额是 700 美元，[③]有些州的资助额可以达到 2500 美元。保罗·道格拉斯教师奖学金项目（Paul Douglas Teacher Scholarship）同样是基于才能的由联邦政府提供拨款、各州组织评审的奖学金项目。该奖学金项目致力于鼓励那些学业成绩在班级前 10% 的学生投身教育行业（学前教育、中小学教育）。获奖者每年可以获得上限 5000 美元的奖学金，申请的时限是 4 年。毕业之后需要在相关教育领域从事至少 2 年的工作。[④]

越来越多的州设立了非基于需求的助学金项目。2001 年，37 个州设有此类助学金项目，发放了 4.25 亿美元助学金，这些数字还在上涨。典型的非基于需求的助学金项目主要有三类：第一类，学费对等项目（tuition equalization programs），该项目目的在于缩小公立高校与私立高校之间的学费差距，增强私立高校的竞争力；第二类，优秀奖学金或人才奖学金（scholarship programs or merit awards），该项目用于吸引优秀人才留在本州工作；第三类，分类资助项目（categorical aid programs），此类奖学金鼓励学生研修特定的专业，比如数学或科学专业。同时，也为特定的人群提供资助，比如老兵或者公职人员。[⑤]

（二）案例——纽约州奖助学金项目

各州都设立了专门的公立部门实施高等教育奖助学金项目。高等教育服务公司（Higher Education Services Corporation，HESC）是纽约州的学生资助事务办公室。[⑥]2017 年，纽约州高等教育在校生数超过了 120 万人，纽约州的高

① Rye D. The Complete Idiot's Guide to Financial Aid for College，2nd Edition[M]. New York：Alpha Books，2008：132.

② NMHU. State Student Incentive Grant[EB/OL]. http://www.nmhu.edu/financial-aid/state-student-incentive-grant/[2017-12-26].

③ CFNC. Student Incentive Grant[EB/OL]. https://www.cfnc.org/paying/schol/sig.jsp[2017-12-26].

④ Teaching Scholarships & Grants[EB/OL]. https://www.teacher.org/scholarships-grants/[2018-01-12].

⑤ Rye D. The Complete Idiot's Guide to Financial Aid for College，2nd Edition[M]. New York：Alpha Books，2008：135.

⑥ HESC. HESC News[EB/OL]. https://www.hesc.ny.gov/hesc-news.html#AnnualReports[2018-01-25].

等教育年度预算大约是70亿美元。纽约州的学费资助项目（Tuition Assistance Program，TAP）是美国最大的基于需求的助学金项目，也是纽约州学生资助项目的核心。2016—2017学年，超过33.6万名在高校就读的纽约居民获得了超过9.17亿美元的资助，平均每位学生获得3320美元的资助。2016—2017学年，通过选拔性奖学金项目、贷款减免计划及其他奖励项目，HESC为3.7万多名学生发放了超过6390万美元的资助。[①]

四、高校奖助学金项目

高校的奖助学金项目五花八门，资助的条件取决于捐赠条款或者各院系的相关要求。一般情况下，高校本身设立的奖学金同样分为两类，一类是基于资助需要的助学金，一类是优秀奖学金，需要通过遴选。第一类助学金在申请者提交资助申请表证明有资助需求时，就会自动纳入候选名单。优秀奖学金往往是学校或学院根据捐赠者的要求和院系特殊情况制定获奖条件。8所常春藤联盟高校以及部分排名前20的顶尖大学明确不设立基于才能的优秀奖学金，比如，哈佛大学所有的资助都是基于资助需要的，没有设立任何学术、体育或其他基于才能的奖学金。哈佛大学满足所有具有资助需要的学生的资助要求，大学四年都是如此。[②]。

弗吉尼亚大学的学生资助服务中心（Student Financial Services Center）专门负责学生的资助事务。该中心负责运转多个校级奖助学金项目。表7-4罗列的是弗吉尼亚大学学生资助服务中心认定颁发的奖学金。在这23项奖学金中，捐赠来源主要是个人或者基金会，赠与条件主要有：具有资助需求、来自某个地区、毕业于某个中学、就读某个学院或选择某个专业、曾参加某类活动等。有一次性奖学金，也有可重复申请的奖学金。

表7-4　弗吉尼亚大学学生资助服务中心认定颁发的奖学金

奖学金名称	说明
百丽－蒂芙尼奖学金（Bayly-Tiffany Scholarship）	提供给来自弗吉尼亚州阿科马克郡（Accomack County）或北安普顿郡（Northampton County）的本科生
小V. 托马斯·佛汉德奖学金（V. Thomas Forehand，Jr. Scholarship）	提供给一位来自彻萨皮克（Chesapeake），毕业于奥斯卡·F. 斯密斯高中（Oscar F. Smith High School），诺佛克预备学校（Norfolk Academy），或南司梦德－沙佛克预备学校（Nansemond-Suffolk Academy）的本科生

① Higher Education Services Corporation. 2016-2017 Annual Report：Empowering New York State Students for College Access and Success[R]. New York：HESC，2018：2.

② Harvard College. Join Us：Admissions and Financial Aid [Z]. Harvard College，Office of Admissions and Financial Aid，2017：15.

续表

奖学金名称	说明
约翰•阿伦•乐福奖学金(John Allen Love Scholarship)	提供给来自密苏里州的一位本科生或研究生。优先给来自圣路易斯或圣路易斯郡的居民，来自圣路易斯郡或者就读于政府和国际事务系的学生有第一优先权。
查理斯•弗雷德•万森奖学金(Charles Fred Wonson Scholarship)	提供给来自弗吉尼亚州司东顿(Staunton)且毕业于罗伯特·E. 李高中(Robert E. Lee High School)的学生
肯尼斯•N 和芭芭拉·B. 阿达托奖学金(Kenneth N. and Barbara B. Adatto Scholarship)	该奖学金专门提供给文理学院的学生，优先颁发给来自路易斯安那州的埃克斯学者(Echols Scholars)。由学院院长指定获奖者
约翰•A. 巴拉克本奖学金(John A. Blackburn Scholarship)	该奖学金的设立是为了纪念约翰·A. 巴拉克本，1985 年开始担任大学招生办公室主任直到 2009 年去世。目前为止募集了超过 180 万美元的基金，募捐者包括所有弗吉尼亚公立大学的招生办公室主任
托马斯•宾克妮•布莱恩纪念奖学金(Thomas Pinckney Bryan Memorial Scholarship)	奖学金获得者必须由弗吉尼亚艾皮斯科帕高中(Episcopal High School of Virginia)的校长指定，并获得捐赠人的认可。该奖学金每年颁发一次，获奖者可以重复，但不超过三个学年
福来鸡杯奖学金(Chick-Fil-A Bowl Scholarship)	基于优秀的奖学金，优先给予具有领导能力的学生。来自佐治亚州亚特兰大市的公立高中系统，且参加了由全美橄榄球基金(National Football Foundation)的“聪明地打球”项目(Play It Smart program)的学生拥有第一优先权
北卡罗来纳州克利夫兰郡奖学金(Cleveland County, North Carolina, Scholarship)	该年度奖学金颁发给来自北卡罗来纳州克利夫兰郡，有资助需要，学术能力优秀的学生
爱德华•库克奖学金(Edward Cooke Scholarship Fund)	教育家爱德华·库克的遗产分配了超过 130 万美元给弗吉尼亚大学，用于资助贫困学生，特别是来自皮特斯堡地区(Petersburg area)的学生
海利法克斯郡/南波士顿奖学金(Halifax County/South Boston Endowed Scholarship)	颁发给来自弗吉尼亚州海利法克斯郡或南波士顿的有资助需求的学生
乔治•E. 翰墨维特纪念奖学金(George E. Hamovit Memorial Scholarship)	基于需求的奖学金，每年评选一次，面向来自弗吉尼亚州皮特斯堡，且毕业于皮特斯堡高中的学生
小汉森•R. 博斯维尔基金格林伍德奖学金(Henson R. Boswell, Jr., Foundation Greenwood Scholarships)	面向来自弗吉尼亚州格林伍德(Greenwood)的学生
安德鲁•C. 金博尔纪念奖学金(Andrew C. Kimball Memorial Scholarship)	颁发给一个计划就读弗吉尼亚大学且毕业于维克菲尔德高中(Wakefield High School)的学生
珍妮•W. 麦克勾万纪念奖学金(Jayne W. McGowan Memorial Scholarship)	面向来自纽约州曼纽斯(Manlius, N.Y)，毕业于法耶特威尔曼纽斯高中(Fayetteville-Manlius High School)的毕业生，鼓励他们申请弗吉尼亚大学
保罗•梅隆奖学金(Paul Mellon Scholarship)	颁发给来自弗吉尼亚州佛奎尔郡(Fauquier County)，学业出色且有资助需要的本科生。如果获奖者保持优秀的学业成绩，那么有资格每年接受资助，直到获得学位
奥利弗•林伍德•佩里奖学金(Oliver Linwood Perry Endowed Scholarship)	颁发给那些曾经服务于印第安纳社区的本科生或研究生，特别是弗吉尼亚州的原住民

续表

奖学金名称	说明
沙拉·希沃德奖学金（Sarah Seward Scholarship）	颁发给皮特斯堡高中的毕业生，由皮特斯堡高中董事会选拔
西蒙·希沃德奖学金（Simon Seward Scholarship）	颁发给皮特斯堡高中的毕业生，由皮特斯堡高中董事会选拔
本杰明·F. 托马斯奖学金（Benjamin F. Thomas Scholarship）	颁发给田纳西州查塔努加和汉密尔顿郡（Chattanooga and Hamilton County）学校的毕业生，同时有资助需求，学业优秀
大学成就奖学金（University Achievement Award）	专门颁发给来自弗吉尼亚州，能够促进校园多元化的学生。该奖学金的资助力度涵盖了学费和其他学习支出。申请条件主要是：弗吉尼亚居民，学业优秀，领导能力杰出，热衷公共事务。学生必须至少满足以下条件中的两条：①曾经克服逆境；②第一代大学生；③低代表性的少数族裔；④来自低收入家庭；⑤居住于偏远地区或内陆城市；⑥单亲家庭
罗伯特·瓦迪奖学金（Robert Waddy Scholarship）	根据肯塔基州法耶特郡（Fayette County）的罗伯特·瓦迪先生的意愿设立该奖学金
H. C. 瓦特森纪念奖学金（H. C. Watson Memorial Scholarship）	颁发给来自弗吉尼亚州阿科马克郡（Accomack County）或北安普顿（Northampton），且获得百丽 - 蒂美尼奖学金的学生

资料来源：Student Financial Services. Scholarships Identified and Awarded by SFS[EB/OL]. University of Virginia：http://sfs.virginia.edu/sfsidentify[2018-03-18]

另一类奖学金需要申请者自我认定是否符合评奖资格（表 7-5）。所有自认为符合此类奖学金评选条件的申请者都需要向学生资助服务中心发送邮件，按照要求提供材料。弗吉尼亚大学的此类奖学金需要申请者自我证明属于某个教派、是否是本校教职工子女、是否是老兵或老兵子女、祖先的身份等。

还有一些奖学金的评选对象同样是某所大学的学生，不是高校直接管理，而是设立了独立的评选机制。比如，弗吉尼亚大学的杰弗森奖学金（Jefferson Scholarship）就是竞争非常激烈的优秀奖学金。托马斯·杰弗森（Thomas Jefferson）1819 年创办了美国第一所不归属于任何教派的弗吉尼亚大学，致力于培养公共事务的领导者，而不仅仅是专业人士。设立杰弗森奖学金遵从了杰弗森的教育理念，为那些学术水平卓越、热衷公共事务的领导者提供丰厚的奖学金，让他们可以自由地发挥才能，让大学社会变得更好。该奖学金分为本科生教学金、研究生奖学金及教授奖学金。本科生奖学金设立于 1980 年，不仅提供本科四年的全额奖学金，同时设立了若干个专项奖学金，用于提升学生的团队协作能力、领导能力等。2017 年，杰弗森奖学金为非弗吉尼亚生源的学生提供了超过 28 万美元的奖学金和 6.2 万美元的杰弗森学者津贴，为弗吉尼亚生源的学生提供了超过 15 万美元的奖学金和 3.15 万美元的杰弗森学者津贴。

表 7-5 申请者向弗吉尼亚大学学生资助服务中心自我认定资格进行申请的奖学金

奖学金名称	说明
玛格丽特·E. 菲利普斯奖学金（Margaret E. Phillips Scholarship）	颁发给那些预备成为或计划做一名美国新教圣公会牧师（protestant episcopal church）的学生。申请者需要提供某位牧师的推荐信或某个组织的文件等有说服力的材料
詹姆斯·H. 斯金纳奖学金（James H. Skinner Scholarship）	颁发给那些计划做一名美国新教圣公会牧师（Protestant Episcopal Church），并且为了这一目标到大学进行通识教育的学生
弗吉尼亚大学教职工奖学金（University of Virginia Faculty & Staff Scholarship）	该项奖学金提供给弗吉尼亚大学和弗吉尼亚大学外斯学院（University of Virginia's College at Wise）的全职教职工子女，且具有资助需求
托马斯·弗朗西斯·法拉尔二世奖学金（Thomas Francis Farrell II Scholarship）	提供给父母或抚养人为美国军队现役军人，或者近 10 年退役的军人。申请者需要提交证明材料或者 DD Form 214 表格
尼尔家族奖学金（Neall Family Scholarship）	该奖学金提供给老兵，或者工程和应用科学的一年级的老兵子女。在阿富汗、伊拉克服役的老兵具有优先权。学生的中学成绩平均绩点至少达到 3.0
伊丽莎白·巴霍德·菲利普斯奖学金（Elizabeth Buford Phillips Scholarship）	Φ β K 优等生联谊会的女学生，且先辈在独立战争之前就来到美国。平均成绩绩点至少 3.7，每个学期累计 14 个学分等
莱昂纳德·W 和杰瑞·S. 桑里奇奖学金（Leonard W. and Jerry S. Sandridge Scholarship）	资助弗吉尼亚大学或外斯学院教职工的子女或孙辈，具有资助需求
玛丽·L. 罗斯·胡格诺奖学金（Marie L. Rose Huguenot Scholarship）	提供给那些能够证明血脉源于胡格诺祖先的本科生。申请者需要提供出生证明、家谱证明和简短的自传

注：DD Form 214，美国国防部（The Defense Department）向退伍军人发放的退役情况说明文件

资料来源：Student Financial Services. Scholarships Requiring Students to Self-Identify to SFS[EB/OL]. University of Virginia.http://sfs.virginia.edu/self-identify[2018-03-18]

杰弗森奖学金完全基于才能，有着非常严格的选拔程序。学生不能直接提出申请，而是需要其就读的且具有推荐资格的中学进行提名。每年具有资格的学校往往只能从高年级学生中提名一至两位候选者。目前，全美具备提名资格的中学超过了 4500 所。2017 年，来自美国 36 个州和 37 个国家的 2005 位学生获得了提名。通过中学成绩单、课外活动资料、自述文本、教师推荐信的审阅，以及校友或其他友人的面试，120 名候选人进入最终的遴选阶段，3 月底受邀至弗吉尼亚大学参加为期四天的杰弗森奖学金选拔周末。这些候选人需要参加弗吉尼亚大学教授主持的研讨班、完成写作练习、数学或逻辑测验以及面试，最终通过遴选委员会的挑选，产生了 36 名获奖者。①

不同高校会在管理奖助学金项目方面进行合作。一些优秀的申请者可能会获得多所高校的就读奖学金，这些奖学金获得者在与高校的沟通过程中可能会有

① Jefferson Scholars Foundation. Undergraduate Scholarship[EB/OL]. http://www.jeffersonscholars.org/scholarship[2018-01-10].

意无意利用高校之间的竞争关系，在不同的学校之间讨价还价。不过，一些大学显然也意识到了这个问题，也采取了应对的办法。比如，常春藤联盟高校在学生资助政策方面相互合作。1958 年之后，耶鲁大学与 MIT，芝加哥大学，斯坦福大学合作。负责招生的人员以常春藤工作组的名义每年碰头一到两次，比较和协商共同的奖学金获得者、资助标准、学费增长幅度等。常春藤工作组是常春藤联盟名称的第一个版本。常春藤联盟这个名字可以追溯至 1945 年这 8 所大学的校长签署了一项关于体育的协议。①

20 世纪 90 年代，普林斯顿大学意识到需要对来自低收入家庭的高中学生提供更多的帮助。结合教职工和其他人士的意见，普林斯顿大学于 2001 年与 3 所当地的高中建立了合作关系，后又发展至 6 所。普林斯顿大学预备项目（Princeton University Preparatory Program，PUPP）通过与合作高中的协作，基于课程成绩、标准化测验及家庭收入，锁定表现优异的九年级中学生。普林斯顿大学划分出 24 个招生指标用于 PUPP 的招生，每年将收到 130 份申请。这些学生接受普林斯顿大学的指导，签订明确目标与责任的协议，参加为期三周的普林斯顿大学暑期学院、课后学术班、周末文化体验活动。

PUPP 帮助学生提升核心学术能力，提供标准化测验的备考辅导以及招生顾问的指导。而这些辅助往往是来自富裕家庭的学生才有机会获得的。完成这些项目之后，这些学生将参观 30 个学院，还有机会与 PUPP 校友见面交流。PUPP 的主任克拉格曼（Klugman）说，这一项目取得了惊人的成效。全美范围，只有 10% 的低收入学生在 6 年以内顺利大学毕业。而 PUPP 的学生毕业率高达 72%。2004—2014 年，60% 的 PUPP 学生接受更高层次的教育，其中 18 位就读于普林斯顿大学的高学历专业。②

五、民间奖助学金项目

每年有近 4000 个项目或来源为美国本科生提供助学资助。资助来源多种多样，有基金会、兄弟会组织、少数族裔组织、社区服务俱乐部、教会宗教组织、慈善组织、公司企业、工会、公共受雇者协会、老兵组织，以及信托和遗赠等。③

---

① Soares J A. The Power of Privilege：Yale and America’s Elite Colleges[M]. Stanford：Stanford University Press，2007：64.

② Klugman J. How to prepare low-income students for college.In The Office of Admission and the Office of Communications. Experience Princeton：Diverse Perspectives[Z]. New Jersey：Princeton University，2015：14.

③ Perterson’s Editors. Scholarships，Grants& Prizes[Z].Denver：Peterson’s，2016：v.

（一）无限定特定对象的奖学金项目

私人奖学金的搜索是一件非常复杂的事情，许多家庭不知道该从何下手，要么委托专业的公司，要么就放弃了。奖学金搜索公司的成功率也不是很高。许多捐赠者或捐赠单位同样不知道该如何将资助发到具有资格的人手里。这些企业可能想为雇员或者雇员的子女提供奖学金，或者为他们的顾客群体甚至是广大民众设立一个全国性的奖学金项目。不幸的是，这些公司往往不愿意拿出宝贵的时间去运营和管理奖学金项目。

在这种情况下，奖学金管理组织就应运而生了。这些组织存在的时间不短，但是却很少有人知道他们。一个主要的原因是，这些组织常常不直接针对学生开展业务，而是为捐赠单位提供管理服务。① 最大的两个奖学金管理组织是全美精英奖学金公司（National Merit Scholarship Corporation）和奖学金美国（Scholarship America）。

1. 全美精英奖学金公司

全美精英奖学金公司运作着一个高竞争性的奖学金项目，致力于认定和奖励全美顶尖的学生。计划参加该奖学金竞争的高中生必须在三年级的时候参加PSAT和NMSQT，由中学统一为有意向的学生报名参加考试。考试成绩会寄送至全美精英奖学金公司。②

全美精英奖学金项目设立于1955年。当前，每年有大约160万参与者，PSAT/NMSQT是筛选工具。成绩最高的5万名可以获得不同的荣誉证书。这些考生中，排名靠后的超过2/3（约34 000人）的参与者可以获得嘉奖信（letters of commendation）。选拔的依据是每年都不尽相同的选拔系数值（selection index score）。尽管这些考生不再竞争全美精英奖学金，但是，其中的一部分学生具备资格成为某些企业、组织设立的专门奖学金。

每年的9月初，其余的1/3（约16 000人）具有资格成为半决赛选手（Semifinalist），根据新的要求竞争最终的奖学金。半决赛选手的入围名额按照各州的情况进行分配。

到了次年的2月，大约有15 000人为半决赛选手接到邮件通知入围决赛圈。大约一半的决赛选手最终具有资格获得全美精英奖学金，评选的依据主要是他们

① Woodland R. Scholarship management organizations.In Peterson's Editors. How to Get Money for College[Z]. Denver：Peterson's，2014：15.

② National Merit Scholarship Corporation. Entering the Competition[EB/OL]. https://www.nationalmerit.org/s/1758/interior.aspx?sid=1758&gid=2&pgid=398#enter[2018-01-17].

的学业成绩、在读中学的课程和评分体系、标准化测验成绩、中学教师的推荐信、学生的参与活动情况及展示出的领导能力，还有学生的自述。

精英奖学金分为三种。第一种是全美精英2500美元奖学金（National Merit $2500 Scholarships）。该奖学金是每位决赛选手力图获得的奖学金，依据各州的考生情况分配名额，完全不考虑考生的经济背景、院校选择、专业和职业规划。

第二种是企业资助精英奖学金（Corporate-sponsored Merit Scholarship Awards）。这类奖学金根据企业的要求颁发给入围决赛的特定考生。比如，某企业的员工或员工子女，公司服务的社区居民，特定职业规划的考生。此类奖学金可能是一次性的奖学金，也可能依据考生情况持续提供四年奖学金。

第三种是院校资助精英奖学金（College-sponsored Merit Scholarship Awards）。这类奖学金由资助院校提供，获得者不仅被资助院校录取，同时在截止日期前告知NMSC将资助院校作为第一选择。该奖学金最多可以提供四年的资助。①

2. 奖学金美国

另一个奖学金管理组织是奖学金美国。该组织自1958年成立以来，总共为170万多名学生提供了超过25亿美元的奖学金，堪称全美最大的非政府奖学金组织。基金提供者有社区、企业、各类组织及个人。奖学金美国提供的奖学金和教育援助项目达1.3万种。

2017年，奖学金美国通过“梦想奖金”（Dream Award）向28位获得者发放了29.1万美元奖学金，通过“自由家庭”（Families of Freedom）向829位获得者发放了超过1225万美元，通过1393个合作项目向74 401位获得者发放了超过1.9亿美元奖学金。此外，来自30多个州的18 635学生从本地社区学生援助项目“学者美元”（Dollars for Scholars）平均获得了1084美元的资助。另有313个学术机构合作者通过“筑梦者”（Dreamkeepers）项目向4672名学生发放了接近297万美元奖学金。②

（二）少数族裔奖学金项目

1. 非洲裔美国人

美国黑人院校基金（United Negro College Fund，UNCF），是全美最大的为少数族裔群体提供资助的私立奖学金组织。每年UNCF为超过1万名的学生提

① National Merit Scholarship Corporation. National Merit Scholarship Program[EB/OL]. https://www.nationalmerit.org/s/1758/interior.aspx?sid=1758&gid=2&pgid=424[2018-01-17].

② Scholarship America. We Design And Deliver World-class Student Support Programs[EB/OL]. https://scholarshipamerica.org/[2018-01-18].

供超过1亿美元的奖学金，这些学生来自超过1100所美国的高校，包括37所著名的传统黑人大学(historically black colleges and universities，HBCUs)。迄今为止，UNCF已经帮助了超过44.5万名学生顺利完成了大学学业。①

2. 拉美裔美国人

多年来，美国政府致力于推动拉美裔美国人院校的设立和发展，取得了不错的成效。拉美裔美国人接受高等教育的人数越来越多。这些奖学金项目还鼓励更多的拉美裔美国学生修习一些拉美裔学生较少的专业，特别是侧重科学、工程、数学和技术这四个领域的专业。

西班牙裔奖学金基金（Hispanic Scholarship Fund，HSF），是美国首屈一指的西班牙裔高等教育基金，致力于帮助西班牙裔学生获得高等教育学位。自1975年以来，HSF向超过6.5万名学生发放了超过5亿美元的奖学金。其资助的对象包括：拉美裔的高中毕业生、在读本科生、从社区学院转至四年制院校的学生、研究生。

该奖学金评奖的依据主要是学业表现。如果是中学生，在4.0评分体系下至少要获得3.0的平均绩点，对于本科生或研究生，在4.0评分体系下至少要获得2.5的平均绩点。申请者计划就读的或所在的院校必须是非营利性四年制高校，而且是全日制学习方式。同时，申请者应具有FAFSA或州奖助学金的申请资格，并提交了申请。②

此外，国会西班牙裔党团协会（Congressional Hispanic Caucus Institute，CHCI）设立了多个奖学金和实习项目，资助拉美裔学生，为他们提供带薪实践机会，特别是通过在美国首都华盛顿特区的见习项目培养具有领导能力的拉美裔人才。③

3. 亚裔美国人

亚裔和太平洋岛民美国人奖学金基金（Asian & Pacific Islander American Scholarship Fund，APIASF），管理的奖学金项目主要有APIASF奖学金，盖茨千禧年学者项目，以及APIASF AANAPISI奖学金项目。④

2003年以来，APIASF发放了超过1.1亿美元奖学金，帮助亚裔和太平洋岛

---

① UNCF. Scholarships，Programs，Internships and Fellowships [EB/OL]. https://www.uncf.org/scholarships [2018-12-20].

② HSF. 2018-2019 Scholarship[EB/OL]. https://www.hsf.net/[2017-12-20].

③ CHCI. About Us[EB/OL]. https://chci.org/about-us/#1515444727219-b82d8667-3377[2017-12-21].

④ APIASF. APIASF Scholarship Programs [EB/OL]. http://www.apiasf.org/scholarships.html[2017-12-20].

民美国人完成高等教育。①其中，超过 60% 的奖学金获得者是家庭第一代大学生，可见 APIASF 将促进社会流动作为工作重点之一。

目前，13% 的亚裔美国人和 18% 的太平洋岛民美国人生活在贫困线以下，有些族裔的比例更高，比如柬埔寨裔美国人的贫困人口比例是 29%，蒙古裔和马绍尔群岛裔是贫困人口比例达到了 38%，而全美的贫困人口比例是 12%。超过半数的亚裔和太平洋岛民美国人就读于社区学院，而不是四年制大学。此外，AAPI 的学生常常在领导力发展专业中被忽视或者边缘化，并且，常常被认为不具有成为领导者的能力。针对这一情况，APIASF 侧重于帮助那些来自贫困家庭的或者社会经济地位低的家庭的学生，家庭第一代大学生，还有那些来自没有获得足够高等教育机会的地区、民族群体的学生。此外，那些在社区服务中表现出色，且学习成绩优异的学生也会获得青睐。②

4. 美国原住民

美国原住民包括美国印第安人和阿拉斯加原住民。美洲原住民学生（native American students）在美国大学生中的比例是最小的。在美洲原住民人口中只有 13.8% 拥有学士学位。很多自认为是美洲原住民的学生由于无法提供有力的证明，比如印第安血统证明（Certificate of Indian Blood），或者属于某个知名印第安人部落的籍贯证明，导致无法获得此类奖学金的资助。

目前，美国印第安人院校基金（American Indian College Fund）是较知名的服务美国原住民（包括美国印第安人和阿拉斯加原住民）的奖学金管理组织。该基金会每年向大约 6000 位获得者发放奖学金，帮助他们完成学业。

美国印第安人院校基金主要给就读于部落院校的原住民提供奖学金，同时，也提供一部分奖学金名额给在受认证的公立或私立非营利性院校的原住民学生。奖学金项目有两类：部落院校奖学金项目（Tribal College and Universities Scholarship Program）和全集团奖学金项目（Full Circle Scholarship Program）。就读于部落院校的原住民可以申请这两类奖学金。在受认证的公立或私立非营利性院校的原住民学生（本科生或研究生）可以申请全集团奖学金项目。全集团奖学金项目是一个与企业或私人捐赠者合作的奖学金项目，发放的依据一般是学生的学业表现或经济状况。③

① APIASF. History and Milestones[EB/OL]. http://www.apiasf.org/history_milestones.html[2017-12-20].

② APIASF. About Us[EB/OL]. http://www.apiasf.org/about_us.html[2017-12-20].

③ American Indian College Fund. Scholarship Programs[EB/OL]. http://collegefund.org/student-resources/scholarships/scholarship-programs/[2017-12-20].

5. 弱势群体综合奖学金

盖茨千禧年学者（Gates Millennium Scholars）是比尔与梅琳达·盖茨基金会（Bill and Melinda Gates Foundation）于 1999 年划拨 16 亿美元作为原始基金设立的奖学金项目（www.gmsp.org），主要资助非洲裔美国人、美国原住民、亚裔美国人和拉美裔美国人学生，帮助这些学习成绩优异的少数族裔群体完成本科学业或研究生学业。这些有色人种学生一般是具有资格获得联邦佩尔助学金的资助。2000—2014 年，盖茨千禧年学者奖学金为 2 万名获奖者发放了约 9.34 亿美元的奖学金，每年有 1000 名获得者，平均每位学生获得 12 785 美元的资助。在获得该奖学金的学生中，54% 比例的学生是家庭第一代大学生；本科生的平均学业绩点是 3.0 多一点；大一就读保持率达到了 96.2%，大二就读保持率达到了 93.2%；六年毕业率接近 90%，而全美大学生相对应的毕业率是 58%，低收入家庭学生的毕业率则只有 41%；近 37.5% 比例的获得者在拿到学士学位之后进一步接受研究生教育；14 677 位千禧年学者顺利拿到学位；在 2015 年的获奖者中，40.9% 的比例（399 位）进入了录取率低于 1/3 的高选拔性大学；这些奖学金获得者来自美国所有州。①

杰克·肯特·库克基金会（Jack Kent Cooke Foundation）是一个慈善组织，专门为来自低收入家庭且学业成绩优异的高中生提供奖学金。该基金会发布了一份综合报告，论述了如何且为什么高校应该录取更多弱势群体学生。这份报告引起了媒体的关注和报到。该基金会的执行主任哈罗德·乐威（Harold Levy）强调：“国家经济的发展和创造活力取决于我们具备多少能力将最聪明的学生送入最好的大学。”可是，当前的形势是，“那些来自低收入家庭的聪明学生在精英大学里的比例只有 3%。”不可否认的是，目前美国社会存在结构性障碍不利于贫困学生进入精英大学。因此，该基金会呼吁，大学招生应该实行“贫困偏好”政策。②

6. 混种族学生

有一部分群体的种族或文化身份是比较模糊的，可能是多种族、多文化交叉的身份。他们可能会不符合传统定义的少数族裔身份，而是混种族学生（interracial students）。不过，现在出现了越来越多的面向这一群体的奖学金。这类奖学金的关键词可能是混种族奖学金（Interracial Scholarship）、多文化奖学金

① Gates Millennium Scholars. The Reason For The Gates Millennium Scholars Program[EB/OL]. http://www.gmsp.org/[2017-12-21].

② The American Interest. A “Poverty Preference” in College Admissions[EB/OL]. http://www.the-american-interest.com/2016/01/15/a-poverty-preference-in-college-admissions/[2017-09-01].

（multicultural scholarship）或多族裔奖学金（multiethnic scholarship）。[①]

7. 性少数群体学生

性少数群体（lesbian，gay，bisexual，and transgender，LGBT）学生在美国大学校园同样是非常活跃的群体，是校园文化的组成部分。作为合法的少数群体，许多高校同样为这些特殊的学生提供奖学金。各类团体、组织、社区为这类学生或者此类群体的子女提供奖学金。其中，比较知名的奖学金组织是“点基金”（Point Foundation）。自 2001 年成立以来，点基金通过各种资助项目为这些特殊群体发放了超过 1800 万美元的资助。2017 年的点奖学金获得者人数中，有 48% 的比例是变性人、性别模糊者或双性人，有 37% 的学生是家庭第一代大学生，有 67% 的获得者是非白人。[②]

（三）五花八门的其他奖学金项目

1. 特定职业群体

有些职业人群同样处于相对弱势的地位，比如农民。除了农场主，农民的收入往往比较低，而且，其家庭的文化资本、社会资本常常是比较薄弱的。对于此类群体，同样出现了奖学金组织帮助他们获得高等教育。美国未来农民组织[③]（National Future Farmers of America Organization）就是其中之一，还有军人家庭奖学金项目（Scholarships for Military Families）。[④]

高人国际俱乐部（Tall Clubs International，TCI）设立了 TCI 基金（TCI Foundation），专门为身高超过一定高度的高中毕业生提供大学奖学金。男性身高需要至少 6 英尺 2 英寸，女性身高需要至少 5 英尺 10 英寸[⑤]。美国小人民（Little People of America）为身高不超过 4 英尺 10 英寸的成年学生提供专门的奖学金。宾夕法尼亚州的朱尼亚塔学院为左利手学生提供了专门的奖学金。

2. 其他奖学金

小鸡和索菲少校纪念鸭子呼叫比赛（Chick and Sophie Major Memorial Duck

① Peterson’s Editors. Getting in the Minority Scholarship Mix[Z].Denver：Peterson’s，2014：22.

② Point Foundation. Scholarship[EB/OL]. https://pointfoundation.org/thepoint/scholarship/[2017-12-21].

③ 美国未来农民组织的官网为 www.ffa.org。

④ FSA. Scholarships for Military Families[EB/OL]. https://studentaid.ed.gov/sa/sites/default/files/scholarships-for-military.pdf[2017-12-22].

⑤ TCI. Tall Clubs International Foundation[EB/OL]. http://www.tall.org/tci-foundation.html[2017-12-20]. 另 1 英尺 ≈ 0.3048 米。

Calling Contest）设立于 1974 年。该比赛为毕业班高中生提供大学奖学金，发放的依据是谁模仿鸭子叫声最像。第一年的比赛给第一名选手发放了 500 美元奖学金。2017 年的奖金额共 4250 美元，第一名至第四名将分别获得 2000 美元、1000 美元、750 美元和 500 美元。[①]

对于由鸭牌胶带公司设立的中学毕业生“胶带舞会”奖学金[②]（“Stuck at Prom” Scholarship）其参加者穿着自己用胶带为原料设计的服饰参加“胶带舞会”，最具创意的人获得奖学金。[③]这类奖学金的设立一方面是为学生提供资助，另一方面也为企业进行了宣传。

不同的专业可能有对应的合适的奖学金项目，比如石油工程、农业、会计、预备兽医、艺术等专业。具有非常高的 SAT 成绩或者 ACT 成绩，或者很高的 GPA 成绩，常常是基于才能奖学金的首要发放依据。[④]

第三节　资助概况与问题

美国高等教育资助体系分为联邦、州、高校、社会四个层面，政策烦琐多样，项目五花八门。庞大的资助体系成为美国高等教育不可分割的一部分。不过，总体而言，美国高等教育的学生负担还是过重，家庭的支付能力仍是影响教育公平的重要因素。

一、奖助学金：基于需求或基于才能

私立大学从州政府获得的办学经费较少，一些实力雄厚的私立大学能够通过校级层面的奖助学金满足学生的资助需要。以哈佛大学为例，哈佛大学的学生资助政策不要求家庭收入低于 6.5 万美元的家庭支付任何学费，对于那些比例高达 60% 的具有资助需要的学生，平均只让他们承担不高于家庭收入 10% 的个人负担。此外，家庭收入高于 15 万美元的学生如果符合条件，比如多个子女上大学，有大比例的医疗或其他家庭支出影响了学费承担能力，那么也有可能获得资

① Stuttgart Rice and Duck Capital of the World. Chick and Sophie Major Memorial Duck Calling Contest [EB/OL]. http://www.stuttgartarkansas.org/duck-festival/scholarship_contest.aspx[2017-12-01].

② “胶带舞会”奖学金的网址为：https://www.duckbrand.com/promotions.

③ Peterson’s Editors. Getting in the Minority Scholarship Mix[Z].Denver：Peterson’s，2014：21.

④ Bell G M. All about scholarships.In Scholarships，Grants& Prizes[Z].Denver：Peterson’s，2013：3.

助。在哈佛大学，有 20% 的学生不需要支付任何费用，免费上大学，另有接近 60% 的学生只支付了 1.2 万美元的学习费用（包括学费、住宿费、个人开支等费用）。[①] 在宾夕法尼亚大学的奖助学金政策中，资助力度同样非常大，每年学生资助预算高达 2.24 亿美元，为非美国公民（永久居民或国际学生）提供了超过 900 万美元的资助。[②] 2015—2016 学年，宾夕法尼亚大学为学生提供的资助平均额度高达 43 800 美元，几乎包括所有的学费，学生只需要承担食宿等其他教育支出。[③] 范德比尔特大学向 2015—2016 学年的一年级新生提供了总额达 4.12 千万美元的奖助学金（不包括贷款），其中，来自范德比尔特大学的奖助学金高达 3.89 千万美元，占总金额的 94.5%，来自联邦和州层面的奖助学金为 161 万美元，比例为 3.9%，其他来源的奖助学金为 65 万美元，比例只有 1.6%。[④] 杜克大学 2018 届学生中，50.3% 的学生没有资助需要。41.0% 的学生获得了基于需求的资助，另有 5.2% 比例的运动员奖学金和 3.5% 比例的优秀奖学金。资助额中位数是 4.64 万美元，其中，87.2% 是助学金，8.1% 是贷款，4.7% 是勤工助学项目。家庭收入 16 万美元以下的学生都获得了资助。[⑤] 普林斯顿大学 2019 界本科生中（表 7-6），与哈佛大学类似，家庭收入低于 6.5 万美元的学生可以拿到全额奖学金，不用承担学费，食宿费用。家庭收入在 6.5 万～ 14 万美元的学生，不需要承担学费，但一部分食宿费用需要自己承担。家庭收入在 14 万美元以上的学生可以获得部分奖助学金，分摊学费的压力。家庭收入在 18 万美元以下的学生，100% 都获得了资助。家庭收入在 18 万美元以上的学生，在符合一定条件的情况下，可以获得资助。2015 年普林斯顿大学的毕业生高达 83% 的比例没有贷款负担，2016 年这一比例是 84%，略有提升。

在 8 所常春藤联盟高校中，康奈尔大学的本科生的招生规模是最大的，是其他常春藤联盟高校的本科生注册人数的两倍多，因此，资助压力比较大。[⑥] 2014—2015 学年，康奈尔大学的一年级新生总数是 3 219 人（表 7-7）。

---

① Harvard College. Join Us：Admissions and Financial Aid [Z]. Harvard College，Office of Admissions and Financial Aid，2017：15.

② University of Pennsylvania. Cost and Financial Aid[EB/OL]. http://www.admissions.upenn.edu/costs-financial-aid[2018-02-12].

③ Gutmann A.University of Pennsylvania：Introduction to Penn[EB/OL]. https://www.upenn.edu/about/welcome[2018-03-01].

④ Office of Student Financial Aid and Scholarships. Financial Aid：Opportunity Vanderbilt Offers Greater Affordability[Z]. Nashville：Vanderbilt University，2015：3.

⑤ Office of Undergraduate Admissions. Affording a Duke Education：Need-based Financial Aid[Z]. Duke University，2016：1.

⑥ U.S. News & World Report. National Universities Rankings[EB/OL]. http://colleges.usnews.rankingsandreviews.com/best-colleges/rankings/national-universities[2018-03-21].

在这些新生中，1553 人提出了资助申请，比例接近一半，达到了 48.2%。通过资格认定的学生数是 1457 人，占新生总人数的 45.3%。所有通过资格认定的学生都获得了资助，其中，1395 人获得了基于需求的奖学金、助学金，占总资助人数的 95.7%，平均额度是 37 392 美元。康奈尔大学的学费和住宿费约为 6 万美元。①

在公立大学层面，以弗吉尼亚大学为例（表 7-8）。2016—2017 学年，弗吉尼亚大学的奖助学金总额超过 1.68 亿美元，奖学金的来源有联邦政府、州政府、

表 7-6　普林斯顿大学 2019 届学生的家庭收入与资助情况

家庭毛收入（美元）	受资助的比例（%）	平均奖助学金额度（美元）	资助的费用
0 ～ 65 000	100	57 700	所有学费，食宿
65 000 ～ 85 000	100	53 400	所有学费，70% 的食宿
85 000 ～ 100 000	100	50 300	所有学费，48% 的食宿
100 000 ～ 120 000	100	47 400	所有学费，28% 的食宿
120 000 ～ 140 000	100	44 400	所有学费，7% 的食宿
140 000 ～ 160 000	100	41 200	95% 的学费
160 000 ～ 180 000	100	37 300	85% 的学费
180 000 ～ 200 000	90	29 800	68% 的学费
200 000 ～ 250 000	83	24 900	57% 的学费
250 000 及以上	40	19 000	43% 的学费

注：多数符合资助条件的家庭都至少有两个子女在高校就读

资料来源：The Office of Admission and the Office of Communications. Making it possible：Financial Aid at Princeton[Z]. New Jersey：Princeton University，2015

表 7-7　2014—2015 学年康奈尔大学新生申请资助人数及实际资助情况

资助情况	人数（人）	比例（%）
一年级学生总数	3219	
申请资助人数	1553	48.2
确定需要资助人数	1457	45.3
获得资助人数	1457	45.3
获得基于需求的奖学金、助学金人数	1395	43.3

注：获得基于需求的奖学金、助学金学生平均额度为 37 392 美元

资料来源：Cornell Unversity. Cornell Class of 2019：A Brief Summary[Z]. Undergraduate Admissions Office [2018-02-01]

① U.S. News & World Report. National Universities Rankings[EB/OL]. http://colleges.usnews.rankingsandreviews.com/best-colleges/rankings/national-universities[2016-05-05].

弗吉尼亚大学以及校外其他来源。其中，州政府的来源不仅仅是弗吉尼亚州，也包括其他州政府，往往是学生生源州提供的奖助学金。在这四个奖助学金来源中，州政府的比例最低，只有4%的比例。联邦政府提供的奖助学金比例占总体比例的8%，达到了1.28千万美元，是州政府奖助学金的两倍。剩下近90%比例的奖助学金是由弗吉尼亚大学或校外提供的，弗吉尼亚大学内部奖助学金的金额是6.84千万美元，比例为41%。校外奖学金金额最高，达到了8.09千万，比例是48%。在发放标准上，1.46亿美元是基于需求进行发放，占总金额的比例达到了86.5%。联邦政府的奖助学金基于需求的比例是83.8%。在州政府提供的600多万奖学金中，超过99%是基于需求的奖助学金。弗吉尼亚大学发放的基于需求的奖助学金比例是93%。校外奖助学金基于需求的比例最低，但仍达到了80.1%。

录取率越低、竞争越激烈的美国大学，基于才能的优秀奖助学金就越少，基于资助需求的奖助学金比例越高。8所常春藤联盟高校都没有设立基于才能的优秀奖学金，都实行盲需政策，提供基于资助需求的奖助学金。[①]麻省理工学院完全执行"盲需政策"，提供基于需求的奖助学金，不论是美国公民还是非美国公民。芝加哥大学、杜克大学、范德比尔特大学、莱斯大学、艾默里大学、卡内基·梅隆大学、弗吉尼亚大学、维克森林大学、图兰大学等高校对美国公民和具有永久居住权的居民执行"盲需政策"，提供基于需求的奖助学金政策。

杜克大学、莱斯大学设立了优秀奖学金，所有申请者自动纳入优秀奖学金的评选范围。范德比尔特大学设立了三个主要的基于才能的优秀奖学金：①英格

表7-8　2016—2017学年弗吉尼亚大学学生奖助学金概况

奖学金／助学金	全额		基于需求		非基于需求	
	金额（美元）	比例（%）	金额（美元）	比例（%）	金额（美元）	比例（%）
联邦	12 810 055	8	10 740 956	7	2 069 099	9
州（不仅仅是弗吉尼亚州）	6 443 981	4	6 405 081	4	38 900	0
校奖学金，年度捐赠，学费赠与，院系奖学金，不包括体育生资助和学费减免	68 354 751	41	63 575 107	44	4 779 644	21
校外奖学金或助学金	80 903 884	48	65 118 734	45	15 785 150	70
总额	168 512 671	100	145 839 878	100	22 672 793	100

资料来源：University of Virginia. institutional assessment & studies[EB/OL]. http://ias.virginia.edu/cds-2016-17[2018-03-18]

① University of Pennsylvania. Financial Aid at Penn[EB/OL]. http://www.admissions.upenn.edu/costs-financial-aid/financial-aid-at-penn[2018-02-12].

拉姆奖学金项目（Ingram Scholarship Program）；②康妮纽斯·范德比尔特奖学金项目（Cornelius Vanderbilt Scholarship Program）；③校长奖学金项目（Chancellor's Scholarship Program）。学生需要单独申请。奖学金包括了学费，以及用于资助国际学习项目、科研或公共服务的暑期薪金。2014—2015 学年，范德比尔特大学的一年级新生获得优秀奖学金的比例是 2%。艾默里大学提供一部分学生全额优秀奖学金，作为艾默里大学学者项目的部分内容。如果计划申报这一项目，需要在 11 月 15 日提出申请。维克森林大学将在 12 月 1 日之前提交入学申请表的所有学生纳入优秀奖学金的评选范围。这些顶尖私立大学的优秀奖学金项目名额比例都比较少，一般不超过学生人数的 5%。

大型公立大学更倾向于设立基于才能的优秀奖学金。伊利诺伊大学香槟分校 51% 奖助学金基于学术表现、天赋、领导力、生源地区、学习领域、资助需要。马里兰大学、普渡大学同样设立了优秀奖学金，申请者需要在 11 月 1 日之前提交申请表。康涅狄格大学将所有申请者自动纳入优秀奖学金的评选范围。公立大学通过较大比例的优秀奖学金项目，吸引学业成就突出的申请者。

对于国际学生申请者，芝加哥大学、杜克大学、布朗大学会审核其学费承担能力，提供优秀奖学金。2010—2014 年，芝加哥大学累计为国际学生提供了超过 1500 万美元的奖学金。大约有 2% 的国际学生可以从杜克大学获得奖学金的资助。公立大学由于其公立属性，主要服务于美国公民，因此基本不为国际学生提供任何奖学金。[①]

二、贷款：迫不得已的选择

在资助项目中，贷款是需要学生偿还的，将增加学生的教育成本，因此，各个高校都尽可能地降低贷款的比重。一些办学经费充足的大学，如哈佛大学、普林斯顿大学等，纷纷承诺所提供的一揽子资助都是奖助学金，不会要求学生通过贷款的方式承担学费，努力让学生“零贷款”走向社会。这些大学通过奖助学金帮助学生支付大部分教育费用，剩余的教育负担让学生通过学期或假期的勤工俭学解决。不过，这些大学的一部分学生仍然会申请一定额度的助学贷款，用于支付其他教育支出，比如用于出国访学经费，购置电脑及其他设备。因此，在毕业之后，仍然有一部分学生需要偿还贷款。宾夕法尼亚大学大约有 1/3 的学生会选择贷款，以便更好地完成学业。

布朗大学、达特茅斯学院、杜克大学、埃默里大学、卡内基·梅隆大学为

① 根据课题组调研资料整理。

学生提供贷款资助。达特茅斯学院四年毕业的学生平均贷款额约为 2 万美元。杜克大学为部分学生提供贷款，每年的贷款额为 5000 美元，毕业生平均贷款金额是 1.85 万美元。卡内基·梅隆大学 2014 届毕业生平均贷款 3.1905 万美元。

一些办学经费有限的大学，特别是州立大学，同样尽可能将资助项目中的贷款比重降至最低。比如，弗吉尼亚大学的资助政策中（表 7-9），通过联邦资助公式计算出学生的资助需求。家庭人口会影响资助计划。该表假设申请者来自"四口之家，没有不动产，只有一位子女接受高等教育"。不论是本州生源还是非本州生源，家庭年收入在 2.5 万美元以下的学生，其一揽子资助计划中可以获得比例高达 80% 以上的奖助学金。同时，如果是州内民居，资助计划中的贷款比例只有 3.25%，为 1000 美元；如果是州外居民，资助计划中的贷款比例是 11.44%，为 7000 美元。如果家庭收入是 10 万美元，由于具备较强的还款能力，其一揽子资助计划的奖助学金比例也在 2/3 以上。余下的部分通过勤工俭学解决一部分，贷款的额度分别是 4500 美元（州内居民）和 7000 美元（州外居民）。

从整个学校的总体情况来看，2016—2017 学年，弗吉尼亚大学为学生提供的自助项目（贷款、勤工助学）资助总金额是 3.85 千万美元。勤工助学项目的总金额是 309 万美元，占自助项目总金额的 8%。联邦政府的勤工助学金额是 296 万美元，占勤工助学项目金额的 96%，另 4% 的勤工助学资金来自州或其他。学生贷款占自助项目的比例是 92%，达到了 3.55 千万美元。基于需求进行发放的贷款金额是 1.80 千万美元，占总贷款金额的 50.8%，非基于需求进行发放的贷款金额是 1.74 千万美元，占比是 49.2%。此外，还有学生父母申请贷款的情况，金额约为 1.20 千万美元。弗吉尼亚大学学生贷款与父母教育贷款的总金额是 4.743 千万美元，而其奖学金总金额达到了 1.69 亿美元，贷款金额是奖助学金

表 7-9　弗吉尼亚大学资助政策各类资助比例（依据生源地和家庭收入）

资助学年 2016—2017		总需求（美元）	奖助学金（美元）	比例（%）	勤工助学（美元）	比例（%）	贷款（美元）	比例（%）
本州生源	家庭收入 25 000 美元	30 734	26 734	86.99	3 000	9.76	1 000	3.25
	家庭收入 100 000 美元	13 534	9 034	66.75	0	0	4 500	33.25
非本州生源	家庭收入 25 000 美元	61 204	50 204	82.03	4 000	6.54	7 000	11.44
	家庭收入 100 000 美元	44 004	33 004	75.00	4 000	9.09	7 000	15.91

注：本表家庭假设为四口之家，没有不动产，一位子女接受高等教育

资料来源：The Rector and Vistors of the University of Virginia. We Stand Apart because We Stand for All：Affording UVA[Z]. University of Virginia，2016

金额的28.1%，不到1/3。需要特别说明的是，弗吉尼亚大学没有提供任何学费减免的项目（表7-10）。

表7-10　2016—2017学年弗吉尼亚大学学生贷款、勤工助学概况（单位：美元）

项目		金额	基于需求	非基于需求
自助（贷款、勤工助学）	学生贷款（所有途径）	35 456 905	18 008 732	17 448 173
	联邦勤工俭学项目	2 959 387	2 959 387	0
	州或其他勤工俭学	131 373	131 373	0
	总额	38 547 665	21 099 492	17 448 173
其他	父母贷款	11 968 856	1 755 655	10 213 201
	学费减免	0	0	0
	运动员奖学金	15 230 302	2 874 513	12 355 789

资料来源：University of Virginia. INSTITUTIONAL ASSESSMENT & STUDIES[EB/OL]. http://ias.virginia.edu/cds-2016-17[2018-03-18]

三、家庭收入与教育公平

依据美国中学后学生资助研究（National Postsecondary Student Aid Study，NPSAS）的数据，2011—2012学年美国非独立大学生（dependent student）中（图7-4），从对应的一年级学生人数比例来看，家庭收入在3万美元以下的非独立一年级学生比例高达32.0%，家庭收入在3万～6.5万美元的一年级学生比例是25.33%，家庭收入越高，一年级学生比例越低。不过，如果对总体大学生进行统计，父母收入中位数约为6.5万美元，1/4的学生来自年收入低于3万美元的家庭，另有1/4的学生来自家庭收入高于10.6万美元的家庭。相对于一年级，大学生总体群体中低收入学生的比例降低，高收入学生的比例升高。①这说明，家庭收入越低，大学生越容易中断高校生活，离开校园。因此，家庭收入是影响学生流失率的重要因素。尽管美国高等教育的奖助学金政策相对完善，但是，高昂的教育支出以及贷款所带来的还贷压力，仍然迫使许多低收入的学生无法完成高等教育。

从就读的学校类型来看（表7-11），家庭收入在10.6万美元或更高的学生有近70%的比例在四年制高校中就读，在社区学院等其他办学水平有限的高校中的比例则不到31%。与之形成鲜明对比，家庭收入低于3万美元的学生超过50%就读于学费低廉的公立两年制高校、办学质量有限的营利性高校及其他培

① Urban Institute. Students：By Income[EB/OL].http://collegeaffordability.urban.org/what-is-college/students/#/by_income[2018-03-19].

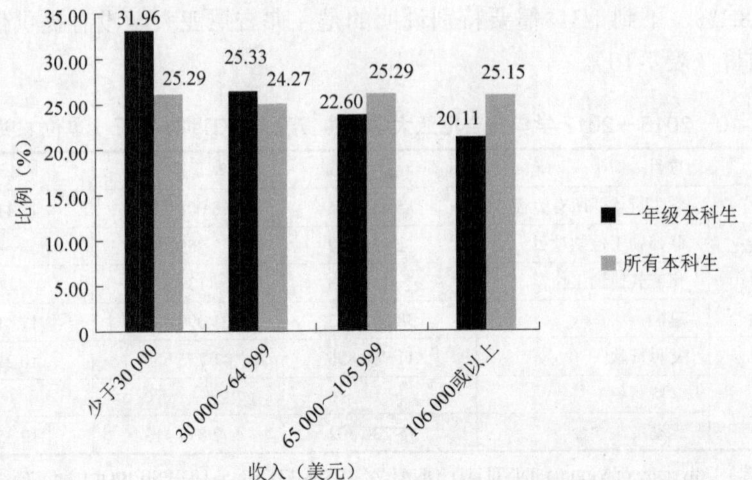

图 7-4　非独立本科学生依照父母收入的人数比例分布（2011—2012 学年）

资料来源：National Postsecondary Student Aid Study（NPSAS），2012. Urban Institute. Students-by income[EB/OL]. http://collegeaffordability.urban.org/what-is-college/students/#/by_income[2018-03-19]

表 7-11　2011—2012 学年不同类型高校非独立本科学生依照父母收入的人数比例分布

（单位：%）

学校类型	少于 30 000 元	30 000 ～ 64 999 元	65 000 ～ 105 999 元	106 000 元或更多
公立四年制	30.00	34.61	39.53	45.88
私立四年制	11.38	15.18	17.89	23.10
公立两年制	46.61	43.03	37.65	27.83
营利性	6.87	4.23	2.47	1.60
其他或非学历授予单位	5.14	2.95	2.46	1.50

资料来源：National Postsecondary Student Aid Study（NPSAS），2012. Urban Institute. Students-by Income[EB/OL]. http://collegeaffordability.urban.org/what-is-college/students/#/by_income[2018-03-19]

训类教育机构。在私立四年制高校中就读的低收入学生比例只有 11.38%，不到高收入学生的一半（家庭收入等于或高于 10.6 万美元的学生在私立四年制高校中的比例是 23.10%）。在顶尖私立大学中，高收入与低收入家庭学生的比例差距更大，正如前文所述，在 6 所常春藤联盟高校中，来自高收入家庭（家庭年收入超过 20 美元）学生比例的平均值是 46%，低收入家庭的学生则不超过 20%。四年制与两年制高校，学生比例与家庭收入的相关关系正好相反。在四年制高校中，家庭收入越高，学生比例越高。在公立两年制高校中，家庭收入越高，学生比例越低。这说明，尽管有各类的资助计划，但是并没有有效地缩小家庭收入对教育公平的影响。

尽管许多顶尖私立大学提供了不包含贷款的奖助学金计划，多数公立大学尽可能地降低助学贷款的比例，但是，贷款仍然是美国大学最简单的解决学生学费问题的方式。2012 年，美国学生贷款总额达到了 8700 亿美元，超过信用卡欠费总额 6930 亿美元，也超过了汽车贷款总额 7300 亿美元。目前，欠有学生贷款的美国人约 3700 万人，平均依然欠贷的额度是 23 300 美元。① 在经济不景气，就业形势严峻的情况下，低收入家庭的学生难以获得公平的高等教育机会。

不仅如此，高额的学费标价以及烦琐的资助程序，让没有详细进行了解的民众产生了误解，降低了求学意愿。美国中学生对高等教育支出的认知同样非常不准确，他们自认为的教育支出额度往往是初级学院学费的三倍，是四年制院校的两倍。② 教育程度不高、低收入和少数族裔父母更容易高估大学费用，对大学的真实支出更容易产生不准确的认知。这些弱势阶层的父母对高校学费的预估往往是真实支出的 2～3 倍。这种情况会影响学生对高等教育是否可承受的评估。③ 此外，由于许多高校往往要求需要资助的学生提前提交申请表，一些没有高等教育经验的家庭（如第一代大学生）非常有可能错过申请日期。同时，一些奖学金申请可能会要求申请者提交自述材料，很多申请者没有充裕的时间来好好撰写，或者没有得到充分的指导，不知该如何撰写高质量的自述报告（这部分申请者往往来自工薪阶层或其他低收入阶层），因而错过了获得奖学金的机会。那些提前准备的申请者就能够提交高质量的自述报告，提高获得奖学金的概率。④ 一些学者提出，为了保障教育公平，高校需要针对低收入群体学生调整宣传策略，让这些弱势群体充分了解高校的真实资助情况，对教育支出能够获得正确的认知。⑤

---

① Brown M，Haughwout A，Lee D，et al. Grading Student Loans[EB/OL]. http://libertystreeteconomics.newyorkfed.org/2012/03/grading-student-loans.html[2018-01-17].

② Long B T. The Role of Perceptions and Information in College Access：An Exploratory Review of the Literature and Possible Data Sources.http://teri.org/pdf/research-studies/ReseachReport_Long.pdf [2007-07-26].

③ Grodsky E. Jones M T. Real and Imagined Barriers to College Entry：Perceptions of Cost[Z]. Social Science Research 36，2004：745-766.

④ Bell G M. All about scholarships.In Scholarships，Grants& Prizes[Z]. Peterson's，2013：4.

⑤ Perna L，Lundy-Wagner V，Yee A，et al. Showing them the money：the role of institutional financial aid policies and communication strategies in attracting low-income students. In Kezar A. Recognizing and Serving Low-income Students in Higher Education：An Examination of Institutional Policies，Practices，and Culture[M]. New York：Routledge，2011：91.

第八章

冲突与博弈：弱势群体的相对优势与大学录取

理想与现实往往存在巨大的差距。美国一流大学在宣传其招生政策时，显然倾向于发布正面的信息，尽可能地隐藏负面的事实。如果只是肤浅地对这些顶尖大学所宣扬的招生政策进行归纳，那么就无法获得一个全面的、理性的认知。只有通过表象与事实的相互印证，才能得到贴近本质的结论。美国弱势群体的优质高等教育机会正是这样的一个现象，而我国高校的自主招生政策同样需要审视。

第一节　美国一流大学招生政策与弱势群体

一个多世纪以来，伴随着激烈的社会变革，美国一流大学同样发生了量变与质变相互交织的巨大变化。法国社会学家布迪厄将经济、文化因素视为影响高等教育公平的首要因素。[①]本书在构建研究假设时，认为："美国一流大学采用综合评价的评判方式进行自主招生，不仅兼顾宏观政策对教育公平的基本要求，而且选拔出了来自不同社会群体的、具有发展潜力的新生，服务于其培养各个领域领导者的教育宗旨。""美国一流大学通过不断完善的选拔理念，将教育公平与选拔优才统一起来，让弱势群体（少数族裔、弱势阶层等）可以通过相对优势在录取过程中脱颖而出，而不是'配额'政策的直接受益者。"对美国顶尖大学的招生理念、学生构成进行历史与现实、宏观与微观、属性与数量的层层解析之后发现，初始的论断有合理的部分，也有过于理想化的臆断，正如普利策奖得主丹

① Soares J A. The Power of Privilege：Yale and America's Elite Colleges[M]. Stanford：Stanford University Press，2007：11.

尼尔·高登的观点："不考虑收入或家庭背景，为所有人提供平等的机会，这一理念被视为美国民主的基石。然而，与其他国家不同，美国选拔性大学设定了有利于富裕或具有权势家庭子女的录取政策。"① 不要轻易低估了优势阶层维护强势地位的决心和创造力，大学录取是美国精英阶层维护其优势地位的方式。②

一、冲突与博弈

美国一流大学的招生，或者说在分配其优质高等教育机会的时候，并不是一个纯粹的致力于实现教育理想的过程，而是充满了冲突和博弈，正如其他社会稀缺资源的分配，总是在不同的张力中解构、重构，在短暂平衡与演变异化之间周而复始。20 世纪初，科学对社会的引领让学术因素在美国常春藤联盟高校中逐渐彰显，各顶尖大学挣扎着完成从传统向现代的转变。在这一过程中，知识潮流的受益者犹太人对美国精英大学的冲击成为其招生政策的变革动力，让那些恐慌的老派守门人通过引入具有特殊含义的"品质"，重新掌控了大学招生的裁量权，维护传统特权阶层的垄断地位。品质的内涵不断发生变化，从白人新教徒男子所特有的品格修养，逐渐演变成在课外活动中，特别是体育与艺术中所表现出来的高贵人格和领导能力。进入 21 世纪，社会的多样化发展以及教育权利平等意识的广泛认同，再一次丰富了品质的内涵，扩展成为在某个领域中潜在成功者所应该具备的能力、态度、素养等。其中，处于逆境中的弱势群体常常展现出来的坚韧、毅力和决心等品格得到了高度的认同，成为美国顶尖大学在提及家庭资本贫乏的申请者时，反复强调和阐释的人才理念和招生标准。所有大学都没有设定学业绩点或测验成绩的最低标准，以此掌握灵活性的同时，也让中学生获得了自由成长的空间。

在民权运动之前，有色人种少数族裔在美国传统精英大学中的比例几乎可以忽略不计。原因很多，如种族歧视的因素，弱势阶层缺乏足够的家庭资本的因素等。在民权运动和与之伴随的激烈的社会冲突之后，教育权利平等的观念深入各个种族群体，也推动美国各级政府出台政策，保障教育公平，满足不同群体的教育诉求。其中，肯定性行动法案和政府资助政策是具有代表性的制度支持。同时，社会舆论及政治走向促使顶尖大学尽可能避免触碰种族歧视的红线。因此，时至今日，少数族裔与 WASP 之间的教育权利公平问题逐渐走向反向，非洲裔

① Golden D. The Preferences of Privilege.In Soares J A. Sat Wars：The Case for Test-optional College Admissions[M]. New York：Teachers College Press，2012：13.

② Golden D. The Price of Admission：How America's Ruling Class Buys Its Way into Elite Colleges[M]. New York：Three Rivers Press，2007：1.

获得一定程度的照顾补偿，而许多白人则认为遭受了“逆向歧视”。在这一过程中，校园多元化理论成为一个意想不到的“万能”的副产品。一方面，校园多元化理论的构建肯定了丰富多彩的文化蕴涵对于公民素养、领导能力、专业技能的重要意义，有力论证了学生多元化的必要性。另一方面，校园多元化理论也成为高校维护招生裁量权的最好“托词”。这些大学的守门人通过强调学生群体差异的重要性，以及为达到这一目标实行主观评判的合理性，掩饰他们一部分真实的招生意图。比如，对学业成绩优异的亚裔实行隐性的配额制，对校友子女、优势阶层实行招生优待等。不过，从宏观角度来说，少数族裔仍是受益于校园多元化理论，其教育权利得到很大程度的提升。

当前，阶层之间的教育公平问题成为美国精英大学暗潮汹涌的张力，直接或间接地推动着招生政策的变化。2005 年至今，SAT 考试的调整变化，正是由于阶层因素与 SAT 成绩之间的相互关联。诸多大学开始有意降低 SAT 考试的参考权重，甚至一些大学开始摒弃标准化测验，申请者可以选择不提交 SAT 或 ACT 成绩，如乔治敦大学、维克森林大学、佐治亚大学等。通过这种方式，更多的弱势学生获得了优质高等教育。尽管如此，阶层之间的差距仍然非常大。在顶尖私立大学中，高收入家庭的学生比例在 40% 左右徘徊，远远超过了其对应的 5% 的人口比例。从总体上看，教育质量更高的四年制大学仍是由高收入家庭学生占多数。许多学者呼吁：在种族上实行肯定性行动计划是不够的，还应在社会阶层方面实行肯定性行动，以此提高教育公平。且不论这样的主张是否符合教育公平的价值诉求，美国高等教育存在巨大的公平问题却是难以否认的。由于私立精英大学偏爱高收入群体，家庭资本丰厚的学生更能达到公立一流大学的学术标准，在这一前提下，尽管有完善的资助政策让进入精英大学的低收入学生无须担忧其高昂的学费，但是只有很小比例的弱势群体学生有机会跨过这些大学的门槛，享受基于需求的奖助学金政策。充裕的办学经费让一些顶尖大学具备了吸纳更多低收入学生的能力，可是问题在于，这些大学担心如果降低高收入学生的比例，他们将失去优势阶层各方面的支持，从而走向衰落，丧失其在高等教育中的竞争统治力，这样的后果是他们无法接受的。

二、归纳与批判

值得肯定的是，尽管美国精英大学对于弱势群体总体上是排斥的，不过，他们通过一系列理念和政策，让弱势群体得到了合理的评价，并让入围者能够享有高质量的教育，这些做法应引起我们的反思，并可合理地借鉴。

（一）完全的综合评价

所有的案例大学都强调，他们实行的是完全的综合评价招生政策。尽管有若干大型公立大学会侧重于学术表现，且设定权重，但所有的案例大学都没有在比如中学平均成绩或标准化测验成绩等刚性标准中设定最低要求。一些大学，如加州、德州等公立大学系统实行“百分比”计划，中学成绩排名达到一定要求的学生自动获得入学资格，这样的政策在一定程度上不利于同一学校的弱势学生，却照顾了弱势地区的申请者。此外，那些没有进入百分比范围的学生，只要他们展现了某些过人之处，仍然有机会进入大学。完全的综合评价，不设立最低分要求，这样的方式避免了一刀切，尊重了人才选拔的多样性。

（二）宣扬并贯彻校园多元文化理论

普林斯顿大学招生办主任珍妮·拉文·拉佩丽（Janet Lavin Rapelye）凝练了该大学的招生理念：“我们和各种不同背景的学生接触交流。我们评判他们的抱负志向、人生目标、学术成就。如果学生来到我们这个多元文化的社区，他们将带来他们的想法、经历和天赋，这些都极大地充实我们的校园。”[①] 宾夕法尼亚大学对其社区的价值观进行了阐释：“宾夕法尼亚大学是一个独特的多样的文化认同、社会经济背景、宗教信仰、性别取向等社区，让学生可以保持自我，相互影响、成长、学习，同时，获得在一个日益融合相连的世界里不断开拓进取的能力和视野。”[②] 布朗大学在介绍其招生政策时，明确提出了校园多样化的重要意义：“布朗大学的校园与文化反映了一个多样化的世界，为了促进这一目标，布朗大学在招生过程中采用综合评价方法。学生的高中表现——从成绩单、课程、课外活动到任课教师的推荐信等都考虑在内，此外，学生具有多大潜能让校园社会更加多样和活跃也是衡量内容之一。”[③]

校园多元化，不仅仅是种族群体的多元化，更是方方面面的多元化，是对所有正面、有益文化的认可和吸纳，同时，避免非此即彼。奥林匹克竞赛冠军、运动健将、艺术天才是大学校园不可或缺的，热心公益、坚韧勇敢、乐观向上、善于领导的学生也是大学应该肯定和兼容的。

校园多元化认可了不同群体的文化差异，并尊重不同文化所承载的价值观，

---

① The Office of Admission and the Office of Communications. Experience Princeton：Diverse Perspectives[Z]. New Jersey：Princeton University，2015：3.

② University of Pennsylvania. Our Diverse Community[EB/OL]. http://www.admissions.upenn.edu/life-at-penn/our-diverse-community[2018-02-14].

③ Brown University. Perspectives from the Community of Color[Z]. Office of College Admission，2016：2.

倡导具有不同文化背景的个体相互理解、相互包容、相互学习，也为学生提供了一个体验如何在多元群体中施展抱负的环境。多元文化理论避免了价值认同的厚此薄彼，是在不同种族、社群间实现文化平等的重要前提。

（三）资助政策与成长环境

美国常春藤联盟高校和若干顶尖私立大学没有设立基于才能的优秀奖学金，只提供基于需求的奖助学金，且 100% 满足学生的资助需要。这样的政策与这些大学宣称的不对申请者进行横向比较，而是采用独立评价的招生理念保持了一致性，因为既然不比较，也就无从判断谁优谁劣；既然强调个体对群体的独特文化价值，那么如果对文化的优劣进行排序，显然也是不恰当的。更为重要的是，这样的资助政策避免了激励因素对校园多元化的损害。如果奖学金的发放是基于某个标准，那么，大学将成为另一个“应试教育”的场所，而不是学生培养兴趣、自由成长的高等学府。那些起点低、基础差却有着小众特长的学生，也能安心地执着于差异化发展，而不是为了获得奖学金而从众。这样的教育环境，为学生的多样发展提供了具有现实意义的保障。

（四）“逆境成长”的肯定与激励

在品质的评判中，领导能力是重要内容之一，而逆境中的成长能力及克服逆境所需的毅力、坚韧、乐观等难得的品格同样是美国顶尖大学非常看重的个性特征。

这一理念贯彻了指标评判的方方面面。在学业成绩方面，申请者需要提交中学报告，说明就读中学的课程设置情况、学生总体表现、师生概况等。依据该报告，招生官可以对学生的学业表现进行合理的评判。如果中学的师资力量雄厚，那么招生官看重申请者在高效学习的同时，如何以更高的要求挑战自己，取得卓越的成绩；如果中学的教师力量薄弱，课程设置有限，那么招生官不会对申请者的成绩单提出过于苛刻的要求，而是更为关注申请者是如何克服困难，如何充分利用有限的资源让自己变得更好的。在课外活动的评判中，如果申请者有沉重的家庭负担，需要花大量课外时间和精力协助家庭解决生计，那么，招生官也会区别对待。不仅如此，这些弱势学生所展现的逆流而上的坚毅品格也会成为重要的参考指标。在家庭背景上，招生官同样细致考量，例如，是否是第一代大学生，父母能否在教育上提供支持；是否是单亲家庭，监护人是正面影响还是负面影响；社区的环境如何，对申请者的品德修养和自律精神的形成起了什么作用。

中学报告、成绩单、课外活动等资料是招生官获取评价依据的重要材料，而考生自述、来自任课教师或中学顾问的推荐信同样是深入了解弱势申请者的关键材料。申请者通过自述，展现自己对职业目标的执着、对兴趣爱好的热烈追求、对逆境遭遇的乐观坦然、善于克服困难的能力，或者是济世悯人的高贵情怀。哈佛大学招生委员会不仅消除低收入申请者的顾虑，而且鼓励申请者展示生活中遇到的困难："申请资助并不会影响学生的录取机会，包括国际学生。事实上，招生委员会对于那些具有证据证明克服了经济上或其他方面的巨大的困难的申请者，反而会有赞赏之意。"[①] 达特茅斯学院在录取学生时会考虑学生的不利因素影响。有时候一些特殊情况会影响申请者的学业表现或者个人发展。达特茅斯学院鼓励申请者将这些信息通过合适的、有利于录取的方式呈现。申请者可以在通用申请表（common application）或联合申请表（coalition application）的附加补充信息中提交这些材料。特殊情况的范围很广，比如，在高中的时候转学多次；需要承担照顾亲属或他人的责任；非常沉重的外出工作负担；非常严重的教育干扰；所能选择的课程有限；其他导致申请者有着不同于同班同学的课程计划或学业选择的环境因素。[②] 高点大学的招生高级官员安迪·比尔斯（Andy Bills）谈到学生的个人品质时，将毅力（grit）视为非常重要的因素。[③]

通过全面的信息，招生官尽可能构建一个完整的申请者形象，并独立进行评判。这些大学强调：人与人之间是不同的，因为不同，所以大学才精彩。这样的理念避免了统一标准所产生的局限性。弱势家庭无须迁就某个标准，让子女随波逐流，从而使其失去宝贵的品格。比如，为了获得好的标准化测验成绩，低收入家庭耗费财力让子女参加各种培训班，尽可能地让他们安心待在书房备考，不沾家务，更不用勤工养家。这样的学生可能取得较好的考试成绩，但却失去了在逆境中成长锻炼的机会，无法培养责任感，也无法切身体验生活的艰辛和父母的伟大付出。相反，他们可能在父母的过度呵护中变得自私，在与同学的攀比中变得自卑，在优势阶层擅长的技能较量中失去了热情和动力。然而，他们是有机会成为勇于承担家庭责任、不屈不挠、热情乐观，能够克服逆境走向卓越的成功者，有机会在承担家庭责任的历练中发现自身特长、培养个人兴趣、明确职业规划、积累社会经验，为大学生活做好充分的准备。

---

① Harvard College. Join Us：Admissions and Financial Aid [Z]. Harvard College，Office of Admissions and Financial Aid，2017：15.

② Dartmouth Undergraduate Admissions. Special Circumstances[EB/OL]. http://admissions.dartmouth.edu/glossary-term/special-circumstances[2018-02-01].

③ 课题组调研记录：资料编号 N-001，高点大学；地点：北卡罗来纳州；时间：2016 年 5 月 24 日。

第二节 我国高校自主招生的公平与效率

自主招生是我国高校招生制度完善过程中的重要改革探索，不仅涉及招生的科学性问题，而且也涉及教育公平问题。2014 年，国务院印发了《关于深化考试招生制度改革的实施意见》（以下简称《意见》），取消了自主招生的联考，也对自主招生的目的、方式进行了指导，被社会各界视为自主招生的一次重大调整。党的十九大报告提出，要“推进教育公平”“推动城乡义务教育一体化发展，高度重视农村义务教育”“努力让每个孩子都能享有公平而有质量的教育”[①]。我国的高校自主招生政策在一定程度上借鉴于美国一流大学的本科招生综合评价制度。弱势群体在美国顶尖大学的录取政策中问题频现，以此为鉴，我国高校的自主招生政策与弱势群体的教育机会同样应该进行解剖与审视。

一、自主招生的来龙去脉

1949 年中华人民共和国成立初期，我国各高等学校单独招生。各自为政的局面不利于中央的有效管理，教育管理部门和高校对统一招生与单独招生进行了探讨和尝试。1952 年，教育部决定全部高等学校实行全国统一招生考试。1955 年，教育界又对统一招考和单独招生进行了讨论，最终确定了统一招考的主导地位。“文化大革命”期间，统一高考废止，高校招生陷入无序状态。之后，统一高考恢复，举国欢庆。应该说，国家领导人对于考试在高校招生中的作用有着客观的认识。1978 年 4 月，邓小平在全国教育工作会议上就指出，“考试是检查学习情况和教育效果的一种主要方法”，“当然也不能迷信考试，把它当作检查学习效果的唯一方法”[②]。

进入 21 世纪，经济、政治、文化等飞速发展，多元的社会形态衬托出统一高考缺乏多样化所带来的弊端。于是，2003 年我国开始进行自主选拔录取的试点工作，首批有 22 所高校获准在一定规模内开展自主选拔录取工作。教育部要求，试点学校应“积极探索以统一考试录取为主、与多元化考试评价和多样化选拔录取相结合”的新机制。随后，自主招生试点高校的数量逐年增加，2009 年，达 76 所，2015 年，达到了 90 所。在这一过程中，自主招生争议不断，“暗

① 中央人民广播电台 . 党的十九大报告全文 [EB/OL].http://www.cny.cn/news/20171028/t20171028_524003729.shtml[2018-10-14].

② 邓小平 . 邓小平文选（第二卷）[M]. 北京：人民出版社 .1994：104-105.

箱操作”“权钱交易”等为主题的负面新闻频现报端。此外，为了提高招生工作的效率，2005 年，北京 4 所高校开始通过联合考试开展自主招生。这一便捷的方式被其他高校效仿，“清华联盟”“北大联盟”“卓越联盟”纷纷涌现，近半数具有自主招生资格的高校纷纷抱团，在自主选拔录取中联合命题、统一组织笔试。2012 年，三大联盟选择同一天进行笔试，考生只能三选一。这一变化是高校行使自主招生权的体现，但学界认为考生的选择权被侵犯。争议和不公平问题成为舆论的主流，而自主招生的宗旨却没有得到社会的认同。最终，2014 年国务院发文重申自主招生的改革目的，指出自主招生需要调整。2017 年，试点自主招生的高校数量仍然是 90 所，各校的招生人数同样控制在不超过招生总人数的 5%。可见，尽管“新高考”已经开始实施，但自主招生的探索仍是循序渐进的状态。自主招生的改革任重道远。

二、公平与效率：自主招生改革轨道上的并行线

不可否认，自主招生政策一直致力于维护教育公平。不过，从实施的效果来看，仍有改进的空间，其公平性是最受质疑的地方。①以农村考生为代表的弱势群体对于自主招生、保送制度的认可度不高，尽管“依然认同高考的重要性但对高考公平性的焦虑程度较高；认同‘统考’的公平性实属无奈”②，因为高考已经是最好的选择了。“学术界高度重视自主招生公平问题研究，并普遍认为，对于自主招生制度运行公平性的保障，核心应落脚到对于弱势群体平等分享招生权利的有效保证，关键是应保障弱势地区、弱势阶层与弱势中学的考生平等参与。”③罗立祝“根据报录比这一指标对高考招生、保送招生、自主招生、艺术院校招生、高考加分以及独立学院招生等招生制度所产生的农村家庭子女与城市家庭子女之间的入学机会差异进行量化比较，发现高考招生所造成的城乡差异最小，而保送招生与自主招生所产生的城乡差异最大”“城市家庭子女因拥有丰富的文化资本、经济资本或权力资本，往往在越是招生标准缺乏刚性与招生程序不够严密的招生制度中，越能比农村家庭子女获得更多、更优质的入学机会”④。这说明自主招生制度不论是在政策制定还是实施层面，对于教育公平的保障有待完

① 郑若玲 . 自主招生改革何去何从 [J]. 华中师范大学学报（人文社会科学版），2010，（4）：135-142.

② 郑若玲，刘婧婧 . 弱势群体对高考公平性之评价——基于农村高中生的调查 [J]. 现代大学教育，2015，（1）：9-14.

③ 刘进，陈健，杜娟 . 弱势地区自主招生参与的公平问题研究 [J]. 高校教育管理，2016，10（3）：54-59.

④ 罗立祝 . 高校招生考试制度对城乡子女高等教育入学机会差异的影响 [J]. 高等教育研究，2011，（1）：32-41.

善。自主招生制度包含更多的主观评判因素，在这种情况下，实施得好，那么自主招生可以缩小招生不平等；如果实施得不好，那么将适得其反，成为部分优势阶层攫取优质教育资源的“合法外衣”。

2009年教育部阳光高考平台公示的数据显示，全国自主招生录取学生城乡比例为9∶1。[①]此外，具有资格参加自主招生的考生多是重点中学推出的尖子生，多数非重点中学的农村学生被边缘化了，自主招生在考场的准入门槛上体现了巨大的不公平。这些问题引发了一个尖锐的质疑——自主招生是否进一步扩大了弱势群体的教育不公平？

一些高校对自主招生政策进行了改良，面向落后地区贫困家庭的弱势学生设立专项。自2011年起，清华大学就开始实施“自强计划”，面向全国近600个国家级贫困县，每一所县级中学都有推荐名额[②]。2016年，清华大学通过自强计划和国家专项计划共录取348名考生，占总招生规模的10.2%。北京大学则继续“以公平为导向，继续面向边远、贫困、民族等地区县（含县级市）及县以下高中，通过‘筑梦计划’及贫困地区专项计划招收农村优秀学生。同时，在自主招生和‘博雅计划’招生过程中，进一步关注农村地区中学和农村户籍考生”。针对准入门槛问题，一些高校“继续采取个人自荐的方式，每一名学生都可根据招生简章的条件自荐报名”[③]。2017年，四川省公布《关于做好我省2017年普通高校自主招生试点工作的通知》，“试点自主招生的高校将不得向中学分配推荐名额，”“单独设置自主招生志愿，并作为入选考生符合试点高校录取要求时进行提前投档的依据”。这意味着四川的自主招生试点高校必须面向所有考生开放。考生可以根据自己的情况决定是否参加自主招生，充分享有了自主招生政策的考试权利。这些政策对于保障教育公平具有非常重要的意义。

正如刘海峰教授所指出的，“高考改革的发展趋势是从效率优先走向公平优先，继而走向公平与效率的兼顾与平衡”[④]。在当前我国政治、经济、文化现状的制约下，统一高考的原则是公平优先，兼顾效率。尽管这里的公平是相对的公平，但是分数面前人人平等的公平原则至少是我们多数人所认同的。不过，书面考试过于单一的考核方式在一定程度上并不太符合效率原则，因为对于大学来说，那些德、智、体、美综合发展的学生应该是新生的主要群体，同时，还要尽可能地吸纳各个领域中的专才或“天才”。正是基于这一考量，我们才呼吁大学

① 朱欣.高校十年自主招生的政策调整与争议[J].江苏高教，2014，(2)：42-45.

② 清华大学本科招生网.招办主任于涵访谈：自主招生的变革[EB/OL]. http://www.tsinghua.edu.cn/publish/bzw/7539/2013/20130117175502010557912/20130117175502010557912_html[2017-08-31].

③ 赵婀娜.“新高考”后，自主招生路向何方[N].人民日报，2017-06-15（17）.

④ 刘海峰.高考改革中的公平与效率问题[J].教育研究，2002，(12)：80-84.

应该具有更多的招生自主权，发挥大学自主招生的灵活性，提高招生的效率。从这一角度来说，自主招生的改革应兼顾公平与效率，一方面维护学生的教育权利平等，保障教育公平；另一方面，在放下统一高考、以分取人的方式之后，运用更为科学、合理的评价方式对理想中的新生进行选拔。

从目前试点高校的自主招生开展情况来看，应该说一直朝着效率与公平兼顾的方向上摸索着。自主招生的一大目的是对考生进行综合评价，以人为评价主体的面试方式是实行综合评价的主要手段。尽管2010年北京大学增加了“校长实名推荐制”，提高了评价主体的多样性，但专家组面试这种形式成为所有自主招生高校的标准配置。专家面试的形式不尽相同，有些高校采用专家组共同面试，有些高校则是专家组成员分别与考生一对一交谈。2010年，清华大学自主招生还采用了网络远程面试，一方面为考生节约考试成本；另一方面，试图获得考生更为客观的反应，避免考官的言行神态影响考生的回答。在评价目的上，多数高校注重考生的表达能力、应变能力、知识储备、学科素养等，专家也对考生的课外活动、个人兴趣进行了解，综合考生各方面的表现给出录取意见。

在自主招生公平方面，各个试点高校采取了多种方式保证程序上的公平公正。通过专家库的建立及面试专家的随机抽取，使得考生及家长基本无法事先与面试专家进行私下交易。从社会监督的情况来看，除了个别高校爆出丑闻，多数高校的自主招生程序并没有引起太多争议。总体而言，自主招生作为高校考试招生制度的大胆尝试，还是达到了预期的成效。

三、自主招生：实现科学选拔的重要途径

自主招生开拓了高校招生的新路径，既然是新的尝试，出现问题也在所难免。每年的自主招生过后，社会各界总会议论纷纷。如何看待这些问题，如何进一步完善自主招生，这一直是一个难题。如果自主招生的目的明确，其综合评价的内容合理，其录取结果符合自主招生的初衷，那么，我们可以认为这样的自主招生是有效率的。尽管对于考试组织者和参与者来说，效率问题还涉及工作的效率、参加考试的投入成本，但这是自主招生无法兼顾的。统一高考通过统一考试对考生一刀切，被认为是非常便捷高效的录取方式，但是这种方式所带来的负面效应，比如应试教育、高分低能等，被社会各界诟病多年。自主招生录取方式的出现正是为了避免考试的单一性和片面性。因此，自主招生的效率问题主要涉及的是自主招生的科学性问题

在招生目的层面，国务院颁布的《意见》提出“自主招生主要选拔具有学科特长和创新潜质的优秀学生”。这是一个统领性的指导意见，对于高校来说，

还需结合自身的办学宗旨进一步细化和明确。大学有不同的优势和特色，所需要的学生群体也有一定的差异性。这种需求上的差异同样应该体现在自主招生的评价理念中。在评价内容上，自主招生的面试题目是其主要的测评工具。然而，题目的编制是否科学合理，是否公正地对考生的能力进行测量，似乎还有很大的提升空间。比如，2017 年高考结束之后，一些大学设置了如下的自主招生测试题：“黑板和厕所有什么关系？”“为什么井盖都是圆的？”“‘梁祝化蝶’为何不化比翼鸟？”“用物理知识解释‘狮吼功’”……

这些题目引发了一位中学校长的批判，认为这些题目是“偏、难、怪、涩的试题”，并不能起到正面的导向作用，达不到选拔人才的效果。好的自主招生应该能够“促使基础教育要重视对学生进行文化对话，在陶冶学生的情感中激发写作冲动”[①]。另有观点认为，这类题目可以在一定程度上测验考生的创造力或发散思维。事实是否如此，不是专家的认可就能充分确定的，还需要心理测量相关理论工具的验证。或者说，自主招生过程中所涉及的评价工具——不论是试卷还是面试题目，不应该过于主观，还需要考试理论的支撑。有研究表明，与普考生相比，通过自主招生进入高校的学生无论是个体特征还是家庭特征都具有明显的优势，但是，在进入大学之后的表现方面（学业成就及非学业表现），自主招生学生并没有表现出明显的差别来。[②]一些高校的调查发现，自主招生并没有录取到高校所期望的优秀学生。[③]不论是自主招生的命题质量还是学生质量都不尽如人意。[④]尽管这些研究只是小范围的初步调查分析，但是，如果这一结论也适合每年上万的自主招生群体，那么自主招生的科学性就要大打折扣了。美国教育考试中心举办的考试得到世界成千上万教育机构的认可，一个很大的原因是其拥有两千三百多名的专业人员，有近四百位博士致力于编制科学的考试。如何提高自主招生的专业性，是实现其科学化的重要议题。

高考改革是一个复杂的系统性工程，在这一过程中，自主招生的完善与实施是高校招生制度成败的关键环节之一。90 所自主招生试点高校在十多年的探索过程中，出现了不少问题，也总结了非常多的经验。不论是问题还是经验，都是围绕着公平与效率两个层面。2017 年，“新高考”开始实施，自主招生又再次迎来关键期，面临新的挑战。社会对大数据理念的认可为自主招生的调整和完善提供了一个非常好的环境因素。不论是教育公平，还是评价科学性，不同的利益相关者往往都有不同的价值导向和阶层立场，如果没有客观的数据作为支撑，没

① 肖远骑 . 这样的自主招生试题我不赞成 [N]. 中国青年报，2017-06-19（09）.

② 侯佳伟 . 高校自主招生学生入学后与普考生的对比分析 [J]. 高等教育研究，2011，（12）：34-39.

③ 林上洪 . 浙江高校自主招生的模式创新——“三位一体”综合评价 [J]. 考试研究，2015，（1）：28-33.

④ 李雄鹰 . 大学自主招生质量的实证研究 [J]. 中国高教研究，2013，（6）：33-38.

有科学的方法作为工具，那么，评判结论要么带有浓厚的主观偏见，要么难以避免“以管窥豹”的局限性。①

第三节　大考、利害、评价指标的关联与辩证

大规模高利害考试（简称“大考”），指的是涉及人数众多，影响范围广，依据考试结果做出的决定将影响重大利益的分配、对个人、社会产生重要影响的考试。②高考决定着考生是否有机会进入高等学府，是重要的人生转折点。这些考试参与人数多，依据考试结果所做出的决定是高利害的，决定着重要资源的分配，因此是典型的大规模高利害考试。大考的改革不仅是自身考试方式的改变，也涉及社会多层面的价值判断和利益分配等问题，错综复杂性使得其变革异常艰难。众多学者从教育价值、社会公平、中外比较等视角对高考改革进行了深入的论述，本文则从大考、利害、评价指标三者之间的关联与辩证剖析我国高考改革的困境与出路。

一、科举、高考与社会

科举制度的出现最终导致科举社会的出现，科举社会的演变缔造了富有魅力且独特的中华传统文化。中华传统文化作为历史的珍珠，装饰着中国社会，影响着一代又一代的人。科举得中者步入仕途，或衣食无忧，或青云直上。从某种角度看，科举只是一种测验工具，用来测量人的心理。科举之所以具有如此大的魅力，对人以及人所组成的社会产生如此巨大的影响，其关键之处在于科举所承载的利害。宋真宗的《劝学篇》透彻、直白地点出了科举是如何对万千士子产生吸引的，这种吸引力通过规模的聚集和发酵，燃起了“科举热”，导演了一幕又一幕的科举奇观。这些奇观并没有因为科举的终结而落幕，而是通过现代高考继续呈现在我们的面前。

高考1952年建制后几经波折，于1977年恢复，并开启了新的航程。高考伴随着改革开放的春风一路走来，也共同经历了中国的高等教育从精英走向大

① 陈为峰．自主招生——公平与效率缺一不可 [J]. 教育与考试，2018，（1）：12-16.

② 郑若玲，陈为峰．大规模高利害考试之负面后效——以科举、高考为例 [J]. 华中师范大学学报（哲学社会科学版），2013，52（1）：147-154.

众。与科举相似，高考承载了太多人的期待。国家期望高考能够像巨浪一样淘出真金，家长们期望凭借高考这一龙门使得儿女成为国之栋梁、家之希望；学生期待高考满足他们各种大大小小的愿望。高考在各式各样的期待中辗转腾挪，与科举一样，导演了一幕又一幕的“高考奇观”：书桌上高叠的课本，长达 11 个小时的学校作息安排，各种各样的励志横幅，“考过官二代、拼过富二代”的口号，醒目刺眼的倒计时牌；家长们唠唠叨叨永远不变的主题，午夜最后熄灯的书房；铺天盖地夹杂着“高考”二字的新闻，几乎每个门户网站都设有的高考专区；教师、家长、专家、学者、官员等以“高考改革”为主题的大辩论；协助高考作弊的犯罪团伙，高科技与创造力完美结合的作弊工具；从飞机绕行到警车开道，从七月到六月不变的焦虑；状元的笑脸与荣耀，悲喜两重天里肆意的泪水，高悬已久终可以落下的心，意气风发的少年，被失望笼罩的单薄身影……高考和科举一样，悲欢离合，风起云涌，潮起潮落，几家欢喜几家愁。

高考是衡量人才的工具，高考促进了社会流动，是社会底层可以通过自身的努力跻身主流社会、追求幸福生活的捷径，高考提高了国民的文化素质……同时，高考带来的残酷竞争给青少年带来成长的同时，也带来了种种磨难和烦恼，他们几乎是生活得最刻苦却最没有生活乐趣的人群。评价指标过于单一的统一高考需要改革，这几乎是社会各界的共同呼声。如何改革，就需要先认清高考是怎样的一种大考。

二、大考的工具价值与社会的资源分配

生产活动是人类社会的主要活动。在生产过程中，人们需要进行各种各样的决策，其目的是为了物尽其用，人尽其才，力求达到效率的最大化。因此，人类作为生产活动的主导者和决策者，往往也是各种决策的主要考量因素。生产资料、劳动产品该如何分配，这些决策都需要根据人的情况进行抉择。如何在生产过程中占据有利地位是劳动者追求的目标之一。提高竞争力的有效手段就是通过教育。

虽然教育的目的多种多样，如提高修养，掌握技能，自我实现等等，但教育主要是为生产活动服务的。教育活动是人类社会的基本活动之一。为了评判教育的效果，就需要对教育对象进行测验。测验有多种多样。比如，技能的测验主要通过设定运用技能的场景让受测者展示技能的掌握程度，驾驶技术就是其中一例；知识的测验可以通过口试，也可以通过笔试，中国古代的科举制度就是一个典型的例子。不论是何种考试都有一个考试目的。没有目的的考试是很难想象的，因为考试需要依据考试目的进行设计。人们通过考试，得到一个考试结

果。考试结果是人们进行决策的主要依据，决策的结果往往涉及社会资源的不同流向。因此，考试是人们分配社会资源的工具之一，这一角色让考试具有了利害关系。

不论是科举、高考，其引发问题的根源在于其承载的利害。高利害是大规模高利害考试的主要特点。利害不是由考试本身所产生的，而是源于社会。从这个角度来说，我们将一些问题的产生归责到大考上是本末倒置的行为。不论是科举、高考，还是其他大考，本质都只是一种测量工具，是考试①。在这些工具的使用过程中引发了许多问题，责任由谁负责呢？显然不是工具。

封建社会具有历史发展的局限性。封建制度在本质上是与科学理性不相容的，因为“君权神授”是封建帝制的一个重要思想基础，从这一点来说，统治者并不希望民众从理性的角度来看待这个世界。围绕封建帝制建立起复杂并且系统的世界观，这种封建的世界观束缚着人们对科学的探索，也就束缚着科学的发展。②这一点在西方中世纪时代表现得特别淋漓尽致，在那个黑暗的时代，如果有人在民间传播科学，那么就会受到教会的残酷迫害。可以想象，如果中国古代的人们认识了宇宙的结构，排除了神的存在，那么最高统治者——皇帝的权力合法性就要受质疑。因此，在封建社会，不排除产生一些技术发明或者科学发现，但是科学的全面发展至少是不会得到官方的提倡。

对于科举来说，在封建社会里使用考试来选拔人才，显然是一种超越社会根本制度——封建政治制度的文明行为。社会不公的主要表现是权力和利益的分配不公。历朝历代，在开国初期政治逐渐走向稳定，进入中期之后政通人和，社会发展走向鼎盛时期。可是，金字塔式的权力结构导致社会财富向少数人流动，贫富差距越来越大，“朱门酒肉臭，路有冻死骨”。到了末期，吏治腐败，民不聊生，礼乐崩溃，最终受压迫的群体通过暴力将社会重新洗牌。在这一过程中，科举制度一方面是选材工具，另一方面是分配社会财富的工具。贫富差距越大，弱势群体对科举考试的期望就越大，科举制度所承载的利害就越高。作为当权者统治工具之一的科举制度不是万能的。过高的利害导致士子们出现大量的负面考试效应。科场的腐败舞弊、科考内容对思想的禁锢等，这些现象是社会不公在科举制度上的反映。在古代人治社会里，科举必然会受到人情关系的困扰。没有科举制度，封建社会的丑陋现象会更多。有学者将清末诸多社会问题归结为科举考试的副产品③，这是一种苛责。另有学者认为，“科举制的废止不是制度本身的问题，

① 杨学为，廖平胜．考试社会学问题研究 [M]. 武汉：华中师范大学出版社，2003：40.

② 刘海翔．当科举消亡的时候：美国人眼里的中国科举——以百年前《纽约时报》的报道为例 // 刘海峰，罗金远，程克夷．科举百年祭 [M]. 武汉：湖北人民出版社，2006：116.

③ 杨齐福．科举制度与清末社会问题 [J]. 福建论坛（人文社会科学版），2008，(9)：60-66.

也不是内容本身的问题，而是官僚政治操控失误、导致科举制在每一王朝晚期便弊端丛生、废止呼声不断”[1]。科举制度的主体毕竟只是一项考试，我们不能期待用考试将社会污浊之气化为股股清风。考试虽然能够维护一定程度的公平，但是我们不能期待用考试来主持社会的公平、公正。

高考同样引发了很多问题。高考的问题根源也是在于其所负载的利害，而利害同样是社会赋予的。对于农村的弱势群体来说，他们之所以成为弱势群体，原因就在于他们获取社会资源的途径是非常有限的。在这种情况下，高考给他们带来了一个获取巨大利益的机会。他们要追逐这些通过其他途径难以获得的利益，自然会尽全力去获得考试上的优势。在一些民间经济比较发达的地方，私营业主很多，他们没有通过高考就过上了非常富足的生活，甚至雇用了许多高才生给他们打工。他们的经验是，高考并没有那么神奇。他们并不期望子女通过高考来改变生活水平，而更多的是寻求一种“功名”。不同的需要产生了不同的考试动机和考试后效。如果社会的贫富差距能够小一些，弱势群体（主要是农民）的利益可以得到较好的保障，那么高考就能够更好地发挥正面作用。

有人说高考的公平问题越来越严峻了，特别是区域公平问题。因为不同省市的考生上同一所部属院校的机会相差上百倍，在起点就已经不公平。不过，区域公平是高校名额分配的问题，是相关决策者的问题，民众将箭头指向高考，而不指向相关责任人的做法是不理性的。还有加分、保送、自主招生等出现的腐败和舞弊现象，这是一种违法行为，是一部分侵犯另一部分人的权利问题，高考无法解决这种问题，应该依靠法律法规。区域招生的本意是对教育机会进行统筹规划，维护社会公平。然而，分区域录取的结果却导致相反的局面，录取名额分配的不公平程度引起社会的激烈讨论。看起来显得讽刺意味十足，也正告诫我们，不能期待一项制度自动维护公平正义。

总而言之，大考只是一种测量工具，科举、高考虽然起着很大的作用，但是这些大考是无法解决社会本身产生的问题的。高考可以改变一部分人的命运，但是弱势群体不能期待仅仅通过高考改变他们与优势阶层之间的差距。社会的公平公正需要倚赖其他途径。理性认识大考，才能正确认识大考，也才能正确地解决大考所出现的问题。

三、高考利害的分布与综合评价指标

高考包括多个科目的考核，不同的科目涉及多种能力。因此，高考是一个

① 谌虹，董恩林 . 制度之良与运作之失——科举制演变过程检讨 // 刘海峰，张亚群 . 科举制的终结与科举学的兴起 [M]. 武汉：华中师范大学出版社，2006：38.

包含多元考核指标的制度。不过，高考包含的考核指标具有一个共同的特点，即都是可以通过测试（即考试）进行量化的指标。考核指标量化之后，将所得数值相加，就得到一个总分。这样一来，选拔工作变得简单易行，一目了然，分高者胜出。那些不能用测试进行量化的评判指标，比如实践能力、合作能力、组织能力等，统一考试就无法包含了。

高考制度具有两个特点：一是包含了部分评价指标；二是通过总分的方式将涉及的指标都赋予了高利害。对于考生来说，一分之差就足以决定胜负，他们自然全力应试，却往往忽略被高考排除在外的能力的培养。实际情况也正是如此，学生对所有考试科目都不敢怠慢，分分必争，因为只要偏科，就会大大影响竞争力。其他被高考试卷排除在外的综合素质，学生往往只能暂时放在一旁，等过了高考这一关再说。在课题组的访谈中，面对“高考之后最想做什么事情”这道问题，有些同学说：“可以爬爬山，可以开个小店呀。现在高中实在太忙了，没有空闲的时间，这些事情都是奢望了。”有些同学说：“现在我们整天都是做题看资料，都没有空闲的时间。如果我进了大学，我最想做的一件事情就是看一些我感兴趣的书籍，比如历史、文学，等等。另外，我也希望当一个志愿者，去帮助那些贫穷的人，特别是那些老人，非常可怜。还有就是做一些兼职，补贴家用，减轻父母的负担。”有些同学说：“如果我进入大学，我要补充一些我现在没有条件学习的东西，到图书馆多看一些书，扩展自己的视野。”

随着我国高等教育走向多样化发展，高考制度也应由单一走向多样。[①]综合评价就是多样化高考的一个目标。人才的评判需要综合评价，而利害的分散同样需要综合评价，降低大考的负面考试效应所遇到的难题与实施综合评价所遇到的难题是一样的。“言必称美国”成为中国学术研究的一个现象。在中国的高校招生考试改革过程中，美国的高校录取制度同样是许多学者极力推崇的参考对象，参考的核心内容就是其综合评价制度。中国的高考改革存在“统一考试与考查品行的矛盾”，在我国重视人情和关系的传统文化氛围中，不实行统一考试难以实现公平，但是不考查品行又难以科学地进行选才，保证公平与科学选才，二者难以兼得，只好“两害相权取其轻”，以统一考试来保证公平。[②]舍弃了品行，就将高考的利害都集中到考试能够测量的评价指标上，过度应试教育、重分数轻素养等问题也就随之出现。

① 潘懋元. 从科学发展观看高考改革 [J]. 湖北招生考试，2006，(4)：47.

② 刘海峰. 高考改革中的两难问题 [J]. 高等教育研究，2000，(3)：36-38.

四、综合评价改革之困：弹性指标的信度

从学生的角度来说，中国高中生虽然不是非常认可学校的课程安排，或者不太情愿全身心投入高考备战，但这却是他们无奈的选择。对于弱势群体来说更是如此，如果没有高考，他们对高等教育资源的竞争力是无从谈起的。美国高中生虽然也重视大考，但是大学的录取制度决定了他们无法也不能将所有的精力都投入大考的备战中，因为如果他们的平时成绩不高，或在课外活动中的表现不突出，他们同样无法获得名校的青睐。从这个角度来说，美国高校的招生并没有将利害都集中到大考上，而是分散到其他方面。这种利害的分散分布减小了大考负面的考试后效。分散的考试利害是以综合评价的多元指标为载体的。

一个考试，如果得到的考试结果与考试初衷具有一致性，那么这个考试就具有很高的效度（validity）。不同考试条件下考试结果的一致性称为信度（reliability），考试信度主要指考试结果的可靠程度。如果考试由于其设计等方面的不合理造成了不同人群的考试成绩有不同的意义时，这个考试就欠缺公平性。[①] 在全面考核人的才能与品行方面，综合评价比书面考试更具效度，但在信度方面却很不稳定[②]，这主要源于综合评价所包含的弹性指标类型。

综合评价由多个评价指标构成，指标可以分为刚性指标和弹性指标。什么是刚性指标？典型的例子就是高考的"凭分录取"。两个考生相比较，考试分数高的学生具有绝对的优先录取权，不受其他任何因素的干扰。所以，刚性指标的特征就是依照客观标准将评价对象的优劣程度进行量化，并完全依据数量的大小关系做出决定。刚性指标将人的主观评判因素排除在决策之外，是程式化的一个重要步骤。在人才选拔中运用刚性指标，避免了由于主观评判意见的不同导致的分歧和争论。

主观评判意见的不同一般是由两个因素造成的：其一，评判人对人才的定义有不同的理解；其二，评判人的出发点如果已经偏离了人才选拔的本意，往往是根据利益的得失做出利己评判，这是导致选拔制度腐败的一个主要因素。科举制度的演变体现了对公平的不懈追求，具体的方式就是将人才选拔的标准不断转化为刚性指标，以便将可能导致科举制度腐败的因素杜绝在外。八股文是这种趋势的极致表现，将考试内容也进行了刚性处理，设定各种标准与八股文的内容进行对照，优劣一目了然。"评卷客观化、控制评卷误差是大规模考试发展的内在

---

① American Educational Research Association. Standards for Educational and Psychological Testing [M]. Washington，D.C.：Author，1999：2-3.

② 孙开键，陈为峰 . 以信度与效度论科举之演变 [J]. 复旦教育论坛，2009，7（6）：36-41.

要求，八股文便是受科举考试发展的内在动力的驱使而产生的，是一种刻板地通过考察经学知识和文字水平来测验智能的文体。”①

弹性指标的主要特点是评估对象的优劣主要依据主观评判，而不是量化指标的对比。察举、九品中正制的选才方式就是弹性指标的运用典型。运用弹性指标的缺点如上所述，容易导致分歧和舞弊现象。如果是因为价值观的不同导致意见的分歧，可以通过少数服从多数的原则作出决定。科举制度的评卷过程曾经采用这一原则。宋真宗天禧三年（1019 年）规定：科举试卷要经过两名或三位考官的评阅，即双重定等第法。② 与之类似，高考试卷的作文题、SAT 和 ACT 的作文题所采用的评判方式都是少数服从多数的原则，由两个评卷人给出分数，如果接近，就取平均值，如果相差太远，就交由第三位评卷人做出评判，参照第三个评卷人的评判分数。多数人认同的评判虽然不一定正确，也会有历史局限性，但往往是较为理性和科学的。舞弊现象也可以通过少数服从多数的原则进行预防。不过，如果多数人参与了舞弊，那么这个原则就失效了。如果弹性指标只有一个评判人员做出决策，一方面，合理性不易得到保证；另一方面，极易受到舞弊行为的干扰。这些特点使得弹性指标的信度降低。

从上面的分析可以推断，中学校长实名推荐制的有效性是非常低的。一方面，校长一个人的评判很难保证合理性；另一方面，评判人员越少，违规操作的可能性越大，极易引起公众的不信任。这种不信任产生的压力将反过来影响中学校长的决策。虽然推行中学校长实名推荐制的初衷是，希望校长在个人名誉、责任感、职涯前途等因素的牵制下做出合理的判断，将高能而不一定是高分的人才推荐给高等学府。如果校长只是推荐高分的学生，那就有多此一举之嫌。该制度的实施结果是，所有中学都不约而同地采用了集体决策后由校长签字推荐的方式，并且，成绩成了首要条件。③ 中学校长实名推荐制变得有名无实。对弹性指标的逃避促使人们越来越依赖刚性指标。刚性指标在隔离了易受人为干扰的弹性指标的同时，由于本身带有的“分分必争”的特点，使得某些人为了获得分数铤而走险，采用不道德、不合法的手段。此外，以考试为代表的刚性指标看似公平，但同样分数的背后却可能掩盖着巨大的不公平。我们提倡教育均衡发展，其目的正是要缩小这种表面公平背后的不公平。弹性指标融入了主观评判因素，这种主观评判可以将复杂的背景信息灵活地纳入评判范畴，达到更高层次的公平。不过，弹性指标的考评要达到一定的信度，却需要更多社会条件的支撑，诚信机

① 刘海峰 . 科举学导论 [M]. 武汉：华中师范大学出版社，2005：218.

② 刘海峰，李兵．中国科举史 [M]．上海：东方出版中心，2004：165.

③ 北大晒校长推荐名单：理科比文科多 全才赢偏才 . [EB/OL].http://www.cbsrb.com/society/shgj/htm/2009-12/03/content_51349.htm[2012-10-01].

制就是其中之一。

五、综合评价的信度与法治社会的诚信保障

综合评价包含以考试为代表的刚性指标，以及人的主观评判为核心的弹性指标。高校考试招生制度改革朝综合评价方向发展，人的主观评判就会介入其中。在优质高等教育资源相对稀缺的背景下，高利害的招生过程很难避免不良社会因素的干扰，会出现各种程度的舞弊腐败权钱交易。招生过程存在违规违纪，与普通违法事件相比，要纠正起来往往更具难度。一方面，由于招生工作的特殊性，招生考核过程透明度有限，违法事实不易于发现；另一方面，受害个体往往没有明确的指向性，权利主体不明确，往往缺少投诉人去启动纠错程序。保送生制度就是一个典型的例子。在一些硬性条件的限定下，往往有若干个候选人。当确定最终保送者时，即使存在“猫腻”，其他候选人也难以确定自己就是最具资格的人而成为受害者。师生中也有一些了解内情的人，也会私下发表议论和感慨，但他们一般只能是旁观者。即使有人追究，除非有确凿的证据，否则也很难认定存在违法事实。一般而言，犯罪成本越低，风险越小，违法行为就会越多。既然招生过程中的弄虚作假行为面临的风险这么小，这种包含人为因素的制度设计自然很难公正地运作下去，进而失去其存在的价值。

我国的法治建设还不完善，对侵权行为的约束力有待提高，对民众权益的保障能力也有待增强。网络上曾曝光考生民族身份造假事件，在舆论压力下，考生及相关人员受到了应有的惩处。但是，媒体和舆论显然不能替代执法机构，还有许多类似的事件没有得到关注和纠正。此外，当此类行为成为社会的常态，民众也会滋生“法不责众”的心理。法治环境无法保障招生公平，在这种情况下，能够客观地对人群进行区分的考试，就会成为最佳选择，这或许是中国成为一个考试社会的重要因素。但是，一旦个人利益与一次考试相挂钩，人们就会想方设法提高成绩，甚至不惜弄虚作假。清朝科举的相关法规条文几乎到了滴水不漏的程度，但是金榜题名的诱惑使得清朝的科场舞弊不断，不乏惨案的发生。①

历经多次改革和调整，当前多数省市的高校考试招生制度还是以统一高考为主，综合素质评价作为参照。表层的原因是法制建设不到位，社会尚没有建立起诚信机制，还有另一个重要的原因，就是民众的公民权利意识还比较淡薄，维护社会良好秩序的责任感意识还比较淡漠。司法程序再完善，如果不介入侵权事件便只是一纸空文，对于中国的高考来说同样如此。判断高校招生、公务员考试

① 陈为峰．从考试到综合评价：在借鉴中稳健前行 [J]. 考试研究，2011，(2)：12-18.

等这类大规模、高利害考试是否可以采用综合评价方式并不难，社会风气是重要的参考因素。是否有较为完善的法律法规？民众是否普遍重视个人诚信？违法乱纪事件是否盛行？如果答案是否定的，那么就不能幻想用综合评价这种涉及人为因素的选拔方式去分配宝贵的高等教育机会。中国上千年的科举考试史一次又一次地说明了这一点，而美国大学的人才选拔方式则从另一方面反映了这一规律。多元录取、综合评价是我国高校考试招生制度的改革目标，但是能够走多快，能够走多远，这取决于我们这个社会对法治的认同程度、法制建设的完善程度，以及诚信机制的约束程度。

六、反思与结语

高校考试招生制度综合评价改革的目的在于改变过于单一的评价指标对中小学教育的负面影响，促进学生综合素质的提升，提高整体教育质量。然而，由于高考涉及高利害，而综合评价构成中的弹性指标易受各种人为因素的干扰，不易获得可靠的信度，使得这一看似可行的改革变得困难重重。高校考试招生制度的综合评价改革不仅是教育问题，更是社会问题，是一个多方面、多层次的工程。

第一个层面是社会公平的问题。利害是由社会赋予的，也是由社会决定的。如果一个社会人与人之间的差距不大，都过着较为安逸、富足、相对平等的生活，那么人们就不会过分重视高考带来的利益和功名。但是，如果一个社会的贫富差距过大，社会底层群体流向社会上层所面对的阻力很大，那么，大考作为他们进入上层的主要途径，涉及的利害就非常高。在帝制时代，社会等级森严，科举作为下层平民往上流动的主要、狭窄的途径，其利害程度之高达到了极致。可以说，社会资源分配的不公平程度决定了大考所承载的利害程度。当前，我国致力于减少贫富差距，促进社会的公平程度，应该说，取得了一定的成效。这种趋势对于高考改革是有利的。只有减轻了高考对社会公平的承载压力，其综合评价改革才可能迈出具有实质意义的步伐。

第二个层面是法治建设的问题。大考利害的分散需要建立综合评价体系，也就是需要更多的评价维度，特别是品行的评价。品行的有效评判需要弹性指标的介入，而弹性指标的信度需要以社会诚信作为基础。《国家中长期教育改革和发展规划纲要（2010—2020 年）》指出，考试招生制度的改革需要“加强信息公开和社会监督”，此类措施的对象正是评价因素中的弹性指标。综合评价改革可以提高高校考试招生制度的科学性和合理性。但是，如果其信度得不到保障，那么这样的改革将会起到反效果，成为教育不公平的导火索。因此，综合评价弹性指标的信度需要完善的保障措施和制度建设。

此外，社会诚信的形成需要一个以维护公民权利为核心宗旨的法治社会，法治社会的建设则是一个长期且复杂的过程。良好的社会风气需要人们自律，但是仅仅自律是远远不够的，还需要强有力的行为约束机制。"路不拾遗、童叟无欺"，并不是因为人人都道德高尚，而是因为有一个不讲情面的、有效的惩罚系统对诸如造假、欺诈行为进行惩罚，使得犯罪成本升高。法治建设的完善程度是我们调整改革步伐快慢的依据。有了依据，从考试到综合评价的改革才能稳健前行。

不论是社会公平还是诚信体系，都是复杂的社会问题，也是大考问题的根源。正是因为这些根源问题不是一朝一夕就能够解决的，所以科举制度深陷泥潭不可自拔，高考的问题如此顽固费人心力。科举已成往事，我们引之为鉴。高考就在身边，我们任重道远。[①]

① 陈为峰．大考、利害、评价指标的关联与辩证——高校考试招生制度综合评价改革之困境 [J]. 当代教育科学，2017，(4)：27-31.

第九章

以美为鉴：中国弱势群体综合评价体系的构建与论证

在本书中，弱势地区（主要是偏远地区、落后地区）、弱势群体（文化资本、经济资本、社会资本明显不足的群体）的家庭子女都视为弱势群体学生。相对于优势群体，这些孩子的成长经历各种各样，他们同样有着丰富的内涵，有他们的优点和特长。结合课题组的访谈资料，本书尝试以典型案例作为推论起点和基础，初步提出研究假设，并以质性研究的方法构建和论证我国高校招生弱势群体相对优势的综合评价体系。

第一节　典型案例分析与归纳

如何评价弱势群体的相对优势，不同的学者有不同的看法。我们认为，正如不同高校的自主招生对考生的评判各有不同，且没有设定统一标准，对于弱势群体学生的评判同样应该尊重评价主体的理性分析和价值判断。如果设定统一的标准，不仅是对招生评价体系的一种干扰，也是对高校招生自主权的损害。不过，作为一项课题研究，提供一个探索性的评价框架，供决策部门、高校、民众等利益相关者参考和批判，仍是有积极意义的。案例分析是探索性研究的常用方法，有利于从更为全面、具体的层面对研究问题进行探索，为更深层次、更大样本的研究提供参照。

一、案例来源

本书组建了由 15 位研究生构成的信息采集小组，对 15 位研究生访谈者进行了专业培训，使其深入了解课题的研究目的，掌握深度访谈的规范，并进行访谈模拟，练习访谈技巧。

每位研究生选择两位访谈对象，通过半结构式访谈采集数据。采用这种方式有两个原因：其一，尊重评价主体的多元价值选择。不同的访谈者有着不同的价值判断，丰富的判断主体能够较大限度地扩展数据采集的维度，提高样本的代表性。其二，由于采用了深度访谈的形式，访谈者与访谈对象需要进行较为深入的沟通和交流，由访谈者自行选择访谈对象，便于他们判断进行深度访谈的可能性。从访谈的成效来看，多数访谈对象展现了其优秀的一面，同时，形成了近20万字的访谈文本，涉及访谈对象的成长过程、家庭环境、大学经历等，具有较好的数据深度，挖掘价值较高。

二、案例分析：优秀的弱势群体大学生的主要表现及成长经历

在30个访谈对象中，有些大学生表现出色，有些大学生则并没有太突出的成绩。本书依据访谈对象的陈述，通过文本数据确定访谈对象的优秀程度，最终选取两个突出案例。为了便于资料的处理和标注，书面数据进行了编号：C-001～C-030。

（一）品学兼优、勇于挑战自我的创业人才

书面文本编号为C-014的访谈对象是30个样本中较为突出的代表。在大学期间，不论是学业方面还是非学业方面，都取得了非常出色的成绩。[①]其学习成绩优异，两次参加国家数学建模大赛，都获得了二等奖。同时，他谦让参评奖学金的机会，为他人着想，不自私自利，具有良好的品德修养。

> 每一学年我的成绩都排在班级前五名，有很多次是可以拿奖学金的，因为班级同学的一些原因或者我自己不想跟他们争，一般都是不申请的。
>
> 在准备参加这个项目的时候（国家数学建模大赛），其实是没有想过能够获奖，它需要不同专业的人组合在一起才能完成，毕竟是国家的比赛，很难，要求也很高。刚开始是把所有需要的专业人才都找到

① 课题组访谈记录：资料编号C-014，云南民族大学农村大学生；地点：云南省昆明市；时间：2015年12月05日。

一起，大家共同来完成这个项目，这个过程中出现很多次的意见分歧，甚至是中途碰到很大的困难时，有成员想退出，这个时候就需要采取策略来坚定他们的信心，不到最后一刻都不放弃。应该说最大的收获就是团队的领导、组织、协调能力，这个对我今后的创业是很有帮助的。①

该学生大一学年就抓住商机初次创业，大二创立社团，锻炼综合能力的同时，解决了自己和女朋友的学费、生活费，不给父母增添负担。这一过程体现了该生善于分析市场信息，执行力强，敢作敢为。

大一时候刚来嘛，我很好奇，到处去看看，把整个大学城都逛遍了。那个时候课程比较少，看到聚贤街很多人摆摊，我就把自己半个月的生活费拿出来，再跟同学借了点，从新螺蛳湾批发牛仔裤来卖，卖得还不错，第一次就赚钱了。也正是因为这一次，加深了我后来创业的想法。

大二，我真正开始谋划自己创业的事情，首先是向学校团委申请成立一个社团，成立这个社团的初衷就是为了让会员们赚钱，做兼职。因为在我自己做兼职的过程中发现很多兼职中介公司都是骗人的，收取很多的中介费，却不一定帮你找兼职。还有我发现周围很多同学都是来自农村，经济条件不好，都需要做兼职来赚钱或者锻炼自己。就是这两个原因吧，后来学校批准我们的社团成立，才第一年招新就有100多人，发展到大四已经300多人，都快赶上学校的校级组织。

大四时，该生正式成立公司，同时，有着明确的职业规划，没有放弃个人的专业特长。不仅如此，该生还体现了非常强的执行力、领导能力以及规划能力。

（何时开始准备长远职业规划？）大二的时候我有一些想法，不是很清晰，也没有付诸实施，应该是大三的时候，那个时候做决定应该是最好的，一方面不需要等到大四了不知所措；另一方面可以提前关注自己准备创业的领域，将来才能更好地切入。

① 为最大限度地还原被访谈者的原话，转录对话内容时不对口语表述可能存在的语病作修正，下同。

在竞赛、创业的过程中，他不怕失败，积极解决问题，具有责任感，具有坚毅的性格。

> 肯定有嘛，印象最深刻的大三暑假做沿海地区工厂的对接嘛，我带着团队负责人亲自去那边的工厂考察过，才回来学校做招聘，跟那边都签合同了。我们招聘了200多名大学生过去，那边却增加了很多环节，比如体检项目的细节化，对年龄的要求等，导致很多学生返回来，这对我们协会可以说是造成了信誉上的严重挑战，为了挽回嘛，我不得不联系其他厂家，或者自己出钱让那些学生回来。不管做什么都是会遇到困难，也会失败的，如果害怕就不去做，或者就放弃，那么永远都不会成功的。

总体来说，C-014学生是一个非常优秀的大学生，其各方面的表现都是非常出色的。从该生自我描述的成长经历来看，可以初步探知他诸多优秀品质的形成原因。在回答"你觉得家庭方面的物质条件对你有哪些影响"这个问题时，他说：

> 这个影响应该是两方面吧，自己很小的时候，也抱怨过为什么不能像其他孩子一样有零花钱，也不能穿新衣服，不能去学书法啊，足球之类的。但是现在想想，那个时候的自己很幼稚，如果不是这些，我不可能做很多事情，包括摆地摊、创业，等等。造就了我吃苦耐劳，不怕失败的性格。
>
> （你是否认同"穷人的孩子早当家"这句话？）认同的，小时候我就要帮父母做很多农活，学会自己做饭自己洗衣服，上山砍柴下河捞鱼，应该是比同龄人多做了很多。也是这些原因，造就我后来做的很多事情。
>
> 我们家在普者黑边上，主要就是捞鱼啊，挖莲藕啊什么的，每天放学做完作业，就去湖里帮父母干活。

大学四年，除了扎实的专业能力之外，该生取得了大量的成就，展现了非常强的执行力和很高工作效率。在他自己的归因中，将弱势的家庭因素放在了非常重要的位置。从小就从事大量的劳动，让他获得了宝贵的执行力，善于抓住机遇，并充分利用各种资源，完成设定的目标，而且，养成了坚韧的性格，不轻易放弃。

尽管农村出身给他带来了一定的负面影响，比如，不够自信，然而，他善于反思，不甘人后，奋发图强。

我经常在反省自己，哪些做得好哪些做得不好。农村出身嘛，我从小就比别人更努力，但是骨子里还是很自卑的，是从大二之后才慢慢变好。我做过很多兼职，几乎大学生能做的都做了，只要不违法犯罪，可以说也是经历了很多事情，到现在吧，心态渐渐变好，性格也在改变，为人处世也在变化。总体而言，都在朝着好的方向发展。

在性格的养成方面，父母起了很大的作用。在回答“在你的这些成长过程中，有没有最想感谢的人”这个问题时，他说：

首先就是父母嘛，虽然他们没有给我比其他孩子更富裕的物质条件，但是他们已经竭尽所能，给了我他们所能给的，而且我的家庭和睦，使我有一个快乐的充满回忆的童年。

可以看到，他的家庭虽然贫穷，但是父母的勤劳、乐观、和睦给他们的子女带来了良好的成长环境。他孝敬父母，体谅父母，同时，又积极向上，最终，取得了优异的成就。良好的家庭文化让这位学生形成了良好的行为方式，最终推动他走向出色和杰出。可以看到，他的家庭文化是弱势群体普遍具有的，他的优秀品质也是独特的。

（二）德智体全面发展的科研人才

书面文本编号为C-002的访谈对象同样是一位表现优异的农村孩子。在研究生阶段；他积极锻炼自己，同时，展现了很强的科研能力，发表了多篇论文。[①]

学习的话，研一的时候没有评奖评优，不过我发表了7篇论文吧。研二在评选奖学金的时候；我就拿了一个一等奖学金——花臧奖学金。然后论文的话，我在学报发了十篇，参加老师的专著编写，编辑了这本书的一个章节，并且参加了学校的课题。研三评奖，因为总成绩第一，我被推举获得国家奖学金，并获得云南省“三好学生。”

这些成绩并没有成为他学习生活的全部，他仍然参加了大量的社会实践，

① 课题组访谈记录：资料编号C-002，山东农村大学生；地点：云南师范大学图书馆；时间：2015年12月11日。

通过兼职为父母减轻负担，积累大量工作经验，充分、有效率地利用时间，工作、学习两不误。这是非常难得的能力。

> 大学四年，我几乎把所有的兼职工作的工种都干过了。什么发传单呀，做银行调查员呀，还有当保安呀，到银行里打零工呀，基本上都干过。
>
> 我现在研三嘛，白天我会去打工，然后晚上呢回到学校，去图书馆学习，这样既丰富了自己的人生阅历，为以后的工作增加经验，也同时让自己的学习没有落下。白天到五六点吧，我是在打工的，晚上六点以后呢到十一点，我就蹲在图书馆学习，我觉得现在我这样挺好的。我能够合理的安排自己的时间，并且让自己学到东西。这样最充实。

在公共事务方面，该学生积极参与，培养了表达交流、组织策划、团队协作等能力，获得了普遍的认可，成为研究生会的主席，展露了出色的领导才华。

> 因为上学以来，性格比较温和（呵呵）愿意和同学相处，这样呢我也交到了不少的好朋友，所以大家也愿意和我交流交往，这样呢在交往的过程中，我收获了友谊也收获了很多自己不知道的知识。然后在研一的时候加入了学生会，通过努力让自己得到了部长呀、主席的认可，这样呢就觉得我是个靠得住的人，在研一上学期就把很多活动交给我组织、主办，像羽毛球比赛、篮球赛、歌咏大赛等，不管是选人，初赛，决赛都是我主持。研二我就被推举为研究生学生会的主席，我们院的。
>
> 我觉得在学生会里我学到的就是如何与老师沟通相处，这是最关键的一点，以前的时候都是和学生打交道，很少有机会和老师聊，而参加了学生会你有许多活动都是需要老师来参与，或者是老师帮助举办的，这期间就会和老师打很多交道，跟老师接触的也比较多。这样慢慢地就和老师相处得越来越融洽，而且从老师那里也学到了很多嘛。

他在体育方面的表现同样突出，是院篮球队、足球队的成员，表现出色。

> 自己在大学比较喜欢篮球运动，因此在研究生期间我就加入了我们院的篮球队，通过和大家一起努力，我们在历次比赛获得的成绩都

不错，一般都是前三。足球的话就比较好，我们打篮球这些人又去踢足球，然后也是很棒。

可以看到，这是一个全面发展、人格完善且具有很强科研创新能力的研究生。反观其成长经历，同样与C-014访谈对象有着相似之处。出身贫寒的农村家庭，从小就参与了大量的劳动。

我还有一个姐姐，而且我们一直在上学嘛，一直上，高中、大学我们都在上，家里本来就不好，所以就因学致贫了么。因为家里的地很少，主要依靠地里的收入，而山东是个蔬菜大省，蔬菜的价格一直不是很高，而我和我姐还要上学，这样就占了家里收入的三分之二还要多。然后家里的钱一直不是很宽裕，处于勉强够花吧。有的时候交学费，姐姐交了，我就要等等，缓上两个月一个月的。

有呀，从小就一直干活，地里活太多，我记得小学、初中的周六、周日都是在地里过的，就是帮家里干活……施肥，尤其是给蔬菜上尿素，尿素嘛本身具有刺激性气味，在上化肥的时候会熏得我流眼泪，鼻子里面也不舒服，时间久了，手因为抓化肥也会变颜色，手也会变得涩涩的，特别难受……

虽然该生的家庭收入低，不过，家庭的氛围却非常的好，“是一个和睦的大家庭”。父母关爱孩子，孝敬老人，勤劳、朴实、节俭、乐观，是模范家庭的代表，对这名学生的成长有着很大的影响。

我觉得，对我的影响，就是家庭的关爱吧，我爸妈在我上二年级之前都在上班，但是不管爸爸回来几点都会领着我和姐姐玩一会，周六周日也会带我出去玩，这样我就觉得很欢乐，后来家里爸爸妈妈失业，回到农村种地，爸妈也会陪我说话或者带我去玩，这样我和姐姐都有一个快乐的童年，过的也很幸福；而且我爸妈很孝顺，对我奶奶特别的好，虽然没有爷爷，我爷爷去世的早，但是家里人，我爸爸、妈妈、大爷、二爷都对我奶奶特别孝顺，我觉得这点很好，我们家是一个和睦的大家庭，所以我觉得温馨的家很重要，这对孩子、老人都很好，而我也是很期待能够拥有这样一个家庭，像我爸爸妈妈那样对自己的孩子，关爱自己的孩子。另一方面我爸妈十分勤劳而且非常朴实，最重要的是他们是个好人，怎么会这么说呢，我爸妈一直以来都非常能吃苦能干，虽然生活很艰辛，没有那么殷实，但是他们一直节俭乐观的生活，供着我姐上学又供着我上学，所以我一直受他们的影响。

在总结自己的优良品质的时候，该生强调了自己不怕吃苦、善于坚持的品格。良好的家庭氛围让他有爱心，这一品质是个人魅力、亲和力的重要组成，让他能够获得同学们、老师们的普遍认可，进而获得了锻炼领导才能的平台。积极、乐观的心态让他勇于进取，奋发图强，不怕失败。

比较可以坚持，对待一件事情，不管他多辛苦只要我说要做，咬着牙也会把它做完；另一方面，就是爱心吧，我爸爸是一个很有爱心的人；第三点嘛，应该是呃……计划，有计划，目标。所以自己做事情之前都会给自己定目标，然后设置合理的规划，按照规划一步步的实现；第四，就是乐观的心态吧，我爸爸经常对我说，只要你努力过，即使不成功你也是一个成功的人，因为你无怨无悔嘛。

三、讨论

在30个出身弱势群体的访谈样本中，多数样本有着不错的学业成绩，从小就养成了良好的学习习惯，认真对待学业，不轻易放弃。不过，仅仅具备这一优势，并不足以让访谈对象成为有着丰硕成果的佼佼者。如果学生只是将全部的时间和精力放在课程学习上，虽然能够获得各类奖学金或者专业证书，但也仅仅如此，并不能成为某个领域的领导者或者开拓者。

与美国一流大学所强调的“参与”（engage）、“融入”（involve）的理念不谋而合，如果访谈对象在重视学习的同时，善于抓住机会大胆尝试，喜欢“折腾”，并且具备出色的团队协作能力或领导能力，那么，这样的学生往往能够获得身边群体非常高的评价。这样的个体有着丰富的课外活动，执行力非常强，具有理性的规划，对目标有着明确的认识。从这些个体的成长经历来看，“爱折腾”的习惯并不是进入大学之后天然形成的，而是和家庭背景有着紧密的关系。在进入大学之前，特别是在有着繁重学习任务的高中之前，这些未成年的孩子就参与了大量的各种各样的家庭劳动。这种参与有自愿的，也有受迫的，不论是什么原因，大量的劳动让他们学会体谅父母的辛劳，进而更容易体谅他人，形成亲和力；充实的劳动生活让他们形成了高效利用闲暇时间的习惯，深刻理解付出与收获之间的关系，追逐创造价值的乐趣，具有非常强的执行力，不怕失败，勇于进取；在丰富的人生体验中，这些学生能够正视自己，做出合理的职业发展规划。

通过以分数取人的统一高考，大学招收了学习成绩优异的学生，他们具备完成大学学业的能力，甚至能够接受更高层次的高等教育，成为某些领域的尖端人才。不过，与世界一流大学相比，我国大学的专业人才比较多，综合型人才或具有领导力的人才相对较少。自主招生政策致力于弥补这一短板，并招收多样化的人才。不过，从目前的总体政策来看，实行综合评价的自主招生政策并没有充分肯定弱势群体的特长。

从前文中的案例分析及归纳中，我们初步构建这样一个研究假设：以贫困农村家庭学生为代表的弱势群体，经过家庭氛围的影响以及丰富的家庭劳动，同样可以获得综合能力的提升，获得全面的发展。这些能力与品质同样需要纳入高校招生综合评价的范畴，成为大学校园难能可贵的组成部分。

第二节　基于扎根理论的质性构建

前文的案例研究提供了一个基本的分析方向，本节内容结合30个样本及其他访谈材料和证据，尝试运用扎根理论质性研究，构建我国综合型大学弱势群体综合评价体系。

一、扎根理论

本书采用了质性研究的扎根理论作为研究方法，通过对深度访谈的文本进行编码与归纳，尝试初步构建我国高校招生弱势群体学生的评价框架。扎根理论遵循的一个基本原则是“理论只来自于资料而不是演绎”[①]，通过观察和构建中的归纳理论进行持续比较，扎根理论的质性研究可以获得尽可能客观的结论。

扎根理论的分析过程本质上是不断从特殊到一般，反复归纳，最终依据高阶代码构建理论框架的过程。本书先对每个访谈样本进行独立分析，尝试从中发现普遍的关联，提出初步假设，在此基础上结合更多的样本案例进行综合归纳和推理论证。在本书的分析过程中，首先，从访谈对象的自我描述中提取文本数据，并进行归纳，验证其优秀程度，以此为依据，确定其文本数据的分析价

① 巴比.社会研究方法（第11版）[M].邱泽奇译.北京：华夏出版社，2009：2，377.

值。其次，在归纳访谈对象的突出表现及优秀品质时，以高校考试招生为时间划分点，对归纳得出的相对优势进行分类，并进行聚焦，获得高阶代码，为评价体系的构建提供依据。最后，对高考前与高考后的相对优势二者之间的关联进行初步的解释，为评价体系的可操作性提供参考依据。结合课题组的访谈资料，本书尝试以质性研究的方法构建和论证我国高校招生弱势群体相对优势的综合评价体系。

二、样本描述

如前文所述，本课题15位研究生组成的访谈小组，在充分了解课题研究目的的前提下，选取了30位访谈样本（C-001 ～ C-030）。访谈对象以在校大学生为主，部分是已经完成高等教育的毕业生。由于是质性研究，因此没有苛求采用等概率的随机抽样方式，而是采用方便抽样。访谈对象都是在校大学生或大学毕业生，没有选择高中生，是为了便于访谈者从访谈对象的大学表现来判断受访对象是否是一名优秀、突出的调查对象，由结果来验证访谈对象是否是目标群体。30个访谈对象分别来自13所高校，如云南师范大学、北京交通大学、南京大学、江西农业大学、云南民族大学、江西农业大学等；来自7个省份，分别是云南省、广东省、山东省、陕西省、河南省、江苏省、贵州省；男生13名，女生17名；5位少数民族学生，家庭背景主要是务农家庭，还有部分工人或农民工家庭，都是弱势家庭子女。

此外，为了进一步分析弱势群体学生的评价体系可行性，课题组对5位弱势地区的在读高中生进行了补充访谈，提供更为充分的论据。书面数据编号为B-001 ～ B-005。

三、分析与归纳

访谈提纲可以分为三个部分。第一部分，了解访谈对象的背景信息，便于分类和解析。第二部分，请访谈对象陈述成长经历，侧重家庭生活对个人成长的影响；这一部分内容是构建评价体系的主要依据。第三部分，请访谈对象介绍大学期间的表现，并对出色表现的原因进行自我分析；这一部分内容是高校设定评价目标的参考。文本数据的分析主要针对第二部分和第三部分的访谈内容。

（一）初始编码

初始编码的目的在于对口语化、表述烦琐的文本数据进行简化，便于进一步聚焦和归纳。在简化的过程中，初始代码应该能够尽可能地保留原始文本的内容，将核心句意高度概括出来（表 9-1 ～ 表 9-3）。[①]

1. 大学表现

表 9-1　初始编码：大学表现

样本编号	书面数据	初始代码
C-001	我做兼职，一是比较在意锻炼自己，二嘛还是要减轻一下家里的负担，毕竟父母太累了，而且也没有什么别的途径赚钱。毕竟我在大学里赚的兼职挣钱比较容易，就比如我做的是家教，一个小时 50 元，理论上一个小时，实际上我都会给他多上，然后一个暑假，我的生活费就有着落了。然后我也做过促销，其实我去做促销是因为我比较喜欢，锻炼口才不说，可能因为我嘴比较甜吧，所以我做兼职……做促销的时候，很多不想买的被我说来买了，想买其他的被我说来买我家的，嘿嘿……然后我一天可以给公司提升很多业绩，我个人的劳务费就比较多嘛，于是找到了很大的成就感，我也就喜欢做了。其实兼职嘛，有的是喜欢做，有的是比较赚钱，毕竟家庭条件嘛	积极参加社会兼职，善于挑战自己，注重培养能力。情商较高，较强的沟通交流能力
	最值得一说的就是我的瑜伽社了，其实大一参加瑜伽社的时候我的基础一点都不好，不过呢我觉得既然报名了，就应该好好练，于是我就经常去，也就不停地练，练习也比较刻苦吧，而且我这个人嘛，比较好说话，所以和大家混的还好，现在呢我就成了我们瑜伽社的团长。（嘿嘿……吐舌头）在班上的话，我那个，在竞选……竞选的时候不知道说了些什么，然后就被选上了（捂嘴笑）然后我一直是班上的团支书	努力做到最好，做事有恒心，自我要求高。具有亲和力和领导能力
	还有就是应对重大场合的能力，不对，应该是应对重大场合突然间变化的能力，比如有的时候组织我们班的同学开会，结果就会发生一些突发状况，以前遇到这种情况我都是束手无策的，哎，以前也不是束手无策的，那个时候班会都是老师主持，上了大学都是我自己主持，遇到突发状况也都是我自己解决。慢慢地也就学会了……	积极参与重大场合，提高应变能力
	我个人觉得我比其他人经历得多一些，能力的话也比较强。至少比那些整天待在宿舍里好得多，现在我们可能表现的不明显，和他们一样依然在为那些奖学金、助学金、期末考试发愁，但是现在大家都是学生呀，而这些能力都是无形的以后会慢慢地体现的。（也就是说你局的你现在做的是在为你的未来打基础，现在的磨炼就是在为将来克服困难、战胜困难做准备，是吗？）对，吃得苦中苦，方为人上人	注重参与和实践，培养综合能力。具有长远规划
	最主要的就是很多的东西你是靠父母得来的，而我是自己挣来的，努力得到的，有时候我会这样想，我也许在某些时候比你们更优越呀	更多依靠自己，独立自强
C-002	大学四年，我几乎把所有的兼职工作的工种都干过了。什么发传单呀，做银行调查员呀，还有当保安呀，到银行里打零工呀，基本上都干过	做各种兼职，积极参与社会实践，吃苦耐劳
	我觉得在学生会里我学到的就是如何与老师沟通相处，这是最关键的一点，以前的时候都是和学生打交道，很少有机会和老师聊，而参加了学生会你的有许多活动都是需要老师来参与，或者是老师帮助举办的，这期间就会和老师打很多交道，接触老师接触的也比较多。这样慢慢地就和老师相处得越来越融洽，而且从老师那里也学到了很多嘛	社会交往能力的锻炼

① 凯西 • 卡麦兹 . 建构扎根理论：质性研究实践指南 [M]. 边国英译 . 重庆：重庆大学出版社，2009：61-62.

续表

样本编号	书面数据	初始代码
C-002	大学期间我的舍友比较有钱，但是他们没有说炫富呀，排挤同学呀，瞧不起人之类的。所以我即便见到富有的学生，我也不会有什么心理落差，在我认为，我觉得同学他有钱是他父母给的，我觉得我比他要厉害，就是以后有钱或者富有什么的要靠自己的实力	自强自立
	我现在研三嘛，白天我会去打工，然后晚上呢回到学校，去图书馆学习，这样既丰富了自己的人生阅历，为以后的工作增加经验，也同时让自己的学习没有落下。白天到五六点吧，我是在打工的，晚上六点以后呢到十一点，我就蹲在图书馆学习，我觉得现在我这样挺好的。我能够合理的安排自己的时间，并且让自己学到东西。这样最充实	充分、有效率地利用时间，工作、学习两不误
	因为上学以来，性格比较温和（呵呵）愿意和同学相处，这样呢也交到了不少的好朋友，所以大家也愿意和我交流交往，这样呢在交往的过程中，我收获了友谊也收获了很多自己不知道的知识，然后在研一的时候加入了学生会，通过努力让自己得到了部长呀、主席的认可，这样呢就觉得我是个靠得住的人，在研一上学期就把很多活动交给我做、组织、主办，像羽毛球比赛、篮球赛、歌咏大赛等，不管是选人，初赛，决赛都是我主持。研二我就被推举为研究生学生会的主席，我们院的	良好的组织协调能力，领导能力
	另一方面，自己在大学比较喜欢篮球运动，因此在研究生期间我就加入了我们院的篮球队，通过和大家一起努力，我们在历次比赛获得的成绩都不错，一般都是前三。足球的话就比较好，我们打篮球这些又去踢足球，然后也是很棒	良好的身体素质，热爱体育
	学习的话，研一的时候没有评奖评优，不过我发表了 7 篇论文吧。研二在评选奖学金的时候就拿了一个一等奖学金，花臧奖学金，然后论文的话，学报发了十篇，参加老师的专著编写，编辑了这本书的一个章节，并且参加了学校的课题。研三评奖，因为总成绩第一，被推举获得国家奖学金，并获得云南省“三好学生”	较强的科研能力，学业成绩优异
C-003	大四的时候觉得人生的学位如果只停留在本科那太可惜了，所以咬咬牙就去准备考研了	继续深造，积极进取
	到了大三的时候我就在外面的健身房当上了教练，赚点补贴帮补家计	参与社会实践
	我是学生会的主席…… 我有做好迎新工作，开展丰富、全面的入学教育活动，帮助 T5 级新生更快更好地适应在这里的生活，将“比学风，促班风”活动长久的开展下去，坚持开展以“三大竞赛”为代表的各项学习竞赛。浓厚我系学习氛围，使同学们充分认识到“勤学积淀才干，奋斗铸就未来”的理念，并选拔一批成绩优异的同学成立学科兴趣小组，帮助同学解答学习过程中遇到的困难	领导能力
	那就是我作为一个体育生，我跟着俞敏洪老师说的去做，我整整看了 800 本书……因为那时候想，试试自己的坚持能不能持续 4 年，然后一直都是这样么鼓励自己，既然俞敏洪老师可以，有人可以做得到，自认为自己不比他们差，所以他可以做到，我自然而然也是应该可以做到的，到最后就真的坚持下来了	坚持看完 800 本，积极进取，有恒心有毅力
C-004	本科期间曾任职对外汉语班班长。校志愿者工作部副部长，14 级对外汉语班带班党员。当对外汉语班长期间，积极组织各项班级活动凝聚同学，带领同学在运动会中，取得优异成绩，在全校班刊设计大赛组织同学们在校级的比赛中脱颖而出，获得了班刊最佳创意奖。在任职校志愿者工作部期间，策划了各项有益的志愿者活动。如：小海鸥活动……关注残疾儿童活动，三月学雷锋活动，桔子灯一盏盏灯传递爱心……社区送爱心关怀活动	担任班干部，培养领导能力、组织能力
	我大学每个时间段都有个大规划，刚开始大一什么都不懂，所以我就向我的师兄师姐请教，后来有了相当清楚的规划了，大二大三时我主要是参加学校的社团活动和校园实践活动，大三大四时我就专心学业	虚心请教，制定明确的人生发展规划

续表

样本编号	书面数据	初始代码
C-005	最有成就感的就是加入了经管院的辩论队，经过和队友的努力使得本院的辩论队进入校级前四强	参加辩论队取得优异成绩，培养表达能力
	节假日都会去兼职，暑假会去打工，嗯，兼职带给我的体会是生活非常不容易，所以要好好学习	大量兼职，积极参与社会实践
C-007	就在大一、大二的时候又去做过兼职，就给人家餐馆里面端盘子啊，就洗碗啊什么的。还有就是那种就是给人家那种移动公司做话务员这些，然后发传单这些都做过	各种兼职，积极参与社会实践
C-008	我觉得对我生活有帮助的就是在大二下学期，我自己开始摆地摊。然后这个是一个我自己觉得对我自己很有帮助的事情。然后在大四的时候我就去跟一个校本部的老师学股票，然后就在他的课上蹭课听。我觉得这个对我来说是很重要的，因为这个也是我自己职业的基础，就是这两件事情对我比较有帮助一些。（那当时你摆地摊的目的是什么，是为了赚取生活费？还是为了获得某一项经验？）想法肯定就是赚钱啊，就是那个时候就想赚钱。摆地摊有摆地摊的乐趣啊	各种兼职，积极参与社会实践
	第一兴趣是演讲，第二兴趣就是篮球咯，但是好长时间没有打篮球了。现在啊，现在我的特长就是演讲咯。坚持一件事情啊，就是你一定要有一个想的目标，就是你一定要有自己的目标，就会坚持。就好像现在公司要你表演一个节目，可能演讲登不上台面，但是演讲有的时候你讲课的时候，就是每天在讲盘的时候就对我有很大的帮助。就是坚持把演讲做好那就是能在公司里面做到把讲盘这件事情做好	明确的人生发展规划
C-010	大二那一年，大三那一年，两年获得了，呃，三好学生和国家励志奖学金	学业成绩优异
C-011	我从高中毕业就开始做兼职了，我高三毕业那个假期就去那个我表叔家的农家乐里面去打工，然后大学去促销那个饮料，那个也做过，然后去超市里面卖那个东西也做过，大学里就是家教啊那些也搞过，反正每个假期都会去做兼职，现在研究生做的那个兼职就是去那个奶茶店里面打工，按小时那种	大量兼职，积极参与社会实践
C-012	我一直利用课余时间从事兼职工作，平时没课的时候就去附近的超市做促销，每星期五和星期六晚上还要去做家教。就是而且每个寒暑假就是我最忙碌的时候，因为想着又要交学费了，每当放假看到别人开开心心的回家时我心里还蛮羡慕的，因为我还要去打工，就在上个暑假，我一共从事了两份工作，一个是家教，还有就是去发传单。那个时候心里觉得挺苦的，但现在想想其实也增加了我不少的社会经验，当初迈出去了那一步现在收获还挺多的	大量兼职，积极参与社会实践
C-014	那个时候没有概念，家里没人上大学，也给不了意见，参考了老师。同学的意见之后，就选择了民大，因为在昆明嘛，比较近，以后我就在昆明上班，方便我在大学时期做一些积累	为长远发展做规划
	大一时候刚来嘛，很好奇，到处去看看，把整个大学城都逛遍了。那个时候课程比较少，看到聚贤街很多人摆摊，我就把自己半个月的生活费拿出来，再跟同学借了点，从新螺蛳湾批发牛仔裤来卖，卖得还不错，第一次就赚钱了。也正是因为这一次，加深了我后来创业的想法	兼职，执行力强，参与创业
	大二，真正开始谋划自己创业的事情，首先是向学校团委申请成立一个社团，成立这个社团的初衷就是为了让会员们赚钱，做兼职。因为在我自己做兼职的过程中发现很多兼职中介公司都是骗人的，收取很多的中介费，却不一定帮你找兼职。还有我发现周围很多同学都是来自农村，经济条件不好，都需要做兼职来赚钱或者锻炼自己。就是这两个原因吧，后来学校批准社团成立，才第一年招新就有 100 多人，发展到大四已经 300 多人，都快赶上学校的校级组织	善于分析市场信息，执行力强，组建社团，初步创业

续表

样本编号	书面数据	初始代码
C-014	（两次参加国家数学建模大赛的比赛中，都获得二等奖）在准备参加这个项目的时候，其实是没有想过能够获奖，他需要不同专业的人组合在一起才能完成，毕竟是国家的比赛，很难，要求也很高。刚开始是把所有需要的专业人才都找到一起，大家共同来完成这个项目，这个过程中出现很多次的意见分歧，甚至是中途碰到很大的困难时，有成员想退出，这个时候就需要采取策略来坚定他们的信心，不到最后一刻都不放弃。应该说最大的收获就是团队的领导、组织、协调能力，这个对我今后的创业是很有帮助的	专业能力强，具有很强的领导能力
	（从什么时候开始规划毕业后的事情？）大二的时候有一些想法，不是很清晰，也没有付诸实施，应该是大三的时候，那个时候做决定应该是最好的，一方面不需要等到大四了不知所措；另一方面可以提前关注自己准备创业的领域，将来才能更好地切入	善于做长远规划
	（这四年里，你做过很多兼职，也创业，有没有失败过？或者遇到最大的困难？）肯定有嘛，印象最深刻的大三暑假做沿海地区工厂的对接嘛，我带着团队负责人亲自去那边的工厂考察过，才回来学校做招聘，跟那边都签合同了。都来招聘了200多名大学生过去，那边增加了很多环节，比如体检项目的细节化，对年龄的要求等，导致很多学生返回来，这对我们协会可以说是造成了信誉的严重挑战，为了挽回嘛，我不得不联系其他厂家，或者自己出钱让那些学生回来。不管做什么都是会遇到困难，也会失败的，如果害怕就不去做，或者就放弃，那么永远都不会成功的	不怕失败，具有坚毅的性格
	每一学年我的成绩都排在班级前五名，有很多次是可以拿奖学金的，因为班级同学的一些原因或者我自己不想跟他们争，一般都是不申请	放弃评选奖学金，为他人着想，不自私自利
C-017	当时我们宿舍一起，当时觉得女孩子嘛特别喜欢吃零食，就去农贸市场批发一推零食，上门去服务的那种。就是上门去推销啊，因为你不去推销的话也可以，因为我们宿舍就住在楼梯口那，别人一上去就可以看到宿舍摆着各种小零食，然后就会过来买，当时，就是在高中就做了兼职，然后就上大学吧，估计也就是兼职吧，我的生活费都是兼职赚来的，因为当时大学嘛，父母给的钱也不是很多，然后就是靠自己业余时间去做兼职啊，就是有去那种，就是卖衣服啊也是那种批发零食到宿舍里面来卖，还有就是在校园里面摆一些小饰品之类的，我也在肯德基做过	积极参与社会实践，创造价值的活动。执行力
C-018	在本科的时候读的电子商务，然后我就想做一个电子商务的网站，然后我导师也特别支持我，我想因为我们丽江是一个旅游业比较发达的城市，做这个网站的话，即使以后出去找不到工作，靠这个网站也能养活自己吧，然后另外一点就是，我特别喜欢看书，跟同学开玩笑说的，他们都叫我大白①，那我就是要做一个合格的大白，各种医学的啊各种百科我都看，然后现在基本在同学里面算是个大白吧	有规划，执行力强
C-025	（你看你平常上课，假期又去做兼职不出去玩，那你会不会觉得特别累，不想这样做？）有时候会想嘛，但又换个角度想，自己赚的这些钱，家里可以轻松一点	积极参与社会实践，体谅父母

① 大白是电影《超能陆战队》中的虚拟人物，被称为“萌神”“守护型暖男”等。

2. 中小学的成长经历和表现

表 9-2　初始编码：中小学的成长经历和表现

样本编码	书面数据	初始代码
C-001	我从小到现在，只要是与学习有关的材料，用具什么的，爸妈从来不会缺我的。而弟弟现在上三年级，弟弟的学习爸妈也很重视，从来不允许他逃课、不做作业什么的	父母文化程度低，但重视教育，教育期望较高
	说实话，地里面有太多的活要做了，一般情况下，我要么在家里面帮他们吧饭菜做好，有时候地里面太忙，他们要忙很久，家里面的家务我不做的话，家里会乱，而弟弟太小不禁饿；要么我就直接去田里面帮他们干农活，干些自己力所能及的事。毕竟我们嘛比较年轻，手头也比较快，而且我经常干农活，熟悉了，干的也就多一点嘛	承担大量家务，为父母分担，照顾弟弟
	我听很多同学说，他们的父母，呃……板着一张脸，强迫她干这个，强迫她干那个，或者说本来她不想这样，呃……被父母弄得怎么样。而我家里面就会很好，爸爸妈妈都最尊重的意见，我选择了什么他们也会支持我，尽量给我自由	父母给予成长的空间。获得了较强的批判、思考能力，能够做出较好的判断
	我的兴趣……兴趣爱好，交友、逛街、瑜伽、运动，哎呀，我的兴趣爱好很多的，总之，对于这些我也就略懂些皮毛，这就显现出城里孩子与农村孩子的区别，他们从小就在父母的逼迫下，不是他们从小就会上各种辅导班，学这学那；像我们的话，小时候就是放假的话就帮着父母在地里做农活，这样就和他们有一些差距……没事，兴趣爱好，本身也不是要学成，其实只要自己喜欢，不一定要学成什么样	爱好广泛，且兴趣导向，提升了生活质量
C-002	有呀，从小就一直干活，地里活太多，我记得小学、初中的周六、周日都是在地里过的，就是帮家里干活……施肥，尤其是给蔬菜上尿素，尿素嘛本身具有刺激性气味，在上化肥的时候会熏得我流眼泪，鼻子里面也不舒服，时间久了，手因为抓化肥也会变颜色，手也会变得涩涩的，特别难受……	下地干活，施肥等，大量参与农业活动
	我觉得，对我的影响，就是家庭的关爱吧，我爸妈在我上二年级之前都在上班，但是不管爸爸回来几点都会领着我和姐姐玩一会，周六周日也会带我出去玩，这样我就觉得很欢乐，后来家里爸爸妈妈失业，回到农村种地，爸妈也会陪我说话或者带我去玩，这样我和姐姐都有一个快乐的童年，过的也很幸福；而且我爸妈很孝顺，对我奶奶特别的好，虽然没有爷爷，我爷爷去世得早，但是家里人，我爸爸、妈妈、大爷、二爷都对我奶奶特别孝顺，我觉得这点很好，我们家是一个和睦的大家庭，所以我就得温馨的家很重要，这对孩子、老人都很好，而我也是很期待能够拥有这样一个家庭。像我爸爸妈妈那样对自己的孩子，关爱自己的孩子。另一方面我爸妈十分勤劳而且非常朴实，最重要的是他们是个好人，怎么会这么说呢，我爸妈一直以来都非常能吃苦能干，虽然生活很艰辛，没有那么殷实，但是他们一直节俭乐观的生活，供着我姐上学又供着我上学，所以我一直受他们的影响	父母关爱，家庭氛围的正面影响
	比较可以坚持，对待一件事情，不管他多辛苦只要我说要做，咬着牙也会把它做完；另一方面，就是爱心吧，我爸爸是一个很有爱心的人；第三点嘛，应该是……呃……计划，有计划，目标。所以自己做事情之前都会给自己定目标，然后设置合理的规划，按照规划一步步的实现；第四，就是乐观的心态吧，我爸爸经常对我说，只要你努力过，即使不成功你也是一个成功的人，因为你无怨无悔嘛	家庭与品质的形成，坚持，有爱心，合理规划，乐观，不怕失败

续表

样本编码	书面数据	初始代码
C-004	虽然C-004同学家的父母文化教育程度不高，但是他们并未被农村那种狭隘局限短浅的眼光所影响，早早地便让C-004同学辍学，放弃学业，投入工作，相反他们一直认为教育对于一个人的成长来说是至关重要的，这无关以后能否找到好的工作，赚大钱，听C-004同学描述她爸爸认为："读书读多了，人得谈吐修养就不同了，我读书不多，文化水平不高，可是我还是明白事理的啊！以前我们家里条件不允许，所以只能早早出来工作帮补家计，可是现在时代不同了，而且女儿自身也这么争气，我可不能将我们上一代的遗憾带给下一代了。"	父母期望高
C-008	因为我从小就是放养，就是自己玩，自己长大。然后平常关于学习的话，就是兴趣要是第一位，就是尽管你是没有兴趣的话也要装作有兴趣的样子，慢慢地就培养起来的。尽管你是装的，但是慢慢地，你去学的话，主动的学习的话还是会有兴趣的	自由成长，兴趣导向
C-009	（干农活吗）当然干了，从小就干，记得小时候，唉，到夏天的时候收麦子什么，打场，看场以免麦子被羊给吃了，到秋天的时候还要摘花生、还要晒花生，以免，也是，就是，也还要看着他哦，会的。嗯，除草、除草、薅草（也就是拔草），我们那都用薅草，然后就是，嗯，有些，它可以打除草剂，但是有些，像那些花生了夏天还得去地里边薅草，顶着大太阳，嗯，也得去薅草，那样子（访：也挺不容易。当时顶着大太阳在地里拔草的时候你有啥想法？）嗯，当时我就是觉得，我，我有时候薅着草吧，有时候，也就觉得挺累的，挺热的，还是学习，又想起学习的苦的时候，干什么就有什么的苦吧，学习的时候是脑力上的苦，干活的时候是体力上的苦，这种苦，呃，但是都可以让我感觉到，当你，呃，苦中还可以找到乐趣吧，嗯，你当把草拔完之后那庄稼看着干干净净的特别好，呃，也像学习上吧，如果你把，呃，一个题弄懂了，作业做好了，做得并且非常好的话，你也会有一种成就感啊	大量参与农业活动
	我爸妈也知道，就是，作为农村人的生活的不容易呀，呃，他就，呃，他就特别支持我去上学，他就特别支持我上学，我自己是这么想的，我觉得，我是来自农村的孩子，呃，就不像其他人那么条件呀，所以我没有其他的资本，只有靠我自己的努力改变我的命运，呃，然后，去让我爸妈过上，虽然他们现在苦一点，但是我想让他们和其他父母过上不一样的生活	父母文化程度低，但重视教育，教育期望较高
C-010	我在很小的时候就帮，帮家里边，然后，呃，干活，干活的时候就觉得特别累，呃，每天，放学的第一件事，就要去地里边，呃，帮，帮家里干活，在回家做饭，然后一整天都是这样。有时候特别累的时候肯定会抱怨一两句，自己也就是嘴上说两句，但是还是会干的……基本我家的话，有时间我在家，帮我妈，做饭、刷碗、扫地之类的，就是家务活，一般情况下我会帮父母承担很大的一部分或者全部承担	大量参与农业活动
C-011	以前农村的时候就烧火嘛，我很小的时候就会烧火了，烧火、煮饭，从小学二三年级开始我就会自己洗衣服了，我们那时候就是中午12点回家吃饭，下午两点才上学，我爸妈的衣服就堆了一大堆，我饭吃了就会去洗衣服，衣服洗完了我才去学校上课，从小学就开始这样，初中高中的话就更不用说了，我每周回去都会帮干活，农活那种啊我都会干，像我姨妈家的那个女儿，她就从小生活在城市嘛，她现在都已经读高中了还不会做饭、洗衣服那些	承担大量家务，为父母分担
C-012	我妈有颈椎病，不能长时间弯腰，吃过好多药没什么好转，所以每次做农活的都是做做歇歇，每次看到我妈妈干活咬牙坚持的时候心里都特别不是滋味，所以从小也都帮忙家里干一些农活……上小学基本都是放养状态，不像城里的孩子上个补习班兴趣班啊什么的，我们放学就得回家帮忙干活，拾柴火啊，烧火啊	承担大量家务，为父母分担

续表

样本编码	书面数据	初始代码
C-013	我是在我们村小学上的，距离家比较远，都是走路去，那种很不好的泥巴路，特别是下雨天，鞋子都是脏兮兮的，单程要走 20 分钟。由于路程有点远，我是 7 岁上的小学，跟着堂哥堂姐他们一起去…… 每天都很开心地去上学，成绩挺好的，是班级的前三名。那个时候根本没有吃早点的概念，很多时候是天还没有亮，就起来去上学，中午饭也是回家吃	成长环境条件艰苦，吃苦耐劳
	因为农村嘛，要干的活特别多，我家养了牛，周末都是跟村里的小伙伴去放牛，带着做好的饭或者烤熟的土豆，赶着牛群上山，太阳快落山了才回来。那个时候没有表，也没有时间概念，感觉能够看到村里的烟升起了，应该是生火做晚饭了；或者看到牛的肚子鼓鼓的，已经不吃草，躺在地上打滚。如果是农忙季节，放学就帮着去地里施肥，播种的，还要帮忙做饭。闲时就上山去割草，回来放到牛圈里，这样来年才能有很多农家肥，庄稼才长得好。（正说着，小何抬起双手，手上有很多伤疤，都是小时候割草或者干活时候划伤的）	承担大量家务农活，为父母分担
C-014	我们家在普者黑边上，主要就是捞鱼啊，挖莲藕啊什么的，每天放学做完作业，就去湖里帮父母干活	捞鱼挖莲藕，积极参加劳动
	成绩挺好的，一直都是班级第一	一直班级第一，学习成绩优秀
	初中，距离我家就有点远了，是在镇山，需要坐半小时的车，可能是我性格的原因吧，适应得挺快的，很快就融入学校生活，是我们班的班长，负责帮老师收作业，管理班级什么的，成绩也挺好，老师、同学都很喜欢我	班干部，承担公共事务，具备领导能力
	（你觉得家庭方面的物质条件对你有哪些影响？）这个影响应该是两方面吧，自己很小的时候，也抱怨过为什么不能像其他孩子一样有零花钱，也不能穿新衣服，不能去学书法啊，足球之类的。但是现在想想，那个时候的自己很幼稚，如果不是这些，我不可能做很多事情，包括摆地摊、创业，等等。造就了我吃苦耐劳，不怕失败的性格。（你是否认同“穷人的孩子早当家”这句话？）认同的，小时候就要帮父母做很多农活，学会自己做饭自己洗衣服，上山砍柴下河捞鱼，应该是比同龄人多做了很多。也是这些原因，造就我后来做的很多事情	承担大量家务农活，为父母分担
C-015	啊，捉了几年虫，我记得。（访：就是每次放假周末吗？）就是周末（访：周末也是，）嗯，虫子多那个时候，虫子多老鼠也多，地里面的老鼠虫子，很多的，因为那时候洗发露呀除菌的呀还有包括这个农药这些东西还不太兴，也贵，都是人工逮虫，人工捉拿个小铲子，蹲在那里，现在干这个（嘶~）也很利索。就是从小培养这种技能。（笑）（访：哇！）基本的，基本的，你给我二亩地饿不死我的	承担大量家务农活，为父母分担
	那个半亩地的花生地，四分地的花生地就结束了呃。一亩地是六百六十平方米对吧？（访：记这么清楚。）就是换算单位嘛，六百六十平方米，然后半亩地就是多少？（访：三百三。）对吧，三百三，因为那是四分地嘛。（访：半亩地你们几个要多久？）这个就不太清楚了，反正经常干这样的活儿。除草啊一块儿除草去，然后棉花地里面就是，棉花地里面就是中间距离比较大。但是中间草多嘛，草一多就耽误了这个一个是争营养，来那个花费啊。（访：嗯嗯。）争营养，还有一个就是草多了之后，它通风不好哦，对棉花的生长也不好，所以要除草。那时候都是用自行车的车轮儿加工成那个除草的，前面是轮子后面是架子，架子的轮儿后面有一个除草的铲子，焊接好的，就推着它就好了，对不对？（访：是一个车吗？是一个轮子？）是一个轮子。带着我们推着轮子，轮子下面带着一个小铲子，小铲子除草	承担大量家务农活，为父母分担

续表

样本编码	书面数据	初始代码
C-017	上学路不是特别好走，就是因为当时我们村是没有小学的，嗯，就是因为当时，嗯，条件也比较艰苦，然后老师吧，也不愿意去，就是，教书，所以上小学的路就比较远，然后我要走个五六公里大概这样的路程到乡里面去上学	求学条件艰苦
	当时我妈还喂了很多猪，还有牛，就我妈妈一个人在家，我爸在外面打工，然后我哥哥姐姐就是也在外面打工嘛，然后因为我是家里面最小的一个，就每周六周日就是回家的时候都会，因为看到妈很辛苦啊也不忍心，所以的话，就是会主动地帮妈妈洗衣服啊，然后做饭啊，比如就是上山就是给她割一些草啊之类的，这些我相信住在农村里的人都会做到的	承担大量家务农活，为父母分担
	觉得家境不太好，我觉得就比较懂事吧，然后我就比较能体会父母那种辛苦，估计就比城里面的那些小孩子自强独立，就是这样	体谅父母，自强自立
C-018	八点半上课，我和我弟弟一般六点就起来了，要不然就赶不上了，那个路实在太难走了，有时候还得从人家的玉米地里走，那个路实在是太烂了，全都是泥	求学条件艰苦
C-021	寒假过年嘛，暑假我也必须回家。因为我们家是，不是种什么玉米呀什么。我们家种那种李子树，家里两三亩地全部都是种那种水果，然后就是暑假的时候卖。家里就是比较忙不过来比不回家去。因为弟弟妹妹比较小嘛，一个八岁一个五岁。爸妈就是摘了下来卖呀，在家就是带带弟弟妹妹，然后做饭呀然后，没事的时候就自己在家了帮着挑一下什么大的小的那种果子。还比较忙……反正就是看着他们那么辛苦嘛，每天就是忙，各种忙，自己暑假在家，晚上这些，我都叫他们去睡，然后自己在那挑果子的大果小果啊这些。然后就，哎呀，反正就是我觉得他们就是挺辛苦的	承担家务、农活，体谅父母
C-024	回家去他们不管什么脏活儿、累活儿那些，我从来就不觉得我现在是大学生然后我不做什么的，反正就是该怎么做就怎么做，而且在家里面感觉怎么说呢就像在食物链最底端的那种，就是专门就弟弟妹妹就让我干什么呀还有就是家长要我做什么那些也不会推辞那种	承担家务、农活，体谅父母
C-025	我家（农活）应该算特别多的那种。平常就是，回家种草烟，烟草，所以说假期回去的时候就特别忙。做的时候特别累嘛，然后就感觉，又想回学校，又想做什么的，但是又想想，父母在家特别累的嘛，我姐他们也是，在家带孩子，带我侄儿子，就帮不了什么，反正就是，还是自己辛苦一点，所以能做的就帮他们做	承担家务、农活，体谅父母
C-026	放假的话就跟妈妈一起去做活儿啊，还有就是，煮饭啊，洗衣服啊，还有就是跟她一起去地里面做，都做的	承担家务、农活，体谅父母
C-027	要说辛苦肯定有嘛，但是很觉得回味，真的，一般人体会不到。我们家在农村，就是山区。虽然很辛苦，确实，像小学初中放假回家，像割草啊之类的，像喂猪啊喂鸡这些事情……以前是不懂事，现在长这么大了，总不能父母辛辛苦苦把你养这么大，回家看到父母做自己不做吧，其实我们姐弟三都很自觉的，一回去，就是该收洋芋收洋芋，该收玉米收玉米，很自觉的，我们姐弟三人	承担大量家务农活，为父母分担
C-028	放假回去会帮家里做事情，像我家也有地，我们云南嘛一般都种洋芋这些东西，我放假回家都会去帮我妈一起弄，我妈也不容易，一个人干这些活也很辛苦	承担大量家务农活，为父母分担

3. 自我评价的综合个性品质与归因

表 9-3 初始编码：自我评价的综合个性品质与归因

样本编码	书面数据	初始代码
C-001	最主要的就是很多的东西你是靠父母得来的，而我是自己挣来的，努力得到的，有时候我会这样想，我也许在某些时候比你们更优越呀	贫困的家庭让学生自立自强
	这样的家庭反而让我明白生活的艰难困苦，让我面对生活的困难时，有勇气去克服，比别人更能战胜问题，从而比其他人更努力锻炼自己，提升自己	贫困的家庭让学生自立自强
C-003	但是到了大学，懂事理了就知道爸爸妈妈也不容易，我们不要抱怨要学会感恩，感恩他们给我们带到这个地方，养育了我，这样就已经是对我最好的条件了。而且我还要去报答他们	父母的正面影响，感恩，孝敬
C-004	因为我是农村家庭来的孩子，我更加知道会感恩，我的父母为我付出了很多，尽管他们并不富裕，但在家教育这方面从来是没亏待过我的，会给我提供他们能提供的最好的，我觉得我的爸爸妈妈很了不起	父母的正面影响，感恩，孝敬
	就是不会特别的庸俗了，自己更清楚自己要什么，我的方向在哪里，独立思考的能力，就不会随大潮，随波逐流，我会自己思考这件事情适不适合我，而不会说别人认为什么就是什么，就不会人云亦云，有自己的想法	较大的成长空间让学生独立自主，具有批判能力
	还有一个就是无形的，看不见的，你的一些组织能力啊，执行力啊，这些都是看不见的还有一些团队精神，还有一个就是要懂得如何去承担起团队的责任感，一种责任感，团队精神，一种执行力	强烈的集体责任感
	我觉得越努力越幸运嘛，如果你确定了一个方向，你只管努力就好，那句话，既然选择你远方，就要风雨兼程嘛。你不要想着会不会失败这样的，还没开始做你就怀疑自己了，我觉得这样的人很难做成一件事情了，太多顾虑了，有时候只管向前跑就好了	贫困的家庭让学生自立自强
	我的性格有两面性，一面是光明活泼开朗，另外一面是内向一点的，最多的还是活泼积极的，这一点主要来自于我爸，我爸是活泼积极勇敢，在陌生人面前不会怯场，在很多人面前会主动跟人交流，去介绍自己	家庭的正面影响，良好的性格和人际交往能力
C-005	我觉得是我有更多的耐心，比别人更能坚持…… 嗯，（参加辩论队获得优异成绩）这件事情的成功使得我相信坚持就是力量，不管做什么事情，只要是选对了方向，就应该勇敢地坚持下去。嗯，坚持总会有希望	坚持与恒心
C-008	我觉得优势方面啊，那就是我的自立性可能会比较好一点，就是有时候到关键时刻，就想着不能偷懒啊，放弃啊之类的	不轻易放弃
C-009	我从我妈身上看到一点特别好的精神，就是，我妈，我就从一开始，从一开始下地干活，就没看见我妈抱怨过，顶着一个大太阳，我妈还比较胖，身材比较胖那一种，然后，就是身上出满了汗，她也不会埋怨，并且我们家，呃~，就是离地里比较远嘛，就是，呃，中午的话也不回家的，在地里面，捎些馒头吃的和吃的，呃，然后就在地里一直干活一直干活，那一种	父母的正面影响，吃苦耐劳
	呃，做事比较认真，实在，呃，并且有毅力，能吃苦	有毅力
C-010	比较庆幸的是我从很小就开始上学，我没有变化，呃，应该说是没有变坏，没有往坏的方面发展，也可以说是我父母对我的影响，呃，我父母从小教育我，呃，出现问题先从自己身上找原因，呃，也是我为别人考虑多一点的原因吧	父母的教育，善于体谅他人
C-011	我觉得因为我是农村来的嘛，所以我感觉我比别人肯下那个功夫，像城里来的他们就是读书啊就是很苦不动那种，我们就比他们有毅力，然后还有一点就是自己很有恒心	有毅力，有恒心

续表

样本编码	书面数据	初始代码
C-012	我和同学们相处得都挺融洽，她们都觉得我很乐观、开朗，比较好相处，比较注重集体的这种人吧	乐观开朗，重视集体
	他们就是特备踏实，特别朴实，然后就是特别勤奋的这种人，虽然就是可能并没有用自己的双手创造出特别多的财富，但是他们就是人生观价值观都是特别积极的，给我也带来了很积极的影响，经常会给我讲一些正能量的事，就是那个不要盲目地和别人攀比啊	父母的正面影响，积极向上
C-013	父母觉得我在家很听话，很主动很自觉的帮忙做家务活，虽然没有满足他们的期望，也还算好孩子吧	体谅父母
	（你觉得从小学到大学，家庭经济方面的原因，对你有哪些影响？）更多的还是好处吧，养成不怕苦不怕累的品质，面对困难不要放弃的精神	善于吃苦，有毅力，不轻易放弃
C-015	我这个人还有点，就是，用难听的话说就是比较犟，用好听的话就是坚持。我做事我想做到的基本上都达到，可以说小时候的，呃，小时候的事我也记得不太清楚。就是我高考的时候就是我第一年考得不好嘛，但是我必须要考一个二本的学校，还有，我在大一的时候体测不过关，导致我拿不到奖学金。我不能因为体能测试而拿不到，然后我去年体能测试过关了	有恒心，有毅力，坚持目标
C-017	穷人家的孩子嘛，一般都比那些家庭条件好的小孩比较懂事，然后更要孝顺	体谅、孝敬父母
C-019	年龄和家庭的原因使我在小学和初中时都显得比同龄人更成熟更懂事，当时没想那么多，就觉得穷人家的孩子嘛，只有努力读书才有出路。小学初中都离家挺远，需要住校，自带米和菜，此外一个星期带上一两块钱零用	懂事
	高中时令我最难忘的是我那职业高中的校长，我每年都缴不齐学费，但是校长从来都没有催过我交，允许我欠着先来读书，虽然如此，我每次看到其他同学交学费时都很不好意思，直到毕业后我还欠两三千块没交清，但是校长考虑到我的家庭情况，又看到我考上了本科，于是直接就让我不用还了，真的很感谢他！！高中时我的目标也非常明确，那就是考上本科，考上农大！	获得帮助，心存感恩
	其实，从小到大的压力和困难都习以为常了，因此谈不上有什么很大的困难了，面对一些困难时都不会觉得很震惊了，都能直面它们了。当我有很大压力时就去运动，一个人待一会儿，从来没有对身边的人发火过，最多就是不说话…… 在特定的家庭环境里不懂事不行啊，我哥哥和我弟弟虽然性格有些不一样，但是总的来讲都很懂事，没怎么让家里操心，我爸从来没有为我操心过什么。还有就是比较低调、踏实、自立、自强吧	从小到大的压力和困难都习以为常了，勇于面对困难
C-023	他们养我们那么大，肯定要就读了书之后肯定要回去养他们，他们也老了，也不能让他们就一直在外面工作对吧，他们所有的存款他们都给我们读书用了，以后他们怎么办啊，肯定要就是以后读书出来了之后，就是，当我自己拿到工资之后就可以就是帮他们就照顾一下我弟弟我妹妹他们啊，然后他们就不用那么辛苦了	体谅父母，孝敬父母
C-025	敬老院，就是帮他们收拾整理一下屋子，然后多跟他们聊聊天，陪他们下下象棋，打打麻将，这些，还有，有些老人他么不就是特别那个嘛，就是特别，可能就是挂念孩子的那种，看到我们就特别又亲切感，就跟我们说，说这些，说那些，然后我们就跟他们陪，玩游戏，唱歌啊那种	具有爱心
C-026	我考研的话，我妹妹和我都是读大学嘛，我家里面，我觉得供不起了，他们，再供供，我觉得太苦了，太辛苦了，所以就想先工作，不考了，不然本来打算要考研的	体谅父母，孝敬父母
	我打给他们，然后我爸爸妈妈他们生日或者结婚纪念日那些，我都会给他们发短信啊或者买东西，他们就会很开心，很高兴	关心父母，孝敬父母

续表

样本编码	书面数据	初始代码
C-028	放假回去会帮家里做事情，像我家也有地，我们云南嘛一般都种洋芋这些东西，我放假回家都会去帮我妈一起弄，我妈也不容易，一个人干这些活也很辛苦	关心父母，孝敬父母
C-029	父母的生日我是记得的，但是到了那天很多情况下我都会忘记，会发个短信说句话什么的，但是现在我会节省一些费用来买个小礼物送给父母	关心父母，孝敬父母
C-030	我妈生病需要人照顾，我爸一个人在工作，我姐在外面工作，基本上都是我爸在供我读书。我爸特别辛苦。想着赶紧毕业出去工作，减轻爸爸的负担。有一次回家看到爸爸脸上的皱纹和手上的老茧，觉得这么多年他真的不容易，爸爸确实苦	体谅父母，孝敬父母

（二）聚焦编码

聚焦编码的目的在于对初始代码进行统计、分类，按照逻辑关系对不同因素进行关系架构，为研究假设的论证或理论架构提供论据基础。根据聚焦的程度或归纳的层级，可以分为亚类属和类属。

从弱势群体的大学表现聚焦编码来看（表 9-4），具有非常强的执行力，在大量的社会兼职中培养了良好的综合能力，这一特征的频率最高，达到了 17，超过了访谈样本数量的 50%。其次，这些大学生往往有着明确的自我定位和人生规划。在课外活动中表现出色的弱势大学生往往有着不错的交流表达能力、团队协作能力和领导能力。此外，自强自立、有毅力也是重要的特征。

表 9-4　聚焦编码：弱势群体的大学表现

初始代码	聚焦代码（亚类属）	频率	聚焦代码（类属）
积极参加社会兼职，善于挑战自己，注重培养能力	从社会兼职中培养综合能力（执行力强）	17	参与能力、执行力、创新
虚心向他人请教，制定明确的人生发展规划	明确的自我定位和人生规划	6	目标与规划
在各类活动中展现了良好的组织协调能力，领导能力	团队协作能力	4	交流与表达
情商较高，较强的沟通交流能力，具有融洽的师生关系	交流与表达能力	3	体谅他人
努力做到最好，做事有恒心，自我要求高。	自强自立	3	自强自立
放弃评选奖学金，为他人着想，不自私自利	体谅他人	2	体谅他人
不怕失败，具有坚毅的性格	有毅力	2	毅力
担任班干部，培养领导能力、组织能力	在课外活动中培养综合能力	2	

从访谈对象对自我成长经历的论述中（表 9-5）可以看到，大量的家庭劳动是他们早期生活经历的重要内容，出现频率高达 18 次。其次，尽管父母的受教

育程度不高，但是对子女有着较高的教育期望。由于父母缺乏足够的资源和精力对弱势学生进行指导，这些学生往往有着较大的成长空间，在兴趣选择上有着较大的决定权，且形成了较强的批判能力。艰苦的生活、学习环境让这些弱势孩子们习惯了吃苦，且具有坚韧的毅力。

表 9-5　聚焦编码：中小学的成长经历和表现

初始代码	聚焦代码（亚类属）	频率	聚焦代码（类属）
承担大量家务，为父母分担，照顾弟弟	家庭劳动，家庭责任	18	劳动
求学条件艰苦	吃苦耐劳	4	劳动
父母文化程度低，但重视教育，教育期望较高	父母期望	3	父母期望
爱好广泛，且兴趣导向，提升了生活质量	兴趣导向	2	父母期望
弱势家庭让学生自立自强，更多依靠自己，独立自强	自强自立	2	自强自立
父母给予成长的空间。获得了较强的批判、思考能力，能够做出较好的判断	较大的成长空间，批判能力	1	兴趣导向、批判能力
家庭与品质的形成，坚持，有爱心，合理规划，乐观，不怕失败	坚持与毅力，合理规划，乐观向上	1	毅力
父母关爱，家庭氛围的正面影响	良好的家庭氛围	1	毅力
班干部，承担公共事务，具备领导能力	领导能力	1	

访谈对象对自己的个性及能力进行了自我评判，同时，对优点的形成原因进行了自我解析。在诸多描述中，接近一半的学生提到了辛劳的父母对自己的正面影响，让自己知道勤劳的重要性，深刻感受到父母的付出，懂得感恩。访谈对象认为，自身的责任感、执行力的培养、乐于参与的品性源于大量的家庭劳动。弱势家庭所形成的逆境，让他们不怕吃苦，且自强自立，坚韧刚毅，不怕失败（表 9-6）。

表 9-6　聚焦编码：自我评价的综合个性品质与归因

初始代码	聚焦代码（亚类属）	频率	聚焦代码（类属）
父母的正面影响。感恩，孝敬	感恩，孝敬与辛劳的父母	12	
贫瘠的家庭让学生自立自强	自强自立与家庭环境	4	
父母的正面影响，吃苦耐劳	执行力与家庭环境	4	弱势家庭环境与优良品质的形成
善于吃苦，有毅力，不轻易放弃	毅力与家庭环境	4	
强烈的集体责任感	团队协作与家庭环境	3	
父母的教育。善于体谅他人	体谅他人与辛劳的父母	2	家庭劳动与综合能力
较大的成长空间让学生独立自主，具有批判能力	批判能力与成长空间	1	
父母的正面影响，积极向上	积极乐观与父母影响	1	
获得帮助，心存感恩	感恩与成长	1	

（三）推论解析

1. 核心理念

从上述的分析中可以进行推论，正如优势群体的家庭文化造就了优势学生的独特优势，弱势群体的家庭文化同样可以造就具有显著特点的品学兼优的学生。通过扎根理论对30个访谈样本进行编码、聚焦、归纳，初步论证了本书从案例分析中构建出的研究假设。弱势群体的大学生具有很强的参与意识和参与能力，在社会活动、校园活动中表现突出，良好的家庭氛围让他们具有很强的集体意识，善解人意，可以成为一名优秀的团队协作者。逆境的生活环境让他们有着坚强的毅力，不怕吃苦，不怕失败。这些能力与品质是非常难能可贵的，应该在我国一流大学的校园当中彰显，改变过于功利的校园文化氛围，对大学生的社会道德教育也能够起到良好的推动作用。

2. 体系维度

基于以上分析，结合美国一流大学对弱势群体的评价方式，本书初步构建我国高校招生弱势群体的综合评价指标体系。综合评价、多元录取是我国高考改革的主要方向。弱势群体的综合评判应该成为高校自主招生的主要类别之一。弱势群体的评判维度主要分为：学业成绩、家庭劳动、个性品质。三个主要维度的内涵、价值和评价方式见表9-7。

表9-7 弱势群体相对优势评价体系的维度释义

维度	内涵	价值	评价方式
学业成绩	以高考成绩为主要依据，同时，参照就读中学的师资力量以及班级排名，对考生的努力程度、学习潜力进行评估。考生是否具备完成大学学业的知识储备和学习潜力作为最低要求	基本的知识储备是必要的，然而，学习潜力、学习动力这些因素也会极大地影响大学的学业表现	中学的师资力量主要参照该中学历年的高考录取情况、高考成绩总体表现
家庭劳动	不同的弱势家庭往往需要学生参与承担家庭责任，进行大量的劳动，内容不限于务农，也可以是其他弱势家庭所从事的创造价值的劳动，比如打鱼、放牧、小商业行为等	这些课外劳动与优势群体的弹琴、体育等应该具有同样的评价价值。大量的家庭劳动让学生具备了强大的执行力和主动参与能力。劳动与课外活动不同，是创造价值的行为，这一属性使得家庭劳动能够培养学生的劳动成果意识、创新创业意愿、乐于承担责任等宝贵的个性品质	主要依据考生自述、推荐信以及其他佐证材料。通过信息公开的方式保证评价依据的可信度。评价范畴涵盖中小学的成长经历
个性品质	坚韧的毅力、吃苦耐劳、不怕失败、勇于尝试，这些宝贵的品质较为频繁地体现在弱势家庭学生群体中。此外，孝敬父母、善于感恩、体谅他人等优良的品德同样是弱势学生的典型品质	毅力是成功的钥匙，吃苦耐劳、不怕失败、勇于尝试的品格是人类进步的强大推动力，孝道、感恩、体谅等传统美德是社会和谐发展不可或缺的要素。在大学招生评价中纳入这些因素，不仅是对弱势群体宝贵品质的认可，也是对这些传统美德最有力的弘扬方式	个性品质的评判同样是一个综合的过程，以家庭劳动的评价材料作为基础，结合佐证材料做出推断

3. 评价原则

优质高等教育资源是稀缺资源，高校招生评价是高利害的评价。高利害的评价指标除了考虑科学性，还要兼顾负面的效应。比如，科学性再高的高考测验，也难免引发应试教育，破坏学校的教育生态。古代的教训则是："上以孝取人，则勇者割股，怯者庐墓。"[①] 因此，高校招生弱势群体的综合评价同样需要巧妙设计，避免好心办坏事。基于这一出发点，提出三个评价原则。

（1）全人评价原则

美国一流大学都采用综合评价的方式，且强调全人评判，即通过申请材料描绘出一个生动的学生形象，而不是将申请材料简化为分数，然后抛开活生生的人转而比较数字。全人评价的方式让评价指标若有若无，避免人才培养模式的一刀切，学生获得较为广阔的成长空间。同时，避免评价的负面效应，即学生针对某个评价指标做表面功夫，看似丰富多彩，实则敷衍应付，最终，他的成长是指标导向而非兴趣导向。

从本书 30 个弱势家庭学生的访谈文本数据的分析中可以发现，家庭的影响主要发生在小学、初中阶段，这一时期学生参与大量家庭劳动，性格也逐渐定型。到了高中阶段，这些来自弱势家庭的学生无法获得足够的支持参与能够加分的课外辅导活动，而是将大部分精力都投入到课程学习。在读高中生的访谈也证明了弱势学生从课堂到宿舍的两点一线的高中生活。[②] 因此，要遵循全人评价的原则，那么弱势学生的评价范围就不能仅仅局限在高中阶段的支撑材料，还要囊括高中之前的生活经历，从尽可能全面的信息中完成学生的形象描述，然后进行全人评价。

（2）差异性原则

差异性原则与全人评价原则是一脉相承的。人与人之间存在差异，全人评价的属性之一是差异化评价。一方面，不同的弱势群体有着不同的家庭环境、不同的成长经历、不同个性品质，有着不同的特长和优点，因此，对他们的评价应该秉承差异性原则。另一方面，从高校的角度来说，作为综合性大学，人才培养的规格同样是多种多样的，如果一所大学的毕业生多数只能成为某个领域的"匠才"，缺乏创造能力、开拓能力、领导能力，那么这样的大学始终难称高水平和一流。如果一所大学的毕业生成为各行各业的"状元"，那么这样的大学才是成

① 脱脱 . 选举志・宋史（卷 115）[M]. 北京：中华书局，1977：3617.

② 课题组访谈记录：资料编号 B-003，西双版纳勐腊县一中高三年级高中生；地点：云南省西双版纳傣族自治州勐腊县一中；时间：2015 年 11 月 15 日。

功的，才是顶尖的。

差异性原则的另一层重要特征，就是避免评价指标的刚性化或者僵化。人才的选拔不能用同一把尺子，这是学界普遍认同的观点，因为人才是多种多样的。如果采用同一套指标体系对学生进行评价，不仅无法“不拘一格降人才”，也将缩小学生的成长空间。因此，本书对弱势群体的评价体系只是尝试阐明评价维度和内涵释义，并不力图构建一个条条框框的多级指标体系。评价维度与内涵的存在价值在于“抛砖引玉”，为高校的综合评价招生提供启发和参考。

（3）结果公平原则

公平原则是主观性评价需要坚守的底线。全人评价虽然涵括客观依据，但最终的决策要依赖于主观评判，依赖于少数评委服从多数评委的民主模式。主观评价能够提高评价的效度，即科学性，但最容易遭受质疑的痛点之一就是公平问题。全人评价不仅要做到程序公平，还要做到结果公平。在程序公平方面，目前的自主招生程序越来越成熟，因此，其不再是综合评价的主要问题。程序公平不是评价的最终目标，结果的公平才能在本质上保障教育公平。当前，我国高校自主招生政策遭受批评的主要问题，就是录取结果上扩大了群体之间的教育不公平。美国顶尖私立大学的招生政策引发各界不满，主要的问题也是录取结果上的不公平，即偏爱权贵。

因此，高校招生的弱势群体的综合评价需要从结果上保障教育公平。不仅在招生对象上实现精准定位，将伪弱势学生排除在外，同时，在招生结果的数据描述上，体现教育公平的实质内涵。结果公平原则是综合评价最为重要的原则。

第三节　弱势群体与自主招生

弱势群体的综合评价应该成为自主招生的重要组成。如何更好地兼顾公平与效率，我们的自主招生录取制度还有很多值得完善的地方。在效率方面，自主招生的评价体系需要专业化。在公平方面，自主招生更是任重道远。自主招生不能成为优势群体的“盛宴”，不仅如此，自主招生应在统一高考所谓“相对公平”的基础上更进一步，构建评价体系，保障教育权利平等。

一、“贤能”定义与弱势群体的相对优势

名额分配、报名条件等存在的不公平是显性的，自主招生还存在一些较为

隐蔽的不公平。在当代民众的观念里，决定教育机会分配的因素是“贤能”，而不是世袭的特权，不过，至于什么是“贤能”，却没有一个统一的定义。实际上，“贤能”不存在一个中性的定义。无论如何定义，都将有利于某一社会群体的同时不利于其他群体的利益。而弱势群体往往是“贤能”定义的受损者。

一些学者认为，自主招生侧重考察学生的见识、课外兴趣（如琴棋书画等城市的孩子才有机会接触的活动）、交流表达能力等，这些评价维度对于农村子女、弱势群体是很不利的。才能的定义往往反映了优势群体的价值观和利益，但是，弱势群体的价值观却没有得到充分的体现①，这一点难以否认。对于弱势群体的家长来说，他们眼中的子女同样有着非常多的优点和特长，而他们所谓的优点可能是：“每天步行几公里上学堂，有着强烈的求学意愿”；“勤俭节约，特别懂事，不让父母操心”；“会帮我们做生意，帮我们拉顾客，账也算得很清楚”；“对农活非常在行”；“对家里的牛、马等牲口非常上心，照顾得非常好”……可惜的是，在制定自主招生评价体系的时候，他们往往是旁观者，没有机会将他们所认同的价值观表达出来。其实，这些优点所代表的，是城市学生往往难以接触到的农业、商业、畜牧业等实践知识，也是他们常常无须具备的克服生活逆境的坚强毅力。美国宾夕法尼亚大学心理专家安吉拉·达科沃斯（Angela Duckworth）在TED演讲中介绍，通过对大样本的测验，她的研究发现具有坚强的毅力才是成功人群的显著特征。②可以说，从目前多数高校自主招生的评价内容来看，弱势群体子女的相对优势还没有得到应有的重视。高校的自主招生评价如此，许多名牌中学的自主招生评价内容同样体现出显著的“城市化”特点，在中等教育阶段就进一步拉大了城乡的差距。③

二、弱势群体的教育权利保障：充分的批判环境

自主招生的成效如何？是否确实录取了综合素质较高、具有学科特长的学生？是否保障了教育公平？是否对弱势群体造成了歧视？要较好回答这个问题，不仅需要高校对招生手段、招生方式进行自我审视，还需要对招生的结果进行分析。这里的“结果”包含两层含义：其一，录取的学生构成是否符合教育公平的本意，是扩大还是缩小的教育不平等；其二，与通过统一考试进入大学的其他学

---

① Karabel J. The Chosen：The Hidden History of Admission and Exclusion at Harvard，Yale，and Princeton[M]. New York：Houghton Mifflin Company，2006：3-4.

② Duckworth A. Grit：The Power of Passion and Perseverance[EB/OL]. https://www.ted.com/talks/angela_lee_duckworth_grit_the_power_of_passion_and_perseverance[2017-08-31].

③ 吴吉．“四大名校”自主招生都考啥？[N]. 深圳商报，2017-05-14（A04）.

生相比较，自主招生的学生是否表现出其特点？是否体现出了自主招生制度的设计目的？对于这些问题的解答，仅仅依靠某些专家的评判或评估小组的诊断是不够的，还需要社会各界的争鸣。不同利益相关者的反复争论和探讨才有可能获得真相，否则，一些所谓的结论往往只是自欺欺人的说辞而已。

如何检视，准确数据的采集是非常重要的第一步，也是一大难题。某位关注中国教育的海外教育人士感慨，国内的数据库建设还相对落后。现有的关于自主招生的定量研究，往往是采用小范围的非随机的数据采集方式，数据质量不高，因此，对其研究结论的科学性很难保证，对教育决策的影响和推动力有限。《教育部关于进一步加强高校自主招生信息公开和监督管理工作的意见》对高校自主招生信息公平和监督管理工作提出了具体的意见，极大提高了自主招生的透明度。教育部阳光高考信息公开平台对保送生、艺术团、运动队、自主招生、高校专项计划等考生名单进行信息公开，是保障自主招生公平公正的重要措施。不过，这些信息还只是基本的数据，不足以进行公平性或有效性的分析。教育公平的分析维度包括性别、家庭收入、群体、城乡地域等；效率层面的分析需要对学生的学校表现、职业表现等信息进行定群采集。目前，高校可能没有足够的动力准确采集数据。因此，要获取自主招生制度从实施过程到实施结果的准确数据，可能需要由教育管理部门或第三方独立机构承担这项工作，并将数据公开，提供给公众各界进行分析。

理想与现实之间往往存在巨大的差距。如果仅仅从政策的价值理念来看，美国大学的招生政策倡导人人平等和教育公平。不过，如果从这些大学的学生实际构成来看，美国顶尖大学存在着对优势群体的偏好。我国顶尖大学面向贫困县的自主招生计划同样存在类似的问题。这些计划的出发点很好，是为了促进教育公平。不过，实施的结果可能只是照顾了弱势地区的优势群体学生。[①]数据不会编织美丽的谎言。有了获取真实详尽数据的渠道，不同的群体才能从不同的角度对自主招生政策进行有理有据的讨论，各方参与的批评与监督才能提供充分的批判环境，推动一项制度不断走向完善。如果没有这种环境，制度的完善过程将是漫长的，而且，即使完善了制度，没有理性评判的推动，制度的实施也要大打折扣，进而成为摆设而被束之高阁。

三、弱势群体相对优势的综合评价体系的构建价值

和多数国家一样，美国弱势群体在优质高等教育资源的竞争中往往处于劣

① 课题组访谈记录：资料编号 A-001，高校招生政策研究 5 位专家；地点：福建省厦门市厦门大学，时间：2015 年 11 月 24 日。

势。私立大学本就偏爱权贵，而在侧重学业成绩的一流公立大学，家庭资本丰厚的学生更容易获得好的学术成绩。不论是私立大学，还是公立大学，其大同小异的录取标准都不利于弱势群体的学生。尽管如此，通过参照比较，美国一流大学的招生政策仍然有许多值得中国借鉴的地方。对于美国高等教育出现的问题，我们应尽量避免。同时，美国高校对弱势群体的灵活评判，为我们的高校考试招生制度改革提供了有益的借鉴。

（一）高校生源质量的提升与完善

什么是高质量的生源？什么样的学生群体才是符合一流大学定义的学生群体？不同的学校有不同的定义和要求，不过，总体而言是大同小异的。一个高质量的学生群体，基本的条件是具备扎实的专业知识，达到高等教育课程的要求，能够顺利完成大学的学业。同时，这个学生群体卧虎藏龙，一些学生在课外活动方面积极踊跃，表现出色，具有组织才能；一些学生有着各种各样的艺术天赋，丰富校园生活。更为重要的是，这些学生在人格品质方面是符合公民的要求的，热爱祖国，具有社会责任感，甚至，具有无私奉献、奋发图强、百折不挠等宝贵的品质。与当前我国高水平大学的学生群体进行比较，尽管没有非常准确、完整的数据作为支撑，但是，我国重点建设的高校的生源质量还有很大的提升和完善的空间，这一点应该是许多关心教育的人士所认同的。

当前我国的学生群体，在专业知识技能方面的积累是没有问题的，也有着各种各样的天赋特长，然而，高校招生政策过于刚性的选拔指标设置，比如学生成绩、竞赛表现等，在长期的学校、家庭所营造的排他竞争环境中，让学生普遍有着非常功利的行为意识，以至于缺乏团队合作的意识和能力，也相对自私自利，对他人漠不关心；选拔制度的价值导向缺乏对家庭担当、社会责任等有效肯定，使得很多的学生不懂得体谅父母的付出，特别是一些资本丰厚的家庭子女，习惯了索取，却不知道该如何付出；由于非学术表现的评价指标过于“城市化”，那些没有条件参加各类培训班、没有机会深入地接受琴棋书画熏陶的弱势学生，成为被否定和忽视的群体。于是，这些学生在大量的家庭劳动中积累了丰富的生活技能，甚至是专业技能，他们不怕吃苦，不怕挫折，有着强烈的家庭责任感和社会责任感，有着长期奋斗而养成的坚强毅力，如果这些特质没有得到认可，也就无法有效地对校园文化形成有利的影响。以上种种，构成了我国高校生源质量的主要缺陷，其中的一些缺陷，已成为我国顶尖大学的毕业生在国际竞争中缺乏核心竞争力的首要原因，比如团队精神与坚强毅力。这是值得我们反思和重视的。大学招生评价体系的完善，或许，根本的原因在于我们对“贤能”的定义和操作过于简单、刚性的同时，我们也忽略了弱势群体所具备的“贤能”，而他们的“贤能”正是大学所缺失的，也是提升高校生源质量常常被忽视，是非常关键的重点环节。

（二）高校招生的“精准扶贫”

在经济领域，我国大力推行“精准扶贫”，将扶贫工作落实到户，改变以往的片区式扶贫、“撒胡椒面”式扶贫。通过精准扶贫，弱势群体得到了切实的帮助，扶贫工作取得了实实在在的成效。在高校招生政策中，对于弱势群体同样需要精准扶贫，而不是简单的一刀切。比如，对于面向贫困县的招生计划，如果没有考虑具体的学生情况，那么，这些计划的受益者往往是贫困县中的优势群体。面向西部或农村的专项计划，也可能惠及不到真正的弱势群体。因此，面向弱势群体的招生计划，需要提高精准程度。

对于弱势学生的界定，不能仅仅依靠乡镇政府的一纸证明，也不能仅仅依据生源所在地是否为贫困县、农村、边远地区，或是否为双少生（来自少数民族地区的少数民族学生）。这些依据一方面是片面的，因为优势群体也可以具备这些属性，甚至更有渠道获得此类属性，这样的例子屡见不鲜；另一方面，这些刚性规定限制了政策执行的准确性，招生人员无法否定伪弱势学生，因其持有这些无法否认的证明材料，同时，真正的弱势学生失去了争取教育机会的权利，因为在政策和规则上并没有清晰界定弱势学生的定义，他们没有维权的法律依据。

如何实现招生录取的精准扶贫，美国大学的综合评价主观评判值得我们借鉴。如果对弱势学生的评判是全方位的，不仅有这些硬性依据，也需要学生提供自述材料和教育简历，以及第三方佐证（班主任、任课教师推荐材料），同时，通过信息公开法规、公众监督机制保障考生材料的可信度，那么，弱势学生被准确定位的概率就会大幅度提升，成为此类政策的实际受益者。

（三）弱势群体的文化肯定与正面导向

如前文所述，弱势群体有着区别于优势群体的成长经历和人格品质，在涉及综合评价的环节中，应该肯定弱势群体相对于权贵的优势。在学术表现、课外活动、兴趣特长、个人品质等方面的评判中，应该将弱势群体的差异特征纳入评价体系的设计维度。

当前的“自主招生”评价体系有着非常明显的城市化倾向，忽略了弱势群体学生的成长环境的独特性。自主招生评价指标的“厚此薄彼”，在扩大弱势群体竞争差距的同时，也否定了弱势群体所特有的正面价值，比如，节俭、坚毅、纯朴等这些朴素的美德没有得到充分的肯定。“精致的利己主义者”现象成为我国高校人才培养的负面标签之一。如果在一个学生的成长过程中，整个家庭围绕其学习，提供各种资源让其取得好成绩，通过各种手段让班主任对其另眼相看，斥巨资甚至是以不法手段让其在各类竞赛中获得好名次，以此让其挤过独木桥，进入名校，那么，这样的学生进入大学之后往往缺乏协作精神，不关心集体利益，缺乏同情心，做任何事情都带着功利导向。遗憾的是，这种培养方式正是当前一些家长竭力在做的，这是社会的不幸，也是高等教育的悲哀。

美国一流大学的本科录取看重课外活动的同时，也强调学生对社区的服务热情，对家庭责任的承担，对公众利益的维护，对集体团队的付出和领导等。这些价值理念的弘扬和激励，对学生群体的团体氛围起到了非常好的正面导向作用。虽然我们的大学不见得要照搬这一模式，但多样的评价体系却是我们所缺失的。不仅我们的高校招生评价指标不够全面，大学的各类奖学金评选同样普遍缺乏一个全面的引导作用。比如，本科生奖学金只关注考试成绩，而研究生奖学金则往往侧重科研产出。这样的评价机制看似可操作性高，但所带来的负面效应可能比我们想象的要大得多。这是一个需要深入思考的问题。

结　语

在我国高校考试招生政策的发展与变革的过程中，作为世界高等教育强国的美国一直是我国学界关注和参照的对象之一，众多学者从不同的视角，采用不同的方法，结合不同的论据进行中美之间的比较。在高等教育进入大众化阶段之后，高等教育的公平问题争论逐渐聚焦到优质高等教育资源的分配，于是，美国优质高等教育的公平问题自然而然成为讨论的主题之一。招生政策对教育资源的分配起着至关重要的作用，因此，本书从大学招生政策的视角，对美国弱势群体优质高等教育机会进行历史的梳理、现状的解析，尝试以之为鉴，构建我国高校招生弱势群体的综合评价体系。

理想与现实总是存在巨大的差距。本书在设定研究假设和问题时，我们内心充满美好地认为：一直强调公平和正义、倡导承担社会责任、呼吁让世界变得更好的美国顶尖大学，应该在招生环节展现出完美的大公无私和正义凛然。然而，事实却出乎我们的意料。美国私立大学的发展逻辑让其也只能达到有限的公平。

在民权运动之前，美国精英大学是权贵阶层才有机会获得的稀缺资源，尽管一些弱势群体学生获得机会进入精英大学，“鸡窝飞出凤凰”，但这些小概率事件并不能论证教育公平是普遍存在的。少数族裔的权利抗争引发美国社会的剧烈冲突，这一背景之下的各种法案促进了不同族群之间的教育平等。不过，尽管美国社会完成了历史性的转变，在其背后，阶层之间的不公平被美国精英大学巧妙地隐藏了起来，缺乏经济资本、文化资本、社会资本的弱势家庭，不论是非拉美裔白人、非洲裔、拉美裔、亚裔等，他们在激烈的竞争中或者被人为排除，或者被规则排除，除了少数的幸运儿，多数不符合优势阶层偏向的主流标准的弱势学生只能走进不入流的大学或者学费低廉的两年制社区学院。

从美国一流大学招生政策的历史演变、教育理念、录取机制、评价体系、资助政策等多维度、多层面的解析中，我们得以更好地认识以综合评价为主体的美国大学招生制度是如何复杂运转的，是如何在各种利益相关者的激烈博弈中闪转腾挪，获得相对的平衡，并成为世界一流大学的典范。认识事物的规律将有助于我们更好地改变世界。尽管美国一流大学的招生制度存在问题和缺陷，但对其进行有批判的借鉴仍然具有价值，有助于我们实现“弯道超车”，在致力于多元录取、综合评价的“新高考”改革中保持理性，减少“试错”的次数。

美国一流大学偏爱优势阶层，在评价标准上体现了优势阶层的家庭文化，通过这种方式，这些大学与社会的权贵构建起错综复杂、密不可分的关系网，成为其保持优势地位的隐性支撑。不过，这些大学仍然需要中低阶层家庭子女所拥有的稀缺天赋和优秀品质，综合评价的主动裁量权让他们可以通过灵活的评判寻找这些天才，并通过丰厚的奖助学金政策让这些幸运儿成为社会的关注和羡慕的焦点。这些值得称赞的案例尽管少数，远不足以保障弱势群体的教育权利，但安抚了一部分人的不满情绪，迷惑了许多批评家的判断，也是这些大学对各种尖锐质疑的有力反击。

在美国看起来并不美好的综合评价，它的争议来源于这些一流大学的“看门人”，那些代表优势阶层利益的掌控者。除了少数的幸运儿，多数弱势家庭学生是“综合评价”的受害者。然而，工具没有善恶。美国大学的综合评价招生体系通过完善的评价维度及合理的评价方式，能够较好地发现那些品学兼优、充满潜力的有为青年，因此，综合评价的工具是良好的。问题在于，这些偏爱优势阶层的精英大学不愿意让过多的弱势阶层成为他们的校友群体或者校友亲属，因为从建校伊始，来自社会的各种支持是这些大学蓬勃发展的重要动力之一，历史印记产生了犹如基因般的决定力量。正如一些达官显贵可以有穷亲戚，偶尔资助一下显示慷慨，但他们不愿意居住在平民区，不愿意身边环绕着缺乏经济资本、社会资本的老百姓。因此，只要高校不存在对优势阶层的偏爱，或者不存在与优势阶层抱团的发展逻辑，那么，综合评价可以成为选拔弱势群体学生的利器。

对于中国高校来说，社会制度的属性使其不像美国顶尖大学那样完全受制于某个阶层的立场。因此，从这个角度来说，中国的高校具备用好综合评价的客观条件。尽管这样的论断有些乐观，但中国的强盛之路本来就让世界惊叹，在高等教育领域做出惊人之举也不是没有可能，谁也不能轻易否认。

中国弱势群体的构成相对于美国来说要简单一些，低收入家庭或边远地区的农民家庭是主要的构成，而少数民族的家庭文化总体上来说并没有非常明显的区分度，汉化程度和民族身份并不是显著的影响因素。本书作为比较研究，在借鉴部分只能先关注主要问题，围绕当前的主要矛盾——城乡差异问题展开推理和论证。某些少数民族地区的少数民族在文化上没有受到主流价值的认可，可能存在文化上的相时弱势，这些问题的探索主要涉及少数民族政策问题，并不是本书的重要关注点，因此，有待后续研究进一步深入。

通过质性研究，结合美国的分析与参照，本书初步构建了我国高校弱势群体综合评价的内涵结构、维度价值及评价方式，并提出了三个原则：全人评价原则、差异性原则和结果公平原则。这些结论一方面源于对美国高校招生历史与现状的审视和反思；另一方面，也兼顾了中国独特的国情及现阶段的主要矛盾。这些构想尽管粗浅，但力求做到有理有据，以提升其借鉴价值，希望至少能够达到“抛砖引玉”的效果。

总体而言，本书通过定性与定量相结合的研究方法，大量的异国走访与调研，丰富的一手文献的梳理与归纳，力图高质量地完成课题研究的初始设计。尽管存在各种遗憾和不足，但从过程评价的角度，课题组充分利用了有限的资源、精力和时间，可谓尽力而为。

在新时代，弱势群体已成为社会公平问题的焦点。扶贫攻坚工作是新形势下的主要工作之一。教育是实现社会流动的主要渠道，教育领域的弱势群体教育公平问题将引起越来越多的关注。本书在众多具有开拓性和启发性的前人成果的基础上，从比较的视角进行解析，力图为这一问题的探讨提供新的理论架构和实践参考。不过，“十年磨一剑”才敢豪问“谁有不平事”。本书仍有非常多需要完善的地方，恳切请求各位前辈、同行的斧正和勉励，以让缺乏积淀的草根学者在探索的途中迈出越来越踏实的脚步。

参考文献

巴比 . 2009. 社会研究方法（第 11 版）. 邱泽奇译 . 北京：华夏出版社 .

常桐善 . 2010. 大学招生的卓越性与公平性——美国加州大学的理念及实践 . 考试研究，6（3）：14-25.

陈为峰 . 2009. 美国名校本科招生综合评价制度研究 . 厦门大学硕士学位论文 .

陈为峰 . 2010. 美国名校本科招生综合评价之录取决策过程 . 中国考试，（6）：45-50.

陈为峰 . 2011. 从考试到综合评价：在借鉴中稳健前行 . 考试研究，（2）：12-18.

陈为峰 . 2011. 美国院校研究之借鉴与院校研究的中国化 . 高等教育研究，（1）：61-64.

陈为峰 . 2013. 美国高校招生制度的演变与启示——基于效度与信度的视角 . 教育与考试，（5）：17-21.

陈为峰 . 2015. 美国一流大学本科招生综合评价制度研究 . 北京：科学出版社 .

陈为峰 . 2017. 大考、利害、评价指标的关联与辩证——高校考试招生制度综合评价改革之困境 . 当代教育科学，（4）：27-31.

陈为峰 . 2018. 自主招生：公平与效率缺一不可 . 教育与考试，（1）：12-16.

陈为峰，傅添，张存玉 . 2017. 美国顶尖私立大学生源优化策略的调查与启示——以芝加哥大学、杜克大学、约翰霍普金斯大学、范德比尔特大学为例 . 高教探索，（10）：71-78.

陈为峰，李方柏 . 2009. 中国民间大学排名：需要矫正的“轨道”. 教育与考试，（1）：57-60.

陈为峰，王秀成，刘坚 . 2017. 美国一流大学本科招生推介项目之解析与借鉴——基于美国 36 所高校的调查 . 云南师范大学学报（哲学社会科学版），（6）：90-98.

陈为峰，张存玉 . 2016. 浅析 20 世纪初美国大学招生制度学术因素的彰显 . 教育与考试，（1）：9-13.

陈学飞 . 1989. 美国高等教育发展史 . 成都：四川大学出版社 .

陈屹 . 2001. 美国素质教育大参考：中美教育实证比较 . 北京：新世界出版社 .

谌虹，董恩林 . 2006. 制度之良与运作之失：科举制演变过程检讨 // 刘海峰，张亚群 . 科举制的终结与科举学的兴起．武汉：华中师范大学出版社．

成寒．2001. 留学美国生存术．上海：上海文艺出版社．

程家福，董美英，陈松林，等．2013. 高等学校分层与社会各阶层入学机会均等问题研究．中国高教研究，（7）：48-56.

程家福，李瑛，董美英，等．2011. 资本侵蚀下高考加分政策的异化与回归．教育理论与实践，（20）：14-16.

程星．2004. 细读美国大学．北京：商务印书馆．

程星．2006. 细读美国大学（第二版）．北京：商务印书馆．

楚琳．2009. 美国《高等教育机会法案》的内容、特点及启示．外国教育研究，36（6）：84-87.

戴家干．2007. 从考试到评价：教育改革的时代任务．中国高等教育，（13、14）：21-23.

董美英．2009. 教育机会均等视阈下重点高校大学生来源的历史研究．华东师范大学博士学位论文．

董美英，程家福．2017. 谁是高考加分政策的受益者——基于 2012 年全国高校抽样调查数据．高等教育研究，（1）：14-21.

杜瑞军．2008. 公平之困——二战后美国高等教育入学机会分配政策的历史变迁．比较教育研究，（4）：59-63.

方水凤，姜华 .2015. 你是未来的精英吗？——美国高校招生标准对学生未来预测．现代大学教育，（6）：13-20.

舸昕．1999. 从哈佛到斯坦福．北京：东方出版社．

舸昕．2000. 漫步美国大学．哈尔滨：哈尔滨工业大学出版社．

郭涛，王伟宜．2007. 不同社会阶层子女高等教育机会差异研究．理论导刊，（7）：84-86.

贺国庆等．2003. 外国高等教育史．北京：人民教育出版社．

侯佳伟．2011. 高校自主招生学生入学后与普考生的对比分析．高等教育研究，（12）：34-39.

黄福涛．2003. 外国高等教育史．上海：上海教育出版社．

黄全愈．2003.“高考”在美国：旅美教育学专家眼里的中美“高考”．北京：北京大学出版社，桂林：广西师范大学出版社．

黄贤全，王孝询．2008. 美国政治与政府调控：美国历史述评．北京：中国社会科学出版社．

黄晓婷，关可心，陈虎，等．2015. 自主招生价值何在？——高校自主招生公平与效率的实证研究．教育学术月刊，（6）：28-33.

凯西・卡麦兹．2009. 建构扎根理论：质性研究实践指南．边国英译．重庆：重庆大学出版社．

克里斯托弗・希尔顿．2006. 五月花号：一次改变世界的航行．王聪译．北京：华夏出版社．

肯尼•G. 尔逊，贝尼特•戴维斯．2005. 全是赢家的学校：诺贝尔奖得主对美国教育改革的洞见．王建华，祝东枚，杨桦译．北京：机械工业出版社．

乐毅．2008. 美国本科招生模式及录取标准、启示、借鉴与本土实践．现代大学教育，（1）：49-55.

李春玲 . 2010. 高等教育扩张与教育机会不平等——高校扩招的平等化效应考查 . 社会学研究，（3）：82-113.

李立峰 . 2007. 中国高校招生考试中的区域公平研究 . 武汉：华中师范大学出版社 .

李立峰 . 2008. 美国少数民族高等教育入学政策的演进与争论 . 教育学术月刊，（4）：74-77.

李雄鹰 . 2013. 大学自主招生质量的实证研究 . 中国高教研究，（6）：33-38.

李志杰 . 2011. 美国联邦大学生资助政策对高等教育的影响 . 重庆教育学院学报，24（4）：162-165.

李志君 . 2001. 2002 年美国大学留学申请必备 . 武汉：华中科技大学出版社 .

林上洪 . 2015. 浙江高校自主招生的模式创新："三位一体"综合评价 . 考试研究，（1）：28-33.

林玉体 . 2002. 美国高等教育之发展 . 台北：高等教育文化事业有限公司 .

刘宝存 . 2001."肯定性行动计划"论争与美国少数民族高等教育的未来走向 . 西北民族研究，（3）：171-178.

刘宝存 . 2002. 肯定性行动计划与美国少数民族高等教育的发展 . 民族教育研究，（2）：51-56.

刘海峰 . 1995. 科举考试的教育视角 . 武汉：湖北教育出版社 .

刘海峰 . 1995. 科举制——中国的"第五大发明". 探索与争鸣，（8）：41-43.

刘海峰 . 2000. 高考改革中的两难问题 . 高等教育研究，（3）：36-38.

刘海峰 . 2001. 科举制对西方考试制度影响新探 . 中国社会科学，（5）：188-202.

刘海峰 . 2002. 高考改革的教育与社会视角 . 高等教育研究，（5）：33-38.

刘海峰 . 2002. 高考改革中的公平与效率问题 . 教育研究，（12）：80-84.

刘海峰 . 2005. 高考改革何去何从 . 教育研究，（3）：29-34.

刘海峰 . 2005. 科举学导论 . 武汉：华中师范大学出版社 .

刘海峰 . 2006. 科举百年祭 . 武汉：湖北人民出版社 .

刘海峰 . 2007. 高考改革的理论思考 . 武汉：华中师范大学出版社 .

刘海峰，李兵 . 2004. 中国科举史 . 上海：东方出版中心 .

刘海翔 . 2006. 当科举消亡的时候：美国人眼里的中国科举——以百年前《纽约时报》的报道为例 .// 刘海峰，罗金远，程克夷 . 科举百年祭 . 武汉：湖北人民出版社 .

刘英宰 . 2009. 美国高校招生对少数族群学生的影响分析 . 云南财经大学学报，（3）：154-160.

罗伯特 • M. 赫钦斯 . 2001. 美国高等教育 . 汪利兵译 . 杭州：浙江教育出版社 .

罗淳之 . 2006. 中美高校入学考试的比较研究 . 湖南师范大学硕士学位论文 .

罗尔斯 . 1988. 正义论 . 何怀宏等译 . 北京：中国社会科学出版社 .

罗立祝 . 2011. 高校招生考试制度对城乡子女高等教育入学机会差异的影响 . 高等教育研究，（1）：32-41.

马健生 . 2008. 公平与效率的抉择：美国教育市场化改革研究 . 北京：教育科学出版社 .

美国新闻署 . 2003. 美国历史概况 . 杨俊峰等译 . 沈阳：辽宁教育出版社 .

莫顿•凯勒，菲利斯•凯勒 . 2007. 哈佛走向现代：美国大学的崛起 . 史静寰，钟周，赵琳译 . 北京：清华大学出版社 .

欧阳敬孝，张晨 . 2007. 你也能进哈佛 ：美国名牌大学招生秘笈 . 深圳 ：深圳报业集团出版社 .

潘懋元，陈厚丰 . 2007. 从恢复统一高考三十周年说起 . 大学（研究与评价），（6）：53-56.

潘永庆，孙文彬，路吉民 . 2004. 多元评价 ：创新教育的有效机制 . 济南 ：山东教育出版社 .

秦梦群 . 2005. 美国教育法与判例 . 北京 ：北京大学出版社 .

史静寰 . 2001. 当代美国教育 . 北京 ：社会科学文献出版社 .

孙开键，陈为峰 . 2009. 以信度与效度论科举之演变 . 复旦教育论坛，（6）：36-41.

覃红霞 . 2006. 普通高校招生考试法治化研究 . 教育研究，（4）：38-52.

覃红霞，刘海峰 . 2015. 美国弱势群体入学政策的法律审视与启示 . 高等教育研究，（3）：91-96.

唐滢 . 2007. 美国高校招生考试制度研究 . 武汉 ：华中师范大学出版社 .

童蕊，李新亮 . 2011. 美国高等教育学生资助项目的政策变迁研究——基于支持联盟框架的分析 . 高教探索，（5）：58-65.

王定华 . 2002. 美国大学招生制度与公平性问题 . 世界教育信息，（4）：16-19.

王定华 . 2004. 走进美国教育 . 北京 ：人民教育出版社 .

王芳 . 2015. 美国大学招生与高中学业水平关系探究 . 教育发展研究，（8）：75-79.

王连森，王秀成 . 2015. 排名、声誉及大学应有的反应 . 高教发展与评估，（2）：7-13.

王晓阳 . 2007. 美国大学的综合选拔招生制度 . 世界教育信息，（1）：79-84.

王艳春 . 2017.“互联网 +”背景下高师院校招生宣传工作改革探究 . 长春师范大学学报 ，（9）：137-138.

王玉平，魏良臣 . 2011. 美国少数族裔高等教育公平问题研究 . 教育科学，27（6）：90-93.

魏国东 . 2008. 美国大学少数民族优惠招生政策的微妙取向——以密歇根大学案为例的分析 . 黑龙江高教研究，（6）：65-67.

吴向明 . 2008. 美国高等院校招生制度研究 . 北京 ：中国社会科学出版社 .

吴向明 . 2008. 美国高校招生的公平与效率研究 . 比较教育研究，（10）：17-21.

武毅英，吴连海 . 2006. 高校收费对教育机会均等的负面影响及反思 . 复旦教育论坛，（2）：60-65.

夏里巴 . 1997. 美国 229 国家级大学指南（第三版）. 成都 ：四川大学出版社 .

夏征农，陈至立 . 2010. 辞海（第六版普及本）. 上海 ：上海辞书出版社 .

肖娟群 . 2008. 我国高校自主招生考试的历史考察与现状研究 . 厦门大学硕士学位论文 .

薛二勇 . 2010. 美国促进教育公平发展的政策体系——基于法律演化的视角 . 高等教育研究，31（04）：97-104.

薛涌 . 2005. 美国是如何培养精英的 . 北京 ：新星出版社 .

薛涌 . 2006. 精英的阶梯：美国教育考察 . 北京：新星出版社 .

雅克 • 斯坦伯格 . 2001. 高考门槛：美国名牌大学招生纪实 . 张久琴，刘永义译 . 北京：中国商务出版社 .

杨克瑞 . 2007. 美国高校的录取配额与教育公平 . 大学教育科学，(05)：95-98.

杨齐福 . 2008. 科举制度与清末社会问题 . 福建论坛（人文社会科学版），(9)：60-66.

杨学为 . 2003. 高考文献 . 下 . 北京：高等教育出版社 .

杨学为，廖平胜 . 2003. 考试社会学问题研究 . 武汉：华中师范大学出版社 .

易芳 . 2006. 中美高校本科招生考试与录取制度比较及启示 . 湖南农业大学硕士学位论文 .

尹银，周俊山，陆俊杰 . 2014. 谁更可能被自主招生录取——兼论建立高校自主招生多元评价指标体系 . 清华大学教育研究，(6)：41-47.

于涵 . 2014. 招生与培养：清华大学自主招生的理念与创新 . 清华大学教育研究，(6)：31-34.

于桐 . 2002. 耶鲁深呼吸 . 北京：西苑出版社 .

袁仲孚 . 1988. 今日美国高等教育 . 上海翻译出版公司 .

张华 . 2008. 阅读哈佛 . 北京：北京大学出版社 .

张友伦，李剑鸣 . 1992. 美国历史上的社会运动和政府改革 . 天津：天津教育出版社 .

郑若玲 . 2007. 我们能从美国高校招生制度借鉴什么 . 东南学术，(3)：156-160.

郑若玲 . 2008. 追求公平：美国高校招生政策的争议与改革 . 教育发展研究，(13、14)：96-99.

郑若玲 . 2010. 自主招生改革何去何从 . 华中师范大学学报（人文社会科学版），(4)：135-142.

郑若玲 . 2016. 美国大学“可免试入学”改革及启示 . 华中师范大学学报（人文社会科学版），(2)：161-167.

郑若玲，陈为峰 . 2009. 浅析新高考之综合素质评价 . 湖北招生考试，(4)：29-32.

郑若玲，陈为峰 . 2010. 美国名校本科招生方式及其启示 . 外国教育研究，(10)：56-61.

郑若玲，陈为峰 . 2010. 社会维权系统分担高校招生公平责任：美国的启示 . 教育发展研究，(5)：38-41.

郑若玲，陈为峰 . 2013. 大规模高利害考试之负面后效——以科举、高考为例 . 华中师范大学学报（哲学社会科学版），(1)：147-154.

郑若玲，刘婧婧 . 2015. 弱势群体对高考公平性之评价——基于农村高中生的调查 . 现代大学教育，(1)：9-14.

中央电视台《大国崛起》节目组 . 2014. 大国崛起：美国 . 北京：中国民主法制出版社 .

American Educational Research Association. 1999. Standards for Educational and Psychological Testing . Washington，DC：Author.

Avery C，Fairbanks A，Zeckhauser R. 2003. The Early Admissions Game. Cambridge：Harvard University Press.

Banks J A. 2002. An introduction to multicultural education（3rd ed.）.Boston：Allyn & Bacon.

Betterton D. 2014. A guide to financing your child's college education.In Peterson's Editors. How to get Money for College.Denver：Peterson's.

Bowen W G，Bok D.1998. The Shape of River：Long-Term Consequences of Considering Race in College and University Admissions. Princeton：Princeton Unviersity Press.

Bowen W，Kurzweil M & Tobin E. 2005. Equity and Excellence in American Higher Education. Virginia：University of Virginia Press.

Brint S，Karabel J. 1989. The Diverted Dream：Community Colleges and the Promise of Educational Opportunity in America，1900-1985. New York：Oxford University Press.

Brown University. 2016. Perspectives from the Community of Color. Office of College Admission.

Brubacher J & Rudy W. 1997. Higher Education in Transition：A History of American Colleges and Universities（4th ed.）. New Brunswick：Transaction Publishers.

College Admissions. 2016. Study Abroad：Let the Foreign Become Familiar. Chicago：The University of Chicago.

College Admissions. 2016. Uchicago Athletics：A sound Mind in a Sound Body. Chicago：The University of Chicago.

College Admissions. 2016. Uchicago Students Live the Life of the mind，One Great City at a Time. Chicago：the University of Chicago.

College Admissions. 2016. Uchicago：Think Transform Thrive. Chicago：The University of Chicago.

College Admissions. 2016. Uchicago Arts. Chicago：The University of Chicago.

College Board Advocacy & Policy Center. 2010. Complexity in College Admission：Fact or Urban Myth. Research Findings of Parent and Student Perceptions of Complexity in College Admission. College Board Advocacy & Policy Center.

Council for Aid to Education. 2016. Colleges and Universities Raise Record $40.30 Billion in 2015. New York：Council for Aid to Education.

Duke University. 2016. Clubs & Organization. Durham：Duke University.

Eric G，Melanie T J. 2004. Real and imagined barriers to college entry：perceptions of cost. Social Science Research，（36）：745-766.

Faust D G，Khurana R. 2017. The Harvard experience. Harvard College，Office of Admissions and Financial Aid.

Fu C. 2010. Equilibrium Tuition，Applications，Admissions and Enrollment in the College Market. Ann Abor：ProQuest LLC.

Gary M. Bell. 2013. All About Scholarships. Scholarships，Grants& Prizes.Denver：Peterson's.

Golden D. 2007. The Price of Admission：How America's Ruling Class Buys Its Way into Elite

Colleges. New York：Three Rivers Press.

Golden D. 2012. The preferences of privilege.In Soares J A. Sat Wars：The Case for Test-optional College Admissions. New York：Teachers College Press.

Higher Education Services Corporation. 2018. 2016-2017 Annual Report：Empowering New York State Students for College Access and Success. New York：HESC.

Hopkins Interactive. 2015. Insider's Guide 2015. Baltimore：John Hopkins University.

Hughes C. 2003. What It Really Takes to Get into the Ivy League & Other Highly Selective Colleges. New York：The McGraw-Hill Companies.

JHU Office of Undergraduate Admissions. 2016. Meet Johns Hopkins. Baltimore：Johns Hopkins University.

Karabel J. 2006. The Chosen：The Hidden History of Admission and Exclusion at Harvard，Yale，and Princeton . New York：Houghton Mifflin Company.

Kezar A . 2011. Recognizing and Serving Low-income Students in Higher Education：An Examination of Institutional Policies，Practices，and Culture. New York：Routledge.

Kramer S，London M. 2006. The New Rules of College Admissions：Ten Former Admissions Officers Reveal What It Takes to Get into College Today. New York：Fireside.

Kuehnemann E.1909. Eliot C W：President of Harvard University（May 19，1869-May 19，1909）. New York：Houghton Mifflin.

Lemann N. 1999. The Big Test：the Secret history of the American Meritocracy .New York：Farrar，Straus AND Giroux.

Light R. 2001. Making the Most of College：Students Speak Their Minds. Cambridge：Harvard University Press.

McDonough P M. 1997. Choosing College：How Social Class and Schools Structure Opportunity . Albany：State University of New York Press.

National Association for College Admission，Counseling. 2010. Effects of the Economy on the Admission Process：2008-09. National Association For College Admission Counseling.

Office of Admissions. 2016. At a glance：2015-2016. Nashville：Vanderbilt University.

Office of Admission and Financial Aid. 2016. Get Connected. Davidson：Davidson College.

Office of Student Financial Aid and Scholarships. 2015. Financial Aid：opportunity Vanderbilt Offers Greater Affordability. Nashville：Vanderbilt University.

Office of Undergraduate Admissions. 2016. Welcome. Atlanda：Emory University.

Office of Undergraduate Admissions. 2016. Affording a Duke Education：Need-based Financial Aid. Durham：Duke University.

Office of Undergraduate Admissions. 2016. Guide to Applying to Duke University. Durham：Duke

University.

Office of Undergraduate Admissions. 2016. Know No Bounds. Durham：Duke Universities.

Orfield G，Miller E. 1998. Chilling Admissions：The Affirmative Action Crisis and the Search for Alternatives. Cambridge：Harvard Education Publishing Group.

Peterson's Editors. 2014. Getting in the Minority Scholarship Mix. Denver：Peterson's.

Peterson's Editors. 2014. How to get money for college. Denver：Peterson's.

Peterson's Editors. 2016. Scholarships，Grants& Prizes.Denver：Peterson's.

Reingold D. 2004.How to the college admission game. Journal of College Admission（Summer）：5.

Rubenstone S，Dalby S. 2002. Panicked Parents' Guide to College Admissions .Denver：Peterson's.

Rye D.2008. The Complete Idiot's Guide to Financial Aid for College，2nd Edition. New York：Alpha Books.

Sadker M，Sadker D. 2005. Teachers，Schools，and Society. New York：McGraw-Hill.

Sedlacek W. 2004. Beyond the Big Test：Noncognitive Assessment in Higher Education . San Francisco：John Wiley & Sons，Inc.

Soares J A. 2007. The Power of Privilege：Yale and America's Elite Colleges. Stanford：Stanford University Press.

Soares J A. 2012. Sat Wars：The Case for Test-optional College Admissions. New York：Teachers College Press.

Synnott M G.2010.The Half Opened Door Discrimination and Admissions at Harvard Yale Princeton，1900-1970. New Brunswick：Transaction Publishers.

Tanabe G，Tanabe K. 2001. Get into Any College：Secrets of Harvard Students . Belmont：Super College，LLC.

The Office of Admissions and the Office of Communications. 2015. Experience Princeton：Diverse Perspectives. New Jersey：Princeton University.

The Office of Undergraduate Admissions. 2016. 2016 Visitor Guide. Charlottesville：University of Virginia.

The Rector and Vistors of the University of Virginia. 2016. We Stand Apart Because We Stand for All：Affording UVA.Virginia：University of Virginia.

The UVA Alumni Association. 2016. We pursue creativity that inspires. VIRGINIA，2016 Spring.

Thernstrom S. 1986. Poor but hopeful scholars. In Bernard Bailyn et al. Glimpses of Harvard Past. Cambridge：Harvard University Press.

Tomberlin G E，Jr. 2010.Trends in princeton admissions. In Synnott M G.The Half Opened Door：Discrimination and Admissions at Harvard，Yale，and Princeton，1900-1970. New Brunswick：Transaction Publishers.

Uchicago College Admissions. 2016. Think Transform Thrive. Chicago：The University of Chicago.

Willingham W W. 1985. Success in College：The Role of Personal Qualities and Academic Ability . New York：College Entrance Examination Board.

Willingham W W，Breland H. 1982. Personal Qualities and College Admission . College Entrance Examination Board.

Woodland R. 2014. Scholarship management organizations. In Peterson's Editors. How to Get Money for College. Denver：Peterson's.

Zwick R. 2002. Fair Game：The Use of Standardized Admissions Tests in Higher Education .New York：Routledge Falmer.

附　　录

附件一　访谈提纲①

一、美国大学招生人员访谈提纲

1. 招生理念是什么？
2. 主要的招生政策有哪些？
3. 理想的学生是什么样子的？
4. 如何保障弱势群体学生的教育权利？
5. 资助政策的情况如何？
6. 校园多元化理论对招生的影响有哪些？

二、美国教育政策研究者访谈提纲

1. 如何评价当前美国顶尖大学的招生政策？
2. 美国大学顶尖大学招生政策有哪些特点？
3. 美国大学招生政策的主要问题有哪些？

① 本书的访谈采用半结构化访谈，设定主要问题用于引导访谈的主线，同时，访谈者根据受访者的回答，提出适当的补充问题进行追问。通过这种方式，本书获得了逻辑较为清晰、维度较为完整、富有一定深度的访谈文本数据。

三、弱势大学生访谈提纲

1. 可否比较详细地描述一下你的求学经历？（注意点：关注家庭背景、经济、文化等因素对其成长的影响。）

2. 学习成绩如何？在求学的道路上遇到的主要阻力有哪些？（求学路上影响最深刻的一件事）

3. 如何评价自己的品质与能力？

四、弱势高中生访谈提纲

1. 说说你的高中学习生活。

2. 你对高考的看法。

3. 你对加分政策的看法。

附件二：调研、访谈对象编号

中国教育界人士

A-001，高校招生政策研究领域五位专家

A-002，河南省某贫困县高中教师

中国高中学生

B-001，西部贫困县一中高三年级高中生

B-002，西部贫困县一中高三年级高中生

B-003，西部贫困县一中高三年级高中生

B-004，西部贫困县一中高三年级高中生

B-005，西部贫困县一中高三年级高中生

中国大学生

C-001，云南省农村大学生

C-002，山东农村研究生

C-003，广东工人家庭研究生

C-004，南京大学工人家庭研究生

C-005，宝鸡文理学院农村大学生

C-006，渭南师范学院农民工家庭大学生

C-007，云南民族大学彝族农村大学生

C-008，云南财经大学农村大学生

C-009，河南省农村大学生

C-010，天津职业技术师范学院农村大学生

C-011，云南师范大学农村大学生

C-012，北京交通大学农村大学生

C-013，昆明理工大学农村大学生

C-014，云南民族大学农村大学生

C-015，江苏省农村大学生

C-016，河南科技大学农村大学生

C-017，贵州省农村大学生

C-018，云南师范大学农村大学生

C-019，江西农业大学农村大学生

C-020，华东交通大学农村大学生

C-021，云南师范大学农村大学生

C-022，云南师范大学农村大学生

C-023，云南师范大学农村大学生

C-024，云南师范大学农村大学生

C-025，云南师范大学农村大学生

C-026，云南师范大学农村大学生

C-027，昆明理工大学农村大学生

C-028，昆明理工大学农村大学生

C-029，云南师范大学农村大学生

C-030，云南师范大学农村大学生

美国教育界人士

H-001，维克森林大学约瑟夫•索尔斯教授（Joseph Soares）

H-002，宾夕法尼亚州立大学孙开键教授（Hoi K. Suen）

H-003，哥伦比亚大学师范学院戴维德•汉森教授（David Hansen）

H-004，宾夕法尼亚州立大学教育学院敏迪•孔哈勃副教授（Mindy L. Kornhaber）

美国大学招生办公室

J-001，普林斯顿大学（Princeton University）

J-002，哈佛大学（Harvard University）

J-003，耶鲁大学（Yale University）

J-004，哥伦比亚大学（Columbia University）

J-005，芝加哥大学（University of Chicago）

J-006，麻省理工学院（Massachusetts Institute of Technology）

J-007，杜克大学（Duke University）

J-008，宾夕法尼亚大学（University of Pennsylvania）

J-009，约翰·霍普金斯大学（Johns Hopkins University）

J-010，达特茅斯学院（Dartmouth College）

J-011，布朗大学（Brown University）

J-012，康奈尔大学（Cornell University）

J-013，范德比尔特大学（Vanderbilt University）

J-014，莱斯大学（Rice University）

J-015，佐治敦大学（Georgetown University）

J-016，艾默里大学（Emory University）

J-017，卡内基·梅隆大学（Carnegie Mellon University）

J-018，弗吉尼亚大学（University of Virginia）

J-019，维克森林大学（Wake Forest University）

J-020，塔夫斯大学（Tufts University）

J-021，北卡罗来纳大学教堂山分校（University of North Carolina—Chapel Hill）

J-022，纽约大学（New York University）

J-023，威廉玛丽学院（College of William and Mary）

J-024，威斯康星大学麦迪逊分校（University of Wisconsin—Madison）

J-025，伊利诺伊大学香槟分校（University of Illinois—Urbana-Champaign）

J-026，图兰大学（Tulane University）

J-027，宾夕法尼亚州立大学（Pennsylvania State University—University Park）

J-028，马里兰大学（University of Maryland—College Park）

J-029，乔治·华盛顿大学（George Washington University）

J-030，康涅狄格大学（University of Connecticut）
J-031，普渡大学西拉法叶校区（Purdue University— West Lafayette）
J-032，克莱姆森大学（Clemson University）
J-033，罗格斯大学新伯朗士威校区（Rutgers University New Brunswick）
J-034，特拉华大学（University of Delaware）
J-035，斯蒂芬理工学院（Stevens Institute of Technology）
J-036，佛罗里达州立大学（Florida State University）
L-001，威廉学院（Williams College）
L-002，戴维斯学院（Davidson College）
L-003，巴纳德学院（Barnard College）
L-004，里士满大学（University of Richmond）
L-005，圣约翰学院（St. John's College）
M-001，美国海军学院（United States Naval Academy）
M-002，美国陆军学院（United States Military Academy）
N-001，高点大学（High Point University）
N-002，一隆大学（Elon University）

附件三：调研书面数据节选

一、美国教育界人士

编号：H-001

【课题组访谈记录】资料编号 H-001，约瑟夫 • 索尔斯教授（Joseph Soares）
【地点】美国北卡罗来纳州维克森林大学社会学系
【时间】2016 年 3 月 15 日，6 月 9 日
【调研者】陈为峰
【被访者】

约瑟夫 • 索尔斯教授是维克森林大学社会学系主任、教授（其方向侧重于

教育社会学研究），哈佛大学社会学博士。在加入维克森林大学之前，索尔斯教授曾先后担任哈佛大学讲师（lecturer）、耶鲁大学社会学系助理教授和副教授。索尔斯教授最新的书为2012年出版的论文合集《向SAT宣战：可免考试入学案例研究》（*SAT Wars：The Case for Test-optional Admissions*），该书在2012年和2013年被《纽约时报》（*New York Times*）推荐为大学议题中暑期最值得阅读的十本书之一。他2007年出版的著作《特权的力量：耶鲁和美国精英大学》（*The Power of Priviledge：Yale and America's Elite College*）指导了维克森林大学采取可免考试入学政策的实践。1999年出版的著作《特权的式微》（*The Decline of Privilege*）获得了美国社会学学会文化分支（Culture Section of American Sociological Association）2000年度优秀书籍奖。

【调研记录】①

访：Why did you propose test optional policy?

受：UGA scholar article in SAT war：model without has a r-square of 0.30，when adding SAT r-square value becomes 0.31，SAT only add 0.1. There is not a whole lot of students taking the SAT who do not go on college，it's not like a useful gate to close for people who are not capable of doing the work，because it's a bad predictor of people who will do well in college，to my mind it's an unnecessary barrier. The idea of UGA only uses the data who is going to college，so what? The test is supposed to be evaluated by how well it predicts college grade. You got put first year grades on the table，and say the scores give us information we don't know for HS record，and at the UGA，they found it did but only worth 1 point. It's terrible because of the time and money and anxiety and effort，the test in my opinion is a bias test，but not everybody agrees with it's a bias test.

NCES and ELS Dataset contain lots of information about HS students and their college performance.

Test score never worked well. There were a few individuals like Charles Murry and also Daniel Golden who said“Look，I have only entered Harvard because of my test score，but only with a few exceptions，that doesn't justify the test was a good way of recognizing or recruiting low SES youth，it hasn't ever been that”. So yes，Charles

① 以下访谈为访谈者的原话，为保证访谈的真实性，对于其中的表述笔者未做修改。

Murry and also Daniel Golden went to Harvard，but Harvard always had around 5% or 6% of students from very modest background，but that's all. Most students in Harvard come from incredible affluent background，but the test has always been bad. It's never been a good way of finding a talent out there in the countryside from low-income families， it hasn't. And they always know that. Again，this covered in detail in my book *The Power of Privilege*，they found the result in 1930s，the test was introduced in 1926，and they believed they would work. And it took them four years to find out they didn't work.

The history of the use of HS grades：in the US，until 1960s，most students went to university based on just having a HS degree，this was first set up by University of Michigan about 1871. HS in United States was not provided for the constitution，so HS was not paid for by the tax payer in 19th century， so we had elementary schools，most states were introducing some forms of elementary school education，like grades 1-6，that youth would enter school at 6 years old and by the time they graduated when they were 12. And then the University of Michigan and other parts of land-granted universities they didn't have students because the average American was leaving school at grade 6，there was no middle school and high school， there were only elementary schools，so they couldn't just get students. The land-granted universities then did a national movement called "The Certification Movement"，they went and argued with state legislators，they went to state capital politicians and said they need tax money to build HSs，these HSs would have curriculum that they certified and every student graduated from a public HS that certified by the University of Michigan automatically was admitted to the University of Michigan. HS certification was the norm in United States through the 1950s， then public universities used their version of an SAT，which was the ACT introduced in Iowa designed to map onto the HS curriculum，so it supposed to be more closely connected to what students are actually doing in HS，but it was in part motivated by the desire of public universities to look as prestige as the private universities to use some test. And then when the ACT grown up，it wasn't embraced by everybody，and there was a competition because you still had some places like California who were admitting students straight on HS，if you graduated from California HS，you went to California universities. Like universities in California in late 1960s and early 1960s were looking at did we stick with HS certification or did we go for test，and if we did the test，should we use the SAT or ACT? The tipping point when the SAT became a big thing nationally，was when the University of California in 1968 required the SAT，they said they were gonna stop HS certification，They were gonna use this test. When they made that decision，it was not based on the recommendations of the statisticians in the University of California who studied the test，they said："The test doesn't work，it doesn't add to what we known，why should we use the test"，so people working on that subject told Clark Kerr who was the President of California，they told him not to do this，and Clark Kerr，(we got his document in detail，there was no controversy about this)，he said "I don't care what your statistic tell us，I want the University of California to be able to compete with Harvard and Princeton and Yale，so we can show we are one of the high prestige universities in the world. And in order for us to do that，we've got to use the same test they use." And that was the only reason UC went to adopt the SAT in 1968. This information was in my book *The Power of Privilege* and John Douglas's article in my book *SAT Wars* and his book. You will get the idea of UC from the standpoint of their own research. They did it as prestige battle，like Berkeley wanted to compete with Harvard，how can we show to the world when we used the same test Harvard use to select students，but now they no longer do that. The UC revise things easily，the top 9%.

The important thing of California was they got a whole comprehensive master plan，because they had junior colleges，they had state universities and then they had UC. So the master plan was that everybody graduating from HS could go to one of these three tiers，but the top 12% of graduates would suppose to go to UC，the top 12% statewide skews still be towards high income youth，because they were going to get how to know the top 12% statewide by statewide test，and the youth who gonna perform best on this test would disproportionally from affluent suburbs. So 12% at statewide was still gonna skew toward the high end of SES and still would be wealthy family，right? But the 9% that they only brought in three years ago was 9% in your local HS，every HS in state of California got to send the top 9% of their students to the

UC，because US HS were very different social class neighborhood，they had different resources，if you got top 9% students from all over the places，you captured a lot more SES diversity than if you took 12% statewide. The 9% rule was a good move，but the UC still had to build in a requirement to take the SAT，but used SAT not to decide whether you were in or out，they used SAT to determine whether you got the campus you wanted to go to. So they got in was determined by class rank in your local HS，getting into a particular place was determined by your test score，it meant some campus were still more inclusive than others. Different campus were different in SES distribution（see P167 in *The Power of Privilege*）. Riverside had most working class students and had more black and Hispanic students than other campus，Santa Barbara was more socially exclusive. This inequality was driven by test score，the mechanism was responsible for sorting social class distribution into this different campuses was the test score，because the average SAT at Riverside was a lot lower than in Santa Barbara or Berkeley.

Studies on China Gaokao's validity always started with test score rather than HS grades，if you were started with test score，you were not fairly to evaluate students' four-year-work in HS，the students worked in the HS first，right? And if what they did in HS predicts better as they did in US，we didn't know that in China，because nobody did a research about this in China. It would be a good study to examine how good the HS record by itself predict college performance. If that could be separate out，then Gaokao maybe as useless as SAT，that would save tremendous resources. Somebody in some part of the government at some point should be willing to say："Look，we've already do great jobs in HS，we don't need these other things，look at all the time and resources we developed to that，we don't need to do that". So it could be a political fight to say let's save time and money on useless test. In US，admission is totally a different ball game，here we get individual universities to say we are not gonna use it any more，because it's not administrated by the government.

访：What do you think about the idea of campus diversity which top colleges will mention as they introduce their admissions policy?

受：All of private top universities in USA are interested in diversity. Diversity usually means diversity of race，geography，they went people from all of the united States. They also want diversity of talents，they want people can play violins，and they want people can do sports. More recently，places like Duke or Wake Forrest looks at diversity also in terms of economical backgrounds，social class the individual comes from. All of those are concerned about diversity. Very selective colleges want to be seen as not just fair，but the place where it is of representation of the racial and geographic diversity of United States. So they want to be leading in those areas not just like in behind. But at the same time they want to do all those things. There has been particularly with regards to racial discrimination and affirmative action. There has been a lot of legal battles over this. This issues are not settled.

二、美国大学招生委员会成员（匿名）

1. 编号：J-004

【课题组调研记录】资料编号 J-004, 哥伦比亚大学

【地点】纽约

【时间】2016 年 6 月 17 日

【调研者】陈为峰

【调研记录】

访：Columbia University is a very famous university in the world. Would you like to talk about what kind of student you are looking for? Would you please tell me more specific details?

受：There is not one specific type of student we are looking for. But there are certainly some shared characteristics. We look for students who intellectually engaged, who are deep questioners, who are curious about where they do work, and willing to challenge those around them, in order to engage in perhaps discussion.

访：Now Columbia doesn't require SAT II and writing section, would you please tell me the reasons for this changing?

受：Well, we believe that for many students, this is not necessary specific just student who applying from high school from China, but from a large pool of applicants we are concerned about access. It doesn't mean that our admission requirements are necessary changing in terms of how you value the application. We still look for the same things. There is not necessary difference in our approach of review, but we are not longer requiring students submit subject tests, or the writing sample. For international students in particular, there is still expectation that they have evidence of strong written or oral English language skills. That doesn't change. Just because it is not part of our requirement of testing, doesn't mean that it is not something we are still looking for. The ways we want to look for that evidence is in obviously the students' writing, the letter recommendation from teachers or instructors, any outside work such as publish in some sort of well known publications that we are familiar with. So we look at all those pieces. And we really want to make sure that students have strong English skills that they could keep up with others.

访：Do you consider diversity in your admission policies? How to build a diverse student group?

受：Diversity is a very complicated concept. We are really interested in all elements or all difference facets of diversity, which could be geographic, and there are a lot different geographic diversities. So obviously, with a context of China for example, we see a lot of applications from Beijing and Shanghai, but China is a very big country, you need to find applications from other parts of China. Same thing is true in terms of socioeconomic status. That is part of diversity that we value as well. We do offer some need-based financial aid, but it is competitive on international level. We have resources available, but because of budget, we do have to take it into consideration whether a student is applying for financial or not for international students. Speaking very broadly about diversity, we believe that is one of our most important values in Columbia education. And there are no numbers or intense process, so we don't have borders or cutoffs for minimums or maximums. So writing or diversity, those are all pieces, they had to really come together. So just because you are strong writer, it doesn't mean that you bring that element to diversities, doesn't mean that you bring element of leadership, or intellectual curiosity. You can bring some of those, but given that we only have 1500 spaces in about 30 000 applications, we have some very different choices to make. So accordingly you may have many students who have evidence that they can do the work, but because we have limit number spaces, we have really serious conversations and look very closely the applications who we think to be the most likely to benefit from what Columbia has to offer.

访：When an applicant is excellent and have 50% chance to get permit. How does your admission group make decision? Do you need to vote?

受：Every school does it a little bit differently. We do have committee process. And it is not necessary by vote. But I will tell you that, no student was admitted without a least two professional assess members reviewing their application. So more people review applications. I read applications just students applying from high school from China, but that doesn't mean that I have all power to make decision that who is in and who isn't. There are other people who I work with. So it is a process that many times an application would be looked at several times. We spend different time on different students. And one thing we don't do, we don't look at two applications and say which person won a spot. We don't do that. We are not comparing one student to another. We look at each one individually when we admit them.

访：Each student has different background. And they will contribute differently to the campus. What do you think that a first generation college student would bring to campus? Do you find something special about this group?

受：I think every student who is admitted is special. And I don't think that we admit students only because they are first generation or they have family responsibilities. That is not an automatic decision to admit students. Everyone has a story. Those students you mentioned are the same.

About our admission. We are early decision school. If you apply early decision, it means that, you are signing a contract that says If you were admitted，you are guaranteed your chosen to Columbia University. You should only apply early decision if you think my information that is the most amazing thing you ever heard. You think that you can't see yourself anywhere else. You believe in the Columbia curriculum so much and want to study in New York city, nothing else compared，then apply early decision. When you have passion for Columbia, and you are excited about us，we are excited about you. It is going to show great fit.

This is not an opportunity to play an admission's game and try to place statistic and getting an early decision and regular decision. Because, frankly, unfortunately or fortunately, you are applying for high selected institution. A lot of students want to apply the Columbia University. When the acception rate is 6%, it is very difficult for them to take a look at the breakdown between early decision and regular decision. To believe that extra 1% you get in early decision is going to be a factor in that applications. What really comes down to a process is you, as a whole student comes to start and finish, from the academic to being a community member to your fitness to the university.

So what are we looking for in the application? No part of the application, is the reason why you are admitted or denied to the institution. We look at everything together. So we read every application from start to finish. So, I find that's very important when I talk about tests, because there is always a lot concerns about the baseline of tests. Yet we don't have test baseline, because we're looking at your entire application. So first, when we ask some demographical information, the first is what is your name, that is important. Where are you from? What is your family like? Where did you study? This school just gives us some context about who you are, where you from. You are asked for a GPA and transcript. The transcript will tell us what courses you are taking. For us, we will look for these questions. Are you challenging yourself? Are you taking the most difficult curriculum that you can get? Are you putting your passion to those courses. With your GPA, we will look for a high GPA. This is going to tell us if you are engaging with the materials，if you understand the materials, and if you will succeed in a Columbia classroom. This is why we look at the GPA and transcript together. And maybe you are concerned about if your school offer AP or IB. Don't worry, your school is going to send us the secondary school report. This will tell us all of the courses that your high school had offered，that we can understand what your curriculum means in the context of your school. We will know if you are taking those most challenging courses. We will learn a bit more about your community. Your counselor is responsible for sending that to us.

On top of that, we ask for a list of your activities. This can be anything. It can be extracurriculum. It can be a job, an internship, your family responsibility. We want to know about that too. When we look at this part of application, we are asking ourselves what your impact is. Are you pursuing a project and making a difference? Are you a leader? Are you involved in your community, in your school and how so? Are you committed to something for a long term? Are you making difference for your family? These can all differently show impact. If by listing ten different clubs that you go to every other week and you don't really do anything， that doesn't excite us. What excite us is to do the things that you want to do, not because of the need of application. You should enjoy your high school. Personal statement. This is personal. That sounds kind of obvious according to the name. You can literally write about whatever you want. We have seen every single kind of essays. It is not a test, not a club. This is you. My advice is to find a way to put this essay meaningful experiences. A philosophy that you have value you hold, shapes who you are and what you believe. This is one opportunity for you to do that. Give us who you are as an applicant. Have some advice for your personal statement. If you are a hard course chemistry student, you are the president of your chemistry club. You will do everything about chemistry. Maybe you don't write your personal statement about chemistry love. Because we know how much you love chemistry and how you are involved in it. Give us a little more other things that we can see more about who you are. Another piece of advice is probably to recommend you is writing about somebody who inspired you. I see many essays where students write about their grandmother and spend five paragraphs talking about their grandmothers, how amazing this woman was in their life. When I finished the essay, I say, well, where is the applicant in this essay who applying for Columbia, if they don't think grandmothers would come to Columbia.

About testing. We require either SAT or ACT. We do not have preference for either. We no longer require SAT subject tests at all. They are optional. If you take them for another school and you do very well, go ahead and send us these scores. If you don't like your subject tests, don't send them to us. You don't have to. Don't send them to us if you don't want to. Don't take the tests if you don't have to. We don't require them. We also no longer require the writing section from either SAT or ACT. If you don't want to take writing section, you don't have to. About super score, we only choose super score sitting in new SAT or in old SAT. When we say super score, that means we are taking the highest maths and reading section from multiple settings, and add them together, as your highest score, that is super score. With the ACT, we do not have super score. We are looking for the highest composite score. This is the final number on your ACT.

About recommendation letters. One would be from your guidance counselor or college counselor. My advice to you, write a letter to your guidance counselor or college counselor, talk a little more about yourself. You don't ask your parents who know you the best to do this. For your guidance counselor and college counselor, because I imagine that you don't have the opportunity, sit down with these people a lot. They are going to make a recommendation on your behalf. So give them some information, give their letters, your resume, help them out a little bit. Because they help you out. Same with your teachers. This is very important, you are looking for academic letters—recommendations. They should be in some certain subjects. This is math, science, social study or English. Basically you are sitting in the classroom as a student. That's what we want to see. We want to know who you are as a student in these fields. You may get great recommendations from your visual art teacher, or someone from your church, or club leader. That's great. But that doesn't fulfill the two letter requirement, because they are academic letter recommendations. We allow you to submit a third recommendation that can be anybody you want. My advice here. Make sure they are going to say something different about you, because if it is not, you now ask your admission officer to read a full letter about you, but find nothing new. It is not good. So, be consider. If you apply our engineering school, you have to get one of these recommendation letters from your maths, science teacher. If you are applying the college, my only advice if you apply an English major, use your English teacher as an recommendation, just make sense, right? You do have a Columbia someone mental section. This is where we ask questions designed for you and admission officer to determine. Are you a great fit for Columbia University? Do you have a Columbia mentality? Do you feel that you would have an amazing time here ? We are going to ask you to list, and this is not a trick again, just a list, do not write any paragraph essay, a list of your favorite books from the past year from school. We also ask for a list of what are your favorite pieces from like newspaper, website, magazines. My advice is that do not put Facebook new feed on the list.

Columbia students love to learn. They take advantage of any opportunity that available to them. They are looking for some interesting books, they are visiting different journals, because they want to keep up on the things that they are passionate about that they are engaged. That would be the questions. They also tell us a little bit about who you are. Opportunity again, to be more a person in this part of application. Why is Columbia? This is a question we ask all the time. This question is very important to us. Don't write essay if you can fill in the blank for school or faculty member or building. Because we know what they look like. This is an opportunity for you to say, I have done my research. I know about Columbia. I love Columbia. This is why it is important for me.

The last essay is why you are to find Columbia college or Columbia engineering school and why you choose the major you selected. We do ask you to list out your 3 top majors to see what is your interests. If you were undecided, then you can write about the different resources on the campus. Show things about you have done researches about this school.

2. 编号：J-006

【课题组调研记录】资料编号 J-006, 芝加哥大学

【地点】芝加哥

【时间】2016 年 7 月 5 日

【调研者】陈为峰

【调研记录】招生政策说明会上校方的介绍

Let's talk about the admission process. I want to talk about the admission process as a whole, also all the different components. So, Uchicago is called the highly selective admission school. We have admission process that very similar to other schools. This means that we are holistic review process. So when you apply, you are gonna submit a transcript, test scores, others' recommendations. You are gonna talk about your extracurricular activities. You are gonna write some essays. The school is gonna look at all those pieces. We don't focus on one specific thing. All these pieces are part of the application. None of them weights more than others. They just give us a sense of who you are. What are you thinking about? What kind of community did you live before, also the specific school. They will also show us how you have contributed to that community. You may here the term "fit" . And fit is also something you should think about. As you are thinking about school you wanna apply to, because of their academic curriculum, because they have student life you are looking for. That's your fit. You are looking for the place that you think you are ganna find the people, you are gonna find great experiences in four years. All these different pieces in your application help us take this point, to demonstrate your fit to that university, or that college.

About the general part of application, this is called the consortium part of the application. This is just the online part where you put all your general information. They can be sent to every school you apply to. This is like the common application, the universe application and the coalition application. University probably uses all three of these online applications. But not all schools use all three applications. Some use one, some use two online applications. You just want to take an application that fit all the schools you wanna apply to. We do not have preference for which one to use. You really just come down to what is easier for you. As I mentioned, it's just your general information. So name, address, parents' names, all these stuff would be sent to different schools. So you don't have to do it multiple times.

Outside of the consortium application, the first part of application is transcript. And I said transcript, I don't say GPA on purpose. That is because there are a lot of GPA systems out there. 4 point, 5, 6, 7, 14, different letter grades, there is a school that using smiling faces. So that doesn't tell us a lot. What does tell us a lot is when we look into your entire high school transcript. When we were looking into your full high school context, that 9 to 12, and see what type of student over those courses that cross four years. So anyone takes advantage of the resources that your school has offered, have you been challenging yourself, are you doing very well, are you having fun. Those are the things we are looking for. We look at trends. We look at full context. Maybe you transfer a school. Maybe there is a class they got better than you one semester. At second semester, you work really hard. You finally transition to new environment. We would see that up trend. We also see downward trend. We probably have some questions. But we really are looking at the full 4 year context, not just a specific semester.

Outside the transcript, we do require test scores. So we ask for SAT or ACT. We don't have preference for which one you choose. Study shows that people would perform better on second time. So perhaps you want to take SAT or ACT twice, maybe a third time. Please don't take it more than that. I don't wanna see, one of your extracurricular is being test-taker. We encourage you to take the test multiple times, because UChicago is super score. Super score means that if you take SAT or ACT multiple time, we are gonna take the best section scores. We are gonna add them together to get your super score. Please note that not all schools are super score. It is a good question to ask when you are visiting a school, because it is an important policy. About essay section of ACT or SAT, Uchicago does not require essay portion of those tests. They are optional. However, other schools may be interested, may be not optional. So you really want to ask that question. About SAT II subject test. Uchicago do not require SAT II subject tests. Other schools may have specific requirement on which test they want to take, maybe depend on the program or major. The same will be the AP test and IB test. If you have AP curriculum and you have IB curriculum, you do very well. You can send them and you don't have to. It is not a part of our application process.

Outside the testing, so extracurricular activities. All of you have life outside the classrooms, right? Tell me about what things you guys actually do off the classroom? I know there may be a job, may be a club, may be a family responsibility so you do outside the class. Tell me about them. I wanna know what you guys like do beside to your homework, beside to your study moment time. I focus on that, you show a passion for things outside the classroom, whatever they may be, tell me a little bit about them, and those things that you like to do. As I say, it is not a specific thing.

Outside extracurricular activities, school requires with two letters of recommendation from academic or subject teachers. As when I say academic or subject, I am thinking of your high school teachers, I am thinking of classes like math, social study, English, any of your science classes. You know the class is that you gain a harsh working, you gain a research paper, a lab, the problem sets. But really we want you to think about not just the subject the class itself, you really want to think about the teacher. You wanna think about the type of teacher who is gonna be able to speak what type of student you are in classroom. How do you engage the material? How do you engage with other students? How do you engage with the teacher? These things are what we want to know. Are you the type of person that you have done the reading and you really want to talk about it first in the classroom. We take all those perspectives. This is way those recommendations coming to play. Because they can show us what type of student you are, how you are engaging in the classroom. So, you know, think about the teachers that can really speak those things. And it doesn't always have to be from the teacher, from the subject you are all star. Maybe think about the teacher from the class that you are really hard in the class, because it is not your best subject. And so that teacher who is gonna speak about that, they are gonna speak about how hard you worked in that class to earn that grade. Perhaps that is a great person to ask for academic recommendation. I know a lot of you may think I have a coach, have a community member, a church leader, someone that can make a letter recommendation for me. Yes, that's totally fine. There should be a supplementary letter recommendation. Hope we realize there are aspects of you that we don't see on the recommendation. So other letter recommendations can show those, they can shine a light on that different aspect. Please keep in mind that quality over quantity. We think that two are fine. And third or fourth may be appropriate. If the seven letters are saying the same thing, just repeat the first two. It is not what we need. A colleague of mine once had 27 letter recommendations on one application. That is not a record I encourage you to repeat.

Finally we talk about essays. There are a lot different kinds of essays you maybe write for college applications. I am not going to talk about Uchicago is particular. But they do exemplify a lot of types of essays you may see from other applications. The first essay you are gonna write for every school you apply to not because it is a part of consortium application I mentioned in the very beginning, because it is gonna be a personal statement you are gonna send it to every school. You should make sure this is written about you. And it is also a well written public essay, because a lot of different eyes are gonna see it. What this essay should review is an aspect of your personality. From the essay, I can say, I know you a little bit better. I think a general little comment, a good personal statement is one that, when you write it, and forget to put your name on it, you lose it on the whole way in you high school. Your counselor, your teacher, your friend, if they pick up the essay and read it, and they would return it to you, because they know that is you. A lot of students make mistakes that, they are talking about personal relationship, maybe your grandmother or club you involved. And when I end that essay, all I learn is that your grandma is awesome. But I don't want anything about you. I want to admit you. I don't want to admit your grandmother. So you need to tell your admission counselor something about yourself. So it is great to talk about personal relationship, but you definitely make sure you reveal something about you.

So outside that personal statement, that you are gonna write to every school you apply to, there is also a supplement. For every school, a supplement looks a bit different. Uchicago has three essay parts of supplements. Our first essay is why you want to attend here, why you choose Uchicago. For me particularly, I don't want to read an essay, that say I want to go to university of Chicago because it is a good school, because of beautiful campus, something like that. There is an advice for you. After this tour, when you go home, go online, think about the information you got here, and think about what you are reading on website, and really think about on the issue: are you fit? Where do you see yourself engaging in the classroom? Where do you see yourself engaging outside the classroom? When you can paint that picture for me? It is a lot easier for me to see you on the campus and say, yes, that is a Uchicago student. It is a lot hard for me to do that when it is a very general essay. No copy page essay. Don't make that mistake. The second part of supplement essay is called favors. You can just talk about your favorite books, music, movies. Tell us whatever you want? We just want to know a bit more about you. Finally the extended essay, about your choice from our list of several prompts. Each year we have five topics. In the past, topics included, how you feel about Wednesday? To find the meaning in the super-sized mustard at Costco, or to invent the history of an object. With extended essays, we want to see how student engage by it? We want to see your thought? We want to see your personality? I often describe application process as a whole, a way for admission counselor to sketch out the student. The essay is one part that you get to use to color that sketching. So you want to put your voice in that essay, put your personality in that essay.

3. 编号：J-008

【课题组调研记录】资料编号 J-008, 宾夕法尼亚大学

【地点】宾夕法尼亚州费城

【时间】2016 年 6 月 13 日

【调研者】陈为峰

【调研记录】招生政策说明会上校方的介绍

Let's talk about admission process. There are two really important dates but you should know that we should get started it with early decision and regular decision, so I care all of you know this, because maybe this is a part of campus tour, in one of your many stops on campus. We will vocalize it again. Early decision is arguably process depended on that we do not have action, only early decision, and it is such that if you acquire the final number first and you do it in December. Then you will be coming with next year. So essentially it is a binding agreement, put your saying Upenn is your first choice, if you were admitted, you are sure to come. So there are three outcomes of the early decision process. You could be as we said be admitted. You could be deferred, which means you are released from the early decision. And you application would be looked at in regular decision pool. Or you could be denied. Which essentially means that we want you to fall in love with other schools. So those students who are committed to the class 2020 just over 50% those students come to the early decision cycle. So the regular decision process and the irregular decision process turns the review they are actually the same, right? So if you are really like this campus and want to study here, then maybe early decision is the great process for you. So do think about it, do think about your options there. OK.

Now there are three activities that we want you to know about the admission process and admission review. First, it is a holistic proccess, it comes with another word that you probably hear a lot when you are being on your college tips. It essentially means that it is not one piece that's gonna get you in, or that one piece that's gonna keep you out, or strive you to look at all pieces of who you are in that application, in your quantitative aspects and in your qualitative aspects. Now we are looking at you that you are the whole person. It's also contextual process, that means we are looking at you within the context from your high school, so we are gonna see what opportunities are available to you. And of course, we are never gonna penalize you if there were opportunities that weren't available to you in your community. We will see you a person in your family background in your family history, help us know you. Then it is also the human process, so essentially that means that people like me, we are part of the admission committee along with the faculty instead of number in the university, the dean, the vice dean of admission. And what are you feeling got location in the group studying or in the community. So essentially it means that when we are in admission office, we are looking for a way to get to know you. And hopefully you find us as resources and how are you process. OK.

So there are five pieces of application. We'll go through them briefly, but remember It's not in any particular order. It's just sort of a holistic process we'll start with quantitative pieces. So the first piece we'll talk about is transcript. Essentially here we are looking for two favors. We are looking to see what classes you take in high school and how you did then. We are looking at the transcript. We are not just focusing on the GPA. We are actually unpacking the transcript. We are looking forward to see what classes did you take in 9th grade, what classes in 10th grade, 11th grade If you are planning early decision, we will see your classes in your junior year but not your graduate. We will look at the grades and analyze the trend. So we see, perhaps you have a rough start in your transition to high school. Of course, looking at the human process, the contextual process, we'll strive to understand and your trend that we see your transcript. Perhaps your transcript will show you are really strong in certain subjects, not strong in others. We have well-rounded and so the well-lopsided students. And then essentially we'll look these students if you are challenging yourself in these classes, so we do courage you to challenge yourself. We see you at school profile. The school profile sometimes lists classes that offer in your high school. The list tells us if the school offers AP, IB, if only has honor classes or there is not any honor classes. So use this school profile and visit to your school and correspond with your guidance counselor to understand that you are taking the most difficult courses that make sense for who you are, what your transcripts are and in your context. If you are applying to the world school business, we encourage you to take the highest level calculates in your high school. If you are applying to the engineer school, we encourage you to take the highest level calculates and the highest level of physics in your high school. The tests, we understand that testing is definitely really stressful part of application. And we understand that such. But do you know we do need testing because it is a standardized indicator across all of the population that many students we see in our applicant pool? We changed our testing requirement last summer. Essentially, we're require you to take the ACT or the SAT, and we strongly recommend you to subject tests. We do not have any preference between your ACT or SAT, we also do not have any preference between your new SAT and old SAT. We're also not comparing your scores that you got first time to other score, so we're describing as it, sort of, the objective any single indicate of your performance, we're not comparing that in our class. That's to say, we do want you to send us all of your testing, but internally, we do score choice. That's means we'll get your highest subsections or for the ACT's compositive score that you send us. So send us everything, I promise, we are gonna look at your highest from your ACT and new SAT and old SAT. And for the ACT and new SAT, the writing section is optional. If you do take it sending to us, but it optional, for the SAT IIs, they're strongly recommended and you'd be great if you use these as ways to shows your academic strengthened area. So for example to go back to my example to work school business.

Perhaps you can take one of your SAT II as the mathematics.

Let's now move on to the more qualitative piece of that application, your recommendations. Upenn we require two teacher recommendations that often time your counselor and admission advisor and school principal would provide recommendation. So the counselor recommendations of course they vary a lot. They know you less if you are in a big school, and they know you more if you are in a small school. It is ok. It differs really. But counselor we talk about surging you over and over in your school who you are in the person and if you have interacted others with helpful kind. Your counselor letter is also a great place to put any course conflicts that you have of course choices or the personal dilemma or something that happened to in high school that you wanna make sure discipline to the admission committee. It's great to tell your counselor for helps to talk about it to us or read about it in their letter. The teacher's recommendations are places where really see how you interact in the class work, who you are the student. That's really important to us. Because the 75% of our classes are actually 25 students or fewer, are writing seminars and are question seminars and I think have the 12-15, so it is very intimated, intellectual environment. So what we are really looking to see is who you are as a student in the classroom. We encourage you to choose teachers in your course subjects. And it is perfectly ok if you want to choose a teacher in the class you struggle. Because the narrative of your struggling sort of being overcome, how to ask for help and how you solve it. So that is a good narrative. So it is really up to you that which teacher you want to ask. Our recommendations is the course subjects, and also those in 11th, 12th grade. Because that shows the most recent academic choice for development. Also we encourage you to get a teacher that like you.

About extracurriculum lists. This is the place where you can really show us what you are passionate about... We would be very excited if you show us those big things or researches you have made in your community. Whatever level it may be. So basically the things that you can put here, include anything except sleeping and eating. Unless you are a member of eating club we don't have. So this is gonna really include activities in the school, your coaching club, publication that you are part of in your school. It can include part time job over the year, can include part time job done in summer, research that you have done, family obligation if you have significant obligation taking care of your grandparents, of a baby sibling. So really anything can be placed there, to describe your impact or your leadership in that area. So please be sure to tell us about the impact you have made, because it is really helpful to us to unpack who you are, what your passion is about.

About the essay. This is the admission office's favorite part of that application. For the application, this is the only part that we hear from you in your own words. In other part like transcript or tests, we see you in numbers. But the essay is really you by you. We don't care much about what tone you choose, what you write about. Tell us something that important to you, because if you are all unique people. I am sure all your essay would be quit unique. Here are a couple of tips. If you choose to write somebody who is very important to you. Like you write about your grandmother. And your grandmother does a lot thing to you. She is awesome. Just be ware you write too much on another person and not yourself. Thinking I really want to meet his grandmother and not him. So make sure it's focus on you. Also feel free to be original, artistic, creative. But be true to who you are. So if you are not funny and people tell you, you are not funny, it's not the time to start being funny. It's a thought of who you are. Write about what is important to you. And a good essay would come together. We do have more specific tips, some more blogs, some more specific essay tips online. We encourage you to go to text me, for a bunch of blogs but essay tips as resources. We also have importantly pens for specific essay, every year the pens change a little bit. I'm sure you need it. So essentially, we want you to think about the academic undergraduate school you are applying to, and so to you put yourself in that space, why you wanna come Upenn, why you wanna study that undergraduate school specifically, what professors you wanna work with, what class you wanna take, what research you wanna do, and then make an connection on what you've been doing currently in your life, if you are gonna study sociology and you never study sociology before, just tell us a little bit about the connection. Why you wanna study, whatever this is going to be choosing to study, and how it connects all sorts of you current thoughts and visions and ideas. It's perfectly ok to be undecided when you write your essay. Upenn is a great place to be undecided, just be passionate undecided. because you can talk about many different paths that you see yourself going on.

Finally the interview. So 90% of applicants this past year we interviewed, because we have really strong alumni base. So probably, if you are getting an interview, just complete it. If you do not get an interview, please do not be concerned. This won't affect you. In terms of the admission, we know that it's just an issue but available. If you do get an interview, we definitely encourage you to take that opportunity. This is a great space to talk with the regional alumni here about their experience in Upenn and the community. , Talk about why you are applying who you are what your interest are. They won't receive any information except your name, your school, your undergraduate school which your are applying and your E-mail and phone number. So make sure you keep checking the E-mail and phone number that you put on that application, hear from our interviewers. We also have this great opportunity to do online interviews, for the next coming years. So that means you can do an interview with only a nice talk, and you can put in your pajamas, you can have your dogs there, and also it could be fun if you get online interview.

4. 编号：J-019

【课题组调研记录】资料编号 J-019，维克森林大学

【地点】北卡罗来纳州维克森林大学

【时间】2016 年 5 月 18 日，5 月 25 日

【调研者】陈为峰、万园

【调研记录】

访：So what's your dissertation about? It's about African American，right?

受：Er，it was about the relationship between organizational culture and strategy. So I fund myself in a higher education program，because I realized，probably，I guess this was，maybe after having had my second full-time professional appointment in a higher education institution. Then I enjoyed the context. And as I was thinking about doctoral studies, I realized that I was very interested in flexibility in the academic program. But I also missed that flexibility, wanted to be able to kind of leverage what some of my academic interests were, but also what some of my professional experiences has suggested were important to me. So higher education became a context and the degree program provided, like, some framework around the different elements of higher education. But I then was able to weave in my undergraduate degree which was in finance as well as my master's degree which was anthropology...

访：Wow.

受：Into a more, kind of a more substantive minor in theological ethics and leadership. And then I wanted my dissertation and research to reflect those interests, so I was able to do a dissertation in, about a higher education institution and the relationship between the organization's culture and the strategy of that space, and that the degree to which the culture of the space will allow for the strategy to come to fruition. So that case study approach and doing qualitative research, this's really exciting for me. And some of them, some of the findings that emerged, hum, some expected, some not so much. But the journey of the research agenda was really, was really helpful as a young scholar, but also really impactful that I started thinking about what's the next stages of my career would be. And I carry some of that experience, some of that exposure, but also some of that questioning with me, even now. So culture, organizational culture in particular, and strategy, and ethical leadership, those are kind of the co-pooks that I hang on, research agenda on.

访：So cool. So you're also doing interviews, because you said doing, you're using qualitative approach, right?

受：I prefer qualitative work. I can do the quantitative stuff, but I, I do prefer the, I prefer qualitative research. Partly because I think even when you're doing quantitative research, there's something that the numbers by themselves can't tell you.

访：Yeah.

受：And when I think about my own history, there is, there's deep in-fit/benefit to story. Hum, part of it is my theological learnings, I think doing advanced theological education, regardless of what a person's religious orientation is, teaches a person a way to think，certainly a way to think about life，but also a way to think about one's orientation to the world. And I，I，I think that there is such power in individual story，and even collective story in. So qualitative research allows for，for that as a vehicle. And that's，that's just compelling to me. So，yeah，I enjoy，and I'm doing，doing interviews，transcribing them，again，doing...

访：Yeah，you know，you know that.

受：Oh，yeah，have been trying to figure out all the themes，how do I make this useful，yeah. So this first part of the conversation，you just gonna have to cut all of that out. So you need to make the point of，so it's ball.

访：Yeah，five，five.

受：Fire the first couple of minutes，that's just getting us to know... So you can transcribe that if you want，or not.

访：Yeah，yeah，oh you know me a lot.（Laugh）

受：（Laugh）

访：So interesting to hear your story.

受：Hum，absolutely.

访：So how do you think about，or how should I understand the campus diversity，its importance? Because in Chinese，diversity is not a，a theme that we play much weight on.

受：So I'll give you my personal / professional opinion. So as，as someone who identifies as African American，that，that has implications for lived experience in the American context. So when there are conversations about diversity，by default I think of those conversations in terms of ethnic identity development and ethnic categories，diversity is certainly grown over the course of time. And as a result of that growth，and in some ways of that evolution that of what the term should mean and what it should include，I，I have a broader and more extensive definition of what diversity is. It's not just about ethnic and racial diversity. Certainly there is gender diversity，sexual orientation，religious diversity，ability，etc. So depending on how，how the question is，is asked，who's asking the question and what the matrix is，that's going to determine，I would argue，how，how to understand diversity. So my personal，I just gave you kind of the，the gross on the personal piece. But if we're thinking about Wake Forest University，or we're thinking about institutions of higher learning in general，most times the matrix that I used in order to define 'diversity'，they're not necessarily institution-specific. But if you look at what's being measured，numbers and percentage widths，that will tell you what's really important. I would argue at that institution. I think Wake Forest does a good job at measuring ethnic and racial diversity. It also is interested in，to some degree，sexual orientation diversity. But that sometimes can be difficult to track，because you then have to ask certain questions and then that gets into "so how we're defining this" . Religious diversity，hum，there are questions that are asked about that at various points in people's，hum，in people's career at the，at the institution. Both are students，I don't think they ask staff members，but certainly as prospective and current students，there，there's at least some questioning about that，I believe，certainly from a prospective student，prospective，hum. And then，hum，I would say ability，kind of，but a lot of that is self-identification，and it's people who are in need of assistance from the learning assistance center. I'm not entire familiar with how those numbers are calculated. I think that if we were to ask people in the learning assistance center how many students they serve on an annual basis，they're gonna know what that number is，but I don't think that that's shared in any broad way. But if you look at what the statistics are there to share about the university，the majority of them? They are ethnic and racial statistics，so I think that's，that's probably the primary metric if we're talking about diversity.

访：Yes，yes，yeah.

受：If we're being honest.

访：Yes，so is it important to，or how should I understand the importance to recruiting students from different racial background?

受：Yeah. I think it's super important for a number of reasons，some of which are，are just instrumental and basic reasons that we're a country that represents difference，a country of immigrants for the most part. But also for thinking about higher education in a writ large kind of way，the responsibility of higher education is to create a capable and critical citizen，right? And if there are only certain types of people who have access to that opportunity, then what does it say about the larger American culture and the larger American society. So it's just from a basic perspective, education, certainly up to the post-secondary, up to the secondary level, so high school is, should be a right in all the privilege. And then if you qualify and are capable of doing higher education, you should have that option and opportunity as well, regardless of what you look like, where you're from and what your racial or ethnic background is, because race and ethnicity are not things any of us have any control of. We can't show up as we are. We have no say about that. So just from a basic instrumental perspective, it's, it's a part of the American pipeline that should be available to anyone regardless of, regardless of what they look like and how they identify, or not. The other part of it that I think is important is the fact that when we consider where higher education fits in the continuum of life, it's seen as in some ways a great equalizer that once you get into formal education, there are possibilities that exist, that otherwise would not. So someone who is educated in a particular way is likely going to have better life outcomes than someone who is not. And when we start layering that onto college and university life at the higher education level, there is a responsibility for those faces to be representative of what society is like, and now in twenty-first century, in the twenty-first century, not just American society but global society. Even if we were just to look at what is happening from a demographic perspective in the United States, by 2020 the majority of the American population is going to be constituted by historically under-represented groups, and by 2050 the preponderance of folks who identify as historically minority groups…

访：Becomes the majority.

受：Is going to be even more. So if a university, for example, is not preparing its students to operate in that world, part of which is achieved by having diverse constituencies as a part of the student body. And I would argue the faculty and the staff, then in some ways, it's doing its students and its community and those that if we even usher into the word a "disservice", because people will not have the records and skills, will not have the prior experiences and exposure that, that will allow for there to be more meaningful interaction, just one person to another, just from a human perspective，our society being better. But also from a professional perspective，the，the opportunity to engage more meaningfully across difference so as to maximize and leverage what it means to be in an environment that is welcoming of not，not，not only racial and ethnic diversity but the capacity to be in space where everyone doesn't have to be the same. And that，that's not the expectation that，that focus on/folks want.

访：So profound.

受：Thanks.

访：Yeah，very. So do different races or ethnicities have different cultures or special features，I mean，the African American，the Hispanic，the Latino，the native Americans.

受：Do they have special...

访：Features or，hum，cultures among the.

受：I，I think certainly. Just from a cultural perspective，you'd have to ask an anthropologist about，about this. I think that you can look at different physical features actually from an anthropological perspective of those different ethnic groups that you just mentioned，and you can，you can identify.

访：Oh.

受：So，so anthropologically that's a YES. But if we're talking about sociological culture as well，I think that there are some，some differences across those groups. Hum，I don't feel like I am，hum，so well-versed that I would be able to rattle them off for you at the current moment. But I do think that there are some things that are authentically Latino that are a part from what is traditionally African American as a part from Asian American，and part of that just has to do with how those cultures have been situated and oriented in society. But it also has to do with the individuals that constitute those different cultural groups. So in the same breath as we can say that African Americans are more likely to be this particular way from an ethnic typic perspective. So you can talk about what hair texture is，that sort of thing. In the same breath，you make some of those generalizations. There is also an individuality that comes with the lived experience of who African Americans are，that，even underneath that umbrella there is a difference there. That's not necessarily about race or ethnic culture，but it's also about lived experience. So I，I wouldn't go so far as to say that there is just some things that are absolutely distinctively and only associated with one particular race or ethnic group to the exclusion of others. I think there are some characteristics that are more likely going to be associated，more likely associated. But，hum，some of those are more anthropological.

访：Oh，ok.

受：Rather than some of the sociological things that kind of animate the stereotypes that we have about，about those groups. In that distinction，there，there're scholars who would do a much better job of explaining that than，than I would be able to. But I do know enough about，about the different ethnic groups to say "Yes，there，there're some things that are distinctive and are distinguishing factors，but not necessarily the things that have historically divided groups based on stereotypes and，and assumptions. "I don't know if that's helpful，I don't know.

访：Yes，yes，yes，definitely. So in the admission decision，because our freshman profile are divided by race，right?

受：Yeah.

访：Yeah，the percentage of African or Hispanic. So when we reviewing the，this groups，is there any advantage or weakness for the African American students?

受：Hum. So I'm gonna answer that this way. And I，I'm，I'm share with you for the，for the sake of this opinion that it's based in a reality that I believe I know，but because I am "new" to the Admissions，this version of the Admissions office. As I've been here since January，this isn't how. I can't speak authoritatively about what happened in this immediate passed reading season. I read international applications this past reading season. But I have worked in Wake Forest Admissions before and there are some similarities and practice from that prior journey in this work here to what's happening now. What I would say is that the admissions process，just in general，is designed to be the admissions process here，it's designed to be highly contextual. And what I mean by that，and I think what this office，what this university means is that it's not just about what you do from an academic perspective，from a co-curricular perspective，and what people say about you to your recommendations as well as what you say about yourself in your essays. It's not just about those things alone，but it's about the context in which you're saying and doing those things. And that varies based on：one，where you find yourself geographically in the world. So there are folks like me who were born and raised in North Carolina. That has a particular，and，and for me，a small town in North Carolina. And that has particular implications for access to particular types of schools. Whereas my high school，I think，when，when I was there，so I'm dating myself right now. I graduated from high school in 1995.

访：Wow.

受：So when I was at my relatively small public high school in a town in North Carolina in 1995 graduating，we had two AP classes as we're offered. So when I took those two AP classes，that was considered when，when my academic preparation was looked at by this admissions offices，it was considered in that context. I wasn't penalized for not having taken more AP courses because there weren't more to take.

访：I see.

受：So others students who were applying who may have checked similar boxes as I did，they could have been African American men from other places. If they were in an environment where there were seven AP classes offered，and they only took two. That would be considered different than the rigor that I chose to take，because in my context that was all that we could do. So in that way the，the admissions process here as I understand it and as I implement it is contextually bound. So when I think about how that impacts different groups，particularly，different ethnic groups，that principal still holds. So when I am considering an application immediate past reading，reading season of international students，but in going forward and in thinking about how ethnic minority students' applications are considered and because a variety of office staff members read minority applications，it becomes important to think about what this person's life experience has suggested about what influenced，not only the courses that they took，but certainly how well they did in those courses，but also what they had access to. And there're certain spaces in a variety of portions of the country where is the research bares this out that along racial lines there are lower social economic classes and if high schools，and，and really if public schools are dependent on the taxes of a particular area and you have lower social economic classes of people in certain parts of the, of the country that align along ethnic minority groups, then you are going to have less resourced public institutions that are educating essentially black and brown people. So because that's a part of the historic fabric and in some ways a contemporary fabric of the United States, you then have poor resource schools that can offer the IB curriculum. Hopefully you have solid teachers and administrators who will help to make an environment that's conducive for learning, but that's not a guarantee. And as a result of the types of resources that are not available, you then have a curriculum that doesn't solely prepare people to go into four-year colleges and universities. So you have a lower percentage that is looking at the traditional college or university setting, which then means that the curriculum has to be adjusted accordingly. Because education is not just education of those who go onto university, but it's to educate citizens who follow a variety of paths in life. So when we look at an application for a student from that type of environment, we have to consider all of those factors. And though social economic status can in some ways be a proxy for race, what we are doing is we're thinking about the context. So, similar to the example that I used earlier I had saying, you know, I had two AP classes that I could have taken, I took those two, so I took the highest rigor that was available to me. It's a similar situation where a student is a high performing student in an environment that from a contextual perspective is not high performing. And in thinking about that, it's not about advantaging, and certainly not about disadvantaging that student, but it's about thinking in terms of how much more or less difficult was it for this student to achieve these results in that environment, and wanting to make decisions accordingly, and then wanting to use other aspects of the application to help fill in some of the blanks. So certainly prioritizing the academic preparation, which is why I go to those examples first. But then wanting to, to ask important essay questions about things that are connected to identity formation things, that are connected to interests and passions, and wanting to see how a person thinks, how a person expresses her or himself, and then wanting to hear what counselors and others say about this particular person. And I, I think one of them has been an interesting part of the, part of the admissions conversation as have laid. But because researchers have proven that standardized test can be biased in some of the, some of the ways that I've just been speaking about. Wake Forest making a decision to become a test-optional space in the fact that, you know, students who choose to present those scores, that's fine, and those who don't, not penalize for that. But really wanting to have a holistic look at who applicants are and wanting to make decisions accordingly. Certainly, any highly selective institution, like Wake Forest is, wants to have the best and the brightest. And that's across all, that's across all groups. And, and I think that's a true statement, but there is also a, I think there is a sensitivity to context that I think is important when you are in a place like Wake Forest that says it's interested not only in holistic education but providing holistic education for, for students who seem to be align with that as their, their own educational philosophy and model even before they arrive at the institution. It's about what you do in the classroom, and we want you to excel. But we also want there to be some balance in things outside of the classroom. And, and that looks, that kind of looks different for, that can look different for different ethnic minority groups. It can, partly because of some of the social responsibilities that come as a result of what historic marginalization has met. But that is not necessarily an advantage or disadvantage to applicants here, in my estimation. But it certainly, like the context and how that person has responded to the context is a serious consideration.

访：Hum. So this is all the same to either Latino American or native American?

受：Hum, I, I think the. What's interesting is that the numbers are certainly different. As far as the number of applicants as well as the number of students who enroll who represent those groups. But as far as how those applications are read, they are read in very similar ways. What you'll find in such a highly personal process is that the decisions are decidedly subjective. So there is not a slighting scale to say that a student who has this particular GPA and has this type of extra-curricular activities going to, get into the institution. There, there are students who are high performing from an academic preparation perspective who don't get in consistently. And part of that has to do with something that some folks would call "fit". Like there, there is something about this applicant that suggests that if the student is admitted here, they are not going to be successful. And it's not that they can't do the academic work. But there, there seem to be some things that are not aligning with Wake Forest philosophy about what education is going to, what education should look like, for example. So there, there are, there are differences. But, I wouldn't say, and I don't know if you are driving toward this. But there, there is not a preconceived idea about how many of each ethnic minority group should be admitted into an incoming class. There, there is not that we don't go into a reading season, for example, with that in the forefront of our minds. I think the more qualified students that represent difference the better. I, I think that's true. But then there are also some other mitigating factors that make that likelihood more or less so. Some of it is on a year, by year basis. But there is also research that says, you know, there is a direct correlation between the selectivity of a school and social economic status. And part of that has to do with financial aid, both merit and need-base financial aid, and whether you're in an institution that costs as much as this one does. That, that is very real. So, hum, I, I think that the reason for numbers looking, numbers and percentages looking the way that they do is not just about whether that person is even, worthy, worthy is a wrong word, but qualified to be accepted. It's about whether, because of the other components of this whole thing, whether they choose to enroll. And, and it's a, it's a multi-layered decision. And sometimes, and, and this, this goes to a part of what you're mentioning earlier about "So are there distinctive differences amongst the different ethnic minority groups? " When I think about the notion of family, that looks different in various ethnic communities. And family isn't always about biology. But family is, is about those who are interested in and invested in, hum, invested in your life outcomes and you being successful. And if a part of that equation is education, that's a, that's a game changer when you're making a college decision. But it's no longer just about where you as an individual wants to go to school. It's about where your family believes that you're going to be better served, hum, at going to school. And some of that is geographically bound. So those types of considerations are, while it's not necessarily falling to the traditionally dominant population, so white America in this case. Though it's not necessarily fallen to that group, more times than not, someone from an ethnic minority group is going to have that conversation about what the implications for family in this way than someone who is from a traditional white background. So those types of distinctions，I，I think，also exist. And some people who are in the admissions field would say that in addition to recruiting students，you're recruiting families. Because it's a family decision. Because in some instances where，especially in lower social economic families，those who，who sit at the bottom quarile，sometimes these students are also working to provide financially for their families，so they don't have the same type of extra-curricular profiles as their wealthier better resourced counterparts who don't have to work. So they are not gonna have the extra-curricular activities that someone who didn't have to work twenty to twenty-five hours a week to help put food on the table for the family is going to have. And when you begin to say amiss those challenges or amiss those life circumstances，you're also a high achieving person when it comes to your academics and well suited for a college and university. The moment that you choose to go and do that instead of providing the wages from that twenty to twenty-five hours a week，there are life implications that move beyond YOU. So what does that mean? And that's a family discussion.

访：I see.

受：So I，I think that there are some distinctions that come not just because people are，are in represent racial and ethnic difference，but because of the fact that，you can look at social economic status，and it charts along racial lines. It，it has to be a consideration. So extra-curricular activities，when reviewing those applications，can sometimes be a job. So.

访：What do you mean by "a job"?

受：Like，hum. So if I'm reading an application of someone，it doesn't have to be someone of an ethnic minority group，but I've seem more of these from，from that population. And we're looking at a holistic application，and we're wanting to see what a person is like in the classroom，but also outside of the classroom. I have to be sensitive to the fact that there are only so many hours in a day. And if I see on the application that a person has a part-time job and it doesn't seem to me that based on the other signs from the application that the person is just heading a job for the sake of heading a job or wants a job for extra disposable income，but it is a part of supporting the family，I have to consider that，hum，when I think about whether this person has been president of any type of extra-curricular organization or has had the opportunity to play sports and become a captain of a sports team，which，in many cases，is what traditional applicants to highly selective institutions have done with their time outside of the classroom because they've had the opportunity to major in school. But if that's not your，if that's not your luxury and that's not your life story，application processes and admissions processes should be sensitive. So that's，that's what I mean by thinking about，you know，somebody had a job versus they were able to be in three or four clubs，and perhaps be a leader at one of them. We have to make decisions about，what we mean，what we say，we want a holistic applicant，because you，you can't be everything to everybody all the time. Yeah.

访：Cool. So，hum，I'm still wondering how we balance the different racial groups，like... We，we should have... Because we are national university，we want to be representative of all racial groups，right?

受：Yeah. I，I think it's a searching question，and depending on who you speak with，determines what the responses that you're going to get. I think there are some universities that say because we have，let's say，I think the number is 13 percent. Because we have a 13% African American population in society，then we should 13% African Americans in...

访：In college.

受：In college. There are people who think that that's the right way to do it. Hum，I'm not necessarily one of those people，one of those people.

访：Ok.

受：I'm not sure that Wake Forest describes that，the historic shorthand is quota. So there is no quota system here. And I think most places have opted not to go，not to go that rude. But I think that there is both rhetorically and，and in practice，a commitment to getting as many diverse people in a class as is possible. I think what's going，there，there's gonna come a tipping point when the pipeline is going to suggest some hard choices needing to be made. So if we're tossing out again，those numbers of 2020 and 2050 as times and spaces when the, the demographic, hum, of the United States in particular is going to look very different than it does now. Higher education's response to that is, is going to have to be even more meaningful than it is now. Because if, if we were to take the, the quota system in, in mind, and then take that as an approach, then it means a dramatic shift in who's populating in classrooms in higher education. And I think that's another reason why I don't ascribe to that, because, thinking about how you get the pipeline in order to make that happen at every institution, I just don't think that that's realistic, but I think theoretically every institution should be committed to, say similarly to what I was suggesting earlier, each institution should be committed to the process of preparing its students to be a successful and as equipped for the next stage and wave of society and, and working in a more diverse space, which is the strong likelihood. So as demographics continue to shift and as colleges and universities continue to think about how it prepares its students for what they do next, be it graduate school or be it the world of work. That in bund is going to look very different than it does now. So not having a diverse constituency that constitutes your undergraduate and even graduate communities. Does your students have this service? Because you're not actually preparing them, you are theoretically potentially preparing them, but you're not giving them the opportunity to practice those skills that they need in order to navigate difference. And that to me is problematic. So it's less about the, the degree to which you hit a particular target. I think that there is some research about what is critical mass in certain spaces and the ways in which that critical mass begins to affect lived experience, the likelihood of being the only non-white person in an academic classroom, for example. That goes down when you have more students of, students of color in that environment. So that practically says you need to do that as much as you possibly can, not just because you don't want people to feel an, an undue burden of representation by saying, you know, I'm the only Asian person in the classroom, so now I'm as now speak for all Asians. So, so there is that consideration, but it's also the fact that if you're learning to articulate your ideas in an academic setting, in an environment where at least tentatively most people look like you, and then you transition into a work environment where that's not the case，it begs the question "Are you truly prepared?" Different people，I think，would have different ideas about that. But if we are following that argument up to its logical conclusion，it's suggested that you're not as well-prepared as the person who had benefit of that type of environment.

访：Yeah，definitely.

受：So I，I，I don't ascribe to a，to a quota system，hum，well think that institutions should，I think there should be a strong and evident commitment to getting as many diverse people in the same space as possible. And，and for the sake of this conversation，but I also think，for the sake of most，people are really defining diversity from an ethnic and racial perspective，regardless of how folks wax poetic about gender，sexual orientation and ability. I think those things are being checked as well，but nine times out of ten，when people say diversity，what immediately pops into their head is ethnic and racial minority groups.

访：Yes. And you mention the critical mass. So critical mass is a qualitative value or quantitative value?

受：That's a great question. I think when people traditionally use it in the way that I use it earlier is quantitative. But，what I would venlight argue this is，this is maybe a lover of ideas in the academy.

访：Researcher.（Laugh）

受：In research. It's the fact that sometimes critical mass isn't just about the number，but critical mass is about the orientation. And that can happen with as many or as few people who represent difference in a space. There is，there，there're two general lines of thinking about diversity work. So this is more from the students' life perspective. There are some folks who believe that the scaffolding in the infrastructure that needs to be put in place in order to support minority students should be specifically for minority students，so you have offices for minority affairs，global programs and studies that is specifically geared towards students who are part of those groups and self-identifying decide that we're going to take advantage of those services that are，that are offered by our higher education environment. There is another school of though that says diversity and inclusion efforts should be targeted at the majority population so as to change hearts and minds and to provide skills and experiences for people who may or may not in this given dispensation be exposed in a critical enough way. So that's the critical mass component，hum，with people of difference，but there are at least conversations about it so as to potentially sensitize the mind and the heart to different ways of being in the world. So that，when that does happen，because it will happen. There is not a complete and utter loss that this person goes through at trying to figure out how do I do this or how do I navigate this，and therefore，some of those students support services are way much geared toward an educational approach with the larger dominant group. I don't think either of those by itself is necessarily the answer. But when I think about your question about critical mass，it can become a qualitative idea that if there is enough exposure，so a critical mass of information，then that too could be a tipping point，but I think the way most people will use it as very much a quantitative figure，and it depends on who you talk to that determines though what is critical mass. I mention an example earlier and that is a way of understanding it that the likelihood of being the only person of color in a given classroom is less，so that could be when we hire a critical mass of students where it's less than a ten percent chance，that's going to happen. Perhaps that's critical mass，that's a way of trying to measure.

访：Bless you. So do you think it's necessary to keep a gender balance for class? Because it seems more female students present in the university.

受：Yeah. God bless the man.

访：（Laugh）

受：You，you know，I think that，I think if it's important to an institution to provide an environment that is going to be balance from a gender perspective，then there should be emphasis on that. There is no doubt that when you look at the pipeline for students who are applying to universities that there are more women applying than，than men. So it begs the question "If all institutions are trying to keep 50% men and 50% women，are the women at a disadvantage when they apply to places?" And if that's a criteria for what it means to build a class，then the answer is Yeah. Women are going to be disadvantaged in those applicant pools. Your question is how important is it. I，I kind of like the formulation of the question，because what you ask is not a YES or NO question，but it's a degree question. I，this is my personal opinion.

访：Hum.

受：I think it's very important，and not just from a dating perspective. Hum，but I also think that's similar to what I was suggesting earlier about being in situations where，where you are the only one or one of only a few persons of color in a given classroom setting. I think it becomes very important that men are like the only male or one of only a few men in a given classroom setting because it does them kind of a disservice to，to be able to navigate environments that may or may not be reflective of that and whatever environments that they，that they move into. It's kind of a nuance question as I'm thinking about it while I'm sharing with you. That，you know，our society is moving in that direction where there is just more of a preponderance of females，then perhaps that's ok. But I begin to think about interestingly enough that we can talk about numbers of women who are in certain spaces，but we also have to introduce these disparities regardless of what the numbers are. So what does it mean that more women are both applying，and I would say，are going to and through higher education which has a direct correlation to earning potential，but the differential between pay for men and women hasn't been narrowed in that way，that is "equal pay for equal work" . So having those conversations in class that is more likely because you have a variety of people that will populate your class，I think that's very important. So it's more from a principal perspective that I think becomes critically important to say，hum，"Yes，men and women should，that，that，in，in building a class that you shouldn't not think about that ". But there is also，this is underneath a diversity conversation. Now，that's a，that's a question of biological sex. But we have gender questions that need to be asked. So what is it not only from a sexual orientation perspective，but we，we must talk about gender in a broader，in a broader sense. So how do we been，ensure，I mean，if gender identity is important，if that's what we were saying，and in some ways I'm saying that，then how do we begin to become more inclusive and intentionally so. Hum，so that's just a kind of a，a flag that I want to，want to put out there that the conversation is going to get more complicated.

访：Yeah. Yes，I see. The trend.

受：Yeah.

访：And，hum，will we give preference to disabled students，because，yeah.

受：I think there have to be considerations made. For，hum，for students of different ability and that，even an institution is committed to being a place for everyone that qualifies academically to be there. It needs to be willing and ready to make the changes and the sacrifices that are associated with having，for example，a student who does not see as well，or entirely blind. And if，if that's not possible，then I think this institution has to be upfront about the degree to which it can make，make accommodation for that. There，there are federal laws that say there are certain accommodations that must be made，and I think those，those are right. But when，when looking at an application，there，there has to be a，there，there has to be a serious consideration for what achievement for that student means. And that has to be a part of how a decision is made about，about inviting that student to become a part of the community. Part of it is just ensuring that there is an understanding of how that student has gone through，through life. Some of that can be picked from the application，but if there are additional questions that either need to be asked because their application doesn't make sense for there seem to be some holes that don't entirely explain either what the ability or life there is，or how that has been managed up to that point. Then you have to go that extra mile in trying to figure out that. And then there need to be conversations at the point of enrollment about how the institution is going to take up the manner of responsibility in supporting continuing success. Some of that happens certainly on a case-by-case basis，but then there are also other things around universal access that just need to happen regardless of whether they're students who are in wheelchairs or not. Just things that need to happen. Part of it is federally regulated，but also for environments that are decidedly wanting to be more welcoming and inclusive. Just make sense that if you are about to do renovations of certain spaces，why not just make all of the spaces full of ramps instead of stairs，everybody can use it.

访：So，hum，can I understand it in this way，if we want to give preference to disabled students，we have to consider whether he can be successful in the college given our resources?

受：I think so.

访：Hum.

受：I think so. Because if，if you are saying to me that you want me to be able to write well，and that part，a part of what I am supposed to do is to write you an essay in order to be successful in this environment，and you either don't give me a paper or don't give me a pen，then how am I supposed to respond to what the expectations are. And just because I may not have those things doesn't mean that I can't do the work. And my pen may look a little different or my paper may be of a different size，but we agree that we need pen and paper，or pencil and paper，but nonetheless，we need a writing utensil and something on which to write. So there is reasonable accommodation that needs to be，be made for，for students of different abilities. I，I don't know if you've seen this，but this，this is an amazing example of what it means to provide resources for differently abled students，this is about the second year of the，hum，the capital campaign for，for Wake Forest，but this is something that you can get from the Advancement Office，and it talks about what accommodations can be made as you begin to，hum，to make，to make decisions around what，what you value. And maybe on website，I'm not sure.

访：Ok，I will check.

受：I would give you this one but I still need it.

访：Yeah，I know. I will check it online. Ok，so，my last question is...

受：Ok.

访：Do we give preference to the low-income or rural students? Because，yeah.

受：Not in general. Hum，Wake Forest has moved to a category called need-aware. Before now，it was need-blind，which meant that the entire admissions application process was done without any consideration given to financial need，so folks would apply to the institution and the Admissions Office would be able to do its work apart from what the，what the Financial Aid Office was doing. Now that，the university has become need-aware. That changes the game just a little bit，because the institution as I understand it is not able to meet one-hundred percent of demonstrated need for students. It doesn't mean that some need won't be met，it just means that a hundred percent of it will not be met. So there is still a vested interest in having as many students be on need-based financial aid as it's possible. But when a class is being formed，how much that class is going to cost now becomes a consideration，because in additional to trying to figure out certainly how do you admit the best，most diverse class across a variety of matrix，you then have to consider how you're going to yield these students. And certainly there are the，the full pays who，if they are，if they are qualified to get in. Money is not an obs... I mean it's not an obstacle to enrollment，but there are also many，many students who could not afford Wake Forest education. Many students and their families could not afford Wake Forest education. I mean it's a quarter of million dollars at the current moment over four years. And that's a very real number，and that's a very real experience，and financial aid，institutional dollars as well as federal moneys have to be patched together for each individual student that applies for need-based financial aid，and the hope is you make good decisions about who gets admitted and that the financial aid packages are robust enough to make it possible for students to attend and that eventually students do. But it's a，I mean，it's more art than science.

访：Yeah.

受：Hum，you can have a formula that predicts you，but there is no guarantee that that is going to actually happen in reality because there're so many additional factors. I would say，particularly for ethnic minority students，that need to be considered. And as a result，it's not just about one thing that's going to determine whether a student enrolls. I，I was just at a conference earlier this week where there were these anecdotes being shared that students can get full financial aid packages to highly selective institutions and still choose not to enroll. And it may be because of other factors that，for example，they wanted to go to the public institution that was closer to home，where it was equally not going to be expensive for them to go，but they were going to be closer to family. So those types of things，those were peoples who lived in realities，and they have to be，they have to be respected but they also can not necessarily be accounted for not thinking about things like you'll weak and speculate. But again it's more art than science.

访：Yeah，that's，that's what I，I conduct interviews，all the people said that more art than science.

受：Good.

5. 编号：N-001

【课题组调研记录】资料编号 N-001，高点大学

【地点】北卡罗来纳州，高点大学，招生办公室

【时间】2016 年 5 月 24 日

【访谈人】陈为峰、万园

【访谈记录】

访：For me，I get grant to do some research about college admissions. In China college admissions depends on test score，it's not a good way for students. So we try to do something like here.

访：For me，I am working on a dissertation about holistic review in the U.S. and we would like to gain some lessons from the U.S. side.

受：Great. My colleague just came back from China again. He has travelled to China throughout his life，but for HPU he has made 5，6，or 7 trips just in the last few years，and we are recruiting students from all over the world，but specifically Dr. Bolton focused on Asia for us and in China specifically. So he will bring some insight on how we select students maybe from China. But for us，students domestically，what's important to us is not solely the test score，well that's part of the decision. It doesn't always lead to the right fit and success for student. We really want to see a student who is gonna work hard in the classroom. A student who can just take a test and score higher on the test，doesn't necessary mean they are gonna do well in all subjects in the classroom. We look... We weight more heavily their work in the classroom，how have them performed in the subjects they have taken in secondary school. And then we look at the rigor of secondary school，because in America they have GPA， and every school has the right to decide how they will assign a grade to a student, and that could be different. Some are on 4.0 scale, some are on 5.0 scale, some are on 6.0 scale, so we have to treat to all of these students somehow fairly and justly, that's important to HPU. It's important to make fair and just decisions based on can a student be successful here. We want them to be successful, we want them to graduate in four years or less or in third year in a program to get a master degree in fifth year or so in our doctoral programs. But for the undergraduate piece, we are looking for students who are good match for the university in what they are studying. I know in China the score on the Gaokao determines kind of what they study, is that true?

访：Yes.

受：In here, we know at 18 years old, many of the students don't know for sure what they want to study. Some may think they do, but many even after exploring say "wow, I am more interested in here than what I thought coming in". So for us, as an university that has a core of classes in the liberal arts, just like WFU has a core of classes, to help students becoming very well rounded academically. We expose them to a lot of different things, so they can help choose an academic major that they are passionate about and they have aptitude for. And then we help map careers, what can you do with that, what can you go with that, what graduate program can you go into, what careers can you go into with that major, so it's a different process. So we are looking for a student, No.1 who is looking for something within the field of majors that we offer, and we will be very honest with the student if the student wants to be a nurse, we don't have a nursing degree here, and we will say HPU is not a good fit for you. I don't care what your scores are, you could be the highest scoring student, but if you want to be a nurse, and your dad said on that, then HPU is not a good fit for you. Now Dr. Bolton knows me, he knows I am gonna introduce them to our physician program, and if he is a good student, that should go to the next level in become a physician assistant rather than a nurse because nurse reports to the physician assistant. So I am exposed to that student and see if that's a good fit, we are looking for fit. We are looking for a student who academically is ready has challenge themselves in their HS, we measure rigor of each high school in the US. So we have students coming from 48 states and 37 countries around the world. So for our students in the US，we have an academic rigor factor that we assign to their school，and then we unweight their GPA. So you have schools have 5.0，we put them all on a 4.0 scale，so they are equal playing field，and then we add back rigor factor based on this school is tougher. Under right here in the city of High Point，you have High Point Andrews Public School，you have High Point Central Public School which is an IB school，so you go through IB program and you receive a 3.9 GPA and you go through a Non-IB program at 3.9，those students are not the same，so we have to treat them differently. So we assign that rigor factor to the school，and then also we look at rigor within their school. So here not every student takes the same rigorous path，so at the IB school you can choose not to be in the IB curriculum，not every student is on that IB curriculum. You can just be in honors，or AP，it's only top students choose to be in that IB. So again within that one school，a 3.9 GPA with a student on honors versus a student has taken IB curriculum are different. So we have to look deeper than just a score into really how prepared is this student. And we do look at their AP and IB test scores，so on top of their SAT or ACT score，then we will go beyond that，and look at has the student take AP exams and what they scored on those exams，that's a real indicator too，do they understand aggressive knowledge，not just they can score higher on SAT，but do they understand so they can carry that knowledge forward and build on it. So we look at that，we look at scores that they taken on AP exams or IBs or coming upper around the world so.

受：I think his challenge is that we get 70 000 inquires from people who want information about HPU. And the challenge is that this year we only want about 1400 students，so how do you identify which of the 70 000 students are going to be right 1400 to come to HPU，that's what Andy just described，some of the elements. And without getting too deep into this，there are analytical techniques to use in putting the modeling that helps identify which are those students have the intellectual and are a good fit in a variety of dimensions to come to HPU，so there are tools to help identify students. We can market to 70 000 students，we try to identify a few thousand of students where there is a good alignment between their academic interest with HPU， so...

访：So do you build some model to?

受：We have a predictive model. So of the 70 000 this year of this incoming class who will arrive in August. With 73 000 inquiries inquired about HPU，we have to decide who do we send this nice book to，it will be very expensive to send these books to 73 000 people. Who do we invite to come to visit our campus，who do we invite to really come into scholarship weekends，so we are looking for to use analytical predictive models to help us identify those students that are looking for what we have to offer and can afford to attend HPU，just like WFU has to，had to work with families who can afford that cost.

受：Yeah，it's not a way to ruling?. It's to see the willingness to pay.

Bills：So the willingness to pay. We have to interpret the value of attending HPU over the cost that we charge and we do that very well. I think that families want they come and see experience，meet our faculties，they see "yes，this is a better value."

受：This is probably the best admissions office in the country. I want to let you know，not only these factors Andy talked about，there is science that underlies how Andy approaches.

访：what are the factors used in the model?

受：I can just tell you some vague examples how the model works though. For instance，we are looking for indicators that would lend themselves to the student wanting and being able to come to HPU. So let's say we have a student in Illinois，Chicago area，now when they are taking different tests like the SAT or the ACT or IB test or AP test，or they are using tools they use in secondary schools to find colleges，they are filling out lots of data on themselves，there are tools like Naviance，College Guide，my college，Robeson's，Peterson's，there is bunch of them，Hobson's，there is bunch of tools that high schools are using to help students choose between the 4000 throughout there.

受：There are 4000 universities and colleges，4000.

受：Yeah，so the students are filling out all these data on themselves and these tools come back and say these schools are match what you are looking for，ok so on the back we can get that data. So they are filling out if they are in Chicago, they want to say "ok, I want to go out-of-state school", for us now that student score higher than a student who say I want to go to a school in Illinois, OK? So that's one factor. Then they want to say I want to study business, ok HPU has business, so now another check. And they say I want to go to a private school versus a big public state school, that's too big for me. I want stay in a class of 3, 4, or 5 students, I want to be in a small class, the professors teaches in the class, HPU, check off.

受：You see what Andy is just describing. He is just describing a funnel. So it starts really broad here, and it gets narrower narrower narrower, that's the process going to the filters that eventually permit us to identify students with the highest probability of coming to HPU.

受：Then they say this is what I can afford, I am looking for school in this price, they may even say I am looking for a school in NC, score went higher. So the more boxes they check for us, the higher the score is, and we know that if a student score at a certain level, then they have a fifty fifty chance to be a good match for us. So we start there and work with that score went higher. And when you get to the top, it could be 7 more times likely that HPU is a good fit for them than just anybody in the pool. And so that way we know, our admissions counselors know because we divide all the 73000 into territories, we have about 22 counselors they have their own territories. So you break that down, and they have got 3500. Let's say increase, now that's too many for them to do, they really can do with 500 or 600 student applicants at a time. So they have to figure out which ones do I spend my time, which ones do I visit into the territory into the state, well, they use their predictive model, it maps out. It told them exactly where they are in the US, where they live, what the school is, so when they call those high schools to set up visits in the Fall instead of just say "hi, I am HPU, can I come to see if anybody is interests in HPU?", no, they say "hi, I am HPU, I am your counselor, and I have seen you got 10 students who inquired HPU, they are perfect fit for us. Can you pull out that 10 students after class and ask them to come to meet with me when I come?", you see the difference? So it's much more targeted.

Bolton：It's all about resource allocation, you take the 70 000 inquires down to let's say 10 000 or so，with 500 times 20，so get down to about 10 000，and then you start targeting the 10 000，and you end up with 1400. So that's basically what we are trying to do. So it's a way to say here is how we are allocating financial resources who gets which materials，who gets invited to the open houses，who gets invited to presidential weekend，who do we visit with counselor time，who do we talk over the phone，who do we have people call，we have a call center to make phone calls，so it's a way to allocate resources in a most productive way that ends up getting the number of students，the right students that we want to attend HPU. So it's fairly so process to get the right 1400 students.

访：You have increased freshman enrollment by 237% since you came here in 2005，what magic you have used except for the model?

受 1：Well，we are smart at what we do. We are able to interpret very well the value that we offer here. I think a lot of school struggle with that. They can't figure out what makes them differently than the school next door，or the other 4000 schools out there. So HPU，our academic model is different，it is unique，it is based on four pillars that we share with families and students. It is different，there is no school in America or even in the world that's doing what we are doing in all those different ways. And we are going away beyond for paying students with academic degree. That is the minimum requirement in higher education. We are going beyond that，we are building character，we are modeling values for them. 25% of what we do is sprendential，so we are getting them involved in the learning，they are doing a lot of internship and study abroad，undergraduate research，they are really experiencing with what they are learning. And at HPU，we spent four years helping students develop the life skills necessary to take that knowledge and experiences and be ready for success in life，there is lots of intelligent people with degrees in the world who are not successful，it's not enough to just have that degree. That gets you a job，it doesn't mean you are gonna successful，it may gets you a job，it may not. If you don't interview well，it may not matter. What's on that resume? It just got you to interview but then you come to the interview，you can't relate with people，you can't communicate what makes you special，and why I should hire you. We work on those things for students here，we work on，that's called the art of persuasion. We work on persuasive skills on students，because no matter what they are going to，they are gonna have to convince someone that their ideas are good ones，or else they can never lead，you are always follow. So if you want get degrees and sit in the corner of the room，punk away on a computer，there are jobs out there for those people. But if you want to be really successful，you really want to be the top of the game and lead and run organizations，then you better learn these other skills.

访：So the models you mentioned will be used in our admission?

受：Yes，it gives us a prediction of the likelihood on enrolling. So it begins in the recruitment，but we use the same model throughout the whole process. So we know and we have seen that Tony runs our CRM，our customer relationship management tool，that we use to communicate electronically and other things. So every day，several times a day，we are sending communication out to different groups filtering based on our predictive model，and same thing with recruitment too，who do we visit，who do we invite to come to campus.

访：So you make a software to do these stuff?

受：Yeah，absolutely. So what we do and the model changes slightly every year because it gets smarter，it has more data. What we do is when you begin，you take three years of historical data for which inquires applied，which ones did you admit，which ones pay their deposit，which ones actually enrolled. And where they are from，what are the factors that led to them coming. So you take three years of data to build a model. Then you start really use a model and use those four plus custom scores to make decisions，and then every year it has another years work with the data. Then you go and look at the model again，see then you take the top… And there are lots of factors and the model will say really，there are six factors that are most predictive，and so you take，you look at those six factors，and next year you look and see whether they are the same six factors. If not，you may have one factor comes out，a new one comes in，these are the factors this year that were most predictive，and so we look at the model，and we get to decide "here are two different models，which one do you think you want to use this year，and here are the factors and here is the predictive ability of them，here is the r-square."

访：Could you please tell us what are the six main factors?

受：Well，it's different for every school. So this is a magic. But，but I mean for HPU，definitely income variable is a factor，of course their academic interests，what they are interested in academically，even though our No.2 choice of incoming students is undeclared，so they haven't figure out what they are going to major yet，so that's why you will see companies who want to produce what them called a custom viewbook，this is a viewbook，really it's a comprehensive piece that really covers a lot about your university. It really talks about our four year critical academic model for students. So this talks about how our academic program works and gives us statistics，so that's a viewbook，it gives every major info，don't give in depth，but we will list all. So there are companies out there that try to sell colleges on a custom view book. So what they will say is let's get the things student really interested in，they maybe interested in music，see，that's another factor in that predictive model，and do we have music program，OK? Yes，we do，ok，check off. "I want sports，I want the sport"，ok，we have it，then score is higher. You see how it works. So I have always shined a way from narrowing down what we show that we offer to students，because so many of them don't know yet，and so many of them think they will change. If I only show them pharmacy，because at 17 they said I think I am interested in pharmacy，by 18 they gonna change mind. So I want them to see "ok，I see you have pharmacy，you also have therapy，you also have physical assistance，you also have some other things"，that could be a wide variety of help services.

访：What about some students that they don't have the ability to pay to go here，but they will be succeed in the society?

受：One of the factors that comes into play in the US higher education is endowment，donor endowments that are used in many different ways，and many times a donor will have restrictions on how that endowment can be used，and some don't，you can use it for whatever. And it's been in the news lately specially for top schools have huge endowments，billion endowments，and multiple endowments. Harvard for instance could stop charging tuition forever，and their endowments could cover every student's tuition fees. They have enough money in their endowment, and in US private higher education is considered, even public, is considered non profit. So there are different tax implications for non profit. If you are not making a profit, then you are not charge tax on your property and so forth like a business work, because you are trying to do something for the common good of the country and help educated its people, which is a good thing. But all the sum, when you get the endowments that's so big over here, and yet the government is treating you as a non profit, they may start wondering what you are doing with this money, are you using it to the better matter of society, or are you being inefficacy. I mean if you have too big endowment and it not allows for inefficacy, when your endowment is not so big, like HPU, we are going build it, but we don't have huge endowment that fees are operating, capital property, so we have to be efficient. So we build a university here that's very efficient, we've got none of the waste. As we build our endowment, we have already got rid of the waste, we just need to make sure we don't add it back that we build the endowment. So that's how we build a university, we fund ourselves. We do have donors who give us money, but we have been able to fund ourselves because we have run a very efficient finance model. Dr. Bolton, the scholar right here, he actually taught finance at Wharton Business School at UPenn, he is in charge of all our finance here, and he is so smart. That's the model has used, and once you have endowment though, HPU will grow stronger as our endowment grows. And then go back to your question, let's say you have a student who financially maybe doesn't meet that criteria, but academically they are good, this student has potential, they can make it, they are good academically, they just may be can't afford it, so we have merit scholarship, we have academic scholarships that can help that person, and we have financial aid that we can help that person. The bigger your endowment, the more financial aid you can give to help that student. For instance, a school down the road, Davidson College. It's a great small school, focused on undergraduate, they don't want grow their student body really much more than they are, so they have got this really per student a large endowment, per student, if you know what I mean. When you have 10 000 students, and you get a big endowment, it's gonna spread out to more students when you have

Davidson，when you have 1500，1600 students，2000 students，and you got a big endowment，that's more dollars per student，so what happens at that point is that a school can then select，they can illuminate the income factor because their endowment can make up the difference，you see? HPU is not there，so we have to look at income，Harvard doesn't have to look at income because they get more big endowment，the student academically can get in and get funds that can help，you have to be smarter to get in. Really the argument against that is in order to be qualify to get into Harvard or Davidson or Duke，normally you have to have some privilege in your life to be able to be prepared to score higher or to go to a secondary school that was rigorous enough to allow you get in. So it's really rare for a student to have gone through a public school system and from maybe families who didn't go to college，and then be able to get in those schools. So there is some inequity there，but that's America as well. America，hey，if you work well enough，be smart enough，and focus on your goals，and you can achieve whatever you want to achieve，you can go into everywhere you want go into，you can build whatever you want build，so that's just part of it.

访：Do you think college is an opportunity or a reward?

受：I think college is an opportunity，I don't think college is a reward. I think students should see college as an opportunity，it shouldn't be a reward for the work you have done，because you are not finished. Education in my mind，and you are experiencing this，is a lifelong process，you are gonna get your PhD.，but you are not gonna stop education yourself. In order to stay relevant in whatever you do，you have education continuous throughout your life. And so what you want do as a student in any part of the world，is to prepare yourself for academically to be given the opportunity to have higher education，because a reward is something that's given to you and you possess it. And I think education is different than that，education is something you start to earn，you still，hopefully the door is open，and you are given the opportunity to go through that door and gain an education. So there are students in the world who those doors of opportunities are hard to open，and we have some first generation scholarships here for students who having a hard time getting the door open，because they don't have guidance at home，because the parents don't go to school，and they don't know how to prepare them. So we have to help them. We have to give them better guide and better counseling，better support when they are here because they haven’t had that in the home. So the big endowment is you can do more things like that. I do think that’s where school with big endowment have… and there is a lawsuit right now against Harvard from Asian students. But a private school versus a public school has their own obligations and privileges，Harvard being a private school should be able to do whatever they want do，now if they are getting government support，if they are getting tax payer dollars to help with，if any of these students receive financial aid by the federal government， then the government has a say. Now Harvard will say “you know what，I don’t want that money”，they don’t need it，they should，if they say “listen，I don’t want you make my decision，you don’t have the right to do”， then they should say “I am gonna give up that government money” which they have to right to say，and they should be given that right. UNC-Chapel Hill is a state university，it’s funded by tax payer dollars，it’s one of the best value in the world for higher education，because the tax payers are subsidizing the cost to go there，I went there，so great education and it was built to be the university of the people，that’s one of the，since they use the materials，because the state of NC and our state of government want to have low-cost quality access education for all the people，now the state NC realize that there are more students than the state university system can handle，otherwise you wouldn’t need WFU or HPU，so we get some small subsidizes because the state still want to educate students who are qualifying of go to college，so we get some small subsidizes to help students who have need if you like，and this changes in the last 5 years，when my students went to private school，private university and two of them are here，I used to receive，it went to them，they would receive ＄1600 a year，those called NC legislative tuition grant，and that was to help subsidize any students going to a private school in NC，from NC. Then when recession hit back 2008，the congress say let’s，the folks who had the money don’t need that，which is true，but still we pay taxes，it was our money，it’s not like，you know that’s the whole difference when you believe in the government of the people and government of the government，ok，this is the difference in China and US，really. So we US truly believe that unless you get fault， that the money run the government, it's our money, it's the people's money, people give it through taxes to be able to fund the government, so we help the government, don't forget that's my money. So they decide "no, I will not take your money, but I am gonna give it to somebody else now", well OK, but really that was my money, so that's why we vote, if we don't like the, we vote them out and vote somebody else in, so that's part of it. But I do think that schools who can afford to do it should help support good students who have need and help them get education. Now what we try to do is reduce the number of stresses that a student would have, because we want them to graduate. I don't want them to enroll a student just to get them in, and meet my freshmen target, I want enroll student who can succeed and stay and graduate in four years, so that's important. So I want them look what stresses are on that student as we make admission decisions, so if a student is average academically and has financial stress, it's gonna be a stretch for them to come and they are gonna struggle maybe in the classroom, that's too many stresses, so that student we don't want. But if he is a good academic student and has some financial stress, we will try to help you with financial piece, we will give you merit scholarships, we will try to get you qualifying for other scholarships, grants, aid and things to help you with your education, is that make sense?

访：How do we balance the selectivity and equity?

受：There will be students, we know which student will receive academic scholarships based on academic performance, based on what we call it "admissions index", and these admissions index is that combination of their unweighted GPA and then we add rigor into it, SAT or ACT score factor in there, so that creates "admissions index", that gives us an indicator should we admit this student or not, and then we have to look at the income, can they afford it? Especially they are below the merit scholarship level, so there are five different tiers in our admit model, the upper three tiers are gonna get scholarships excelling as you go up, the bottom two tiers get no merit scholarships, they don't qualify for merit aid. The bottom two though they better be able to afford to come, otherwise they will have too much stresses, so that's where for those bottom two levels we really look at that income factoring, we don't want student to stress out and stress so much to come，then they have to figure out how to pay for year two. And then they came back for year two，and get transfer to somewhere，and become a tough student to really finish. So we try to eliminate that，it's good for the student，we want what's good for the student，so that. Our job is to fill the school with students who can succeed and who want be here，and then you get a really great score to do that.

访：In the admissions index，how much weight will academic piece account for? Like 70% or 80%?

受：Your grades in classroom account for probably 60%，but then you get the rigor a few percent points，and your SAT or ACT then balance out the rest of it，but that test score is weighted less than the grades in the classroom in our model，and we use to do something，we used to have a，now we have an admission index，used to called PGPA，so the model would predict what the student's GPA would be the first semester here，then we will go back and look at the actual performance and see how close the model predict their GPA，and then we，what would happen if we inserted extra academic support for student，and the model predict this GPA but then we said OK，let's put the student in this extra academic support program，and can they outperform that model，and they would. Almost 95% when we done fine，the students get academic support，they would outperform the prediction，so.

访：How do you think about the opinion that some people said that US admission put a huge personal commitment of fostering leadership rather than recruiting low-income students?

受：Yes，so again HPU looks for fit regardless of income first. Now when there are low income students looking at HPU，then we have to look at high academic performance，so as we just mention that middle to lower academic performance to，with low income，HPU is not a good fit，WFU is not good fit for that，that students need to go to the community college or state university，where the cost is lower for that student，or they can go to a community college and get academic legs solidly and then transfer for the last two years to a big school，and then financially there is not much stress on them，that's the best choice for that student，but for HPU we would take as many low income students as we could afford to take if we had the funds to support them. To me, it doesn't matter what your income is, what your race is, what country you come from, we want reflect the world on our campus. That's why we are recruiting our US students to meet Chinese students and meet Brazil students, and meet our Russian students, so that the world student are going to is much more global then it was in my generation before the Internet brought the world together. And so I think it's important that the students have a study abroad experience but also have an International experience while here on this campus. That's one of the things that we have to talk to our international parents about that we want to separate our international students, force them to speak English, force our US students to ask them about "tell me about life in China", "tell me about what's interesting", you need to learn, they can learn from each other, so I think that's a good thing. We have just joined the Say Yes, so we have committed more scholarships to lower income students in the Say Yes program, so that's been a good thing. We have got some really good quality students, we are happy to support through that process.

访：You mentioned that test score receive less weight, do we consider going test optional?

受：Possibly, possibly, but still you have to have enough information to be able to have a level playing field for all these students, coming from all over the country, who are in different school system in different grade scales, so when you eliminate this, to me, I know test optional, it depends on a school is doing test optional for the student's benefit or are they doing it for the school's benefit, I feel many schools going test optional for the school's benefit, because it raises their averages, Ok, if you know what I mean?

访：Strategy.

受：Sure, if I went test optional, and I said students send your scores if you want to, guess what's gonna happen, only the students with high scores will send scores, then my average test score just went up, right? Because I didn't receive any of those scores, so that will benefit the school, I think too many schools will say this is for students, but really they got internal, we want to make sure that we are being fair in our decisions，that we are trying to be equitable and treating every student fairly，no matter where they come from. And even our students internationally can qualify for merit scholarships，if they do the same thing as the US students，if you take the SAT or ACT and you score well on those，and your grades are high，then that admissions index will qualify you for merit scholarship too，and we will invite you to come interview if you fly here，and we have had international students come，so we don't restrict that for students because we invite our students to come，Harvard doesn't have to do this，everybody knows Harvard，but everybody doesn't know HPU yet，and we need to get to know the student even better，so we spend a lot of time meeting the students one on one，when we have a tour we meet them one on one after the tour just like this，I sit with family and get to know them，and then we score on that student，they don't know it，we score the student after they leave，will the student be a good fit here，do they like it here，do they want to be here，do we have what they are looking for，so that's important.

访：How many Chinese students do you admit every year?

受：40 or 50 probably every year and that's grown.

访：Can I say admissions in the US is actually market based?

受：Yes，I would say it is. There is a market strategy to many，it's based on... it's very market based，it's based on what the school offers，the family gets to choose where they spend their money，just like buying apples in the market，I am gonna pick the apples that looks best，that looks like it's the most delicious，that was best fit for me，taste the best for me，so yes the student gets to select if they qualify，the schools gets to set who qualifies，but that is based on market demand，that is based on what quality students want to come to your university，and the more high quality students want to come to your university，the higher your average is can go，it's what's important in US school，that may not be your admission is. HPU's admission is not to be Harvard，there are tons of really great students in the world who are gonna do amazing things，and gonna start amazing companies，and be very successful who didn't go to Harvard who went right here the HPU. So we know that we want to attract a good academic student who believes in the America dream，believes in the autonomy spirit，believes in the market economy or wants to learn about it，believes in building values and making moral decisions being a good person，we want educate students，so they go into their world，whatever their world is，that they build a career，build a company and make decisions that are good not only for the company，but good for the people. The world would be a better place if that happens.

访：I have a cousin，he has a good academic record and his family is rich，so he can afford the tuition fee here. Will he have a chance to be admitted by HPU?

受：Well，give him my card. I know it's difficult，the Internet is helping somewhat，but I know that in China the ranking of schools is very vertical，and the US is not，so to help Chinese family understand that just be in the top 100 ranking doesn't mean it's the best school for you，and so that's gonna be the biggest challenge for the US schools to communicate that to families all over the world，especially in China because of the ranking and the Gaokao and all of the things in the culture. It's different in here. There are more Chinese students come here，and the Chinese system will understand the US system. And you are doing a dissertation.

访：You are so experienced in the admissions field，do you think the holistic review approach has been changed these years?

受：Gosh，I think not every school use a holistic approach，it depends on the school's financial situation. You will have schools that are struggling，and they have to admit anybody admissible to get the revenue to keep the school open，that is a tough situation. If you are not in that situation，then you are able to take students in a more holistic approach，and really be concerned to do what's better for students，and there will be students that were borderline students academically that we will have HS guidance counselor，secondary school counselors and independent counselors who are advocate for the students，and sometimes I want to see the students. Sometimes I will meet with them，I will say come down and meet with them，I want to see the students，I am looking in the eyes，I want to see what that students made up，I want to talk to them about these problems that I see on their application，and sometimes we give students a chance. Because we believe in students，we had some successful stories from students who we take a real holistic approach and really look beyond the numbers，and looked at this student from a，what we called a “Grit” factor，we want to see are you gonna do the work? You gonna work hard. Tell me why didn’t you do that over here? Why is this just look like this? Why you gonna perform differently? Convince me. What’s going on? And there maybe stories that “well，my father passed away when I was a sophomore in HS，and that affect me greatly，my focus wasn’t on school，I had to protect my mom”，I mean wao，that touches my heart，and so I have seen you done better in senior year，I see you kind of focus back，yeah your four years don’t look great，but there is a reason，and everything else about you we like，you are a good person，we think you are gonna work hard and you show some，so some students will get a chance like that. And that maybe the student who goes on，does great things，and in result being so appreciated that they give ten millions dollars to build a building or ten millions dollars later，no，you don’t do it for that. But certainly some of those are so appreciative of the chance that you took to allow them that opportunity to access higher education.

访：Thank you so much for your time and insights. Would you like to be identified or keep anonymous?

受：Sure，you can identify me，that’s fine.

访：Do you need to review my dictation?

受：I thought you will send me back what you gonna.

访：We will let you know what we have cited.

受：Ok.

三、在读高中生访谈书面文本

编号：B-003

【课题组访谈记录】资料编号 B-003，西双版纳勐腊县一中高三年级高中生

【地点】云南省西双版纳傣族自治州勐腊县一中

【时间】2015 年 11 月 15 日

【访谈人】陈为峰

【访谈记录】

访：详细说说你的求学经历。

受：我读书的时候那时候没有学前教育，一去就上了一年级。一年级就住校，一到晚上想爸妈就哭啊闹啊，星期五放假嘛。我记得那时村子里只有三个孩子读书，我堂姐、堂哥和我，只有星期五的时候走了 12 公里的路吧。就早上如果是星期天 9 点多吃完早饭，我就跟着堂哥堂姐他们，如果大人忙得来就抬着你去，到学校印发票。那时感觉生活特别艰苦，因为自己家庭情况不好嘛。我爹对我特别严格，每次回去都叫我把一个星期之内，那时课程很少只上语文数学，英语都没有上，每次回家都让我背古诗给他听，问我学到了哪里，背不出他就教我。教了以后第二天再背不出他就会发火，有时候也会打我吓唬我不给我饭吃，我就哭啊哭，然后他就哄我，我知道我爹妈最疼我。有一次，他叫我念书我说这课没上那课也没上，没想到他打电话给老师，我还正跟村子里小孩子玩，我妈叫我回去，他就打我最惨，因为我骗了他。他让我念书从五点念到晚上十点左右吧。我妈就说小孩子也需要休息嘛，不要吓到他。我小学时成绩一直很好，后来到五年级时我爹就感觉我有点叛逆，成绩开始下滑，从五六年级到初中，六年级时成绩好的能考到州初中，我那时也想好好努力一定要走出去。那时因为之前没有付出肯定走不出去，到处撞车我也后悔过，初中时也想好好努力不要让自己后悔。那时因为考试失误没考到州上高中，就来到了县上，我认为中考分数不代表高考分数。中考知识点可以短期速成，高中时候玩不来，必须每天一步一个脚印，跟着老师走，记每个知识点，我对学习付出的努力达到 95%。因为我从高一到现在，有时候别人都去吃饭了，我在这解数学题物理题啊，星期六星期天抽时间出去玩，周六下午打一下午的球，回去睡一下觉，洗洗衣服，周一到周五我从不去打球。虽然学习成效不显著，但我也不会后悔，因为我父母爷爷他们就是农民，我只要没钱了给家里打个电话他们就会第一时间打钱过来，不管家里再苦再累他们都说你要好好读书。我爹妈一直支持我读书，买书交学费他们都全力支持我，我假如不好好读书走不出去，就会很对不起他们。

访：你的高考目标是什么？

受：目标有两个，考个好大学不让自己后悔。第一个目标考昆医，没达到的话就考师范啊昆工。这些天状态不太好，成绩下滑了很多，以前都是班上前两三名吧。我一直要付出到高考结束。为了以后自己走得更长远，不要像父母一样面朝黄土背朝天，那种生活我过怕了，不希望我的下一代没有知识没有背景。如果我有这么个机会的话，我会好好把握，到大学学好点儿的大学专业，做对社会有用的事。

访：你对加分政策怎么看？

受：我觉得我就应该享有这样的加分政策，因为我学习的时候，有些学生就在玩，玩手机，为什么他不学习都能享受这个加分政策我为什么不能享有？加分政策短时间撤销是不可能的，应该确定一个范围，就是一个学生要考到几百分才能享受加分政策。比如说，一个人他就差 20 分就考到一个好学校，假如他的家族里一直都没有一个大学生，假如你给了他一个加分政策就能改变他自身和他家族的命运。

四、优秀大学生访谈书面文本

1. 编号：C-002

【课题组访谈记录】资料编号 C-002，山东农村研究生

【地点】云南师范大学图书馆

【时间】2015 年 12 月 11 日

【访谈人】叶红艳

【访谈记录】

访：李同学可以简单地介绍一下你的家庭情况吗？

受：就是爸爸和妈妈一直都上班，然后厂里效益不好，在我上到小学二年级的时候就下岗了。然后，他们就开始种地，一个人一亩地，然后我们家四口人就只有四亩地，就靠这四亩地维生。收入也不是很高，一年下来也就收入四五千吧，日子过得也不好。

访：噢，原来你还有一个姐姐或哥哥？

受：噢对，我还有一个姐姐，而且我们一直在上学嘛，一直上，高中、大学我们都在上，所以家里本来就不好，所以就因学致贫了么。因为家里的地很少，又主要依靠地里的收入，而山东是个蔬菜大省，蔬菜的价格一直不是很高，而我和我姐还要上学，这样就占了家里收入的 2/3 还要多。然后家里的钱一直不是很宽裕，处于勉强够花吧。有的时候交学费，姐姐交了，我就要等等，缓上两个月一个月的。

访：李同学，你的父母一直都是务农，那你有没有帮他们干点儿家务或者是去地里帮他们做农活呀？

受：有呀，我从小就一直干活，地里活太多。我记得小学、初中的周六、周日都是在地里过的，就是帮家里干活。

访：是种蔬菜吗？

受：嗯，是呢。

访：那能简单地说一下你觉得在种蔬菜的过程中，哪一项最累？

受：施肥，尤其是给蔬菜上尿素。尿素嘛本身具有刺激性气味，在上化肥的时候会熏得我流眼泪，鼻子里面也不舒服。时间久了，手因为抓化肥也会变颜色，手也会变得涩涩的，特别难受。

访：那这种工作，你一直持续了多久呢？到大学还是……就是你帮父母下地干活，一直到什么时候，还是到现在还回去呢？

受：一直到高三。

访：好，那么我们接下来聊一下第二个话题，你觉得你曾经的大学四年生活过得怎么样？

受：大学四年的话……呃，大一刚刚开始，我还保持着高中的学习习惯，比较有学习热情，周围的同学也比较有热情，比较能学习；然后到了大二、大三的时候由于受环境的影响，就开始堕落；大四嘛，因为要考研嘛，然后就对大二、大三的时候很后悔，觉得那个时候很浪费时间，那个时候没有学到知识，要考研了，总要试一次，不能大学四年没有收获呀。我就考研，然后就努力准备，每天起早贪黑的，然后就考上了嘛。

访：那你在准备考研期间，一般都是什么时候起床，什么时候睡觉呢？

受：一般，（嘻嘻嘻嘻）早上九点起床，（嘿嘿）晚上的话，1 点吧，我是个典型的夜猫子。为什么这样呢？一般都是早上 9 点起床然后学到 12 点，再睡半个小时，然后一直学到晚上，晚餐的话一般是轮流买的，节省时间嘛。不过也不是一直这样紧张，一个星期的话，会有一两天选个时间放松一下，像看电视，或者打打球啥的。是因为学习压力太大，感觉太拼，会慢慢变得疲惫不堪，要缓解一下，释放一下自己的压力，看喜剧很管用的（嘻嘻嘻嘻），而且睡得晚，为了保持体力和精神头就晚起会儿。

访：你的压力来自于哪里？家庭？还是对未来的迷茫？

受：都不是，因为自己想要干好一件事，就会给自己鞭策嘛，同时又比较矛盾，又想干好，又怕自己干不好，这样就会觉得很有压力。

访：噢，那李同学我想问一下，你上了大学以后家庭情况有没有好转呢？

受：嗯，没有。

访：就是说家庭负担还是比较重的？是吗？

受：是呢。

访：那你在大学期间，除了上课以外有没有去做兼职呢？

受：有的，大学四年，我几乎把所有的兼职工作的工种都干过了。什么发传单呀，做银行调查员呀，还有当保安呀，到银行里打零工呀，基本上都干过。

访：那也就是在说你一直在做兼职，你打工挣的这些钱都用来干什么呢？

受：就是生活费嘛，生活费。

访：我们是不是可以这样理解，你通过打工挣取生活费来给家庭减轻家庭负担呢？

受：嗯嗯，有这一方面的因素。

访：那你在高考填报志愿的时候，选择学校考虑的因素是什么？学费？或者只是单凭个人喜好？

受：就是因为分数不够，就被调剂到这个学校。当然也是因为学费低。家庭的经济承担能力肯定是要考虑的，毕竟家里面一直不富裕，还是参考了专业的问题。因为我爸当时给了我两个建议，一是当教师，二是当会计，结果阴差阳错因为分也不高就来到这个学校，而我爸一看是教育学也很乐意，又看到学费才3600，于是就上了。

访：那李同学，你在大学期间有没有参加过学生会或者是社团呢？

受：有呢。

访：你觉得学生会给你带来的是一种什么样的体验呢？就是简单地说一下你在学生会里学到了什么？

受：我觉得在学生会里我学到的就是如何与老师沟通相处，这是最关键的一点。以前的时候都是和学生打交道，很少有机会和老师聊，而参加了学生会，你的有许多活动都是需要老师来参与，或者是老师帮助举办的，这期间就会和老师打很多交道，接触老师接触地也比较多。这样慢慢地就和老师相处得越来越融洽，而且从老师那里也学到了很多嘛。

访：你觉得你从老师那里学到了什么？

受：学会了跟……如何从老师的角度和学生打交道，然后就是老师在管理班级、组织学生开展活动等方面的经验。

访：我可以问一个比较个人的问题吗？

受：可以。

访：就是你有没有特别感兴趣的或者说你的兴趣爱好是什么呢？

受：噢，就是业余爱好，如果说是业余爱好的话就是打打篮球，然后基本上都是我的舍友有三个比较喜欢打篮球，喜欢看NBA，我也就跟着他们打打球，和舍友呢一块讨论体育问题，然后就喜欢了。

访：据我了解，一般爱打篮球的男生比较看重篮球鞋，你有没有为了买一双心仪的篮球鞋而去努力呢？就是说，当你看到一双篮球鞋大家都有，你会为了买它做些事情吗？

受：这个的话我倒是没有考虑过，因为打篮球只是我的兴趣，不会去考虑要怎样的鞋，大家玩嘛，轻松一下就好了，我不会把它当作非常专业的事情来看待，也就不会在意篮球鞋。

访：也就是说你真的把打篮球当作了一种爱好，仅仅是业余爱好，没有过多的要求自己为了这个，一定达到什么程度，是吗？

受：是呢。

访：好，李同学接下来我们问一个比较敏感的话题。你可以思考一下。

受：（点头）

访：是这样，我们知道舍友呢都来自天南海北，家庭情况呢也千差万别，贫富不均。当宿舍里的比较富有的舍友不经意间流露出炫富的行为，而恰巧这一块就是你没有的，你是怎样处理这件事的呢？或者说当面对这件事的时候，怎样平复自己呢？也或者你根本不会在心理上有什么起伏，不在意呢？

受：其实我周围有很多家庭条件不错的同学，但是呢，我并没有发现他们有太多的炫富行为，我是比较幸运的。大学期间，我的舍友比较有钱，但是他们没有说炫富呀，排挤同学呀，瞧不起人之类的。所以我即便见到富有的学生，我也不会有什么心理落差，在我认为，我觉得同学他有钱是他父母给的，我觉得我比他要厉害，就是以后有钱或者富有什么的要靠自己的实力。

访：噢，那就是说你在和舍友或相对富有的学生相处时有没有觉得处理不来的事情呢？

受：这个……

访：具体一点，我们假设一个场景，在宿舍里，你用的东西，他觉得很次，那么这个时候他会告诉你，这个不好呀什么的，太廉价了。这个时候，你的心里会有落差呢？你怎么办呢？

受：这个吗……（低头思考），其实我倒是没有在意过。

访：你不会有心理落差吗？

受：呃……（抓抓头发）其实还是稍微有那么一点点的，呃……

访：那你怎样处理这件事呢？

受：哎，就觉得无所谓了，（嘿嘿……）就是说看到人家用好的嘛，（呃……）就觉得那也是他父母给的钱买的。自己用得不好，但是是自己打工呀，努力挣来的，这样呢就需要自己努力，通过自己的努力来改变自己的现状，让自己变得更富有，从而让自己的孩子用上这些东西，过上比较好的生活。其实（呃……）我觉得这也算是我的一种动力，鼓励我的动力。

访：刚刚我们有谈到，你觉得你的同学富有是他父母给的，而你呢虽然不富有但可以作为动力去努力，但是，我们再假设哈，就是，你有没有在某些时候思考，我的父母怎么就没有他们富有呢？

受：（呃……呼……）这个嘛。倒是没有，为什么呢？也不能说没有，细细想来还是有一点的，不过呢，我的父母也是很厉害的，只是呢有一方面，时运不济导致我家这种现状，不是他们不努力，而是没有时机；另一方面，我父母他们太看重家庭了，所以呢就一直围着家里这几亩地转，也没有出去过，去追寻自己的事业吧。其实，有得必有失嘛。我家不富有但是很幸福，记得小时候爸爸在地里干活回来都会抱着我玩一会儿，我们家很幸福。

访：嗯嗯，李同学是一个幸福感充足的人。好我问下一个问题。

受：嘿嘿。

访：家庭条件不好的大学生会为了一些事情发愁，比如说学费呀，生活费呀。我想问一下，你的生活费是怎么来的？学费呢？自己打工还是家里给呢？

受：（噢……）这个其中包括两部分：一小部分是家里面给；而另一部分就是自己打工挣来的。就是，打工嘛，毕竟还是少嘛，所以就只能再跟家里要一些。而且大学的课程也比较多，基本上也没有很多时间打工，周六周日晚上去打工。

访：嗯，就是现在有一种情况，少数大学生会因为打工去挣生活费呀，学费呀的原因翘课，或者是不完成作业，针对这个现象，你怎么看？

受：我觉得这个现象要因人而异，如果比较有干劲的话，呃……他是一个很上进的人，我还是会支持他的。我觉得大学的课程，大学里学生的自学能力，学生还是有一定的自学能力的，只要他合理安排白天晚上的时间，利用业余时间来将落下的补上，我觉得如果他是个上进的人，他是不会落下课的。

访：那你有没有过这种经历呢？

受：有呀（呵呵……）。只不过很少，就几次而已。毕竟……

访：也就是说，你是比较看重学业的。

受：是的。（点头）

访：大学里面的生活费，你是怎么安排的，你是一个“月光族”呢，还是“月月余”呢？

受：我呢因为生活费大部分是打工挣的，所以呢就不会乱花，就不会有“月月光”的现象，基本上是盈余状态。闲来无事的时候，我也会想着怎样将这些钱变得更多。

访：那就是说对自己的生活费还是经营有道……

受：哈哈……没道……

访：能详细说一下吗？

受：生活费基本上 90% 就是用来吃饭、买文具，衣服啥的一般是我姐姐给我买。

访：看得出来，你把生活费安排得很有条理。

受：是呢，因为本身每个月生活费不多，而且又是自己挣的，嘿嘿……

访：大学四年有人会认为是最丰富的，那你有没有在大学期间，有一件事情你会觉得你做得非常成功，令你印象深刻，对你影响很深呢？

受：大学最成功的我觉得是高数，就是大一下学期学的高等代数课，第二学期，学的高等代数（下）。因为大一开始就是第一学期，我的高数才考了 70 多分，本身觉得自己以前是学数学的，对自己就很失望。第二学期，再学高数的时候就变了，只要是上高数，我就会好好听课，然后把课后的习题认认真真地做一遍，一个题都不剩，每一道题怎么想的怎么算出来的都会厘清，写下来。这样坚持慢慢发现居然有兴趣了，很搞吧？不过，最后考试的时候，好像考了 100，或者是接近100吧。

访：也就是说在大学，你把高数拿下了，这是你觉得最成功的事。

受：最成功是因为，就是觉得嘛，只要通过自己的努力，只要自己努力，只要认认真真地做一件事情，并且想把它做好，就一定可以成功。

访：噢，就是说通过这件事你坚定了一个信念，只要努力就会成功。

受：对，努力了一定成功。不成功再努力嘛。

访：那你觉得这件事情对现在的你，一个研究生，有什么影响呢？有没有对你的学习、工作产生影响呢？

受：有影响。（站起来了）高数大家都觉得很难，我运用自己的努力、技巧就很好地把高等数学掌握了，所以，一方面让自己的自信心得到了很大的提升；另一方面通过学习高数让自己对待事情，对待人生的态度、风格发生变化。就是通过做数学，我发现无论做什么题都有简便方法，这样直接影响了我做事的思考。但凡一件事都会有它解决的方法或捷径。不是说你闷头，就是低头，就跟老牛似的只管低头拉车抬头不看路，这是不对的。老牛很辛苦，但是不会花费最短的时间做成一件事，效率低下，方法错误。

访：噢，我们的李同学强调了效率。也就是说在做事情的时候，你比较看重效率。

受：嗯，是的。效率很重要。

访：好，李同学，我们知道成功与失败是结伴而行的，那你觉得大学里，你最失败的一件事是什么？对于这件事你的思考是什么？

受：最失败的也是对自己最失望的，就是大二大三把太多的时间荒废在玩游戏上，浪费生命。就是嘛，通过游戏浪费了大量的时间，本来嘛这些时间花费在练字、学习，甚至是运动都可以，但是我在那个时候只是一味地打游戏，不但浪费了时间而且长期没节制地打游戏，直接影响了我的身体健康，特别是视力。身体嘛，就是整天蹲坐在电脑面前，而且呢打游戏就是会上瘾的，上瘾以后又不好戒，之后就忽视了学习，也没学习的兴趣。

访：李同学，你的大二大三的堕落是不是很令你后悔呢？

受：有呢……

访：那你有没有就是因为你大二大三的经历思考过，或者说，那些经历对你现在有什么影响？

受：现在比较后悔，那些时间完全可以用来学习。其实，那些经历对我现在影响很大，因为有过那些经历，现在，我觉得现在的我很好，我现在研三嘛，白天我会去打工，然后晚上呢回到学校，去图书馆学习。这样既丰富了自己的人生阅历，为以后的工作增加经验，也同时让自己的学习没有落下。白天到五六点吧，我是在打工的，晚上六点以后呢到十一点，我就蹲在图书馆学习，我觉得现在我这样挺好的。我能够合理地安排自己的时间，并且让自己学到东西。这样最充实。

访：我想问一下李同学，你对你现在的生活是否满意呢？

受：现在的生活的话，还是比较满意的，为什么这么说呢？一方面说，就是通过（呃……）白天外出工作经验经历比较多，赚的薪水现在完全可以支付自己的学费、生活费，而且有不少的盈余；而另一方面，白天的工作也没有耽搁自己的学习，自己的学习一直在班级或者说是我们学院一直名列前茅。基本上都是第一吧。所以说现在的生活是比较满意的，尤其是跟以前一比较的话，现在的生活既充实又有收获。

访：我们发现你在做事情的时候总是有计划的，那我们想详细地谈一下，你在做事情时是不是提前计划然后再做，还是什么时候做什么时候想呢？

受：有呢，我做事情就是会有一个，我做事情不会有一个很长期的目标，但是会有一个叫短期的目标。为了，呃，为了这个短期目标，我会努力、奋斗，好好使用时间，怎么说呢，效率吧。

访：也就是说，你在不管是学习，还是工作，当然这里指的是你的兼职，你都会事先给自己做一个计划，按照计划走，而它往往又不是太高的，特别远的，是些比较近期，时间不是很多，比较容易实现的。对吗？

受：是呢，即使是短期的对我来说也至少是一年或半年的吧。毕竟还有一句话：常立志不如立长志。（嘿嘿……）

访：李同学是一个研三的学生是吧，也就是说马上面临毕业，找工作或者是考博。那你对你的未来，也就是近期，有没有什么计划、想法，其实就是你对你的未来的设计，有没有近期的计划、远期的打算？

受：有呢，还是有啊，就是说我的近期目标（嗞……呃……）我觉得我给自己定了三个选择方向：一是考博，二是当老师，三是进公司。但是呢，我是这样规划的，首先呢，本身这个考博，就自己而言就是比较难，我今年呢会抱着打酱油的心态去试一下（呵呵……）；第二呢，是当老师，也是我近期最想干的，我觉得是比较容易实现的，因为我觉得当老师不是我的终极目标而是我的一个跳板，当研究生了嘛，肯定不能让自己一毕业就是失业嘛，必须要给自己找一个着陆，着陆，着陆地（嘿嘿），所以呢我比较可能当老师；第三呢进公司，是我最不想要的，最不想去的……最……无奈的选择。

访：也就是说就近期来看你已经为自己将要面对的生活做了三个选择，是吗？

受：是的呢，不得不这样，狡兔三窟，多准备一下总不会错呀。

访：好，李同学我们谈一谈下一个问题。我们都知道贫困的家庭都是不同的，但是身在其中，你在某些时候会不会想，我怎么就不是那谁呢，呃……我爸咋不是王健林呢，我咋不是王思聪呢，等等这一类的问题呢？

受：一般的话，其实有过，但是我觉得那些不实际而且，我一般都比较忙，没啥时间胡思乱想，发感慨。（哈哈哈，非常开心地笑了……）

访：也对哈，人嘛，就是要面对现实，改变现状。那李同学你觉得你的家庭给你带来的影响是什么呢？好的？不好的？就是你怎样评判你的家庭呢？（在别人眼里你就是贫困生。）

受：我的家庭的话，呃……我觉得，对我的影响，就是家庭的关爱吧。我爸妈在我上二年级之前都在上班，但是不管爸爸回来几点都会领着我和姐姐玩一会儿，周六周日也会带我出去玩，这样我就觉得很欢乐。后来家里爸爸妈妈失业，回到农村种地，爸妈也会陪我说话或者带我去玩，这样我和姐姐都有一个快乐的童年，过得也很幸福；而且我爸妈很孝顺，对我奶奶特别的好，虽然没有爷爷，我爷爷去世得早，但是家里人，我爸爸、妈妈、大爷、二爷都对我奶奶特别孝顺，我觉得这点很好。我们家是一个和睦的大家庭，所以我就觉得温馨的家很重要，这对孩子、老人都很好，而我也是很期待能够拥有这样一个家庭。像我爸爸妈妈那样对自己的孩子，关爱自己的孩子。另一方面我爸妈十分勤劳而且非常朴实，最重要的是他们是个好人。怎么会这么说呢？我爸妈一直以来都非常能吃苦能干，虽然生活很艰辛，没有那么殷实，但是他们一直节俭乐观地生活，供着我姐上学又供着我上学，所以我一直受他们的影响。

访：那就是说在这样一个家庭成长起来的孩子，他的身上就会不经意间培养出朴素的、认真的、对自己负责、有计划的品质。不难发现，你的目标性很强。那就说你自己认为你的家庭给你带来的好的影响对你的成长形成了那些优秀品质呢？

受：嘻嘻嘻嘻……呃……（轻声对我说：这个就不要了吧，怪啥的）……

访：（在我的一再坚持下，他坐正了身子）

受：比如嘛，比较可以坚持，对待一件事情，不管他多辛苦只要我说要做，咬着牙也会把它做完。另一方面，就是爱心吧，我爸爸是一个很有爱心的人。第三点嘛，应该是……呃……计划，有计划，有目标。所以自己做事情之前都会给自己定目标，然后设置合理的规划，按照规划一步步地实现。第四，就是乐观的心态吧，我爸爸经常对我说，只要你努力过，即使不成功你也是一个成功的人，因为你无怨无悔嘛。

访：嗯嗯，李同学真的是受家庭的影响很深呀，也成长为一个优秀的学生、成人。那刚刚我们一直谈过去，现在我想问一下李同学作为研究生，你取得了哪些相对来说比较成功的成绩呢？

受：呃……因为上学以来，性格比较温和（呵呵）愿意和同学相处，这样呢，我也交到了不少的好朋友，所以大家也愿意和我交流交往。这样呢在交往的过程中，我收获了友谊也收获了很多自己不知道的知识。然后，在研一的时候我加入了学生会，通过努力让自己得到了部长呀、主席的认可，这样呢就觉得我是个靠得住的人，在研一上学期就把很多活动交给我组织、主办，像羽毛球比赛、篮球赛、歌咏大赛等，不管是选人、初赛、决赛都是我主持。研二我就被推举为研会的主席，我们院的。另一方面，自己在大学比较喜欢篮球运动，因此在研究生期间我就加入了我们院的篮球队，通过和大家一起努力，我们在历次比赛获得成绩都不错，一般都是前三。足球的话就比较好，我们打篮球这些又去踢足球，然后也是很棒；学习的话，研一的时候没有评奖评优，不过我发表了……7 篇论文吧。研二在评选奖学金的时候就拿了一个一等奖学金——花臧奖学金，然后论文的话，学报发了 10 篇，参加老师的专著编写，编辑了这本书的一个章节，并且参加了学校的课题。研三评奖，因为总成绩第一，被推举获得国家奖学金，并获得云南省“三好学生”。其他的，都是小的荣誉就不说了。

访：看看李同学的荣誉榜，我们真的是自愧不如呀，一分耕耘一分收获，相信李同学的研究生也是很努力很拼搏的。好，非常感谢李同学接受访谈，今天就到这里。谢谢。祝李同学有个美好前程。

受：嘿嘿，谢谢。再见。

2. 编号：C-008

【课题组访谈记录】资料编号 C-008，云南财经大学农村大学生

【地点】云南财经大学

【时间】2015 年 12 月 12 日

【访谈人】赵涵悦

【简介】杨同学，云南财经大学国际金融（英语）本科生，家庭住址：云南省文山市开化镇灰土寨村。家庭成员：父亲、母亲、自己、弟弟（4 口）。家庭主要经济来源：父母打工

【访谈记录】

访：你好，请问你可以对你家庭的情况做一个简单的介绍吗？（可引导受访者从家庭成员的职业、家庭生活的条件等方面回答）

受：家庭情况比较困难，靠父母打工为主。生活条件的话我觉得还可以啊，就是我爸的话有活儿就去干活儿咯，然后没活儿的时候就回家种地啊养猪啊之类的。然后，我妈就是一直都在上班啊，就一直上班。然后我家的话，还有我弟嘛，但是我弟的话也是不用什么钱，关键就是我上学的时候用的钱比较多。然后，其实家里用钱最多的人还是我。

访：请问你对于自己的家庭情况满意吗？当看到条件比较优越的家庭，请问会否带给你内心的波动？

受：满意啊，其实我觉得就是这种平平淡淡地过也还是可以的啊。就是比如说别人觉得经济条件怎么样啊，其实我觉得还好啊。波动啊，波动倒是会，就说那种太情绪化的那种他好有钱啊咋的咋的，其实一开始还是有点小羡慕的，因为一开始自己也有想学的东西，但是就是因为经济条件啊之类的，然后就受到限制，就不能去学。

访：请问当时你选择大学专业的时候，综合考虑了哪些方面的因素？

受：其实当初的话，我关键是想着我英语还可以，当时报这个专业是想着当时在班上英语好的，结果报了以后才发现，来了以后才发现，强者更强啊之类的。

访：那你当时在选择专业的时候有没有想过是这个专业比较好就业呢？

受：没有，当时完全没有这样想过啊，就是想着自己高中的时候英语其实还蛮好的。完全没想过赚钱这回事。

访：请问你大学是如何安排你的学习生活的？如何分配你的学习时间的？

受：一开始的时候，像大一的话其实我还是比较努力的，就想各种好好学习，就想在社交活动，就包括在老师相处这方面也想着要搞得好一些嘛。但是你也知道，人不可能样样都好，如果你什么都想的话，就容易把自己搞得很心累，就什么都累。然后到大二的时候，我就不怎么关注学习了，因为就想着能过就好，其他也不重要。然后就没有想过要好好搞学习，然后就开始各种社交啊，就好像做学生助理，做得比较多。

访：你觉得你在学习方面，你比别人优秀在哪一方面？

受：我觉得优势方面啊，那就是我的自立性可能会比较好一点儿，就是有时候到关键时刻，就想着不能偷懒啊，放弃啊之类的。就是关键时候一定要把握好，就好像在考试的时候，我就想着不要挂啊，就要好好看书。

访：你在大学的学习中有没有遇到困难？你是如何克服的？

受：困难的地方就是那些音标咯，我基本分不清，然后就是现在我还分不清楚有多少个字母。然后这个是，口语和听力比较弱，唯一能克服的话就是记、背。

访：你觉得在大学学有所成对你将来最大的帮助是什么？

受：我觉得对我生活有帮助的就是在大二下学期，我自己开始摆地摊。然后这个是一件我自己觉得对我自己很有帮助的事情。然后在大四的时候我就去跟一个校本部的老师学股票，然后就在他的课上蹭课听。我觉得这个对来说是很重要的，因为这个也是我自己职业的基础，就是这两件事情对我比较有帮助一些。

访：那当时你摆地摊的目的是什么，是为了赚取生活费？还是为了获得某一项经验？

受：想法肯定就是赚钱啊，就是那个时候就想赚钱。摆地摊有摆地摊的乐趣啊。就是有时候也不是说要坚持，而是有时候你一定有一个做下去的理由。就比如说当时你想换一个手机的话，就是要自己去换一个手机。当时我就想我要自己换一个小米手机，因为小米手机比较便宜，我就想着摆地摊赚钱换一个手机。然后当时就是有一个东西其实你自己特别想买，就想着要赚钱。

访：那你想要你可以向父母要啊。

受：我觉得就是这些东西的话，就是说像手机啊、单车啊，这些东西如果我自己想要的话就是要通过自己的努力来买，但是如果说有一天我需要买房，这些大的东西的话，我觉得我还是需要我爹妈的帮忙吧。

访：你在大学有没有参加大学生的社团或者大学生机构？从中你收获了什么？

受：社团是参加过的，参加过街舞社、音乐社啊还有文化交流社吧。学生助理的话帮助也有，影响也有。帮助的话就是你有这个能力去和人打交道；影响的话就是你跟人打交道多了，坏处也多，因为人不可能说是你做得好人家就觉得好啊，因为有的时候就是你做得不好，人家就觉得你做得真的太差了。然后如果你做好了，人家就觉得这事情就是你该做好的，好些东西就觉得是你应该做的，因为现在很多情况就是我和别人在一起的时候就是我会帮助人家，然后人家就觉得这件事情就是你该做的。（你可以不帮忙啊）哎，我觉得好像，我不是那种人家找你帮忙，但是你会不帮的那种。但是我现在发现，我要学会拒绝。不然的话，自己会很累的。

访：你认为在大学生活中做过让你感到最有成就感的事情是什么？这件事情对你现在有没有产生什么影响？

受：肯定就是股票操作学咯。我的第二学位是财务管理，但是我的股票操作还不错，所以我觉得金融方面还不错，在实战的时候也是很厉害的。

访：在大学生活中让你感到最挫败的事情是什么？你从中吸取了什么教训？

受：失败的，失败的就是没有在大学谈一场恋爱啊。表白啊，表白倒没有。不要觉得和男生讲话害羞，要大大方方的，就是男生其实也好聊的，就是不要害羞。就不要觉得跟男生讲话就害羞啦，不敢讲啊之类的。

访：平时你的课余时间和寒暑假是如何安排的？有没有兼职？如果有这些兼职给你体会是什么？

受：兼职倒是每个假期都去兼职。其实我觉得有帮助的话，就是之前在一家做贵金属的公司做过两个月，就是这两个月对我来说挺重要的，就是比如说我喜欢金融，在这个公司对我还是有帮助。

访：寒假回家有没有什么和兼职冲突？

受：没有啊。

访：请问你平时的兴趣爱好是什么？有没有什么特长？你是如何保持这种兴趣爱好？

受：第一兴趣是演讲，第二兴趣就是篮球咯，但是好长时间没有打篮球了。现在啊，现在我的特长就是演讲咯。坚持一件事情啊，就是你一定要有一个想的目标，就是你一定要有自己的目标，就会坚持。就好像现在公司要你表演一个节目，可能演讲登不上台面，但是演讲有的时候你讲课的时候，就是每天在讲盘的时候就对我有很大的帮助。就是坚持把演讲做好，那就是能在公司里面做到把讲盘这件事情做好。

访：你最欣赏的一句励志格言是什么？最喜欢看的书是什么？

受：名言啊，名言就是看见什么得到什么吧。书的话，最喜欢的就是《痛并快乐着》。

访：如果身边有炫耀、攀比的同学，你是以一种什么样的心态去面对的？

受：如果说心态的话，我就觉得这件事情是不关我的事情。但是如果说你说看法的话，我就觉得说富人有富人的世界，有钱有有钱人的活法，没钱也有没钱人的活法。

访：身边有没有同学因为你的家庭情况看不起你？你内心有否感觉到一丝的低落和自卑？

受：看不起？我好像觉得没有哎，就是觉得你家庭不好看不起的。

访：有没有抱怨过？

受：虽然说我父母在大学的时候比起其他人给的生活费很少，但是我没有抱怨过。

访：大学毕业后，你对自己的人生规划和设想是什么？你是如何打算的？

受：就是毕业以后的意思吗？一开始就是因为是金融行业嘛，我就一开始想的就是银行，所以我就报了好多银行，然后好多家银行都是网申可以过但是笔试我过不了，然后我就选择了做股票。就是做股票的话其实就是很辛苦，一开始的时候就是一直要做模拟盘，就是一开始就一直训练一直训练，训练到我能很好地掌控它，甚至能严格执行整个系统，然后我就可以做实盘。但是我就一直做，大概做了 5 个月。我现在都还在做模拟盘，就是因为我止损不够严格。然后我就想在第六个月的时候做到止损到位，然后就每天都能盈利到 8000 ～ 10 000 元，然后第六个月第七个月的时候我就想着能做到实盘，然后到实盘以后每个月30天，我每天就给自己一个目标，就好像行情不好的时候，我就要把握好大行情，我就给自己的目标就是多的我不要，我每天就是要3000～5000块钱，这样一来我就每个月就有3万～5万块钱，两个月10万块钱，我就能从公司里面提成，然后提成结束以后我的工资比较多，我就想给我爸妈买保险。这个就是我未来一年的规划。

访：其实你的设想和你的未来就是走在一条路上的是吗？

受：走是走在一条路上的，其实因为我做股票这件事情我爸妈是不理解的，因为我的话我还是想考银行。考进银行的话就好了，就是工资也固定，也安安稳稳的，然后我爸妈的话也是比较觉得稳定，所以其实有一点点不在道上。

访：你目前的状况怎样？是升学还是走向社会参加工作了？

受：参加工作咯。我觉得工作还是满意的。但是生活的话，我就觉得因为我们公司是集体宿舍嘛，然后我就觉得等我做一个月以后有提成了，我就会立马搬出去的。

访：你对你目前的生活现状满意吗？目前的状况跟你大学毕业后的设想有没有差距呢？

受：首先我觉得一定要不停地学习，然后才是态度，好的态度决定好的基础嘛。

访：最后结合你的家庭状况和你一路的学习生活经验，谈谈你的性格是如何塑造而成的？

受：性格上的话，就是有的时候我个人喜欢融合、平和的环境，就是见面的时候不要很冷漠的那种。因为我个人就是觉得我就是害怕孤独的那种感觉，我觉得在大学的时候还是有点害怕孤独的过程，然后现在我就觉得慢慢地要学会享受这个孤独。现在如果说性格，因为我从小就是放养，就是自己玩，自己长大，然后平常关于学习的话，就是兴趣要是第一位，就是尽管你是没有兴趣的话也要装作有兴趣的样子，慢慢地就培养起来的。尽管你是装的，但是慢慢地，你去学的话，主动的学习的话还是会有兴趣的。

3. 编号：C-014

【课题组访谈记录】资料编号C-014，云南民族大学农村大学生

【地点】云南省昆明市

【时间】2015 年 12 月

【访谈人】敖娟

访：请谈谈你从小学至高中的学习经历。

受：小学那个时候，时间太久，不是很记得了，感觉就是上学是一件很轻松很好玩的事情。学校就在我们附近，走 10 分钟就到了。印象最深的是学校的设施很简陋，我们都是几个孩子挤在一张桌子上。没有现在那么好看的书包，有钱的话就买帆布包，没有的话，就父母用布料给做一个。

访：那个时候帮家里干活吗？

受：当然了，我们家在普者黑边上，主要就是捞鱼啊，挖莲藕啊什么的，每天放学做完作业，就去湖里帮父母干活。

访：成绩怎样？

受：挺好的，一直都是班级第一。

访：那初中三年呢？

受：初中，距离我家就有点远了，是在镇上，需要坐半小时的车，可能是我性格的原因吧，适应得挺快的，很快就融入学校生活，是我们班的班长，负责帮老师收作业、管理班级什么的，成绩也挺好，老师、同学都很喜欢我。基本上是很平稳地度过，没有什么印象特别深或者大事件发生。（说完笑起来）

访：高中三年呢？

受：高中也还挺好，顺利地就考上了，我们市一中。刚开始进去成绩不是最好的，后来自己慢慢努力就赶上其他同学了。这三年都是忙着学习，考大学嘛，基本没什么事情发生，父母给的生活费就节约着花，不够的话在周末或者假期我会自己去赚一点。总之，就是很充实，时间过得很快。

访：那我们详细地来说说大学吧。当时怎么报的学校？

受：那个时候没有概念，家里没人上大学，也给不了意见。参考了老师、同学的意见之后，就选择了民大，因为在昆明嘛，比较近，以后我就在昆明上班，方便我在大学时期做一些积累。

访：怎么来上大学的？父母送你来的吗？

受：不是。在此之前，我从来没有离开文山市的范围，来昆明时我自己一个人背着书包就来了，当时看到很多同学都是父母亲戚很多人一起送来的。

访：当时你有难过吗？

受：嗯，有一点点吧，但是很快就调整好了。

访：你的大学四年过得怎么样？

受：大一时候刚来嘛，很好奇，到处去看看，把整个大学城都逛遍了。那个时候课程比较少，看到聚贤街很多人摆摊，我就把自己半个月的生活费拿出来，再跟同学借了点，从新螺蛳湾批发牛仔裤来卖，卖得还不错，第一次就赚钱了。也正是因为这一次，加深了我后来创业的想法。大二，真正开始谋划自己创业的事情，首先是向学校团委申请成立一个社团，成立这个社团的初衷就是为了让会员赚钱，做兼职。因为在我自己做兼职的过程中发现很多兼职中介公司都是骗人的，收取很多的中介费，却不一定帮你找兼职。还有我发现周围很多同学都是来自农村，经济条件不好，都需要做兼职来赚钱或者锻炼自己。就是这两个原因吧，后来学校批准社团成立，才第一年招新就有100多人，发展到大四已经300多人，都快赶上学校的校级组织。

访：这个社团都做什么项目？怎么帮助会员发展的？

受：我们协会的名字叫"梦想开花协会"。取这个名是因为我们校歌里面唱的就是这里是一个梦想开花的地方，平时主要是与校外的一些企业或者商家对接，做一些校内校外的大学生兼职活动。承接到最大的项目就是有一年的开学季在全校做中国移动，可以说我们协会所有人都参与了。临近寒暑假的话，会跟沿海发达地区接洽，招聘大学生寒暑假工，虽然辛苦，但是工资高，很多学生都愿意去。社团内部有一些部门，比如外联部、人事部、策划部等，各司其职，保证协会一切活动的正常开展。

访：现在，你毕业了，协会的发展怎么样？

受：现在发展也挺好的，每一任接管的会长都是经过严格筛选的，必须要有很强的领导能力、协调组织能力，能够带领整个协会走得更好。偶尔有时间我也会回去看看，毕竟是自己一手创办的，有很深厚的感情。

访：那这些活动会影响到你的学习成绩吗？

受：没有，可以算是协调得相对较好吧。每一学年我的成绩都排在班级前五名，有很多次是可以拿奖学金的，因为班级同学的一些原因或者我自己不想跟他们争，一般都是不申请。

访：你在两次参加国家数学建模大赛的比赛中，都获得二等奖，在这个过程中，最大的收获是什么？

受：收获啊（轻声地笑了笑）应该很多的。在准备参加这个项目的时候，其实是没有想过能够获奖，它需要不同专业的人组合在一起才能完成，毕竟是国家的比赛，很难，要求也很高。刚开始是把所有需要的专业人才都找到一起，大家共同来完成这个项目。这个过程中出现很多次的意见分歧，甚至是中途碰到很大的困难时，有成员想退出，这个时候就需要采取策略来坚定他们的信心，不到最后一刻都不放弃。应该说最大的收获就是团队的领导、组织、协调能力，这个对我今后的创业是很有帮助的。

访：班级组织的活动，你都会积极地参加吗？

受：一般都会去，除非是有特殊情况去不了，那我会提前跟同学说抱歉。没有特殊情况都是去的，会配合班委准备东西，甚至是自己拿钱去买吃的、玩的，只要大家玩得开心就好。如果我不读研的话，他们就是我最后的同学，我还是很珍惜跟他们相处的时光，所以班级活动都会去。

访：在本专业之外，你还选修了云南师范大学的教育学专业，通过这个第二专业，有哪些收获？

受：（低下头想了想）这个第二专业对我的影响挺大的，都是周末上课，从大一到大三，三年，如果没有很强的意志是坚持不下来的，班上就有部分同学坚持不下去，选择放弃的。主要是两个方面的收获：第一，是学到了很多教育学方面的知识，师大的老师都特别有学问，将来不管从不从事教师行业，都是很有帮助的；第二，就是在这个班上认识很多不同专业的同学，因为我是班长嘛，跟每一个同学都有接触，也交到几个很好的朋友，他们都是学院成绩很好也特别厉害的人。跟自己同类人交流，特别有那种找到组织的感觉，就是毕业后我们都一直还是好朋友。

访：那你从什么时候开始规划毕业后的事情？

受：大二的时候有一些想法，不是很清晰，也没有付诸实施。应该是大三的时候，那个时候做决定应该是最好的，一方面不需要等到大四了不知所措；另一方面可以提前关注自己准备创业的领域，将来才能更好地切入。

访：可以说说具体的规划吗？

受：我的专业是计算机嘛，我自己还是很喜欢的，况且现在是互联网时代，我个人觉得是很有发展前景的，还是要做与自己专业相关的行业。之前注册的公司会继续运作，我只是作为投资人，或许以后也会换一种合作模式，看它的发展及市场需求再做调整。

访：大学四年，别人对你的评价是什么？比如老师、同学、朋友。

受：就老师来说，虽然我不是班委，但是老师还是很喜欢我的，平时会找我做一些事情，也会合作一些项目。我们班主任出于关心，经常找我谈话，让我不要把所有心思都放在创业上，还是要做好学生的本职，努力学习，我挺感激他的，所以一直在尽力平衡。同学的话，班级同学觉得我经常在外从事其他工作，也不怎么跟他们经常在一起玩，不是很了解。好朋友基本都是其他专业的，因为我比他们大，他们都喜欢叫我大哥（笑了笑）。他们对我很崇拜吧，觉得我厉害，喜欢跟我一起交流，我也会经常带他们一起做事情啊，出去玩啊，总之就是互相学习嘛。

访：那你觉得自己是一个什么样的人？

受：（停顿了一下）我啊……怎么说呢？我经常在反省我自己，哪些做得好哪些做得不好。我农村出身嘛，从小就比别人更努力，但是骨子里还是很自卑的，是从大二之后才慢慢变好。我做过很多兼职，几乎大学生能做的都做了，只要不违法犯罪，可以说也是经历了很多事情。到现在吧，心态渐渐变好，性格也在改变，为人处世也在变化。总体而言，都在朝着好的方向发展。还要更多地关注我的缺点，最大的缺点应该就是太忙了，经常忘了问候自己的父母，少了朋友之间的联系。

访：大学四年里，你主要有哪些兴趣爱好？

受：最大的爱好就是打篮球吧，要不然就是编程或者设计一些软件什么的。可能也是因为忙的原因，很少去打篮球，基本都是一个月一次，或者学院参加比赛的时候。

访：这四年里，你做过很多兼职，也创业，有没有失败过？或者遇到最大的困难？

受：肯定有嘛，印象最深刻的大三暑假做沿海地区工厂的对接嘛。我带着团队负责人亲自去那边的工厂考察过，才回来学校做招聘，跟那边都签合同了。都来招聘了 200 多大学生过去，那边增加了很多环节，比如体检项目的细节化、对年龄的要求等，导致很多学生返回来，这对我们协会可以说是造成了信誉的严重挑战。为了挽回嘛，我不得不联系其他厂家，或者自己出钱让那些学生回来。不管做什么都是会遇到困难，也会失败的，如果害怕就不去做，或者就放弃，那么永远都不会成功的。

访：你做了那么多事情，已经是很成功的大学生了。你那么努力奋斗的动力是什么？

受：家庭原因肯定有啊，自小的生活环境不好，有一种迫切想要改变的冲动，不想让自己的孩子再像自己一样因为钱的问题失去很多东西。另外是我自己性格吧，我不想做那种平平凡凡、安于现状的人，我想拥有更多的财富，过更好的生活。

访：在你的这些成长过程中，有没有最想感谢的人？

受：首先就是父母嘛，虽然他们没有给我比其他孩子更富裕的物质条件，但是他们已经竭尽所能，给了我他们所能给的。而且我的家庭和睦，使我有一个快乐的充满回忆的童年。其次是各个学习阶段遇到的老师们，他们在学习上生活上都对我有很大的帮助。还有我的那些好朋友，不管是在学习还是做项目吧，都给予了我最大的支持。正是因为这些，所以当他们需要我的时候，我会毫不犹豫，竭尽所能。

访：你觉得家庭方面的物质条件对你有哪些影响？

受：这个影响应该是两方面吧。自己很小的时候，也抱怨过为什么不能像其他孩子一样有零花钱，也不能穿新衣服，不能去学书法啊足球之类的。但是现在想想，那个时候的自己很幼稚，如果不是这些，我不可能做很多事情，包括摆地摊、创业，等等，造就了我吃苦耐劳、不怕失败的性格。

访：你是否认同“穷人的孩子早当家”这句话？

受：认同的。我小时候就要帮父母做很多农活，学会自己做饭，自己洗衣服，上山砍柴下河捞鱼，应该是比同龄人多做了很多。也是这些原因，造就我后来做的很多事情。我们家在普者黑边上，主要就是捞鱼啊，挖藕啊什么的，每天放学做完作业，就去湖里帮父母干活。

访：因为家庭物质方面的原因，自小就比同龄人遇到了更多的困难，你有抱怨过吗？

受：以前年纪比较小的时候，肯定是会有的，也觉得很不公平嘛，但是现在随着年龄的增长以及经历了那么多的事情，心态已经很好了。抱怨有什么用呢？还不如自己努力去改变，过自己想要的生活。

访：嗯，我们的访谈到此结束了，感谢你的参与，祝好，实现你的梦想。如果在后期的整理中，发现一些增补的问题，还需要你的支持。

受：没事的，不用谢，有事给我打电话就好。

后 记

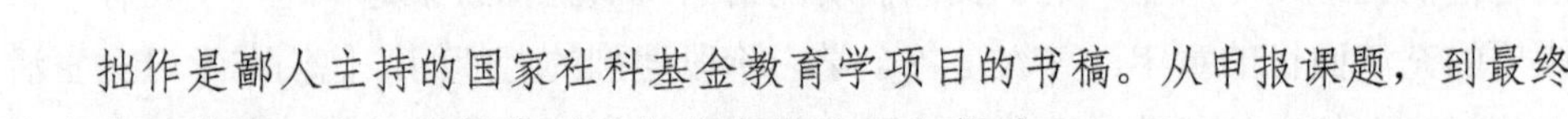

拙作是鄙人主持的国家社科基金教育学项目的书稿。从申报课题，到最终汇文成册结题，这一过程得到了非常多的关心和帮助。

特别感谢潘懋元先生、刘宝存教授为本书作序。

本课题得以立项的研究基础是我在研究生学习期间的前期积累。因此，首先要感谢厦门大学的郑若玲教授、宾夕法尼亚州立大学的孙开键教授两位恩师对我的严格要求和悉心指导。感谢潘懋元先生、刘海峰教授的教诲和鼓励。

感谢佐治亚州立大学的 William Curlette 主任、李红利博士的邀请，樊周强先生的帮助，让我得以及时到美国开展课题调研。感谢维克森林大学的 Joseph Soares 教授的指导，他的著作和受访是本课题的重要参考。感谢多元智能之父、哈佛大学的 Howard Gardner 教授的接待和指点。感谢深泉学院校友刘海山先生的帮助。

感谢维克森林大学的 Nathaniel Brickhouse、Niki Mclnteer，伊隆大学的 Greg Zaiser，戴维森学院的 Kaye-Lani Laughna，里士满大学的 Laurel Wise、amara Lapman，马里兰大学的 Ran Wang，威廉玛丽学院的 Deborah Basket，Stevens Institute of Technology 的 Orteg Dakaj，圣约翰学院的 Amanda Barnes Stevens，约翰·霍普金斯大学的 Jesse Tomczak、Stephanie Cerini，范德比尔特大学的 Simmons deHoll，康奈尔大学的 Maureen Frances Carroll，芝加哥大学的 Emily Charles，乔治·华盛顿大学的 Jimmy Bishop，哥伦比亚大学的 David Buckwald、Edward Truong，艾默里大学的 Joel Dobben，高点大学的 Joe Cristy、Andrew Bills，哈佛大学的 Jonathan Jeffrey，还有其他未列出姓名的招生官员及在校学生。

实地调研期间，美国雷诺烟草公司研究员、俄克拉荷马大学兼职化学教授顾全力博士，美国罗格斯大学访问学者的同门沈曲老师、维克森林大学联合培养博士生的万园师妹、哥伦比亚大学联合培养博士生的陈斌师弟，为课题调研提供了非常大的帮助和便利。感谢亚特兰大华人学者石冬青博士、张海龙博士、刘拥军博士、范学良博士、宋志敏博士、侯悦博士的帮助。感谢王硕旺博士、陈婷婷博士及 Ruth、Ted、Twoey。

感谢课题组成员的精诚合作，他们是首都师范大学的傅添博士，云南大学的范哗博士，云南师范大学的张雪博士，宾夕法尼亚州立大学的程炜仪博士，宾夕法尼亚大学的张兴潭博士，还有参与本课题调研的研究生们。

从课题的申报、开题，到结项、成书，这一过程同样得到了前辈、同事、同行们的指点和协助。云南师范大学老书记尹继东教授，马力副校长，封海清教授，师大学报周智生主编，云南农业大学唐滢副校长，云南省教育科学研究院李慧勤教授，云南省教育厅朱金陵处长，几位老师在项目开题时提出了富有建设性的意见。云南师范大学的刘坚副校长、王秀成院长、陈瑶教授、史晓宇副教授；教管院的李天凤院长、金克建副院长、张向众副院长、王艳玲教授、刘张老师为拙作的顺利出版提供了巨大的支持。感谢全国教育科学规划办的徐美贞老师、丁杰老师。感谢云南师范大学科研处的彭茂红副处长、张黎波博士、师元梅老师给本课题的顺利结题提供了非常及时、热情的指导和帮助。

感谢科学出版社付艳老师、朱丽娜老师、刘曹芃老师、崔文燕老师的专业付出！

感谢国家留学基金委的资助，让鄙人可以顺利至美国开展课题调研，增加了本课题的研究深度。

本书的出版获得了云南省教育地理学一流学科（B 类高原）建设项目、云南师范大学教育学一流大学（全国一流）建设项目的资助，特此致谢！

陈为峰

2018 年 12 月 6 日